案例法治

基础理论与类案研究

蔡道通　主编

江苏省法学会案例法学研究会　编

图书在版编目(CIP)数据

案例法治：基础理论与类案研究 / 江苏省法学会案
例法学研究会编；蔡道通主编. --南京：南京师范大学
出版社，2023.9
ISBN 978 - 7 - 5651 - 5710 - 3

Ⅰ.①案… Ⅱ.①江… ②蔡… Ⅲ.①案例—中国—
文集 Ⅳ.①D920.5 - 53

中国国家版本馆 CIP 数据核字(2023)第 028107 号

书　　　名	案例法治：基础理论与类案研究
编　　　者	江苏省法学会案例法学研究会
主　　　编	蔡道通
策划编辑	徐　蕾
责任编辑	董蕙敏　杨佳宜
出版发行	南京师范大学出版社
地　　　址	江苏省南京市玄武区后宰门西村 9 号(邮编:210016)
电　　　话	(025)83598919(总编办)　83598412(营销部)　83373872(邮购部)
网　　　址	http://press.njnu.edu.cn
电子信箱	nspzbb@njnu.edu.cn
照　　　排	南京开卷文化传媒有限公司
印　　　刷	南京玉河印刷厂
开　　　本	787 毫米×1092 毫米　1/16
印　　　张	21.75
字　　　数	476 千
版　　　次	2023 年 9 月第 1 版
印　　　次	2023 年 9 月第 1 次印刷
书　　　号	ISBN 978 - 7 - 5651 - 5710 - 3
定　　　价	108.00 元

出　版　人　张　鹏

目　录

第一部分　指导性案例

第二部分　民商事及行政案例

第三部分　刑事案例

第一部分

指导性案例

习近平法治思想案例法治观研究

邱志国*

摘　要:自党的十九大将习近平新时代中国特色社会主义思想确立为我党的指导思想以来,其理论内涵和思想体系就在实践中不断丰富和发展,已经形成了较为完备的治国理政思想、法治思想、精准扶贫思想、对外开放思想、全球治理思想。其中,习近平法治思想是马克思主义法治理论中国化的最新成果,是全面依法治国的根本遵循和行动指南,具有鲜明的实践品格。尤其是党的十八大以来,习近平总书记在谈论司法工作时多次提到了案例法治的重要性。以案例来认识、推动、评判法治,成为习近平法治思想最直接、最生动的表达。它的鲜明特质不仅体现在为中国马克思主义法学提供了崭新的研究视角,还为中国法治事业建设指明前进方向,更是中华民族实现中国梦的制度保障。

关键词:习近平法治思想;案例法治观;科学内涵;鲜明特质;实践价值

一、习近平法治思想案例法治观的科学内涵

法治兴则国家兴,法治强则国家强。[1] 中国特色社会主义道路告诉我们,建立完备的社会主义法治体系是建设伟大、强盛的社会主义国家的制度保障。当然,为建立完备的社会主义法治体系需要坚持以先进的理论为指导,结合中国现实国情。其中,习近平法治思想就是秉持历史与现实相连接、理论与实践相贯通的理念建立起来的为中国特色社会主义法治体系而服务的。客观上来说,习近平法治思想拥有丰富的知识内涵、精湛的理论阐述、周密的逻辑思维和伟大的精神实质。习近平思想就是新时代中国特色社会主义法治观的集中体现和自然延伸。[2] 习近平法治思想是马克思主义法治理论中国化的最新成果,是全面依法治国的根本遵循和行动指南,具有鲜明的实践品格。尤其是党的十八大以来,习近平总书记在谈论司法工作时多次提到了案例(裁判)法治的重要性。以案例来认识、推动、评判法治,成为习近平法治思想最直接、最生动的表达。

---

*　泰和泰(南京)律师事务所律师、高级合伙人。
[1]　参见包俊洪:《深刻理解习近平总书记全面依法治国新理念新思想新战略》,载《人民法治》2019 年第 20 期。
[2]　参见本报评论员:《坚定不移走中国特色社会主义法治道路》,载《人民日报》2020 年 11 月 19 日第 1 版。

(一)"坚持一个案例胜过一沓文件"的案例法治指引理念

习近平总书记曾明确提出"一个案例胜过一沓文件"这一重要论述。这一高瞻远瞩的系统总结立意高远、旗帜鲜明、内涵丰富,具有很强的针对性、指导性和操作性,鲜明表现了"案例"与"文件"的关系,充分肯定了案例在推进依法治国战略包括在立法、执法、司法、守法等方面的积极作用。详言之,其一,案例具有"补充法律漏洞"和"解释法律内容"的功能和价值。2013 年 2 月 23 日,习近平总书记在十八届中央政治局第四次集体学习时的讲话中说:人民群众对立法的期盼,已经不是有没有,而是好不好、管不管用、能不能解决实际问题;不是什么法都能治国,不是什么法都能治好国。这就是在强调法律存在的局限性:由于立法具有相对滞后性,以法条文字所记载的法言内容可能无法完全适应现实生活的需要,这就必然要求法官在运用法律时不单单要学会找法,更要学会释法,对法律漏洞进行补充和解释。譬如,每年"两高"发布的指导性案例在法律缺失或者不明时就发挥了拾遗补阙的作用,为下级法院审理类似案件提供了参照。在此意义上说,案例源于"文件",但又不限于"文件",并超越了"文件"。其二,案例具有"明示法"和"统领法"的功能和价值。在法律实施和价值实现过程中,案例是法治从理想到现实的临门一脚和最后环节,在依法治国战略中发挥着基础性和保障性作用。尤其是对于一个优秀的司法判决,其不仅仅体现为司法经验和智慧的结晶,发挥了阐明事理和释明法理的功能,更重要的是也讲明了情理,有利于从根本上化解矛盾和纠纷。此外,对于其他司法机关而言,司法工作人员在遇到类似案例时可通过检索先前生效的案例,依照类似案件类似处理作出裁决,不仅无须重复繁琐的司法"三段论"过程,有利于节约司法资源,而且还能保持司法判决的稳定性和司法的公信力。总之,案例作为"动态的法""现实的法",超越了"静态的法""纸面上的法",以"个案正义"推动了"整体正义"。

(二)"坚持 100-1=0"的案例法治实施理念

2014 年 1 月 7 日,习近平总书记在中央政法工作会议上的讲话中强调:司法工作人员要懂得"100-1=0"的道理,尤其是一线的审判人员,要时刻牢记"100-1=0"。就像古老法谚所述的那样,"一次不公正的裁判,其恶果甚至超过十次犯罪,而不公正的审判则毁坏法律——好比污染了水源"。在法治实施过程中,一个错案的负面影响,足以摧毁九十九个公正裁判积累起来的良好形象。执法司法中万分之一的失误,对当事人就是百分之百的伤害。简单来说,这个等价公式是习近平总书记对公正裁判的中国化表达,也是对司法人员的严格要求。第一,司法判决代表法治导向,判决公正是引领社会公正的重要支柱,而判决不公则对社会公正具有致命性和破坏性。人民法院裁判案件犹如走钢丝绳,稍有偏差就会前功尽弃,不仅仅无法实现社会的公平正义,还会使当事人产生对法的不信赖感。形象来说,这就是"千里之堤,毁于蚁穴"的生动表现。在司法裁判过程中,所有的司法工作人员包括公安机关、人民检察院、人民法院等有关单位和个人必须牢记并恪守"100 1=0"定理,严格把好案件事实关、证据关、程序关、法律关,让错误趋向零,让正义无穷大,始终筑牢"最后一道防线"。第二,案件纠错工作是亡羊补牢的工作,是迟来的正义。如果"1"的概率已经出现并被执行,说明"0"的危害后果也随即发生。纠正后的"1"尽管在数学上可以满足等价公式,但是并不能达成 100% 的正义效果。这也就是在彰示,错案一旦发生,就是司法公正抹不去的永恒阴影和雾霾,人与制度皆受其害。尤其是"聂树斌案""念斌案""呼格吉勒图案""张玉环案"等冤假错案给我国司法机关和法治建设的教训是十分深刻的。尽管这些案件最后被纠正,但是付出的却是无辜人员的自由或者生命的惨痛代价,这是对我国法治建设和依法治国进程的极大冲击。因此,习近平总书记一再强调司法人员必须从源头上、从案件的第一次裁决就守住公平正义的底线,让无冤、无错成为永恒的价值追求。只有树立这种理念,错案才有可能不发生。

(三)"坚持努力让人民群众在每一个司法案件中感受到公平正义"的案例法治道路理念

习近平总书记在纪念宪法公布实施 30 周年大会上明确提出"努力让人民群众在每一个司法案件中都能感受到公平正义"这一重要论断。之后,习近平总书记在一系列重要讲话和主题发言中都反复强调和重申了这一观点,明确要求要尽全力让人民群众在每一个司法案件中都能感受到公平正义,这也是习近平法治思想"以人民为中心"在案例法治观中的集中表达。一方面,案件是否公正应由人民群众感受。2013 年 2 月 23 日,习近平总书记在中共十八届中央政治局第四次集体学习时的讲话中一再强调:"法律不应该是冷冰冰的,司法工作也是做群众工作。一纸判决,或许能够给当事人正义,却不一定能解开当事人的'心结','心结'没有解开,案件也就没有真正了结。"这就明确要求司法机关的案件裁判不仅要"以事实为依据,以法律为准绳",也要兼顾"天理、人情"。司法案例不是呆板的逻辑推理结果,而是遵守法律、符合道义、体恤民情的论法说理的产物。裁判文书是实现法治的窗口,是当事人、人民群众关心最多、感受最强、反应最大的部分,只有充分释法说理、回应焦点,才能让争议双方服判息诉,案结事了,实现正义的过程以看得见的方式呈现。另一方面,案件是否公正应由人民群众评判。2015 年 3 月 24 日,习近平总书记在中央政治局就深化司法体制改革、保证司法公正进行第 21 次集体学习的讲话中明确指出:"司法体制改革成效如何,说一千道一万,要由人民来评判,归根到底要看司法公信力是不是提高了。"同样,案件是否公正,人民群众感受最深,最有发言权。只有人民群众普遍说好的判决才具有生命力、执行力、约束力,才能引导社会积极向上。"许霆案"重审改判、"于欢案"二审改判,让公众充分参与、感受到司法的严谨、公开、公正,从而有力增强了法治信仰,树立了司法权威。全面依法治国最广泛、最深厚的基础是人民,判决效果由人民评判与司法必须坚持为了人民、依靠人民、造福人民、保护人民共同构成了习近平法治思想的人民立场。

二、习近平法治思想中案例法治观的鲜明特质

习近平法治思想是基于国家治理体系和治理能力现代化背景下提出来的，主要回答了建设什么样的中国特色社会主义法治体系、如何建设中国特色社会主义法治体系以及建设中国特色社会主义法治体系的作用等三个问题。而习近平法治思想中的案例法治观，则包括积极认知、消极影响以及终极评价三个维度。"一个案例胜过一沓文件"强调的是案例的积极价值，是司法裁判的奋斗目标。"100－1＝0"强调的是错案的消极影响，是对司法裁判的严格要求。"努力让人民群众在每一个司法案件中感受到公平正义"是案例的根本目标和终极评价标准，与前两个认知相互贯通，相互统一。概言之，案例最终的形态是要让人民群众既感受到实体公正，也感受到程序公正。习近平法治思想中案例法治观的鲜明特征就在于它所具有的前瞻性、系统性和科学性。

（一）坚持昭示中国特色这个本质特征

自中国特色社会主义进入新时代以来，习近平总书记就一再强调要牢牢把握住中国特色这个本质属性，建设中国特色社会主义法治体系，走中国特色社会主义道路，构建中国特色社会主义社会，实现中国特色社会主义现代化。为实现中国特色社会主义这一宏伟目标，必须要秉持理论联系实际、历史结合现实、短期兼顾长期的发展理念，立足中国国情，吸收先进文化，不断推陈出新，紧跟时代潮流，全面推进依法治国战略和中国特色社会主义法治体系。其中，习近平法治思想中案例法治观也坚持昭示中国特色这一本质特征，认为建立法治社会和法治国家的根本保证就是坚持中国共产党的领导，在党的领导下持续增加中国特色社会主义制度的信心，全面推进改革和革新，将德治和法治紧密联合，维护公平正义和社会秩序的稳定和谐。尽管全面推进依法治国的道路艰辛，实现中国特色社会主义现代化更是道阻且长，但我们仍应紧紧围绕在党的周围，牢固树立党的领导这一思想不动摇，服从党的领导，自觉和党中央的大政方针保持一致。习近平法治思想中案例法治观一再强调不能照搬别国的发展模式或制度机制，政治制度上的"飞来峰"很难想象突然被带入。① 要坚持以习近平法治思想中案例法治观、人类社会的优良法治基因为基础，在法治实践过程中不断创新和发展中国特色社会主义案例法治观。

（二）坚持专注体系建设这个核心要素

"法治体系是国家管理体系的核心工程"，是推进全面依法治国的重要力量，更是习近平法治思想中案例法治观的核心议题。习近平总书记一再强调，中国特色社会主义法治建设必须时刻专注体系建设这个核心要素，确立系统性和体系性的指导原则，达到

---

① 参见习近平：《习近平关于社会主义政治建设论述摘编》，中央文献出版社 2017 年版，第 10 页。

系统完善、系统发展、系统优化和系统实现,齐心协力共同助力习近平法治思想中案例法治观的蓬勃开展。① 当然体系建设并不是简单的结构堆砌或资源调整,而是要从中国国情出发,深入探究中国特色社会主义法治建设的重点和难点,使现有资源或整体结构向法治建设的重难点进行倾斜,确保案例法治建设的重难点能够得到充分解决,实现两条腿走路,而非构建一个基础不牢的中国特色社会主义法治体系。换句话说,体系建设就是要求合理分配资源,对于重难点加大资源的投入,确保重难点早日攻克;而对于较为容易或不太复杂就可攻克的难题要尽早解决,使案例法治建设的简单点和复杂点共同推进,双管齐下,争取更快速、更高效地构建更完整、更系统的社会主义习近平法治思想中的案例法治体系。本质上说,体系建设是案例法治建设的枢纽,案例法治构造的实施、案例法治道路的推进都以体系建设为立足点和支撑点。倘若没能建成科学规范、运营有效的法治系统,那么就会在客观上丧失案例法治建设的基本框架和实践价值。习近平法治思想中案例法治观正是在精准分析案例法治建设的当下形势的基础上,以法治体系的构建和优化为主线,围绕这个核心明确了新时代中国特色社会主义法治的总任务、总规模,表现习近平法治思想中案例法治观的鲜明的系统思考和战略思考。

(三)坚持把握制度建设这个根本保证

一方面,面对法治建设进程中的重大问题、重大关系和重大风险,习近平总书记强调,制度问题是更具根本性、整体性、稳定性和长期性的问题。② 党的十九届四中全会制定了新的法治发展规划,明确阐述了中国特色社会主义制度建设的重要内容:建设中国特色社会主义法治系统。这是习近平总书记立足法治实践、汲取历史经验所提出的法治建设的战略方向:从全面发展中国特色社会主义制度出发,坚持和完善中国特色社会主义法治制度,更好地服务于法治现代化、稳定预期和长远利益保障。另一方面,习近平总书记强调法治本身的制度化建设,这也是十八大之后中国特色社会主义法治建设的鲜明特征。其大致体现在三方面。其一,不断推进习近平总书记强调的党治与法治的协调配合。加强思想政治引领,通过以法治带动党治,党治促进法治,持续加强现行法治建设和党治建设,实现法律法规与党内法规的双向互动。其二,习近平总书记认为,要把权力监督放在制度建设和法治建设的战略位置,加强对权力运行的监督管理,形成有效的监督管理机制。把权力关进制度的笼子里,实现国家监察的全覆盖,加大反腐倡廉的力度和强度,从根本上扭转贪腐行为多发易发的局面。其三,通过习近平法治思想引领构建高素质法治人才培养体系,以法治和德育相结合的方式传承、弘扬社会主流价值和社会主义法治理念,构建梯次有序、能力专业、品行纯洁的高素质法治工作队伍,督促法律工作者认真履行促进社会公平正义和保障人民安居乐业的职责。

---

① 参见徐汉明:《习近平社会治理法治思想研究》,载《法学杂志》2017 年第 10 期。
② 参见温聪、汪保康:《习近平制度治党思想的基本内容及内在逻辑》,载《河南大学学报(社会科学版)》2018 年第 6 期。

三、习近平法治思想中案例法治观的实践价值

习近平法治思想中案例法治观具有充分的实践意义，详细来说，就是体现在法治实施务必坚持平等原则，加强人权的法治保障，司法要兼顾实体正义与程序正义，构建强力的执法和司法权力监督运行体制以及努力实现法律效果、社会效果和政治效果的三维统一五个方面，从而将习近平法治思想中案例法治观落到实处、深入人心。

（一）法治实施务必坚持平等原则

一般意义上来说，现代法治社会和法律体系所认可和遵循的首要原则就是平等原则；这也就意味着，坚持平等原则、践行平等原则是构建中国特色社会主义法治体系的逻辑基础；当然，这也是习近平法治思想的第一要义。法国思想家卢梭曾形象地描绘过平等和自由的关系，详言之，人类社会的最大幸福和最终归宿就是自由和平等，所有的法治体系和法律制度都务必要以实现自由和平等作为其宗旨和目的，平等是自由的前提，缺乏平等来谈论自由是一个明显悖论。[1] 习近平总书记也一再坚持和强调平等的重要性，甚至还将平等原则上升到国际层面的高度。他在公开场合曾不止一次地说到要持续推进各国权利平等、机会平等、规则平等，实现合作共赢。国内层面的实质平等和国际层面的合作平等是习近平法治思想的重要外化。当然，从国内层面来讲，国内法上的平等并不包含如此的宏大叙事功能，其侧重点和立足点主要体现在立法平等、执法平等等方面。换言之，这里所论说的平等是要在法治实施中坚持平等原则；不平等或缺乏平等的标准就是现实生活中违反了平等原则的事项，威胁到了国民的合法权益；这就是习近平法治思想在国内法层面平等理念的形象表现。当然，平等原则作为我国社会主义法治体系开展和实施的基本原则，其不仅仅只停留在思想理论的高度，在立法文本中也应有所落实，以法律的强制力来确保平等原则的实施，保障国民的合法权益不受非法侵犯和差别对待。[2] 就当下我国的法律文本来看，基本上所有的法律法规，包括规制和规范性文件中都确立了平等原则的核心和主导地位，至少是贯彻了平等原则的立法精神，这也在客观上使得我国的平等、法治等理念深入人心。以国家的根本大法——宪法为例，我国宪法和其他国家的宪法或宪法性文件一样，都在宪法文本中明确规定了平等原则，如我国宪法中就明确规定"中华人民共和国公民在法律面前一律平等"。民法典中第 4 条明文规定"民事主体在民事活动中的法律地位一律平等"。此外，我国刑事诉讼法也确立了平等原则。总之，随着全面法治素养的不断提升和国家法治能力的持续增强，坚持人人平等原则不仅仅是我国特色社会主义法治体系的根本遵循，也是人民群众的现实需要。因此，在未来的法治实施过程和依法治国的战略推进中，立法机关立

---

① 参见龙霞：《"内在性自由"：马克思对卢梭遗产的转化及其启示》，载《学习与探索》2015 年第 12 期。
② 参见秦书生、王一：《习近平的平等观探析》，载《理论学刊》2017 年第 1 期。

法要贯彻落实平等原则,在法律文本中要确立并保障平等原则的落实;行政机关执法也要贯彻落实平等原则,做到平等对待行政相对人;司法机关裁判更要贯彻落实平等原则,对所有诉讼参与人的权利进行同等保护。不仅符合"同案同判"结果公正的现实需要,也要达到"同罪同理"过程公正的理想目标。

(二)加强人权的法治保障

在依法治国的现实背景和客观要求下,只有继续牢记以人民为中心的改革理念,加强人权的法治保障,为实现社会公平正义提供有益经验,才能真正实现依法治国,让国家在法治的轨道内运行,既控制违法犯罪行为,又能合理保障行为人的基本人权。[①] 其中,加强人权保护,为国民利益提供坚实保障,不仅是践行以人民为中心的改革理念的主要方式,也和习近平法治思想中的人权保障理念一脉相承,有异曲同工之妙。坚持保障人权的理念,结合中国实际,创新人权保障方式,以崭新的面貌来迎接社会主义新时代是维护社会公平正义、建立中国特色社会主义法治体系的重要内容,也是必然要求。总的来说,在现实生活中要不断加大和强化对公民权利的保障力度和强度,尤其是对于那些受教育权、劳动权、财产所有权、选举权等与国民自身切实相关的基本权利要建立高效完备的权利保障机制,对于侵权行为要予以严厉打击和制裁。当然,更为现实的问题是,我国是一个多民族的国家,尽管我国一再主张和坚持民族平等、民族团结,但少数敌对分子和境外势力却一再抹黑中国的民族政策。为此,必须严格保障少数民族群体的基本权利,让他们有机会和有能力参与国家建设,充分享受到改革开放带来的红利。对于破坏民族团结、民族稳定、抹黑中国形象的违法犯罪行为,国家有关机关要采取严厉的措施予以打击;同时,国家有关宣传部门也要从正面予以呼吁和回应,保证民族团结和社会稳定。值得注意的是,在保障人权方面最为重要的事项就是要保障犯罪分子的基本人权。因为司法是守住社会公平正义的最后一道防线,刑事司法是守住道德良知的最后堡垒。人民法院剥夺的不仅仅是犯罪分子的财产权利,还剥夺了犯罪分子现实的自由权,甚至还有可能直接剥夺犯罪分子的生命权。刑罚是最为严苛也是最具强制性的制裁方式。因此,在对实现犯罪行为的犯罪人进行定罪量刑时,一定要严格依据法律规定,坚持罪刑法定原则,保证犯罪分子有获得公平审判和自由陈述的机会,既惩罚犯罪,也有兼顾保障人权。

(三)司法要兼顾实体正义与程序正义

公平正义是司法的归宿,也是司法机关和司法工作人员的终身追求。尽管朴素的司法正义认为只要以法律为准绳,司法裁判只要符合法律规定就符合实体正义的要求,实现绝对正义。[②] 但随着理论研究的不断深入和国民对司法的日益关注,司法正义已

---

① 参见刘海年:《试论习近平对人权理论的新发展》,载《南都学坛》2018 年第 4 期。
② 参见刘作翔、雷贵章:《试论司法公平的实现》,载《政法论坛》1995 年第 3 期。

不仅仅局限于传统的实体正义，而是包括了更为广阔、更为公平的实体正义和程序正义。在司法操作中要兼顾实体正义和程序正义，要使社会的公平正义真真切切被国民所感触、所接受，让国民自己支持和认可司法裁判，实现司法的正义。这是习近平法治思想在实现司法正义层面的外在表现。同时，这也是未来中国特色社会主义法治实践的基本行为规范和法律准则。详言之，其一，要满足司法实体正义的需要，让人民群众感受到依法裁判。法律虽然是由专业的法律人士和正义的社会人士联合制定的，但由于立法技术、认识因素等主客观方面的限制，法律也存在一定的局限性。只有当法律符合社会常识，与社会主流价值相契合时，才能达到良法善治的效果，也即实现情理、法理、事理的协调一致。从形式层面来看，这就要求人民法院作出的司法裁判要满足人民群众朴素正义的期望和共识，让正义看得见、摸得着、感受得到，只有这样人民群众才会真正感受到和认识到社会的公平与正义。以往由于中国法律体系尚不完善，法治实施体系也不健全，法治保障体系更是缺乏，我国发生了许多"扶不扶""救不救""让不让"等大量道德败坏和违法乱纪的事件。[①] 故此，当下为了防范道德"沙尘暴"，引导国民向善，应当继续完善现有法律法规，不能让自愿救助的人陷入法律困境；通过立法、执法和司法相互合作的方式，明辨是非、审断曲直，让司法更显温度，让群众更有温暖。其二，要严格依照法定程序办案，符合程序正义的要求。因为实体和程序都是实现司法正义的两个重要方面，二者不可偏废。故此，为了能让国民感受到依法定程序办事，依法律规矩判案，司法机关应提高案件的公开度和公民的参与度，让人民陪审员、社会媒体、人民监督员和普通民众都能知道案件起因、了解案件进程、认可裁判结果，保证司法的公开性和透明度，及时审断案件，提高司法效率。

（四）构建强力的执法和司法权力监督运行体制

权力具有造福性和祸害性的双面特征。如果权力主体将权力运行得好，不偏不倚行使权力，时刻在法治线路上运转，那么就能够造福国民、实现社会公平正义。相反，倘若权力主体不好好运行权力，营私舞弊行使权力，持续在法治线路外运作，那么必定将祸害国民、落空社会公平正义。[②] 以域内外现实经验和理论依据为鉴，那些反腐倡廉取得现实成效、权力运行风气良好的国家，他们最为有效也最为根本的经验无不在于解决了权力运行规范性和公平性的问题。至于那些腐败问题十分严重导致政局和社会不稳的国家，根本上来说，他们就是没有有效化解权力失范这一矛盾。权力导致腐败，绝对权力导致绝对腐败，这是一条亘古不变的真理。历史教训和成功经验一再告诫，必须要加强对权力运行的制约和监督，让权力有规可循、有范可依，构建逻辑严密、高效便捷的权力监督制约网，这是确保权力规范运行、维护社会和谐稳定的必由之路。2016 年 1 月 12 日，习近平总书记在第十八届中央纪律检查委员会第六次全体会议上的讲话也一

---

① 参见侯明明：《司法正义与社会正义的错位：类型、因素与启示——以热点案例为例证的分析》，载《学术论坛》2017 年第 6 期。
② 参见刘献君、张晓冬、刘皓：《高校权力运行制约机制：模式、评价与建议》，载《中国高教研究》2013 年第 6 期。

再强调:要加强权力运行的制约和监督,把权力关进制度的笼子里。这即是习近平法治思想在权力运行方面的重要体现。具言之,一方面就是要搭建好笼子,优化各项权力运行制度。统筹推进四个全面的战略布局,进一步加强反腐倡廉制度宣传和配置强度,立足国民渴盼和实际需求,将中央要求与新鲜经验相贯通,秉持于法周延、于事有效的理念对现有的权力运行和权力监督机制进行立、改、废。制定更新的权力运行规范使其更具时代性,完善现有的权力运行规范使其更具科学性,废除过时的权力运行规范使其摒弃陈旧性。总而言之,就是要尽全力构建完备高效的反腐倡廉权力运行制度规范。为权力搭建好笼子,那另一方面当然就应当是把笼子关好了。细言之,就是不断强化对权力进行监督检查的力度和对失范行为进行追责问责的强度了。制度的权威性在于实施,努力把制度用于实践,发挥制度的现实规制作用,才是制度设立和推行的根本目标。① 至于制度实践方面,应当一如既往地贯彻落实民主集中制的先进理念,做到科学决策、民主决策。对存在不同意见的问题要客观公正地对待,发现问题及时纠正,出现错误及时改正;对贪污腐败行为要坚决依法查处,防范腐败的过度滋生及蔓延,提高权力运行的透明度和参与度,让权力在阳光下运行,让权利在阳光下得到保障。

(五)努力实现法律效果、社会效果和政治效果的三维统一

实施是法律的生命,构建高效的法治实施体系也是建设中国特色社会主义法治的重要内容。尽管法治实施体系包含立法、守法、执法和司法多个逻辑层面,但司法在其中占据着主体地位。因为司法是守住公平正义的最后一道防线,也是最为彻底的一道防线,这也就决定了构建高效的法治实施体系其落脚点在于构建公平正义的司法体系,让人民群众切切实实感受到"看得见的正义"。② 这也就意味着司法程序和司法裁判不仅要注重案件的法律效果,做到依法判案,也要注意案件的社会效果,实现全民正义。换言之,要努力实现法律效果、社会效果和政治效果的三维统一。客观上来说,法律效果即意味着人民法院根据案件事实,遵照相关法律的规定准确适用法律,严格遵守法定程序,同时借助一定的自由裁量权,对案件作出公正裁决的司法行为。简言之,就是以事实为依据,以法律为准绳。至于政治效果,大致可以理解为司法机关通过践行执法和司法程序,依据有关法律法规审断纷争,从而提高国民的法治素养,使国民对司法行为更为接受和信服。③ 对于社会效果,一般可以认为就是司法机关裁判案件不仅要注重以法为据,也要兼顾社会民意,作出的司法裁判能够让社会民意所认可和支持。从根本上来说,法律效果、社会效果和政治效果的三个范畴是相互协调的,其理论前提和逻辑基础就是社会公平正义,通过司法机关审判案件来使法律有温度、使国民有信仰。④ 不过,从表现形式上看,法律效果和社会效果往往不是相互一致的,有可能还会存在一定

---

① 参见张立国:《权力运行法治化:国家治理体系现代化的关键》,载《吉首大学学报(社会科学版)》2015 年第 3 期。
② 参见姚建宗:《中国语境中的法律实践概念》,载《中国社会科学》2014 年第 6 期。
③ 参见邱水平:《论执法实践中坚持法律效果、社会效果与政治效果的统一》,载《法学杂志》2016 年第 10 期。
④ 参见顾培东:《当代中国司法生态及其改善》,载《法学研究》2016 年第 2 期。

程度的冲突和对立,但司法活动一方面要确立法律的权威性和主导性,另一方面也应使司法裁判更具社会效果,这是司法公正的必要体现。因为法律不仅仅要实现,更要以看得见的方式来实现。综言之,在以后的法治实施体系建设和法治实践操作过程中,务必以实现社会公平正义为主旨,在确保达致案件法律效果的同时兼顾社会效果和政治效果的落实。

结　语

习近平法治思想案例法治观有丰富的理论深度、周密的逻辑体系、伟大的精神内核和深刻的外在表现,能够为中国特色社会主义改革进程和依法治国方略的推进提供重要的理论支撑和现实依据。不仅在理论层面为中国马克思主义法学提供了崭新的研究视角、阐发了中国法治事业的前进方向、中华民族实现中国梦的制度保障。在实践层面,习近平法治思想案例法治观为我们提供了立法、执法、司法中都应当进一步恪守平等原则的要求,加强人权的法治保障,让人民群众在司法中切实感受到公平正义,加强执法、司法中的权力制约监督机制建设和努力实现法律效果、社会效果和政治效果的三维统一五个方面的现实意义。习近平法治思想案例法治观坚持以党的领导为根本,以人民为中心为理念,以中国特色社会主义法治为道路,助力中国实现伟大复兴,屹立于世界民族之林。

试论刑事指导性案例中的"规则"

陈　晨[*]

摘　要：指导性案例中案件事实与法律适用结论之间存在的紧密结合关系，可以被反复多次地参考和仿照。这种类案事实与法律适用之间的结合关系，实质上构成了指导司法实践的"规则"。具体包括：对于某种的案件事实，应该适用什么样的法律规范进行调整（规则的主体）；对应相关法律规范，需要查明案件中哪些重要的事实、情节；对应某种案件事实，所适用的法律规范应当怎样解释（规则的两个侧翼）。"两高"指导性案例中的"规则"，一般包含但不限于"裁判要点"或"要旨"部分的内容，需要进行辨识，以明确参照的对象。辨识规则时，可从矫正语义主体偏差、补充抽象概念信息、隐性规则的显性化等多方面入手。在编写指导性案例时，应当以"规则"为导向，注意制发指导性案例的必要性，以及法律解释与案例事实的对应性。

关键词：指导性案例；刑事；参照；规则

案例指导制度是中国特色社会主义司法制度的重要组成部分。法学理论界和司法实务界历来重视案例对司法实践的指导作用。1985 年创刊的《最高人民法院公报》和1989 年创刊的《最高人民检察院公报》，均设置专栏公布各种典型案例指导司法实践。2010 年 7 月 29 日、2010 年 11 月 26 日最高人民检察院、最高人民法院先后发布各自的《关于案例指导工作的规定》，明确了在检察工作、审判工作中要参照指导性案例的要求，并对"两高"发布指导性案例的相关程序作出规定。2018 年 10 月 26 日新修订的人民法院组织法和人民检察院组织法，首次在立法上规定最高法院、最高检察院"可以发布指导性案例"，确立了指导性案例的法律地位，消除了对指导性案例效力权源的疑问。

截至 2022 年 7 月，最高人民法院共发布 32 批 185 件指导性案例，其中刑事指导性案例 28 件；最高人民检察院共发布 38 批 157 件指导性案例，其中刑事指导性案例 100 件。这 128 件刑事指导性案例中，包括与刑法领域问题相关的案例 89 件，与刑事诉讼法领域（及国家赔偿法领域）问题相关的案例 39 件。指导性案例正越来越多地发挥着规范司法、指导办案的作用。如同法律的适用需要司法人员对法律条文作精密的解释一样，正确地运用指导性案例处理案件也需要对指导性案例中所包含的指导规则进行

---

*　江苏省人民检察院第五检察部副主任、三级高级检察官。

探究。正确地解读指导性案例，明晰指导性案例中的"规则"，对于推进案例指导制度的进一步发展完善具有积极的意义。在此，笔者以刑事指导性案例为研究对象，对指导性案件中的"规则"问题尝试作一粗浅探讨，以求教于大方。

一、"规则"是指导性案件中被"参照"的对象

根据最高法院和最高检察院颁布的《关于案例指导工作的规定》，各级法院、检察院在办理与指导性案例相类似案件时应当"参照"指导性案例。① 从参照指导性案例的前提看，待决案件与指导性案例是否具有相似性无疑是决定能否参照的基础。

（一）案件相似性的判断标准

很多学者在如何判决案例之间的相似性时，总是以案件事实的是否具有相似性作为判断标准。具体地，对于案件事实相似性的判断，主要是通过对比待决案件与指导性案例在案件事实中是否具有一定数量的特征点来完成的。如有学者对如何判断待决案件与判例（在此笔者将其视作指导性案例相等同的概念）是否属于同类案件，提出了以下方法和步骤："（1）列举最高人民法院判例的必要事实特征，例如该判例的必要事实特征为 A，有某些特征 X、Y 和 Z。（2）处理该案的法律事实 A 的法律原则 P。（3）列举待决案件具有事实特征 B，有某些特征 X、Y 和 C。（4）对事实 A 和 B 之间进行比对，由于 A 和 B 具有共同之处 X、Y，所以 B 也应适用 A 的法律原则 P。"②

随着案例指导制度的深入发展，对案件相似性判断，认识上已有了新的变化。2015年《〈最高人民法院关于案例指导工作的规定〉实施细则》第 9 条明确："各级人民法院正在审理的案件，在基本案情和法律适用方面，与最高人民法院发布的指导性案例相类似的，应当参照相关指导性案例的裁判要点作出裁判。"2020 年《最高人民法院关于统一法律适用加强类案检索的指导意见（试行）》第 1 条规定："本意见所称类案，是指与待决案件在基本事实、争议焦点、法律适用问题等方面具有相似性，且已经人民法院裁判生效的案件。"由此可见，相类似的不仅要求事实的相似性，而且要求法律适用上也应当有相似性。对此问题，最高法院相关法官的权威解释中以美国判例法的适用过程加以说明："国外判例法国家也有类似要求。例如，美国法官要比对在审案件与先例在案件事实和作出判决时核心法律问题是否相同或者相似。如果事实相同或者相似，先例判决所解答的法律问题与在审案件所要解答的法律问题是一样的，那么这个先例就对在审

---

① 2010 年《最高人民法院关于案例指导工作的规定》第 7 条规定："最高人民法院发布的指导性案例，各级人民法院审判类似案例时应当参照。"2019 年 3 月修订的《最高人民检察院关于案例指导工作的规定》第 15 条规定："各级人民检察院应当参照指导性案例办理类似案件，可以引述相关指导性案例进行释法说理，但不得代替法律或者司法解释作为案件处理决定的直接依据。各级人民检察院检察委员会审议案件时，承办检察官应当报告有无类似指导性案例，并说明参照适用情况。"2015 年《〈最高人民法院关于案例指导工作的规定〉实施细则》第 9 条规定："各级人民法院正在审理的案件，在基本案情和法律适用方面，与最高人民法院发布的指导性案例相类似的，应当参照相关指导性案例的裁判要点作出裁判。"
② 董皞主编：《中国判例解释构建之路》，中国政法大学出版社 2009 年版，第 192 页。

案件产生拘束力。……要从繁杂的先例判决中排除所有无关内容,区分哪些内容是与该先例判决的作出有关的内容,即法官作出这个判决最核心的依据和理由是什么。只有这部分依据和理由才对后来法官产生拘束力。"①因此,对于案件相似性的判断标准,包括案件事实相似性的判断标准和法律适用相似性的判断标准两个方面。其中对案件事实相似性的判断,如果采用前文所述的特征点比较法,那么对于待决案件事实特征点的选择,显然应当与所需解决的法律适用问题联系起来,筛选出对法律适用结果有关键性作用的事实特征点,去查找指导性案例中是否有特征点相同的案例。

对于法律适用相似性的判断,一般可以将待决案件与指导性案例直接比较,判断二者解决的(或需要解决的)是否是同一个问题。

司法实践中,查找和参照指导性案例的步骤,往往是先查找具有法律适用相似性的指导性案例,再去比较其与待决案例在事实特征点上是否相同,最终才能确定是否能够加以参照。实践中,司法人员很可能会遇到法律适用具有相似性的案件因为案件事实不具有相似性,而不能确认待决案件与指导性案例的相似性。比如同样属于解决某一罪名是否成立的案件,由于行为人的犯罪手段不同,而使得指导性案例与待决案件不具有相似性。相反,实践中也会有待决案件与指导性案例的事实具有相似性,但适用法律不具有相似性,而不能认定二者之间的相似性。例如最高法院指导案例 4 号王志才故意杀人案,因属于较早适用经刑法修正案(八)修正后的刑法第 50 条判处死缓限制减刑的案例,被列入指导性案例。② 不能认为这一案例与所有"因恋爱、婚姻矛盾激化引发的故意杀人案件,被告人犯罪手段残忍,论罪应当判处死刑,但被告人具有坦白悔罪、积极赔偿等从轻处罚情节,同时被害人亲属要求严惩的"案件都具有相似性。因为这一案件仅对于判处死缓的同时是否应当决定限制减刑具有指导意义,并非解决此类案件是否应当适用死刑问题。

综上所述,指导性案例的指导作用,只有在确定待决案件事实、法律适用问题与指导性案例的事实、法律适用问题都具有相似性这一前提下,才能实现。

(二)"参照"的过程

"参照"的字面含义是"参考并仿照(方法、经验等)"。在不同场景下,"参照"有不同的含义。如行政诉讼法第 63 条规定:"人民法院审理行政案件,以法律和行政法规、地方性法规为依据。……参照规章。"参照规章的意思是酌情适用规章。而对于指导性案例的参照则既与法律适用不同又与法律适用密切相关。

首先,参照案例的方法不同于适用法律的方法。"成文法的法律推理主要是一种演绎,在查清案件事实的基础上,将法律规则适用于个案。其关键是案件事实能否被法律规则所涵摄。因此,法律适用的重点是对法律规则的解释。"③法律规范的适用技术体

---

① 郭锋、吴光侠、李兵:《〈《关于案例指导工作的规定》实施细则〉的理解与适用》,载《人民司法》2015 年第 17 期。
② 参见吴光侠、周小霖:《指导案例 4 号〈王志才故意杀人案〉的理解与参照》,载《人民司法》2012 年第 7 期。
③ 陈兴良:《案例指导制度的规范考察》,载《法学评论》2012 年第 3 期。

现了从抽象到具体、从一般到个别、从普遍到特殊、从思维到事实的具体化、特定化和客观化关系，形式上表现为"司法三段论"推理技术，具体结构为："规范—事实—结论。"而对指导性案例的"参照"则不同，它是已决案件与待决案件之间相关要素的直接比对，体现了样本或模型与待处理产品的关系。通俗地说，就是"依样画葫芦"，其中不存在从具体到抽象、从抽象到具体的归纳与演绎复杂过程，具体结构为："事实—事实—结果。"①

其次，参照案例又与法律适用紧密关联。如有的学者所指出的：参照指导性案例的司法裁判因循了成文法适用的演绎推理模式，而在推理构造上又添加了指导性案例作为其中的因素，即除了被适用的制定法规范和经认定的案件事实，法律推理的前提还应囊括相应的指导性案例。指导性案例被作为判断待决案件事实是否符合某个制定法规范构成要件的说理依据使用。而这种说理依据的重要性就在于，它使人们认识到与指导性案例事实情况相同或相似的案件也应当被赋予与指导性案例相同的法律效果。②

笔者认为，对于指导性案例的"参照"，是在查证案件事实之后，运用"司法三段论"推导出法律适用结论之前，添加一个查找和比对指导性案例的过程，在确认待决案件与指导性案例具有相似性的情况下，按照指导性案例的法律适用结论，得出待决案件的法律适用结果。具体可以表述为，在运用"司法三段论"推理技术的同时，运用类比推理的方法，将原来的"规范—事实—结论"的司法判断结构，改变为"规范—事实—案例比对—结论"。这里的"案例比对"环节，不能简化为"事实"比对，因为案例比对包含了事实比对和法律适用比对；只有完成这两方面的比对，才能得出是否可以援引指导性案例，并作出最终法律适用判断的结论。

（三）"参照"的对象

建立指导性案例制度的一个直接的目的即在于达到"类案同判"，实现司法公正。而指导性案例中所包含的案件事实与法律适用结论之间的紧密结合关系，是保证参照结果实现"类案同判"的关键。指导性案例制度创设的初衷，就在于让司法者在确认待决案件与指导性案例具有相似性的前提下，仿照指导性案例中案件事实与法律适用结论之间的紧密结合关系，得出与指导性案例相一致的法律适用结果。

或许有人疑问，按照"司法三段论"的推理技术，在明确法律规范的大前提下，特定案件的事实只要是涵摄于该规范下（也就是能够认定该特定事实该当于该法律规范的要件），任何人都能得出结论，明确该案件事实依据该规范的规定所应获得的法律后果。有什么必要特别增加一次类比推理，以仿照指导性案例的方式，以保证法律适用结论的统一性？对这一疑问回答的另一面，实际也就是发布指导性案例的必要性和案例指导制度的优越性问题。对指导性案例的参照，可以简化法律适用过程。法律规范的抽象

① 参见冯文生：《审判案例指导中的"参照"问题研究》，载《清华法学》2011年第3期。
② 参见杨知文：《非指导性案例的"指导性"与案例指导制度的发展》，载《清华法学》2021年第4期。

性和非具体针对性使司法人员难以应对实践中千差万别的具体个案。法律适用的过程在"司法三段论"的框架之下,包括小前提的确定、大前提的寻找、大小前提的连接这三个环节之中,所须遵循的步骤和规则等往往在理论和实践层面还没有形成共识,造成法律适用的困难。而在指导性案例中,司法人员已经完成了大前提的确定、大小前提的连接以及法律论证。在待决案件中,司法人员只需参照指导性案例,就可以作出与指导性案例相同的连接,不必再次进行连接过程的论证。因此,指导性案例的推行,可以大为简化大小前提连接的过程,实际上也就是帮助司法人员简化了法律适用过程。[①]

在明确指导性案例中案件事实与法律适用结论之间的紧密结合关系具有可仿照性的前提下,我们自然就会发现指导性案例中案件事实与法律适用结论之间这种紧密结合关系构成了一种"规则"。这种"规则"就是司法人员办理待决案件时应当参照的对象。

二、刑事指导性案例中"规则"的辨识

法律规则通常具有严密的逻辑结构。以往关于法律规则的认识以"三要素"说为主导,即认为法律规则由假定、处理和制裁三部分构成:假定是法律规则中指出适用这一规则的前提、条件或情况的部分;处理是法律规则中具体要求人们做什么或禁止做什么的部分;制裁是法律规则中指出行为要承担的法律后果的部分。由于其存在缺陷,如处理一词不符合中文原意,制裁只是法律的否定性后果,仅是法律后果中的一种。"三要素"说逐渐被放弃,取而代之的是 20 世纪 90 年代兴起的"二要素"说。其认为法律规则要素分为行为模式和法律后果两部分:行为模式是指规定人们可以行为、应该行为、不得行为的行为方式,法律后果是指对应行为方式的法律上的反应。[②] 对照法律规则的结构,可以看出,指导性案例的逻辑结构与法律规则极为相似,"案件事实—行为模式"与"法律适用结论—法律后果",对应性非常明显。由于指导性案例中案件事实与法律适用结论之间存在的这种紧密结合关系,通过司法人员的类比推理,在司法办案中被反复多次地参考和仿照,实质上形成了类似于法律规则的规范效果。因此,可以将指导案例中的案件事实、法律适用结论,以及二者之间结合的关系,视为一种规则(或称指导规则)。以此为出发,我们可以认为指导"规则"包括一个"主体"和两个"侧翼":一是对于某种的案件事实,应该适用什么样的法律规范进行调整(规则主体);二是对应相关法律规范,需要查明案件中哪些重要的事实、情节(侧翼一);三是对应某种案件事实,所适用的法律规范应当怎样解释(侧翼二)。正是这种规则在指导司法人员对待决案件作出处理,以实现"同案同判"的效果。因此,对指导性案例中所包含规则的准确辨识,是保证正确参照指导性案例的关键。

---

① 参见王利明:《我国案例指导制度若干问题研究》,载《法学》2012 年第 1 期。
② 参见张晓晓主编:《法理学导论》,知识产权出版社 2013 年版,第 63 页。

（一）指导性案例中"规则"的表现形式

在我国案例指导制度下，具有指导效力的案例（指导性案例）必须是经过最高司法机关按照法定程序筛选、编写并发布的具有特定格式的案例。最高法院发布的指导性案例，由标题、关键词、裁判要点、相关法条、基本案情、裁判结果、裁判理由以及包括生效裁判审判人员姓名的附注等组成。最高人民检察院发布的指导性案例，一般包括标题、关键词、要旨、基本案情、检察机关履职过程、指导意义和相关规定等部分。[①] 最高法院指导案例的"裁判要点"部分主要是"简要归纳和提炼指导性案例体现的具有指导意义的重要裁判规则、理念或方法"；"裁判理由"部分主要是"根据案件事实、法律、司法解释、政策精神和法学理论通说，从法理、事理、情理等方面，结合案情和裁判要点，详细论述法院裁判的正确性和公正性。……重点围绕案件的主要问题、争议焦点或者分歧意见，充分阐明案例的指导价值"。[②]

最高检察院指导案例中，"要旨"是通过指导性案例提炼的规则，是指导性案例"指导性"的集中体现。[③] "指导意义"是对发布该指导性案例的意义所作的阐发，内容包括对要旨、检察履职过程部分内容作进一步深化或者延伸。

一般而言，最高法院指导性案例的规则包含在"裁判要点"中，最高人民检察院指导性案例的规则包含在"要旨"中［以下统称为指导案例的"要点（旨）"］。但由于法院、检察院的法律地位不同于立法者，受制于发布者的主体身份、所选案例的具体情况，指导性案例在规则的表达方式上难以做到法律规则那样结构完整、用语精练明晰。同时，案例中的要点（旨）有时并不能完全将指导性案例中具有指导意义的内容概括进来。因此，司法人员在参照指导性案例时，需要对指导规则进行辨识，才能明确其指导意义，实现对待决案件正确的法律适用。

（二）指导性案例规则的类型

有学者以最高法院刑事指导性案例为研究对象，根据指导性案例所涉及问题的类型，将指导性案例初步分为"回应公共议题"型、"考虑被害人诉求"型、"重申司法解释"型、"拓展司法解释"型。[④] 笔者认为，对于指导性案件类型的划分，应当对有利于对指导性案例规则的辨识为原则，为辨识规则时运用论理解释、体系解释等方法创造条件。

首先，应当区分指导性案例中规则所属的法律部门。刑事、民事案件的区别是应有之义，无须多说。就刑事指导性案例而言，有的案例规则属于解决刑法罪名适用问题的，则该案例应当归于刑法案例；有的案例规则属于解决刑事诉讼程序问题的，无疑应

---

① 最高人民检察院发布的指导案例体例有过变化，2019 年修订《关于案例指导工作的规定》之前，检察机关指导性案例一般由标题、关键词、基本案情、诉讼过程、要旨、法理分析、相关法律规定等组成。
② 参见最高人民法院研究室：《关于编写报送指导性案例体例的意见》第 3 条、第 7 条。
③ 参见李文峰、张杰：《最高人民检察院〈关于案例指导工作的规定〉理解与适用》，载《人民检察》2019 年第 8 期。
④ 参见周光权：《刑事案例指导制度：难题与前景》，载《中外法学》2013 年第 3 期。

当归于刑事诉讼法案例;还有的案例涉及多个规则且分属于不同法律部门,则应当将此类案件分别归入不同类型,以便在参照时没有遗漏。如检例第 74 号李华波贪污案,从案例标题看,很容易误认为这是一件刑法案例。但其要旨明确,该案例中的指导规则主要是针对适用违法所得没收程序的问题。再如最高法院指导案例 87 号郭明升、郭明锋、孙淑标假冒注册商标案,裁判要点解决的是假冒注册商标犯罪的非法经营数额、违法所得数额的证据证明问题。因此这两个指导性案例都应当归为刑事诉讼案例。在对指导性案例规则所属法律部门作明确以后,应当进一步针对其解决的具体问题所在的法律部门结构体系中的位置,作进一步划分。如最高法院指导案例 93 号于欢故意伤害案,属于正当防卫类案件。通过这种划分方法,有利于在指导规则辨识时,有效运用部门法的相关原理对案例中的指导规则作补充、解释。

其次,应当对指导性案例中指导规则的"刚性"作区分。指导性案例中的规则与法律规则相类似,也存在强行性规则和"指导性规则"(以下称"倡导性规则")。前者是要求司法人员应当仿照指导性案例对相关司法问题的处理方式,得出法律适用结论,否则将被认定为错案;后者是倡导司法人员选择指导性案例中的处理方法处理同类案件,如果司法人员没有作与指导性案例的同样选择一般也不会被认定为错案。如最高法院指导案例 61 号和检例第 24 号马乐利用未公开信息交易案中的指导规则属强行性规则,该规则明确:刑法第 180 条第 4 款规定的利用未公开信息交易罪援引法定刑的情形,应当是对第 1 款内幕交易、泄露内幕信息罪全部法定刑的引用,即利用未公开信息交易罪应有"情节严重""情节特别严重"两种情形和两个量刑档次。如果司法人员违反这一规则,对利用未公开信息交易行为,以法条原文只规定"情节严重"一种情形为由,拒绝对情节特别严重的情形适用"情节特别严重"的量刑档次,则属于适用法律错误。最高法院指导案例 87 号郭明升、郭明锋、孙淑标假冒注册商标案中,被告人辩解网络销售记录存在刷信誉的不真实交易,但依据无证据证实的,司法人员对其辩解不予采纳的规则,并不能作为认定其他类似案件是否正确的标准。如果有的司法人员认为被告人关于刷单的辩解虽无证据证实但有一定合理性,而采纳辩解对相关数额作出认定,所作的判决不能被认定为错案。因此,这一指导性案例的规则应属于"倡导性规则"。

再次,应当对指导性案例规则区分首创规则和重申规则。有的指导性案例规则解决的是法律规定不明确同时也没有司法解释作出规定的问题。因此,指导性案例的指导规则作为首次解决这类问题的规则,属于首创规则。如前文所述的马乐利用未公开信息交易案中关于利用未公开信息交易罪中的量刑情节的规则,就属于此类规则。这类规则具有极大可能后续会被新的司法解释加以吸收,以司法解释的形式发挥规范和指导作用。有的指导性案例规则所解决的问题已有立法或司法解释的规定,指导性案例本来也是前案司法机关运用法律或司法解释办理的。这类案例中的指导规则属于对法律规定或者司法解释的重申。如检例第 90 号许某某、包某某串通投标立案监督案,对于刑法没有规定的串通拍卖行为构成犯罪的情况下,不能对串通拍卖行为以串通投标罪追究刑事责任的法律规定予以强调。

上述对指导性案例中的指导规则所进行的类别区分，只是在有选择的几个角度下进行的。实际上，按照不同的标准指导性案例规则还可以作更多类型的区分。用不同的区分方法对规则进行审视，有利于准确、全面地辨识规则。

（三）对指导性案例规则辨识的具体方法

对指导性案例指导规则进行辨识，是准确参照指导性案例、正确处理案件，实现法治统一和司法公正的关键。如前文所述，虽然一般而言指导性案例中的规则是被概括在案例的要点（旨）部分中的内容。但受各种因素的影响和制约，要点（旨）中的内容往往并不能准确、全面地反映指导案例中的规则，需要针对性地采用一些方法对规则作辨识。笔者在此仅作粗浅的尝试：

一是对语义主体偏差的矫正。受发布主体的局限，一些规则并非按照"案件事实＋法律适用"的结构予以表达，需要在辨识时，对主体偏差进行矫正。如检例第 100 号陈力等八人侵犯著作权案，要点（旨）指出："对涉及众多作品的案件，在认定'未经著作权人许可'时，应围绕涉案复制品是否系非法出版、复制发行且被告人能否提供获得著作权人许可的相关证明材料进行审查。"这里包含了如何认定侵犯著作权罪中"未经著作权人许可"要件要素的证明规则。因发布主体为检察机关，这一规则被表达为对证据的审查要求，没有体现出证明规则的本质。对此可以通过忽略发布主体定位，直接对规则按照立法者身份进行转化。如上述规则可以表述为，"涉及众多作品的涉嫌侵犯著作权的案件中，检察机关通过证据能够证明涉案复制品系非法出版、复制发行，且被告人不能提供获得著作权人许可的，可以认定行为人'未经著作权人许可'"。

二是对抽象概念的信息补充。有的指导性案例中要点（旨）所使用的概念不够明确，如果不对其使用概念所具体指代的内容进行明确，指导意义就会大打折扣。此时需要对照案例中的案情，将相关信息补充到规则中，以完整地反映指导案例的案件事实与法律适用结论之间的结合关系。如最高法院指导案例 144 号张那木拉正当防卫案中，裁判要点（旨）指出："对于使用致命性凶器攻击他人要害部位，严重危及他人人身安全的行为，应当认定为刑法第 20 条第 3 款规定的'行凶'，可以适用特殊防卫的有关规定。"对此需要查找案情，明确要点（旨）中所述的"致命性凶器"在本案中包括长约 50 厘米的砍刀、铁锹、铁锤；对"严重危及他人人身安全的行为"，在本案中是从侵害方人数（3人）、所持凶器、打击部位（后脑部）等情节看，并以普通人的认识水平进行判断，而得出不法侵害已经达到现实危害张那木拉的人身安全、危及其生命安全的程度的。据此可以将这一认定刑法第 20 条第 3 款规定的"行凶"的规则，补充表述为："对于多人使用诸如砍刀、铁锹、铁锤此类的致命性凶器，攻击他人头部等要害部位，以普通人的认识水平进行判断，已严重危及他人生命安全的行为，应当认定为刑法第 20 条第 3 款规定的'行凶'，可以适用特殊防卫的有关规定。"

三是涉及罪名认定的规则须根据刑法学体系解释的方法进行辨识。在刑法指导性案例中有相当一部分属于对犯罪罪名认定的案例。对其中认定规则的辨识须结合法条规定、司法解释进行,并遵循罪刑法定原则。如最高法院指导案例第13号王召成等非法买卖、储存危险物质案,将氰化钠等剧毒化学品认定为属于刑法第125条第2款规定的"毒害性"物质的规则,不能仅限于裁判要点概括的内容进行辨识,而应当结合刑法第125条第2款的规定和两高《关于办理非法制造、买卖、运输、储存毒鼠强等禁用剧毒化学品刑事案件具体应用法律若干问题的解释》,以及该案例"裁判理由"部分的内容进行规则辨识。笔者认为,该指导案例的指导规则可以概括为:"1. 氰化钠属于刑法第125条第2款所规定的'毒害性物质'。2. 对于虽不属于禁用剧毒化学品,但列入危险化学品名录中严格监督管理的限用的剧毒化学品,易致人中毒或者死亡,对人体、环境具有极大的毒害性和极度危险性,极易对环境和人的生命健康造成重大威胁和危害,属于刑法第125条第2款规定的'毒害性物质'。"

四是程序性规则内容的刚性化解读。在一些刑事诉讼程序类指导性案例中,要点(旨)以一种倡导的语气提出办案要求,从外观上属于倡导性的指导性案例。但实际上,在没有其他规范要求下,最高司法机关通过指导性案例对同类案件的办理程序作出的明确要求,应当视为办案规则加以贯彻。如检例第106号牛某非法拘禁案中,要点(旨)提出:"检察机关对于公安机关移送的社会调查报告应当认真审查,报告内容不能全面反映未成年人成长经历、犯罪原因、监护教育等情况的,可以商公安机关补充调查,也可以自行或者委托其他有关组织、机构补充调查。"对此应当结合该指导案例中"指导意义"部分关于"办理附条件不起诉案件,应当进行社会调查,社会调查报告内容不完整的,应当补充开展社会调查"的要求进行补充。

五是隐性规则的显性化。对照法律规则明确性的要求,指导性案例中具有指导效力的规则本来都应当是明示的,不应该允许有隐性的规则存在。但由于指导性案例中的"要点(旨)"从文义上仅表示的是对案例指导意义的概括,并没有任何制度依据认为指导性案例中只有要点(旨)中概括的内容才具有指导意义,不排除指导性案例的其他部分的内容里还可能隐含规则。发现这些规则并加以运用才能充分发挥指导性案例的指导作用。如在"两高"都列为指导性案例的马乐利用未公开信息交易案中,"两高"的要点(旨)均只归纳了刑法第180条利用未公开信息交易罪应当具有"情节严重"和"情节特别严重"两个量刑幅度这一规则。但显然在该案的办理过程中,司法机关还面临着在没有法律和司法解释依据的情况下,能否以及如何认定升格法定刑量刑幅度的标准问题。对此问题在检例24号的"抗诉理由"部分、最高法院指导性案例61号的"裁判理由"部分已有明确的说明。对这一部分的内容理应也视为具有指导意义的规则。具体的规则可以表述为:"1. 在法律和司法解释没有明确规定某罪名的法定刑升格的量刑幅度标准时,司法机关有权根据案件具体情况作出案件是否属于应当升格法定刑的判断。2. 虽然没有关于利用未公开信息交易罪'情节特别严重'认定标准的专门规定,但鉴于刑法规定利用未公开信息交易罪是参照内幕交易、泄露内幕信息罪的规定处罚,最高人民法院、最高人民检察院《关于办理内幕交易、泄露内幕信息刑事案件具体应用法律若干问题的解释》将成交额250万元以上、获利75万元以上等情形认定为内幕交易、泄露内幕信息罪'情节特别严重'的标准,利用未公开信息交易罪也应当遵循相同的标准。"再如检例第 70 号宣告缓刑罪犯蔡某等 12 人减刑监督案中的"指导意义"部分指出:法院减刑、假释裁定系依据地方人民法院、人民检察院制定的司法解释性文件作出的,属于适用法律错误,人民检察院应当依法向人民法院提出书面监督纠正意见,监督人民法院重新组成合议庭进行审理。这一规则也没有在案例的"要点(旨)"部分出现。在对该指导性案例的规则进行辨识时,应当将这一规则加以确认。

此外,对于一些指导性案例中的要点(旨)中所载的经验宣示内容不应视为规则,但指导性案例中其他具有指导意义的部分,应当视为指导规则。

三、刑事指导性案例的编写应当突出"规则导向"

当前指导性案例不断增多,司法人员需要参照适用的任务越来越重。指导性案例的编写质量,决定了指导性案例的生命力。如前文所述,"规则"是指导性案件中被"参照"的对象;因此,在编写指导性案例时应当突出"规则导向"。笔者认为,具体应当注意以下几个方面:

一是指导性案例制发的必要性,应当以其自身包含的"规则"是否具有指导性作为考量。如有学者指出的,指导性案例的存在均基于必要性,否则就可能造成资源浪费。有的指导性案例的裁判要点是法律条文所应涵盖的内容,有的指导性案例的裁判要点和司法解释或司法性文件存在重合,有的指导性案例明确的是纯粹技术性规定,因而制发的必要性受到质疑。[①] 笔者认为,指导性案例所包含的"规则",是类案事实与法律适用之间的结合关系。因而其案例的指导性,主要体现在针对某类案件事实应该适用什么样的法律规范,具有指导作用。虽然对于某项法律规范如何解释,也可能是其涉及的内容,但不应当是其指导性的主要方面,否则就是代行了司法解释的功能。同时,如果是法律、司法解释已经明确的内容,就不应作为指导性案例加以重申的内容。

二是对案例事实的编写要对应法律适用要件,充分揭示关键情节。案例指导制度的生命力来源于对类案事实与法律适用对应性的揭示。法律适用的前提是案件事实已经查明。在编写案例时,对涉及法律规范"行为模式"部分的关键情节应当毫无保留地写入案例。有学者主张指导性案例中的"案件事实"应当表述为"重要事实"。"重要事实"是能体现创新规则的事实。而所谓"规则创新",主要指的是指导性案例对现有的特定抽象法律规范进行细化、扩展、延伸,甚至填补相应的规范漏洞。[②] 笔者认为,在编写刑事指导性案例时,应当对应案例中的"规则"内容,提炼案件事实,将影响到该案适用或不适用某个法律、认定或不认定某种性质、对应法律中的某种程度、某种情形的所有事实要素、情节都予以揭示。不能出于回避问题、争议等考虑,而刻意删减、改造、忽略

---

① 参见陆幸福:《刑事指导性案例司法应用之方法论展开》,载《国家检察官学院学报》2022 年第 3 期。
② 参见孙光宁:《指导性案例参照适用中的案件事实相似性判断》,载《国家检察官学院学报》2022 年第 3 期。

案件事实。如最高人民检察院检例第 47 号指导性案例于海明正当防卫案中,对于刘某连续用刀面击打于海明颈部、腰部、腿部的行为,予以揭示,并加以评析,很好地回应了该案法律适用的关键争议点,使得该指导性案例的指导性得到充分体现。

三是对法律规范的解释应当与案例事实相对应,注重说理性。指导性案例不同于司法解释,对法律规范的解释,应当是有限的、节制的,但同时相对于司法解释也是可以有所突破的。首先,对法律规范的解释应当针对案件事实体现必要性。案例事实的客观存在,为解释相关法律提供了必要性依据。对于案例事实不涉及的法律问题,不应当在指导性案例中进行解释。其次,由于案例事实的丰富性,所解释的法律规范可以分属不同的部门法。案例的撰写,需要对原有办案过程予以还原。每一个司法案件所涉及的法律关系是多方面的,因此,往往需要调用不同的部门法进行调整。对于相关案件所涉及的不同部门法,只要是适用上具有指导性的,就应当在案例中予以揭示。对特定事实内容与所调用的部门法之间的紧密关系加以阐释,有利于增强司法人员的法治意识,提升司法技术水平。再次,对法律规范的解释,应当符合法秩序统一的原则。指导性案例所包含的规则,将成为整个法规范体系中的一部分,必须与法规范体系的其他部分保持协调。在解释法律时,应当符合部门法的目的解释、体系解释等解释原理的要求。

综上所述,对刑事指导性案例中规则的辨识和应用,有利于更为深入地探寻案例指导工作的内在规律,更好地以指导性案例为工具,保障国家的司法公正和法治统一。期待更多的同仁投入其中,让案例指导的理论与实践之树根深蒂固、枝繁叶茂。

案例视野下类案检索情况融入
裁判说理的路径选择

杨　涛　左一凡*

摘　要:通过类案检索的方式筛选 2020 年 7 月以来中国裁判文书网收录的 329 件"本院认为"部分涉及类案检索的案件,并以此为样本进行分析可以发现,大部分启动类案检索程序的案件并未将类案检索结果在裁判文书中予以披露。即便部分裁判文书在说理部分介绍了案件的类案检索情况也存在论证简单、回应不足、表述混乱等现象。类案检索自身缺乏表达方式的规范、法官的思维方式未能及时转变、案例法源地位的模糊、使用方式和情形的不明、类案规则供给匮乏都已成为实践中影响类案检索结果融入案件裁判文书的桎梏。对此,应当确立类案检索情况写入裁判文书的形式要素与内在要求,并且不断完善类案检索裁判说理的制度保障。

关键词:类案检索;裁判说理;实证分析;类比推理

目前我国类案检索的研究主要集中于类案检索平台的架构、检索技术与识别技术的介绍、检索报告的制作与运用等,对于审判实务中的一些基础问题鲜有涉及。在这其中,最重要同时也亟待解决的一个问题是类案裁判如何说理,也即法官如何将类案检索结果规范、充分地融入裁判文书中。实务中,如果不将类案检索情况在裁判文书中进行披露、说理,就无法使当事人知晓类案对于裁判结果走向的影响,无疑会让类案检索机制成为背离当事人的"暗箱操作"。要想解决该问题,应回到裁判文书的说理部分,了解类案检索机制的适用现状、说理现状,找寻类案检索情况难以引入裁判文书的原因,在此基础上探寻类案裁判如何说理。

一、检视:裁判文书中的类案检索镜像

笔者以"类案检索"为关键词,在"中国裁判文书网"进行案件检索,①显示有 2 371 条检

---

* 杨涛,江苏省淮安市中级人民法院法官助理;左一凡,江苏省高级人民法院法官助理。

① 检索的时间跨度为 2020 年 7 月 31 日至 2021 年 5 月 31 日,选择 2020 年 7 月 31 日作为案件检索的起始点主要原因在于,该时间点为《最高院关于统一法律适用加强类案检索的指导意见(试行)》正式开始实施的时间。这是第一部关于类案检索机制的全国性的专门规则指引文件。

索结果,在结果中进一步检索"本院认为"部分有关键词"类案检索"的案件数为 329 件,而同时间段上网民事案件判决书的总数量为 7 155 003 件。换而言之,司法实务中,法官主动进行类案裁判说理及对当事人提出的类案检索报告进行回应的案件数占同时期民商事案件总量不足两万分之一。笔者对这 329 份裁判文书进行推敲,一方面可以窥见类案检索对于个案裁判结果的影响路径,另一方面也能够洞察类案检索结果融入裁判说理的现实状况。

（一）裁判文书中的类案检索适用现状

1. 主动适用类案检索结果。在适用类案检索机制裁判的案件中,法官主动进行类案检索结果的为主要情形。样本裁判文书显示,法官主动适用类案检索机制可分为两大类。一是检索关联案件[①],一般表现为待决案件与类案之间至少存在一方相同的当事主体,而这也是维持最低限度同案同判的最低要求。这一类型类案对于待决案件裁判结果产生的影响力最大,但却是类案检索机制影响最小的领域,有赖于审判监督制度的"威慑",关联案件的类案检索早在最高院推行类案检索机制之前就已经成熟,同一法院对于关联案件作出完全不同判决的概率极低且即使存在也能够被及时纠正。[②] 第二类是检索他案,通过检索与待决案件之间具有实质相似性的类案,来指引待决案件的审判,类案检索机制其核心正是想以此来统一法律适用推动同案同判,[③]但从裁判说理部分来看,类案检索除具有引导法律适用的价值之外,还被广泛运用于协助案件事实的认定和对诉讼程序的厘清、释明。

表 1　裁判文书中类案检索应用的功能与典型

功能价值	具体表现	典型案例
事实认定价值	寻找经验法则	(2020)陕 0323 民初 1361 号案件中,法院认为原告所主张的 90 天护理期时间过长,通过类案检索发现在该类型案件中医疗护理期的时间一般为 6 至 8 周,并以此确定该案中护理期的合理时长为 49 天
	特殊事实的认定	(2020)渝 0236 民初 2869 号案件中,通过类案检索发现原告在近年多次以产品质量不合格为由向重庆法院提起过诉讼并要求加倍赔偿,从而认定原告为"知假买假"
		(2020)京 03 民终 8397 号、(2020)京 03 民终 5499 号中,对于被告提出的原告为"职业放贷人"的抗辩主张,经法院类案检索发现原告未涉及其他民间借贷案件,从而排除案件民间借贷为职业放贷的可能

① 在上述 329 件裁判文书中法官主动适用类案检索机制的案件数为 121 件,其中检索关联案件的案例数量为 59 件,占法官主动适用类案检索的比例为 48.76%,典型案件参见:李东与河北尚高房地产公司等商品房预售合同案,河北省涞水县人民法院(2021)冀 0623 民初 587 号民事判决书;郝喜盛与大连保利房地产公司商品房预售合同案,大连市甘井子区人民法院(2020)辽 0211 民初 7929 号民事判决书;陈后兵与安徽绿辉公司买卖合同纠纷案,安徽省当涂县人民法院(2020)皖 0521 民初 1303 号民事判决书;张虹、奉仪与邵阳第一医院拆迁安置补偿案,湖南省邵阳市双清区人民法院(2020)湘 0502 民初 535 号民事判决书;安徽金煌公司与江苏盛阳公司管辖权异议案,江苏省泰州市中级人民法院(2020)苏 12 民辖终 173 号民事裁定书。
② 参见张骐:《论类似案件应当类似审判》,载《环球法律评论》2014 年第 3 期。
③ 参见魏新璋、方帅:《类案检索机制的检视与完善》,载《中国应用法学》2018 年第 5 期。

功能价值	具体表现	典型案例
法律适用价值	法律行为的定性	(2019)京0102民初9515号案件中,在法院对"标会活动"定性时,借助类案检索,法院发现福建省此类案件量最多,近两年福建省法院的裁定大多对"标会"活动的合法性予以否定性评价,认为其不符合金融监管要求,从而以违背公序良俗为由将"标会活动"定性为无效法律行为
	法律规范的解释	(2020)鲁0303民初4804号案件中,法官借助于检索上级法院的生效裁判文书,将《公司法》中"股东"的范围界定为公司章程中认可或股东名册中载明的显名股东,而隐名股东在其成为显名股东之前,不能主张行使公司显名股东的权利
	自由裁量的参考	(2020)京0102民初23774号民事案件中,法官借助于类案检索对于原告所申请的精神损害赔偿的数额进行调整
诉讼程序价值	确定案件管辖权	(2020)湘1202民初3862号案件中,原被告双方对于案件管辖权产生争议,经检索,该案在基本事实、争议焦点、法律适用问题等方面与(2016)最高法民辖32号民事裁定书具有相似性,从而依据最高院的裁判观点确定案件的管辖权属于上级法院
	引导当事人合理诉请	(2020)豫16民终3795号案件中,经类案检索发现最高院的最新裁判观点认为不应在上诉状递交之时认定上诉请求已经固定而不得变更和增加,应允许上诉人在不超出原诉请的范围内于二审庭审辩论结束前增加或变更上诉请求

2. 被动适用类案检索结果。案件当事人以类案检索结果作为证据或者观点佐证材料提交法院,并获法官采纳的"被动适用"情形出现5件。在《最高人民法院关于统一法律适用加强类案检索的指导意见(试行)》(以下简称《最高院指导意见》)出台后,当事人提供类案检索的情形呈井喷式增长,由于当事人所提供的类案检索结果大多明显带有利己的偏向性,大部分当事人提供的检索结果并没有被采纳。

3. 不适用类案检索结果。类案检索机制功能的发挥,最终仍需回归司法实务中检验。从检索到的司法案例来看,不适用类案检索结果的案件占据了多数。以"类案检索"为关键词共检索到2 371件案件,法官对其中的2 042件予以忽略、回避;在有回应的329件中,203件属于当事人提供类案检索结果法官不予适用的情形。不予适用的理由包括以下几类:

表2　裁判文书中不适用类案检索结果的具体事由

不适用类案检索事由	具体表现	是否存在规范依据	案件数
类案识别有误	检索结果与待决案件基本事实、争议焦点不具有相似性	不存在	147件
	检索结果与待决案件事实相似但争议法律关系不同		2件

续　表

不适用类案检索事由	具体表现	是否存在规范依据	案件数
检索结果效力不足	检索案例非指导性案例,不具有参考性	不存在	6 件
	检索文书为下级法院的生效裁判,不具有参考性		2 件
	检索结果为未生效法律文书		1 件
非强制检索案件范围	裁判规则明确,无须类案检索	存在	3 件
	待决案件非疑难复杂案件		2 件
	仅引用《最高院指导意见》第 2 条,未说明具体缘由		27 件
其他情形	/	/	13 件

(二)类案检索结果融入裁判文书的特征

1. 缺少必要的论证过程。在法官主动适用类案检索时较少对适用的过程进行论证。通常仅简单罗列出类案的案号或将类案检索情况以"经类案检索"一笔带过,这种过于简略的表达使上级法院难以对适用类案检索的正确性进行检验,也同样会引起当事人对类案参考正当性的质疑。

表 3　法官主动适用类案检索情况下的裁判说理

案件号	具体表述	援引依据	特征
(2020)宁 03 民终 628 号	根据合同法第 110 条规定及类案检索的结果,有违约行为的一方当事人请求解除合同……	未援引类案检索依据	仅表述案件已经过类案检索
(2021)京 01 民终 2658 号	对于该问题,法律没有特别明确规定,在理论界及司法实践中,亦存在不同的观点。经类案检索,北京市不同法院也存在不同的认识	未援引类案检索依据	表述为案件经过类案检索,且显示检索地域范围
(2021)皖 0121 民初 1112 号	经类案查询到合肥市中级人民法院(2017)皖 01 民终 1419 号民事判决书、(2019)皖 01 民终 8590 号民事判决书。结合本案……	《最高人民法院关于统一法律适用加强类案检索的指导意见(试行)》第四项	表述为案件经过类案检索,并列出案件号
(2020)鲁 14 民初 248 号	经检索,吉林省高级人民法院作出的(2016)吉民申 96 号民事裁定书认定自查封之日起,最高额抵押权所担保的债权即确定。最高人民法院作出的(2018)最高法民申 6066 号民事裁定书认为抵押权人对抵押财产被查封、扣押的事实不知情,最高债权限额以内发生的债权,仍属于担保债权	未援引类案检索依据	表述为案件经过类案检索,列出案件号并简要归纳不同案例的裁判观点

2. 对当事人提供的类案检索报告回应不足。法官在"本院认为"部分对当时所提供的类案检索报告作出回应的比例仅占当事人提出类案裁判抗辩案件的13.88%,所以实践中法官对于当事人所提交的类案检索报告大多选择直接忽略。在仅有的5件法官采纳当事人类案检索结果的案件中,法官对于适用结果的描述十分简单,同样缺乏对类案判断过程、裁判观点的提取及适用情况的说理。

表4 法官适用当事人提供类案检索报告情形

案件号	具体表述	援引依据	共同特征
(2020)川 0704 民初 1885 号	本案中,原告提交的类案检索报告中的裁判规则与本案具有一致性,本院予以采纳	未援引类案检索依据	对于当事人所提交的类案检索结果与待决案件的相似性予以肯定,但对于相似性判断过程以及具体裁判观点的提取和应用予以忽略
(2020)粤 01 民终 15723 号	上诉人所提供本院(2019)粤 01 民终 14424 号生效判决与本案在基本事实、争议焦点、法律适用方面具有相似性,属于类案,该案判决可作为本案裁判的参考	《最高人民法院关于统一法律适用加强类案检索的指导意见(试行)》第二条、第九条	
(2021)川 0704 民初 87 号	被告任栋在庭审中提交类案检索报告,证实(2019)川 0106 民初 1478 号、(2019)川 01 民终 11580 号、(2019)川民申 5981 号民事判决书所述案情与本案相似	未援引类案检索依据	
(2020)粤 02 民终 1917 号	上诉人提交的在中国裁判文书网中搜索的(2015)丰民初字第 00292 号指导案例与本案属于类案,该案系判决由被告承担事故全部责任。综上所述,被上诉人应当就剩余损失 121 670 元进行赔偿	《最高人民法院关于统一法律适用加强类案检索的指导意见(试行)》第十条	
(2020)川 0704 民初 440 号	据被告提交类案检索报告所载类案,与本案裁判规则具有一致性,本院予以采纳	未援引类案检索依据	

二、反思:类案检索结果为何难以融入判决说理

从以上裁判文书的实证分析结果来看,类案检索机制在融入裁判文书的过程中存在诸多问题;多数裁判文书未将类案检索的运行情况引入裁判说理,引入类案检索适用情况的文书中对于说理的形式与内容也显得杂乱无章。笔者认为这一现象主要由以下几方面原因导致。

(一)类案检索自身缺乏表达方式的规范

《最高院指导意见》并未明确类案检索适用的具体方式,《最高人民法院关于进一步全面落实司法责任制的实施意见》也仅仅是要求承办法官应当制作关联案件与类案检

索报告在合议庭合议及专业法官会议上作出说明，对于裁判文书中是否应当披露类案检索情况并未提及。因此，类案检索是否需要释明以及释明的方式并无标准答案可参考。即便是地方层面出台的细化操作指引，如上海市一中院制定的《强制类案检索报告样式》、重庆一中院制定的《检索报告普通模版》《检索报告量刑模版》等，也均未提及如何将类案检索报告融入裁判文书说理。

在缺乏强制要求与具体指引的情况下，一方面部分法官会认为无须在裁判文书中披露检索情况。例如（2020）川07民终3082号民事判决书认为，在裁判案件过程中运用类案检索机制时，类案检索的过程及分析应由人民法院单独制作，而不再在该案判决书中予以分析评价。另一方面不同法官对于类案检索结果融入裁判文书的方式存在不同理解。如上文所述，大部分法官仅在判决中简单描述案件"经类案检索"或附加检索案件的案号、地域范围，仅有少部分法官在判决书中简述类案具体案情、争议焦点以及适用的理由，[①]但对于类案检索的过程，包括检索平台、检索过程、识别过程等信息仍未披露。此外有法官认为类案检索报告属于证据的，在法庭辩论环节当事人对此提出的辩论意见，应在裁判事实认定部分对此作出回应。[②]

（二）法官缺乏类比推理思维方式的训练

国内有学者将先例的在先适用分为先例推理与类比推理两阶段，[③]先例推理更接近于演绎推理，是将从先例中所提取的规则经过逻辑三段论的演绎过程，适用到待决案件的裁判中；类比推理则是将先例与待决案件的异同进行详细的比较从而使得相似的事实获得相似的判决，其重点在于类案的识别。[④]我国法官长期以来接受的是演绎推理思维的训练，而转化类案检索结果则需要结合类比推理与演绎推理进行裁判说理，在没有类比推理思考习惯的情况下，想要将类案检索的成果转化为裁判文书说理是一项不小的论证挑战。例如，对裁判文书中如何确定待决案件与检索结果之间是否具有相似性以及何种相似程度才能够认定为"类案"的问题，203件当事人提供类案检索结果的案件中有147件被法官以所提供案例与待决案件在基本事实、争议焦点与法律适用上不具有相似性为由不予适用，且对不予适用的论证过程并不说明。这其中，案件基本事实类似而争议法律关系不同的情形，最能体现法官裁判说理时逻辑上的混乱。有判决认定"原告提供案例所涉及的法律关系基本上均为相关主合同项下的担保合同法律关系，担保合同系诺成性合同，而本案双方争议的是民间借贷合同法律关系，如前所述系实践性合同，与本案无可比性，不属于应参照的类案"[⑤]，有判决主张即使法律关系不

① 参见浙江省杭州市拱墅区人民法院（2020）浙0105民初3226号民事判决书。
② 参见安徽省六安市中级人民法院（2020）皖15民终2389号民事判决书；郑州新视明公司与丹阳好视力眼睛商行侵害商标权案，江苏省镇江市中级人民法院（2020）苏11民终2813号民事判决书。
③ 参见余高能、代水平：《美国判例法的运作机制》，载《西安电子科技大学学报（社会科学版）》2007年第4期。
④ 参见邓矜婷：《确定先例规则的理论及其对适用指导性案例的启示——基于对美国相对学说的分析》，载《法商研究》2015年第3期。
⑤ 湖北省荆门市东宝区人民法院（2019）鄂0802民初2241号民事判决书。

同,但如果案件的基本事实相似,检索结果对于案件事实的查明仍有帮助,具有类案参考价值。[1]

在判例法国家,不仅法学院会教授类比推理论证具体逻辑,先例与待决案件的比对方法、判例规则的提取、判例规则的解释方法与技术也都有着成熟的理论基础,上百年的判例裁判经验已经在实践中形成完整的裁判说理规范体系。[2] 而我国目前仅有《最高院指导意见》等对类案的判断标准作出的规定,再无其他指引。因此,即使法官已经运用类案裁判观点,但其在缺少逻辑训练与现实规则的情况下,也很难将类案裁判过程融入裁判文书中。

(三)"前案"规则供给匮乏

类案检索最根本的价值在于为法官裁判待决案件时提供值得借鉴的规则或标准。[3] 从对已有案例的实证分析来看,在适用类案检索机制时往往会出现"类案有余"而规则不足的局面,甚至在实践中有因检索到的类案难以提炼出确定的规则从而参照"中国法制出版社出版的由国家法官学院案例开发研究中心编写的中国法院年度案例中的裁判观点"的情况。[4] 目前,除最高院公布的指导性案例或公报案例(以及部分高院公报案例)有明确的裁判规则,一般案件中裁判规则的体现并不明显。有些案件对重要部分的说理仅一笔带过,难以提炼出具体的裁判要旨,因此,裁判过程中法官最需要的具有一般规则参考价值的类案往往可遇而不可求,这一情况直接导致法官类案比附的说理难度增加。

(四)案例的法源地位模糊

作为大陆法系国家,我国法律以成文法的形式存在,法律渊源并不包含各级法院的司法案例,即便是最高院的指导性案例其法源地位也存在着争议。[5] 持"否定说"的观点认为承认案例的法源地位等于增设了一种没有宪法和法律依据的法律形式。[6] 正因为案例法律效力的模糊,实践中法官对于回应类案检索的适用情况缺乏内在动力。有法官认为,除非当事人提供的是指导性案例,否则法院不予回应类案检索结果并不属于诉讼程序瑕疵;[7]也有判决认定不回应当事人的案例检索报告,属于程序不当,但类案裁判结果仅具有参考价值,对于当事人提交类案检索结果的,通过谈话释明等方式予以回应即可。[8] 可以看出,若无明确的效力制度支撑,法官对于直接将类案检索结果作为

---

[1] 参见贵州省独山县人民法院(2020)黔 2726 民初 370 号民事判决书。
[2] 参见邓矜婷:《美国判例体系的构建经验——以居间合同为例》,载《华东政法大学学报》2014 年第 2 期。
[3] 参见孙海波:《类案检索在何种意义上有助于同案同判?》,载《清华法学》2021 年第 1 期。
[4] 参见郭树礼、豆中宝生命权、健康权、身体权纠纷案,河南省周口市中级人民法院(2021)豫 16 民终 1400 号民事判决书。
[5] 参见雷磊:《指导性案例法源地位再反思》,载《中国法学》2015 年第 1 期。
[6] 参见刘作翔:《中国案例指导制度的最新进展及其问题》,载《东方法学》2015 年第 3 期。
[7] 参见江西省高级人民法院(2020)赣民申 1567 号民事裁定书。
[8] 参见贵州省贵阳市中级人民法院(2020)黔 01 民终 9458 号民事判决书。

指导法律适用的依据融入裁判文书无疑会产生迟疑。

另外,实践中类案检索出的裁判结果不一致的现象也较为普遍,对于冲突结果如何在判决中进行回应也是一道难题。有裁判文书以通过类案检索查明类案裁判意见不一致,法官可基于对法律的不同理解和认知基础上自行判断为由而不适用相互冲突的检索结果,从而回避在裁判文书中对冲突裁判结果进行评价。[①] 实践中类案的数量越多,也就意味着裁判规则越多元,规则之间发生冲突的概率越大,在同一位阶以及不同位阶之间的类案都有可能出现这一情况,如果此时没有明确的择优适用规则,在裁判文书中对冲突检索结果作出选择与评价无疑将在一定程度上增加案件被"挑错"从而被发改的概率,使得法官在面对这一问题时选择回避。

三、涅槃:类案检索结果如何融入裁判说理

(一)类案检索情况写入裁判文书的必然性

要求法官将类案检索结果及适用情况融入裁判文书具有充分的正当性。首先,该方式有利于类案检索机制功能的发挥,类案检索最大的功能在于解决"类案不同判"问题,统一法律适用。与审判监督相比,类案检索允许当事人主动参与,只有将类案检索的运行透过裁判文书进行完整的披露,才能避免类案检索成为背离当事人的"暗箱操作",实现对自由裁量权的制衡。其次,将类案检索结果及运用情况融入裁判文书有利于法官心证公开。如果不公开类案选取、类案裁判推理等思维过程,无疑将造成内外说理差别,违背审判实质性公开理念。类案检索结果的运用是影响裁判结果形成的实质内容,理应成为司法公开的核心。最后,文书中引入类案检索运用情况有助于提升裁判的说服力。类案检索是解释法律提升当事人对裁判结果信服程度的有力说理工具,对于争议较大的法律适用问题,通过将类案检索结果转化成判决说理,当事人更能接受判决结果,并通过裁判文书展现类案检索的影响力,也能够引导当事人积极主动进行类案检索,在一定程度上减少法官检索的工作量。

(二)类案检索情况写入裁判文书的形式要素

通过上述分析可以看出,将类案检索机制与裁判文书说理进行融合有着重要意义,就目前而言,虽无制度上的指引,但要引导法官将类案检索结果融入裁判说理过程中,以清晰的脉络展现类案检索的运行轨迹,则裁判文书需要包含以下要素:

1. 归纳争议焦点。作为类案检索适用的前提,在阐述类案检索过程及结果之前,应当简要地概括本次检索的争议焦点,这也是对类案检索中关键语句的总结。

---

① 参见山东省高级人民法院(2020)鲁民再 337 号民事判决书。

2. 类案检索平台。实践中不少裁判文书中忽略对于类案检索平台的说明。① 对检索平台进行简要说明一方面能突出类案检索的严谨性，另一方面也方便当事人或是后续裁判者复盘使用。

3. 类案选取过程。法官应当对类案检索的过程进行梳理，对挑选类案中所考虑的因素适当说明（包括时间、地域、审理法院及其他相关因素），有利于当事人能够对遗漏类案进行补充，避免发生类案选取的选择性忽略。

4. 检索结果分析。在对检索结果进行分析时，应当力求全面、真实地展示类案检索情况，对于不同观点的类案分别提取裁判要点对比呈现。实践中(2020)甘 0502 民初 2913 号案件对于检索结果的分析处理具有典型意义。司法人员针对职工按照灵活就业人员身份缴纳社会保险后是否有权要求用人单位返还这一问题，将司法实践中两种做法进行列举，并分别分析两种做法的法律依据、可操作性，清晰展现法律逻辑和推论过程。对检索结果的分析可以此为鉴。

5. 法律适用结论。通过类案检索来解决裁判标准不统一这一问题时，必然需要甄别同类案件的不同裁判观点，选择一种观点进行参照，进而否定另一观点的参照意义。② 这一过程需要在裁判文书说理部分围绕个案特征对类案观点的选择做详细说明。此外，在类案观点均不具有参考价值时同样应进行充分解释。例如(2020)川 0192 民初 2424 号案件中，法院在判决中针对不适用类案规则的处理意见进行了详细的说理，先对案例类推适用的运行机理以及不同案例的效力层次进行了说明，其次对类案与待决案件的相同与不同之处进行逐条列举，最后以案件关键事实之间存在明显差异为由认定待决案件不具有适用类案规则的基础。这一处理方式可以作为不适用类案检索结果的裁判说理范例。

（三）类案检索情况写入裁判文书的实质要求

1. 确保类案裁判说理的可普遍化。可普遍化是指若某一裁判规则运用于解决特定案件争议被认定为是正当的，则在所有具备相同特征的情境中这一裁判规则的适用均为正当，即满足相同情况相同对待的基本正义要求。③ 可普遍化是类案裁判机制的应有之义。"裁判规则的可普遍性与平等性奠定了类推的基础。"④可普遍化不仅应适用于类案裁判规则形成阶段，也是法官在运用前案裁判规则时所必须要遵守的原则。在某种程度上，运用裁判规则的法官比创制裁判规则的法官更应当坚持裁判的可普

---

① 在法官主动适用类案检索机制的 121 件案例中，仅 6 件裁判文书说明其使用的检索平台，其中，5 件为"中国裁判文书网"，1 件为"法信"平台。
② 参见北京市三中院课题组：《类案检索报告制作和运用机制研究》，载《法律适用（司法案例）》2020 年第 12 期。
③ 参见张骐：《再论类似案件的判断与指导性案例的使用——以当代中国法官对指导性案例的使用经验为契口》，载《法制与社会发展》2015 年第 5 期。
④ ［德］罗伯特·阿列克西：《法律论证理论——作为法律证立理论的理性论辩理论》，舒国滢译，中国法制出版社 2002 年版，第 347 页。

遍化。①

依据德国法理学家罗伯特·阿列克西对于实现可普遍化的条件列举,笔者认为为确保类案裁判说理的可普遍化,实践中法官应当做到以下几点。一是在裁判说理中关注类案与待决案件之间差异点的相关性,必须保证类案裁判建立于案件具有相同特征的基础之上。例如在(2020)川 0192 民初 2424 号案件中,当事人所提供的类案与待决案件在案件事实上具有高度的相似性,仅在当事人婚姻关系缔结时间与股权分割时间在先后顺序上有所不同。法官在判决中着重对于这一差异点进行厘定,认定该差异点具有重要性,故前案规则无法适用于待决案件,从而保持了法律适用的正确性与统一性。二是应允许当事人就类案检索情况进行辩论,并且将辩论结果在裁判文书的法律适用结论部分予以披露。司法实务不仅应强调遵循类案裁判规则的重要性,也应当允许一定程度的偏离,但法官有义务证明偏离的正当性并在裁判文书中清晰表达。

2. 以合理论证为原则。在裁判说理部分对于类案规则的运用进行合理论证,对类案检索结果作出评价与说明,以保持规则运用与裁判结论之间存在紧密的逻辑关系。此处的"合理",是指法官对于类案裁判规则运用的说理应满足法律体系内在的融贯性。与适用成文法一样,对于检索结果的应用同样需要诠释,需要将其运用情况予以表达,使其同样符合法律精神。当案件的当事人明显地倚重某一法律机制或某种特定的法律观点时,法官必须借助于裁判文书有针对性地对此进行说明及合理地论证。② 合理论证、恰当表达类案规则在一定层面上就是实现司法理性的过程。

同时,对于说理过程中的司法理性不能简单化处理,法官对于类案裁判的说理应避免以下问题。首先,裁判说理不能沦为法官"孤芳自赏"式的独语,基于个人智识与生活经验的有限性以及考虑到裁判文书的受众不仅局限于当事人,裁判说理应当兼顾社会常识、民间习惯、传统以及特定职业群体的经验。裁判文书不仅承载法官的个人思考,还应当融入社会与时代语境。其次,避免类案裁判说理成为抽象规则之间的概念演绎,应当将案件事实与法律逻辑演绎结合起来,在司法理性之中适当地融入"血肉",让裁判文书更加饱满。

3. 正确提炼类案法律命题。将类案检索情况引入裁判文书的形式要素中,需要对类案规则进行查找、梳理、罗列。如前文所述,司法实践中具体案件往往有多个裁判要点,但多数案件对于与裁判要点相关的案件事实、法律适用过程归纳过于简单、模糊,增加了类案规则查找、适用的难度。化解这一问题的重要方式,一是转换思考方向,在无法直接获取准确的类案裁判规则时,通过多次、仔细阅读裁判文书发现核心争议;二是正确提取法律适用结论,即使前案没有明确的裁判要旨,但判决必然具有法律适用结论。所谓"正确"即该法律适用结论所欲解决的争议焦点问题与待决案件的争议问题具有一致性。最后,在裁判文书说理中将所提取的类案争议焦点与法律适用结论一一对

---

① 参见张骐:《论案例裁判规则的表达与运用》,载《现代法学》2020 年第 5 期。
② 参见周翠:《民事指导性案例:质与量的考察》,载《清华法学》2016 年第 4 期。

应整合形成法律命题，以此作为类案裁判规则缺失的补强。

（四）类案检索情况写入裁判文书的制度保障

1. 补强类案检索结果转化的制度缺漏。赋予类案检索结果运用的强制约束力，有助于化解法官在裁判文书中引用类案规则作为法律渊源的疑虑，同时又能够对法官应用类案检索裁判案件起到监督作用。(1)明确"应说未说"的法律后果。法官在审理待决案件时，对于应当进行类案检索的案件，法官未进行类案检索或未在裁判文书中披露类案检索具体情况的，应允许当事人对此提出上诉或是申诉，上级法院可以此为由推翻原判决。实践中已经存在这样的做法，在(2020)琼02民终55号案件中，二审法院认为一审应当进行类案检索而判决书中并未有关于类案检索情况的表述，因此认定一审法院未进行类案检索，从而以重大程序瑕疵将案件发回重审。(2)实行类案裁判说理激励机制。让类案检索情况融入裁判文书仅仅依靠"法官自觉"还是不够的，仍需要借助激励机制加以推动。对于法院而言，可以将类案裁判的说理情况纳入审管部门案件评查的考核指标，重点考核案件是否依照规定启动类案检索程序、类案检索情况是否已在判决书中进行披露，类案裁判的说理是否规范、充分；另外，随着优秀裁判文书的评选已经成为各级法院的一项重要工作，可以考虑将类案检索的裁判说理作为申报优秀判决文书的加分项，充分发挥优秀裁判文书的辐射带动作用，引导形成理性、规范、充分的类案裁判说理风格。[1]

2. 培养法官法例兼顾的思维方式。如前文所述，大陆法系国家法官的"演绎式"思维模式已然掣肘适用类案检索案件的裁判说理。对此，应当从法官的"裁判思维"层面作出改变。(1)划分判决依据，转化说理方式。当法官以现有的制定法作为判决依据时，裁判说理时应当遵守传统的演绎推理思维，从制定法中寻找请求权基础形成"大前提"，再提炼案件事实"小前提"，从而形成裁判结论的内心确信；当裁判需要以检索到的类案规则作为依据时，即应在说理时转变推理思维，首先比照类比推理的思维方式着重于类案的识别过程及裁判规则的提炼，继而再进行演绎推理，将所获取的类案规则依照"司法三段论"逻辑推理路径应用于待决案件，实现类比推理与演绎推理的结合。(2)推动从"观念"到"行动"的转变。在法官充分认识类案检索结果的司法价值的基础上，应逐渐摒弃仅将类案作为"参考资料"使用的旧有观念，将类案检索情况作为重要"裁判理由"在裁判文书中进行引述和充分说理。同时，法官亦应当增强"行动自觉"，加强对于检索与识别技术的系统学习，保障类案判断的精准性和裁判说理的正确性，养成"判决参例"的固定裁判说理习惯。

3. 构建类案裁判说理的评价标准。将类案检索情况融入裁判文书的目的应在于"一为说服自己；二为取信他人，可供复制，克制恣意与专擅"，[2]故评价标准的建立也应

---

[1] 参见赵朝琴、邵新：《裁判文书说理制度体系的构建与完善——法发〔2018〕10号引发的思考》，载《法律适用》2018年第21期。
[2] 参见王泽鉴：《法律思维与民法实例：请求权基础理论体系》，中国政法大学出版社2001年版，第301页。

当紧紧围绕此展开。首先,应考察裁判文书中必备的形式要素是否齐全,除了上文所述的裁判文书中应当具备的五个基本形式要素之外,还应进一步检验判决文书中的典型类案挑选是否规范、类案规则的选取是否存在遗漏;其次,应检验说理是否"充分",实际中的多数裁判文书满足形式推理及普遍经验的最低限度要求也就达到了充分说理的要求,[①]但需进行类案检索的案件往往因裁判观点不统一而具有一定的复杂性,其说理的"充分"标准也应随之而提升。具体而言,一方面,对于法律推理,应跳出纯粹形式推理的范畴,不仅满足论证与结论的逻辑一致性,更要保证类案裁判实质要求在裁判结论的推理过程中有所体现;另一方面,对于法律论证,应着重于向说理对象解释类案识别与类案规则提取的过程,特别是类案识别的说理需不断游走于识别规则与内心确信之间,不能仅是"在基本事实、争议焦点、法律适用方面不具有相似性"的寥寥数语。

[①]　参见孙海龙:《"充分说理"如何得以实现——以行政裁判文书说理为考察对象》,载《法律适用》2018 年第 21 期。

检察指导性案例的效力

刘培志　李海涛*

　　摘　要:我国自2010年建立案例指导制度以来,案例指导工作已成为推进社会主义
法治进程的重要力量。然而,我国案例指导制度尚处于推进的初期阶段,人们对指导性案
例的认识局限于知悉层面,尚未形成案例研究、宣传、应用的蔚然之风。其根本原因在于
对指导性案例效力缺乏正确的认识,影响了案例工作的推进。本文立足指导性案例效力
研究,从应然、实然角度,探寻指导性案例发挥效力的理论依据和实践中存在的问题,并提
出解决措施,以强化人们对指导性案例的认识,进而主动开展案例研究。
　　关键词:指导性案例;效力分析;拘束力

一、应然层面指导性案例的效力分析

　　从应然层面和宏观角度来看,指导性案例效力可以表述为指导性案例的价值;而价
值也就是人们所追求的客体的有用性,也就是我们为什么要创设或引进案例指导制度。
笔者以为,从应然层面讲,指导性案例的效力主要体现在三个方面,即理念引导、原则明
示和技巧运用。

(一) 理念引导

　　理念是行动的先导。司法理念是基于对司法客观规律的认识,支配人们司法过程
中思维和行动的主观意识。科学的司法理念是司法公正的前提。然而,理念作为主观
意识形态,受一定时期经济、社会因素的制约。因此,科学的司法理念是变化发展的,指
导性案例作为在事实认定、证据运用、法律适用、政策把握、办案方法等方面的典范,是
一个时期公正司法的象征,必然在理念引导方面发挥着重要作用,是指导人们破除僵化
思维,运用现代司法理念指导办案的标杆。笔者以为,指导性案例体现在理念引导方面
的指导性具有划时代意义和长远影响,是指导性案例不可忽视的价值所在。例如,检例
第47号(于海明正当防卫案)强化了"法不能向不法让步"的秩序理念,使得司法机关办

---

　*　刘培志,江苏省连云港市人民检察院员额检察官,法学硕士;李海涛,江苏省连云港市人民检察院员额检察官。

理于欢故意杀人案中固有的"人命关天"思维开始转变。可以说,该指导性案例是"人命关天"思维向"法不能向不法让步"转变的风向标,受到人民群众的广泛认可,取得的社会效果是空前的。

（二）原则明示

罪刑法定、罪责刑相适应、适用刑法人人平等是刑法的三大基本原则。然而,司法实务中,法律适用主体在适用法律时,往往局限于对具体罪名的解释和法律条文的理解,而忽视基本原则的运用。例如,罪刑法定原则要求禁止有罪推定、禁止类推解释、禁止溯及既往,但这些要求在司法实务中总是被有意无意地违反。检例第 90 号（许某某、包某某串通投标立案监督案）中,包某某、许某某在拍卖过程中存在串通拍卖的行为;侦查机关将串通拍卖行为类推解释为串通投标而立案侦查,而且确有类似案件作出有罪判决。由此可见,罪刑法定原则作为刑法的帝王原则,在司法适用中仍可能抵不过有罪推定、类推解释的僵化思维。检例第 90 号指导性案例进一步明示了罪刑法定原则及禁止类推解释、禁止有罪推定的规定,对办理刑事案件具有重要的指导意义。

（三）技巧运用

指导性案例要在事实认定、证据运用、法律适用、政策把握、办案方法等方面对办理类似案件具有指导意义,实际上说明的是指导性案例对司法实践中具体办案方法的指引。事实认定,需要在事实与法律条文之间来回穿梭,最终得出最接近客观事实的法律事实,并非轻而易举、唾手可得,稍不谨慎可能导致得出的法律事实与客观事实相去甚远;法律适用的关键是对法律解释方法的运用,如何准确理解、解释法律规定,如何准确适用于案件事实,不仅需要方法和技巧,更需要司法智慧;证据运用,并非单纯地罗列证据,证据之间、证据与待证事实之间的密切联系以及证据采信规则的运用都需要智慧和技巧;政策把握,更加注重政治效果、社会效果、法律效果的综合把握,而不是单纯的法律逻辑解释,其结论融合了天理国法与人情,考验的不仅是法律知识,更是经验和智慧。

而指导性案例是以上各方面成效突出,社会广泛认可的案件。办案中参照指导性案例,更是对他人司法智慧和经验的参照,可以不断提升司法人员的办案能力,有效提升司法效率。例如,某市办理一起性侵幼女的犯罪案件,被告人拒不供述性侵犯罪事实,被害人前后陈述稳定、符合年龄认知水平,法院以"存疑有利于被告人"判决认定被告人构成猥亵罪而没有认定强奸罪。检察机关依据检例第 42 号（齐某强奸、猥亵儿童案）支持抗诉,获法院改判。针对性侵幼女案件,被告人拒不供述的情况下,是"存疑有利于被告人"还是采信被害人陈述,这是对司法人员综合素质的考验。笔者认为,存疑有利于被告人,是要存在合理怀疑,并非被告人拒不供述就是存疑。虽然被告人拒不供述,但是根据检例第 42 号要旨"被害人陈述稳定自然,对于细节的描述符合正常记忆认知、表达能力,被告人辩解没有证据支持,结合生活经验对全案证据进行审查,能够形成完整证明体系的,可以认定案件事实"。而且,立足社会大众的价值认同,采信被害人自然稳定的陈述更符合公平正义的要求，更能体现"三个效果"。

二、实然层面指导性案例的效力体现

应然层面指导性案例的效力要真正在司法实践中体现出来、发挥作用，根本上要求指导性案例具有一定的拘束力，然而作为成文法国家指导性案例并非法律渊源，不具有法律上的拘束力，这就需要从制度上保障指导性案例发挥事实上的拘束力。

（一）事实上的拘束力

1. "应当"参照而非"可以"参照。指导性案例的效力体现在其拘束力上，即对类似案例的起诉、审判具有一定的约束力。《最高人民法院关于案例指导工作的规定》第7条规定："最高人民法院发布的指导性案例，各级人民法院审判类似案例时应当参照。"《最高人民检察院关于案例指导工作的规定》第15条规定："各级人民检察院应当参照指导性案例办理类似案件，可以引述相关指导性案例进行释法说理，但不得代替法律或者司法解释作为案件处理决定的直接依据。"可见，最高人民法院和最高人民检察院都明确规定，指导性案例对办理类似案件具有拘束力，司法实践中必须予以参照，而不是可以参照也可以不参照，如果是否参照由办案人员自行选择，那么指导性案例将失去其发挥指导性作用的根本保障。

2. 应当"参照"而非应当"参考"。从文义解释的角度看，"参考"与"参照"意义明显不同。根据《现代汉语词典》的解释，参考是为了学习或研究而查阅有关资料，在处理事务时借鉴、利用有关材料；参照是指参考并仿照。[①] 可见，"参照"的意义不仅在于参考，而且要照着做；也就是说，照着做才是参照的根本所在。而且"参照"已经成为典型的法律用语，"截止到2018年6月30日，条文中使用了'参照'字样的法律有213部，行政法规有1 168部，监察法规有2部，司法解释有1 032部，部门规章有18 230部，团体规定有704部，行业规定有1 709部，军事法规有108部。由此可见，'参照'已经成为立法的一个常用语"[②]。"两高"案例指导工作规定使用了"参照"，说明指导性案例不仅仅是对办理类案具有参考作用，而且必须要比照适用。

（二）拘束力之所及

1. 从拘束力所及的层级看。指导性案例对最高司法机关及以下均有拘束力，两高发布的指导性案例必然是两高对案例所具有的指导性高度认可的案例，因此在两高办理类似案件中也必然要参照指导性案例办理。需要指出的是，两高均有发布指导性案例的权力，两高发布的指导性案例的效力也是等同的，即最高法发布的指导性案例不仅

---

① 参见中国社会科学院语言研究所词典编辑室编：《现代汉语词典》，商务印书馆2012年版，第123页。
② 胡云腾：《打造指导性案例的参照系》，载《法律适用（司法案例）》2018年第14期。

对法院办理类似案件具有拘束力,对检察机关办理类似案件同样具有拘束力。最高检发布的指导性案例同样对审判机关和检察机关均有拘束力。

2.从拘束力所及的主体看。指导性案例不仅对司法机关,而且对侦查机关、犯罪嫌疑人、被告人和社会大众均发挥效力。对侦查机关来讲,是否立案侦查、是否采取强制措施、侦查方向的确定、证据的收集等都可参照指导性案例办理;对于犯罪嫌疑人、被告人来讲,可以引用指导性案例进行辩护,也可以根据指导性案例提出上诉;对于社会大众来讲,指导性案例是法治宣传的重要载体,社会大众对指导性案例要旨精神的遵守也是守法的体现,而且在涉及自身利益的诉讼中,均可引用指导性案例支持自己的诉讼请求或者引用指导性案例抗辩、答辩。

三、指导性案例拘束力之渊源

既然指导性案例并非法律渊源,不具有法律上的约束力,但如上文所述,指导性案例具有事实上的拘束力,那么指导性案例发挥事实上的拘束力的依据何在? 笔者以为,先例所具有的内在价值体现出遵循先例原则具有一定的普适性,同时指导性案例严格的筛选程序也保障了指导性案例具有发挥拘束力的基本素质。

(一)指导性案例具有发挥指导性效力的基本素质

指导性案例从案例素材选择到最终公告发布具有一套严格的筛选程序,要求案件已经发生法律效力,在事实认定、法律适用、政策掌握或者法律监督实践中具有典型性和代表性,而且适用法律正确、处理结果恰当、社会效果良好,最终经广泛征求意见后,由两高向社会公开发布。这一套严格的程序,从根本上保障了指导性案例具有发挥指导性的基本素质。

1.案例本身具有实质合理性。我国是成文法国家,上级法院的判例、同级法院既往判例并非必然成为下级院或者之后办理类似案件的遵循。目前,只有最高人民法院、最高人民检察院发布的指导性案例才能对办理类似案件具有参照效力;而指导性案例并非一定是上级院办理的案件,只要案件本身在事实认定、法律适用、证据运用、政策把握、办案方法等方面,能够较好地体现政治效果、社会效果、法律效果,才有可能被遴选为指导性案例。由此可见,我国指导性案例的拘束力首先体现于案件本身的实质合理性。

2.案例获得社会广泛认可。"英国学者赞德指出,作出先例的法官的声誉、先例形成的司法共识及其持续时间、先例在法律界与社会中获得的评价等都会对先例的实际拘束力产生直接影响。"[①]由此可见,即使在判例制国家,对判例的共识也是影响判例拘束力的重要因素。在我国,一个案例要想成为指导性案例,除本身实质合理性外,还必须在司法界、法学界和社会层面获得广泛认可;既认可该案例的实质合理性,又认可该

①　孙跃:《案例指导制度的改革目标及路径——基于权威与共识的分析》,载《法制与社会发展》2020年第6期。

案件可以作为指导性案例的基本潜质。只有形成广泛的认可，指导性案例才能在参照办理类似案件中获得基本尊重。因此，我国指导性案例在遴选过程中，要广泛征求司法界、法学界以及其他社会各个层面的意见，以对案例的发布达成共识。

3. 案例经"两高"权威发布。人民法院组织法第 18 条规定，"最高人民法院可以对属于审判工作中具体应用法律的问题进行解释。最高人民法院可以发布指导性案例"。人民检察院组织法第 23 条规定，"最高人民检察院可以对属于检察工作中具体应用法律的问题进行解释。最高人民检察院可以发布指导性案例"。"两高"组织法将发布指导性案例的权力交给了最高司法机关，而且将发布指导性案例的规定，与司法解释的规定置于同一条文；在工作层面，指导性案例也被作为专用法律名词予以强调，这充分说明了指导性案例的权威性。从指导性案例的发布过程看，最高人民检察院设立案例委员会，对广泛征求意见的案例经过案例委员会审核后经检察委员会研究决定是否发布。由此可见，指导性案例从发布主体和发布程序来看，充分体现了案例发布的权威性，这也是指导性案例发挥拘束力的权威保障。

（二）指导性案例具有发挥指导性效力的理论基础

1. 遵循先例具有天然的价值合理性。遵循先例是英美判例法的一项基本原则，"如果用一般的方式来表述，遵循先例意味着，某个法律要点一经司法判决的确立，便构成了一个日后不应背离的先例。如果用另一种方式来表达，那就是说，一个恰好有关的先前案例，必须在日后的案件中得到遵循"①。单纯作为一项制度原则，遵循先例是普通法系的产物，因为判例是普通法系的基本法律渊源。而我国建立了以宪法为统帅，以法律为主干，由宪法相关法、刑法、民法典、行政法、经济法、社会法、诉讼与非诉讼程序法等多个法律部门组成的中国特色的社会主义法律体系，属于成文法国家。司法实践中，我们没有遵循先例的传统和法律要求，但是从判例的价值和意义来讲，遵循先例并非西方普通法系的专利，成文法国家也应在司法实践中发挥好先例的指导作用。一般来讲，遵循先例可以有效限制法官的自由裁量权，防止滋生司法腐败；遵循先例可以有效发挥案例的普法宣传和生活指引作用，因为通过案例可以将抽象的法律条文具体化，使人们可以轻松预测自己行为的后果，进而规范自己的行为和生活；遵循先例还可以有效解决同案不同判问题，维护我国法制的统一、司法权威和社会公平正义；遵循先例还可以有效节约司法人员运用一般法律条文作出司法判断的推理过程，有效提高司法效率，节约司法资源。由此可见，先例所具有的天然的价值和意义，满足了司法制度关于公平正义的期待，本质上是社会需要的体现。

从两大法系的融合发展来看，普通法系国家在不断制定和完善成文法，如普通法的鼻祖英国，自 19 世纪中叶起，制定出台了公司法、票据法、合伙法等，各种成文法如雨后春笋般出现。而一些大陆法系国家和地区，如德国、法国等，虽然都以成文法为法律渊

---

① ［美］埃德加·博登海默：《法理学——法哲学及其方法》，邓正来、姬敬武译，华夏出版社 1987 年版，第 521 页。

源,但都在不断推进案例的研究和应用,先例已经在事实上发挥着约束力。如中国台湾省所谓"最高法院判例"虽无法律上的约束力,但事实上多为下级法院所遵从。两大法系的融合说明任何法律制度只要具有理论和现实可行性,都可以为其他国家和地区所借鉴、采用,不存在地域的封闭性,这也为我国推行案例制度提供了很好的依据和例证。

2. 裁判规则的普适化是效力发挥的基础。"根据形式正义的逻辑,任何正当化的裁判意见中,都应至少有一项无可置疑的裁判规则,尽管如此,令人遗憾的是事实上并非所有的判决都是由明确和详尽的阐释来支持的。"①也就是说所有案件在作出裁判时,都应当形成作出裁判所依据的规则,而一个完美诠释法、理、情的规则的形成则是法官、检察官综合天理、国法、人情,综合政治效果、社会效果、法律效果所作出的符合正义观念的判断依据,是法官、检察官适用法律解决实际问题的司法智慧。

然而,对于成文法国家而言,个案裁判过程中形成的规则仅限于为案件本身作出裁判时提供依据,虽然其对于类似案件办理具有参考价值,但仅限于参考而没有实质的约束力。而"两高"指导性案例的裁判要点或要旨则是经过提炼、抽象化的一般规则,是指导性案例众多要素中的核心要素,被视为指导性案例的魂;其作为类似案件的参照规则,是指导性案例发挥指导性效力的根本依据。因此,裁判要点或要旨必须经过提炼、概括,实现从具体向一般的过渡,形成具有普遍适用的抽象化规则,才能发挥一般的参照效力。而这个过程犹如司法解释制定出台的过程,有一套严格的程序规定,要经过案例筛选、撰写、审核、广泛征求意见、案例委员会讨论、修改完善、审议发布等环节。因此,从案例规则形成和程序发布来看,指导性案例具有司法解释的特征,其本质上具有类司法解释的效力,只是不具有法律上赋予的此类身份而已。所以,指导性案例从理论和实践角度,都应当具有一定的拘束力,也就是事实上的拘束力。

四、指导性案例效力发挥的制约因素

指导性案例的价值在于对类似案件办理发挥参照效力,这就要求指导性案例分门别类具有一定的量,而且需要不断更新、补充、完善,以确保有足够丰富的案例可以为司法人员在办案中搜索引用。同时,需要司法人员转变理念,形成引用、参照指导性案例的行动自觉,通过实践不断推进案例指导制度发展完善。然而,实践中这两个方面都存在制约案例制度发展的问题。

（一）指导性案例的发布不能满足实践需求

1. 指导性案例总体发布量少。最高人民检察院自 2010 年建立案例指导制度以来,几年间共发布 26 批 102 件指导性案例,除 2011 年未发布案例外,其他年度均有发布。但 2017 年之前,每年大多发布 1 批;2018 年后,案例发布的频率和数量明显进入快车

---

① ［英］尼尔·麦考密克:《法律推理与法律理论》,姜峰译,法律出版社 2018 年版,第 235 页。

道,其中 2020 年发布 8 批 30 件案例;而 2021 年前 2 个月已发布 2 批 9 件案例;但是案例发布的总量远远达不到能够普遍性发挥指导性作用的数量。

2. 指导性案例发布类别不均衡。从 102 件指导性案例类别分布情况看,刑事类 83 件,占比 81.37%;民事检察类和行政检察类分别为 7 件和 3 件,均为检察监督类案例;刑事、民事、行政检察监督案件共 17 件,占比 16.67%。由此可见,指导性案例在四大检察业务工作中分布极不平衡,要做优刑事检察、做强民事检察、做实行政检察、做好公益诉讼检察必须加大民事、行政、公益诉讼检察精品案例打造力度,发挥好指导性案例的示范效应。

3. 指导性案例地域分布悬殊。从地区分布情况看,除最高法、最高检外 23 个省份有指导性案例入选,而有 8 省份和兵团没有指导性案例。浙江、江苏、上海、广东、北京、福建、湖北七省(市)共贡献指导性案例 64 件,占全部指导性案例的 62.75%。从地域分布情况看,指导性案例主要出自东部省份。应当加大中西部地区指导性案例培育力度,发挥好指导性案例的引领作用。

（二）指导性案例的适用尚未形成意识自觉

1. 适用主体的被动性。经向某市 209 名员额检察官发放调查问卷获知,2020 年主动深入学习研究指导性案例的 43 人,占比 20.57%;了解指导性案例的 126 人,占比 60.29%;在办理案件中主动搜索指导性案例的 32 人,占比 15.31%。由此可见,2010 年两高分别建立案例指导工作机制以来,仍然没有形成适用指导性案例的自觉。其主要原因在于,司法实务部门长期养成的根据案件事实寻找法律条文的办案思维仍没有改变。

2. 适用案例的局限性。"两高"组织法修改后,均明确了发布指导性案例的权力,理论上两高指导性案例具有同等效力,司法实务中公安机关、检察机关、审判机关在办理类似案件中,对"两高"指导性案例均应参照适用。但司法实务中,检察机关仅注重学习研究最高检发布的指导性案例,对于最高法发布的指导性案例学习不够,在办案中更难参照适用;而法院对最高检发布的指导性案例效力持怀疑态度,更谈不上在办案中参照适用;对于公安机关,因公安部未曾发布过指导性案例,对指导性案例没有清晰的概念,在办案中仍然只关注法律条文的适用,未曾学习适用相关指导性案例。由此可见,司法实务部门仅关注本领域发布的指导性案例,对指导性案例的学习适用具有领域局限性。

五、强化指导性案例指导性效力的路径分析

从根本上讲,当前制约我国案例指导制度发展的问题在于传统观念影响和案例保障机制不健全,因此要推进案例指导制度发展完善,形成中国特色的指导性案例制度,以承担起法治进步助推器的作用,关键在于正视问题,解决问题。

（一）改变传统办案思维

理念是行动的先导。要想指导性案例制度在我国司法改革中焕发生机，首要的是转变对指导性案例的认识和分析案件事实、寻找法律条文的传统办案思维。而将法律条文适用于具体案件的过程中，能否得出合法、合理、合情的结论，依赖于适用主体对法律条文的理解能力、适用法律条文的逻辑分析能力，对案件事实的认识以及司法经验；并非所有适用主体均能实现这一目标，因此，通过指导性案例达成这一目标是一个不错的选择，正所谓"他山之石，可以攻玉"。

（二）用好考核指挥棒

促进指导性案例制度有效运行，根本在于全体法官、检察官。首先要促使法官、检察官思想上接受、行动上学习研究使用指导性案例。而任何改革都有一个被动接受到主动自觉的过程，因此在指导性案例推进初期，要将指导性案例作为检察工作的一部分纳入检察官绩效考核，每一名检察官必须将学习、使用、提炼、编写指导性案例作为应尽的职责，而非职责之外的对检察工作的特殊贡献。对于所办案件入选指导性案例的，承办案件的检察官理应在绩效考核、晋级晋职中获得优先资格，而且应当通过制度落实到位。只有"立木为信"才能真正激发检察官把指导性案例作为事业去追求的信心和激情，长此以往何愁案例指导制度不兴？

（三）应当明确背离报告制度

两高案例指导工作规定均明确了参照办理类似案件；但是对于如何参照，最高法案例指导工作规定并没有说明。最高检案例指导工作规定指出："可以引述相关指导性案例进行释法说理，但不得代替法律或者司法解释作为案件处理决定的直接依据。"对于不参照的后果也没有作出规定，这就导致参照的拘束力大打折扣。最高检案例指导工作规定虽然明确"可以引述相关指导性案例进行释法说理"，但是"不得代替法律或者司法解释作为案件处理决定的直接依据"。从逻辑层次讲成为该规定的重点，给人的直观理解是没有法律效力。既然没有法律效力，为何要去参照呢？其次，不参照是否存在不利后果没有规定。作为大陆法系代表的德国、日本，其案例指导制度在司法适用中占据重要地位，得益于他们完善的案例指导制度。为了防止法官随意规避先例进行裁判，德国还建立了相对完备的"判例背离报告"制度。[①] 可见，指导性案例拘束力的发挥不应单纯依靠司法机关、司法人员的自觉，应当参照德日模式，建立背离请示制度。对于不能参照指导性案例办理类似案件的，应当说明理由；对于确因法律修改、政策变化等原因不能参照办理的，应当及时修改或废除相关案例；对于没有正当理由而不参照办理

---

① 参见孙跃：《案例指导制度的改革目标及路径——基于权威与共识的分析》，载《法制与社会发展》2020 年第 6 期。

的,上级司法机关应及时纠正。

（四）完善案例供给机制

有效的案例供给机制是将优质案件选择为指导性案例的程序保障,既有利于发挥好优质案件提升为指导性案例后的指引作用,也有利于鼓励检察官办理优质案件的积极性和获得感。当前,指导性案例供给机制是由最高人民检察院发布指导性案例年度征集主题和批次,然后经过层层筛选后报送最高人民检察院。指导性案例的供给和选择机制不可谓不严格,目的在于保障指导性案例有足够高的质量发挥其指导性作用。但当前机制下,一个案例能否被选为指导性案例,不仅要具有较高质量,而且要符合最高检发布的主题和批次,否则即使质量足够高,实践中也急需此类案例来指导办案,也难以被选为指导性案例。因此,目前供给机制灵活性不够,最终导致指导性案例供给效率低下。笔者建议建立最高人民检察院征集与下级院主动供给相结合的案例供给机制,提高案例的输出量和覆盖范围。

案例指导制度的司法实践透视

——以指导性案例 23 号的适用分析为切入点

杨　磊*

摘　要:案例指导制度是司法改革进程中的创新性设计,是基于"判例式推理"的逻辑以弥补成文法在"规则供给"方面的缺陷,旨在统一法律适用、裁判尺度,促进裁判公正。本文以指导性案例 23 号司法适用为切入点,从宏观、微观两大层面进行了统计分析和实践调研,对案例指导制度的运行现状、存在问题和难点进行了全面的研讨,发现在意识层面,法官尚未养成自觉使用类案的意识和习惯;在制度层面,当下的现实语境中,案例指导和类案检索的核心难点"类案的判断与识别"未被真正解决,比较点的确定充满争议和疑难。同时指导性案例的检索缺乏程序性制裁措施以及数量过少,使得该制度被空悬。而加强法官对指导案例识别和参照的自觉,不断完善类案裁判标准的统一及可操作性,也是案例指导制度未来发展和完善的进路。

关键词:案例指导制度;23 号指导性案例;类案审判;制度空悬

一、问题的提出

为贯彻"各级法院在审理类似案件时应参照指导性案例"的司法原则,推进法官在办案过程中引用、参照具有指导价值的先决案件,实现类案①类判,统一法律适用,最高院自 2010 年起,便陆续发布了《关于案例指导工作的规定》(下文简称《案例指导工作规定》)、《关于案例指导工作的实施细则》(下文简称《实施细则》)、《关于建立法律适用分歧解决机制的实施办法》等规范性文件,全面推进"案例指导和类案检索"制度。2020年 7 月,最高院颁布《关于统一法律适用加强类案检索的指导意见(试行)》(下文简称《指导意见》),对于强制检索的案件类型、范围、平台、方法、顺序,承办法官的责任程度、工作目标等提出了全面要求。

---

*　江苏省徐州市泉山区人民法院员额法官。

①　对于何为类案,目前国内理论界和实务界存有多种观点,主要集中在识别要素的讨论,《指导意见》第一条规定:"本意见所称类案,是指与待决案件在基本事实、争议焦点、法律适用问题等方面具有相似性,且已经人民法院裁判生效的案件。"

就现实而言,我国的司法裁判长久以来基本上是一种"以案找法"的进路^①,案例指导和类案检索制度的建立和运行,则通过"以案找案"的方式丰富了原有的法律发现方式,^②恰好能为成文法和司法解释提供论证资源的补充,对个案作出具有明确的现实指向性和参照性,实现类案类判。^③ 但总体而言,目前国内对于案例指导制度的研究尚为欠缺,有学者认为以案例指导制度为代表的类案审判实践、有关经验研究,或重于数据统计与罗列而轻理论挖掘,^④或偏重于问卷调研而忽视实际裁判。^⑤ 因此,本文的研究思路是,以指导性案例23号在全国范围内的司法适用为切入点,并通过对有关判决书的分析解读,总结提炼我国既有的案例指导制度实践的特点,并揭示出指导性案例及类案检索机制的运作实际,以此来指出案例指导制度发展和完善的进路。

二、类案审判的司法实践:以指导性案例23号的司法适用为视角

本文的研究对象是指导性案例23号"孙银山诉南京欧尚超市有限公司江宁店买卖合同纠纷案"的适用情况,理由如下:第一,近年来利用食品安全法十倍赔偿的规定进行职业打假在司法实践中多发且颇受社会关注。第二,裁判该类案件的主要依据是食品安全法第96条第2款和消费者权益保护法第2条之相关规定,且以指导性案例23号为案例补充。同类型案件在案件情节和争议焦点上类似,且裁判规则和裁判思路具有较高的参照价值,使得对该类裁判分析重点得以聚焦于"法官如何具体适用以上规则"以及"适用所欲追求的效果"。第三,根据有关研究,指导性案例23号应用较多,^⑥便于考察指导性案例23号的援引情况,以及侧面分析指导性案例在司法实践中的应用情况。

(一)指导性案例23号司法适用的宏观特点

为全面反映指导性案例23号的适用情况,本文以该指导性案例颁布后的时间,即2014年1月26日至2020年12月31日为样本选取的区间,实现时间维度上的封闭。^⑦以下是指导性案例23号司法适用相关数据的具体分析。

---

① 参见[德]卡尔·拉伦茨:《法学方法论》,陈爱娥译,商务印书馆2003年版,第150-156页。

② 参见张琪等:《司法案例的适用方法研究》,北京大学出版社2020年版,第177-178页。

③ 这同样表明,在对法官审判能力的训练上,不能停留在以演绎推理即逻辑三段论的法律条文分析为主,更要积累对以往类似判决的分析经验。参见侯猛:《司法的运作过程——基于对最高人民法院的观察》,中国法制出版社2021年版,第106、126页。

④ 参见郭叶、孙妹:《指导性案例应用大数据分析——最高人民法院指导性案例司法应用年度报告(2016)》,载《中国应用法学》2017年第4期。

⑤ 参见秦宗文、严正华:《刑事案例指导运行实证研究》,载《法制与社会发展》2015年第4期。

⑥ 参见郭叶、孙妹:《指导性案例应用大数据分析——最高人民法院指导性案例司法应用年度报告(2016)》,载《中国应用法学》2017年第4期;郭叶、孙妹:《最高人民法院指导性案例司法应用情况2017年度报告》,载《中国应用法学》2018年第3期。

⑦ 具体操作如下:首先在中国裁判文书网"高级检索"界面,将"案由"固定为"买卖合同纠纷","文书性质"固定为"判决书";其次,在"全文内容"搜索栏分别输入关键词"指导性案例""消费者",得到数据样本387个;最后通过个案裁判文书读取,去除掉与指导性案例23号或消费者无关的、重复检索的57个案例,最后形成330个案例的分析样本。

1. 提出主体的特点

从是否提出适用指导性案例以及何人提出指导性案例来看,无人提及指导性案例的有 169 个,占比约 51.21%;仅由当事人或代理人提出适用的指导性案例的有 156 件,占比约 47.27%;由当事人及法院同时提出适用指导性案例(一般是由当事人提出,法官予以回应)的仅有 5 件,占比约 1.52%。如图 1 所示:

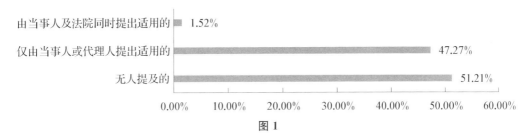

图 1

2. 引述方式的特点

《实施细则》第 11 条规定:"……在裁判文书中引述相关指导性案例的,应在裁判理由部分引述指导性案例的编号和裁判要点……"从实践情况来看,对该规定的执行并不彻底,在明确提及指导性案例的 161 个判决中,只提出存在某个指导性案例的有 92 个,占比约 57.14%;只提出指导性案例编号的是 35 个,占比约 21.74%;提出并引述指导性案例的裁判要点的有 8 个,占比约 4.97%;提出并引述指导性案例的裁判说理部分的有 5 个,占比约 3.11%;提出并引述指导性案例的裁判的案例事实的有 10 个,占比约 6.21%;提出并引述指导性案例并不具有的内容有 3 个,占比约 1.86%;综合引述的有 8 个,占比约 4.97%。如图 2 所示:

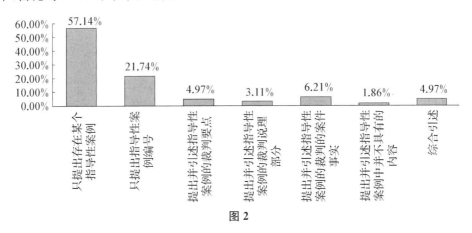

图 2

在综合引述的 8 个判决书中,以"裁判要点+裁判理由"方式引述的有 4 个,占比约 50%;以"裁判要点+案例事实"方式引述的有 4 个,占比约 50%。

3. 适用结果特点

就适用结果而言,不予适用的有 219 个,占比约 66.36%;予以适用的有 111 个,且几乎均为隐性适用,占比约 33.64%。隐性适用包括两种情况:一,当事人提及指导性案例而法官不予回应,但其作出的判决结果与指导性案例保持一致,即为"隐性适用一",共 53 个,占比约 16.06％;二,当事人与法官均未提及指导性案例,但法官作出的判决结果与指导性案例保持一致,即为"隐性适用二",共 58 个,占比约17.58％。如图 3 所示:

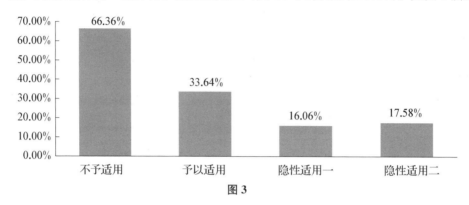

图 3

比较突出的一点:指导性案例 23 号予以适用的比例远不足一半,予以适用的方式均为隐性适用。

4. 审级分布特点

在不适用指导性案例 23 号的 219 个判决中,一审程序有 91 个,占比约 41.55％;二审程序有 124 个,占比约 56.62％;再审程序有 4 个,占比 1.83％。在适用(均为隐性适用)指导案例 23 号的 111 个判决中,一审程序有 56 个,占比约 50.45％;二审程序有 51 个,占比约 45.95％;再审程序有 4 个,占比约 3.60％。

对比三种情况下的审级分布不难看出,在不适用的情况中,二审程序的数量要远高于一审;而在适用的情况下,二审程序与再审案件数量之和与一审几近持平。这组数据与其他指导性案例应用的审级分布情况略有差别。二审法院的态度显然更为谨慎,该态度间接影响了案件的适用,从整体适用的绝对数量角度看,不适用的情况仍占据多数。①

5. 参照内容的特点

在适用指导性案例的 111 份判决中,参照裁判结果的有 106 个,占比约 95.50％;综合参照的有 5 个,占比约 4.50％。在综合参照的 5 个案件中,参照裁判要点和裁判结果的有 2 个,占比约 40.00％;参照裁判理由和裁判结果要求的有 3 个,占比约 60.00％。

从参照内容来看,在适用指导性案例的裁判中,只有不到 5％是采取综合参照的方式作出的,而仅参照裁判结果的案件高达 95％以上。这与《案例指导工作规定》第 9 条②所规定的"参照裁判要点"的要求并不相符。在仅需要参照裁判要求即可满足该规定要求的情况下,综合参照指导性案例中的其他部分,对裁判说理、论证效果,增加裁判结果的正当性有正向作用。但遗憾的是,在适用指导性案例 23 号的裁判中,大部分裁判文书均未严格参照规定要求,采取综合参照方式的裁判文书更是稀缺。

---

① 有关法院绩效考核,参见沐润:《法院绩效考核机制的评析及完善》,载《云南大学学报(法学版)》2012 年第 2 期。
② 该条规定:"各级人民法院正在审理的案件,在基本案情与法律适用方面,与最高人民法院发布的指导性案例相似的,应当参照相关指导性案例的裁判要点作出裁判。"

（二）适用指导性案例在司法实践中的难点

尽管法律大数据与人工智能可以通过类案检索、类案推送、类案研判逐次深入指导法官对待决案件进行裁判，[①]但目前运行效果并不理想。根据前述的数据分析和笔者的田野调查，从司法适用宏观视角出发，影响指导性案例适用的主要有以下几点：

第一，在主观意识层面，法官、律师尚未养成检索的思维和习惯。尽管《指导意见》对在何种情况下应检索类案、类案检索的范围、平台、方法、顺序提出了明确规定，且类案若为指导性案例的，要求法院应当参照作出裁判。这意味着对于代理人可以利用指导性案例支持和强化自己的主张。《指导意见》同样明确了诉讼参与人提交类案作为诉辩理由，法官应当在裁判文书中回应是否参照并说明理由。而从实践情况来看，少有代理人在代理案件时作类案检索的工作并向法院提交与案件有关的指导性案例、公报案例，也几乎没有代理人会向法院提交类案检索报告。

第二，在程序上，缺乏对指导性案件强制参照适用的程序性制裁措施。尽管《案例指导工作规定》和《指导意见》均规定了对于指导性案例要求法院应当参照并作出裁判，但并未规定不参照的后果，没有否定式后果的规则显然不具备强制约束力。另外调研时发现，很多中、基层法院法官认为，随着自己审判案件数的增加和审判经验的积累，尤其是专业化审判推行后，绝大多数的案件都可以划归为"简单案件"，这类案件是不需要寻找类案支撑的；法官更偏好在已经审理过的案件中提取共同性要素作出裁判，在自己的"检索库"中检索类案显然更得心应手。真正需要检索类案和关联案件的案件多属于新型、疑难案件。然而即使上述案件的数量较少，但案多人少的情况下，真正对类案进行检索并提交类案检索报告的少之又少，大多停留在案件的研判上。类案检索的不够精准、数量多耗费了法官过多筛选的精力。

第三，在技术层面，当下的类案检索仍是弱人工智能的检索。正如有些学者所言，当下的类案检索技术距离"对大量案件进行采集、取样和归类，实现智能推送、精准匹配、文书生成以及裁判偏离预警报告等目的"[②]相差甚远。当然，由于指导性案例数量有限，法官在检索过程中不会因检索结果复杂难于辨识和类案结果差异难以参照，而陷入多个案件和多重困境中难以取舍。[③] 但恰恰是因为指导性案件的稀缺，导致案件的参考和推送缺乏数据基础。

三、"类案比较识别"的司法实践：以案件相似性分析为视角

前一部分是以指导性案例 23 号司法适用的宏观情况为分析视角，本部分则从"案

---

① 参见左卫民：《如何通过人工智能实现类案类判》，载《中国法律评论》2018 年第 2 期。
② 孙海波：《类案检索在何种意义上有助于同案同判？》，载《清华法学》2021 年第 1 期。
③ 参见何春芽、管俊兵、陈国平：《类案强制检索结果的司法适用规则研究——基于从类案到类判的功能主义视角》，载《法律适用》2020 年第 18 期。

件相似性判断"的微观视角出发,对指导性案例 23 号司法适用样本中明确对"类似案件识别"作出判断的 60 个裁判为"二级样本"进行分析。从整体看,指导性案例未被适用的数量远远多于适用的情况,在论证层面,适用指导性案例的案件中进行反面论证类案比较和识别的比例远高于正面论证。

（一）"不适用指导性案例"裁判中的"类似案例识别"

在 60 个进行比对的案件中,不适用指导性案例 23 号进行裁判的有 47 个,占比约 78.33%。在 47 个判决中,有 20 个案件中的当事人及代理人提出适用指导性案例,7 个案件对待决案件与指导性案例进行了简单比对,认为"待决案件与指导性案例基本案情有着本质区别,不可参照适用",[①]但只有两起案例对待决案件与指导性案例之间的区别作出了相对详细且有力的分析。这两个案例主要是从指导性案例的裁判要点和裁判理由进行回应,并且对于"人民法院应当参照作出裁判"作出了释明。[②]

19 个当事人及代理人提出并引述指导性案例的裁判要点、裁判说理或进行综合引述的案件中,4 起案件法院认定原告不具备消费者身份,[③]6 起案件法院认定无证据证明涉案商品存在影响食品安全的质量问题,[④]9 起案件法院同时对原告的主体身份和食品安全质量问题作出否定性评价。[⑤] 其中 10 起案件法院直接或者间接表明不支持知假买假。

对比前述 19 个判决与指导性案例 23 号的主要内容,不难发现指导性案例裁判要点的三个方面:第一,行为主体应为特定群体,消费者;第二,购买时是否明知食品不符合安全标准而购买也应受到支持;第三,消费者可以同时主张赔偿损失和支付价款十倍的赔偿金,也可以只主张支付价款十倍的赔偿金。第三个方面没有任何提及,更多被关注的是当事人能否举证证明食品安全质量问题,而前两方面需要法官结合具体案情去区分当事人是以生活消费为目的或以牟利为目的。

此外,将待决案件与指导性案例进行相似性判断,论证的说服力明显更强。 如该判

[①] 参见广东省佛山市中级人民法院(2019)粤 06 民终 6582 号民事判决书;广东省深圳市中级人民法院(2019)粤 03 民终 30160 号民事判决书;福建省宁德市中级人民法院(2020)闽 09 民终 148 号民事判决书。

[②] 参见北京市第二中级人民法院(2019)京 02 民终 10261 号民事判决书;上海市第三中级人民法院(2020)沪 03 民终 133 号民事判决书。

[③] 参见广东省深圳市中级人民法院(2018)粤 03 民终 21330、21331 号民事判决书;贵州省黔南布依族苗族自治州中级人民法院(2020)黔 27 民终 714 号民事判决书;福建省宁德市中级人民法院(2020)闽 09 民终 148 号民事判决书;广东省深圳市中级人民法院(2019)粤 03 民终 30160 号民事判决书。

[④] 参见山东省济南市中级人民法院(2019)鲁 01 民终 2984 号民事判决书;辽宁省沈阳市中级人民法院(2019)辽 01 民终 14014 号民事判决书;北京市海淀区人民法院(2017)京 0108 民初 4542 号民事判决书;河南省郑州市中级人民法院(2019)豫 01 民终 4079 号民事判决书;北京市第三中级人民法院(2019)京 03 民终 1889 号民事判决书;北京市第二中级人民法院(2019)京 02 民终 10261 号民事判决书。

[⑤] 参见湖南省长沙市中级人民法院(2019)湘 01 民终 7569 号民事判决书;广东省佛山市中级人民法院(2019)粤 06 民终 6582 号民事判决书;江西省南昌市中级人民法院(2019)赣 01 民终 1192 号民事判决书;河北省平泉县人民法院(2020)冀 0823 民初 2453 号民事判决书;吉林省吉林市中级人民法院(2020)吉 02 民终 506 号民事判决书;黑龙江省哈尔滨市中级人民法院(2020)黑 01 民终 7553 号民事判决书;河南省洛阳市中级人民法院(2020)豫 03 民终 7765 号民事判决书;江西省吉安市中级人民法院(2020)赣 08 民终 1127 号民事判决书;上海市第三中级人民法院(2020)沪 03 民终 133 号民事判决书。

决书的论证部分①，即关于指导性案例 23 号不应适用于本案，原因如下：1. 指导性案例 23 号涉诉商品是食品。最高院办公厅法办函【2017】181 号答复意见中明确指出不宜将食药纠纷的特殊政策推广适用到所有消费者保护领域。2. 指导性案例 23 号的发生时间是 2012 年，最高院发布为指导性案例的时间为 2014 年，但是最高院办公厅法办函【2017】181 号答复意见发布时间为 2017 年 5 月 19 日。因此应以后发布的 181 号答复意见为准。

在这个案件中法院并没有单纯地直接给出结论，宣告指导性案例 23 号不应适用于本案，而是结合法律规定和指导性案例的裁判理由进行分析，并将最高院的答复意见作为引证。该判决不但作了正面论证，还针对当事人提出的指导性案例应当参照适用进行了有力反驳，也正确地实现了立法目的和指导性案例的法律精神。②

（二）"适用指导性案例"裁判中的"类似案例识别"

在 60 个进行比对的案件中，适用指导性案例 23 号进行裁判的有 13 个，占比约 21.67%。在 13 个判决中，有 5 个案件对待决案件与指导性案例未进行比对，且 13 个判决中绝大多数为隐性适用。当事人提及应参照指导性案例 23 号，法院未在判决书中回应，但判决结果与案例保持一致。法院主要通过食品安全法《关于审理食品药品纠纷案件的司法解释》中的相关规定和裁判要点的适用来裁判案件。相较于不适用指导性案例的情形，在适用指导性案例的情形中的类案识别有自身的特点：

第一，在适用指导性案例的情形中，简单得出结论的裁判占比更高。在适用指导性案例的情形下，相较于背离判决结果本身，法官为了论证背离指导性案例的原因，说服当事人、上诉法院及形成内心证成，论证需求和论证压力自然更大。这也解释了在不适用指导性案例的案件中，法官更倾向于将待决案件与指导性案例进行相似性判断和分析，给出正面或反面的论证意见，而非直接给出结论。而适用指导性案例的裁判则没有这么重的论证负担，往往是将指导性案例作为裁判的进一步佐证，将待决案件与指导性案例的事实加以比对的几乎没有。

第二，在"适用/不适用指导性案例"的两种情形中，比较点的选择存在相似。指导性案例 23 号的裁判要点：消费者；不符合食品安全标准；销售者或者生产者支付价款十倍赔偿金。如前文所言，法院在判定是否适用指导性案例时，主要集中在消费者身份认定和食品是否符合安全标准上，消费者身份的认定更是关键。在胡一定系列案件中③，胡一定作为实际上的职业打假人，得以胜诉的原因主要在于其均是购买了少量的不符合食品安全标准的特效强凉茶，在身份的辨识上巧妙地规避了现有法律和指导性案例的规

---

① 参见北京市第二中级人民法院(2019)京 02 民终 10261 号民事判决书。张爱玲因与被北京苏宁易购销售有限公司买卖合同纠纷一案，明确不适用指导性案例 23 号。
② 参见张琪等：《司法案例的适用方法研究》，北京大学出版社 2020 年版，第 198 页。
③ 参见广西壮族自治区南宁市邕宁区人民法院(2020)桂 0109 民初 1140 号民事判决书；广西壮族自治区南宁市邕宁区人民法院(2020)桂 0109 民初 1139 号民事判决书；广西壮族自治区南宁市邕宁区人民法院(2020)桂 0109 民初 1750 号民事判决书。

定。而绝大多数的案件当事人一旦被认定为职业打假者,其诉请均未得到支持。

第三,文书说理上反映出法官目前尚不具备运用"类案"进行论证的习惯和能力。类案判断的比较与识别并非是一个明确的问题,从法律逻辑上讲,案由相似就可以被认为是同一类案件;①但是通过案由的细分也仅是一个程度性的问题,②还要依靠法官进行法律推理、提炼。"指导性案例与待判案件是否属于类案案件是决定是否适用指导性案例的基础前提,也是类案类判的首要步骤之一。"③在选取的样本案例中,适用指导性案例 23 号的裁判占比 32.72%,90% 以上为隐性适用,且只有不到 5% 的案件对类案的比较与识别进行分析和论证,仿佛是来自法官直觉的认定。"回避类似案例识别的论证,实际是一种贫乏的论证,也构成对中国法官说理特征的一个侧写。"④

（三）类案的正反面参照效用

类案类判的具体内涵有两个方面:一是类似案件裁判结果应具有大体一致性;二是不同类案件的裁判结果应具有相互协调性。⑤另外还应允许法官作出与已有类案裁判标准不一致的判决结果。作为"从特殊到特殊"的类比推理,需要事实层面的比对、逻辑上的证成、法律适用上的一致和价值衡量上的同等,四个核心要素相同或相似方可。反之,突破先前案例往往是待决案件与类案的四个核心要素具有实质不同。此种类案的识别和判断需要在四个核心要素推理的框架下结合个案去进行正反面分析。例如在 60 个进行比较的案例中,适用指导性案例 23 号的裁判往往将指导性案例作为裁判的进一步佐证;不适用指导性案例 23 号的裁判占多数,但其中只有个别案件将待决案件与指导性案例之间的不同作了有力地论证和区分,明确 23 号指导案例是否适用于该案。大部分案件则简单言明"本案案情不同于指导案例 23 号,不可参照指导案例 23 号的裁判要点裁判",这恐怕也与论证能力和论证负担有关。但就《指导意见》的本意而言,即使法院认为不应当适用指导性案例时,应当在裁判文书中说明不适用的理由。

四、指导性案例在类案检索中的运作分析

确立案例指导和类案检索制度的确存在现实的需求,基于先例案件所累积的裁判经验,以处理类似问题的方式,在很大程度上避免了法官面对大量案件时因"累"无暇说理和疑难案件因"怕"不敢说理的困难。⑥法官在需要依据指导性案例或其他案例作为支撑裁判论点的论据,将裁判要点作为裁判结论直接写入裁判文书,可以在实践层面实

---

① 类似于美国判例检索系统中的钥匙码,目前该系统将所有法律判例的关键词划分为 414 个钥匙码(Key Numbers),每一个一级钥匙码之下又按照法律关系的构成要件详细地分成二级、三级钥匙码。

② 参见屈茂辉:《类推适用的私法价值与司法运用》,载《法学研究》2005 年第 1 期。

③ 张琪等:《司法案例的适用方法研究》,北京大学出版社 2020 年版,第 188 页。

④ 张琪等:《司法案例的适用方法研究》,北京大学出版社 2020 年版,第 189 页。

⑤ 参见上海市第一中级人民法院课题组:《司法责任制背景下统一法律适用标准研究——以类案同判为目标》,载《中国应用法学》2020 年 5 期。

⑥ 庄绪龙:《裁判文书说理难的"现实语境"与制度理性》,载《法律适用》2015 年第 11 期。

现降低司法成本、节约司法资源、提升司法效率的重要作用。[①] 在价值层面,法律确定性的两个维度,法律规则的确定性和司法裁判的确定性,[②]二者均应当是肯定、明确的。若案情相同或相似的案件,不同法院作出不同判决,司法裁判结果的不可预期将导致人们在经济社会中无所适从。

(一)"类似案件识别"的普遍难点

如前文所言,指导性案例与待判案件是否属于类案案件是决定是否适用指导性案例的基础前提,也是类案类判的首要步骤之一。笔者开篇即提到类案的判断标准并非是一个明确的问题,对待决案件与参照案例是否类似的判断大概有四个方面的问题要加以判断解决:一是待决案件与参照案例的诉争焦点是否相同;二是待决案件的关键事实与参照案例的关键事实是否相同;三是待决案件的诉争焦点、关键事实所关联的基础法律规范与参照案例是否相同;四是待决案件的价值标准与参照案例的价值标准是否相同。四个方面的比较本质上都是进行类比推理,由于类比推理是一个"从特殊到特殊"的推理,相较于演绎推理"从一般到特殊"的推理,其中的根本问题是如何对差异点的相关性加以确定。尽管如有些学者所言,"类案标准客观存在、有一定的相对性以及并不单一[③],但仅是发现和证成"类案"的初步工作——锁定关键性事实、判断相似性即非常复杂和费时费力,遑论比较点法律意义存在差异化解读的可能性,以及由此而造成的"适用/不适用"的正当性的判断。[④]

(二)指导性案例在类案检索中的优先地位

尽管类案检索因多方掣肘未能发挥所预想的效用,包括是没有统一的来源,平台多样化,检索基数过于庞大导致检索的时间成本高,以及没有统一的标准,检索的精度不够准确,导致检索的效率成本高。[⑤] 但指导性案例作为特殊的制度性事实,[⑥]从而具备了最优先地位,[⑦]其普遍的指导效力可以获得制度性(权威产生的形式约束力)和实质性(说理充分产生的实质说服力)的双重保证。这两个方面叠加在一起所产生的规范性力量,要求法官在实践活动中无充分理由不得偏离相关的指导性案例,由此指导性案例已然获得了一种"准法源"的地位。[⑧] ……使得指导性案例的检索无须面临上述的困境,且指导性案例来源明确、数量较少、效力层次更高、最具权威性,检索、筛选也相对容易。若在指导性案例中检索到类案的,可以不再进行后续顺位的检索。从这个角度分

---

① 参见林喜芬:《美国法院遵循先例的运行机制及启示》,载《比较法研究》2015年第2期。
② 参见李琦:《法的确定性及其相对性——从人类生活的基本事实出发》,载《法学研究》2002年第5期。
③ 参见孙海波:《重新发现"同案":构建案件相似性的判断标准》,载《中国法学》2020年第6期。
④ 参见张琪等:《司法案例的适用方法研究》,北京大学出版社2020年版,第199页。
⑤ 参见郑通斌:《类案检索运行现状及完善路径》,载《人民司法》2018年第31期。
⑥ 指导性案例基本满足了正式法源的三个要件,能够超越个案对未来类似案件产生普遍性的约束力。
⑦ 一般而言,先要检索最高院发布的指导性案例、公报案例,而后是所在地区的高级法院发布的参阅案例、典型案例,然后是上级法院和本院(包括市级法院和基层法院)已经生效的裁判文书。
⑧ 参见雷磊:《指导性案例法源地位再反思》,载《中国法学》2015年第1期。

析，或许可以得出这样的结论：指导性案例作为检索的来源，截止到 2020 年，最高院仅发布了 156 号指导性案例，其数量不是过于庞大而是过少，甚至有学者认为，"解释制度是否能够发挥常态作用，其规范提供的数量是决定性因素之一。只有量化的规模才能制度性地发挥影响。案例数量过少使得人们期待落空"[①]。

（三）允许作出与前案不一样的判决

类案检索的过程，本质上就是比较和判断的过程，应以直接的、整体的感知为基础，进而以逻辑上的推理、法律适用上的分析和经验上的判断为依据，最终以价值上的衡量为根本取向。[②] 指导性案例无疑是提供了一条非常有效的解决路径，具有说理性、准确性和权威性的案例能够为参考者提供强烈的心理支撑，强化内心确信，增强判决结果的正确性。但是指导性案例，包括其他案例的援引参照应该经过严密的类案判断与识别，通过案件的争议点来确定比较维度，围绕比较维度判断相似性的相关性和法律依据，通过对事实、法律和价值的综合考量作出是否构成类案和是否需要类似审判的结论。否则，不应直接按照指导性案例的逻辑去判断待决案件，以免造成反向推理导致的结果不可知。当决定采用或不采用某类案作为案件裁判的依据时，应当明确说理论述规则。笔者建议在援引类案说理时应明示出处，尤其是最高院指导性案例、最高院的其他案例以及高院的案例。

结　语

指导案例制度借鉴了先例制度，类案检索机制则是依托了人工智能和大数据。[③] 类案审判制度对于扩大可利用的法律论证资源、加强判决书释明说理大有裨益，这也是新时代司法需求下法官办案的新方式。从指导性案例 23 号的司法适用来看，实践中大多数法官尚未适应类案检索的相关要求，这与长期以来养成的审判习惯与思考方式、类案审判制度和类案检索机制运行时间短、配套机制不够规范和健全是分不开的。案例指导制度和类案检索机制对于统一裁判标准的作用也是循序渐进的过程。考虑到类案的判断十分复杂，既包括程序性和实体性的论证规则，又依赖于审判经验，[④]需要在《指导意见》实施的基础上，加强法官对类案尤其是指导案例识别和参照的自觉，在实务中不断完善类案裁判标准的统一及可操作性，最终达到提升裁判可预期性和提高司法公信力之目的。

---

① 林维：《刑事案例指导制度：价值、困境与完善》，载《中外法学》2013 年第 3 期。
② 参见［德］卡尔·拉伦茨：《法学方法论》，陈爱娥译，商务印书馆 2003 年版，第 165 - 175 页。
③ 参见孙光宁：《指导性案例在类案检索机制中的地位及其运作》，载《法律适用》2020 年第 12 期。
④ 参见孙海波：《重新发现"同案"：构建案件相似性的判断标准》，载《中国法学》2020 年第 6 期。

刑事检察指导性案例存在的
问题和完善对策

郑　毅*

摘　要:检察案例指导制度是我国案例指导制度的重要组成部分,强化和巩固检察指导性案例对司法实践的指导作用是完善检察案例指导制度的必然要求;虽然检察指导性案例不是正式的法律渊源,但是经过规范、严谨的类案检索,检察指导性案例在类案的说理和论证等方面仍具有强制参照适用的效力;在司法实践中,可以从基本案情、争议焦点、法律适用、量刑情节四个方面对个案和检察指导性案例进行比较,确定参照适用的具体案例;针对当前检察指导性案例存在的不足,应当着力强化案例对疑难复杂法律问题的说理和论证,凸显其专业性和指导性特征。

关键词:检察指导性案例;刑事检察;类案检索;参照适用

建立有中国特色的检察案例指导制度是我国司法改革的重要内容之一。2019 年 1 月 1 日起施行的《中华人民共和国检察院组织法》第 23 条第 2 款规定,"最高人民检察院可以发布指导性案例",这成为检察指导性案例的立法依据。[①] 但在该法颁布施行之前,检察案例指导工作就已经全面铺开,并有效地指导了司法实践的开展。自 2010 年 7 月 29 日最高人民检察院《关于案例指导工作的规定》(以下简称高检院《案例指导工作规定》)通过至今,该规定历经两次修订,在规范检察机关案例指导工作,发挥检察指导性案例对检察办案工作的示范引领作用等方面起到了积极作用。截至 2022 年 6 月 21 日,最高人民检察院已发布 37 批 153 件指导性案例,初步确立了我国的检察案例指导制度。从近年来该制度的运行实效来看,检察指导性案例在弥补立法疏漏、统一法律适用标准、指导检察工作开展和推进法治宣传教育等方面发挥了不可替代的作用。

强化类案指导、弥补立法疏漏、统一法律适用标准是建立检察案例指导制度的初衷,也是检察指导性案例的重要价值功能之一。在最高人民法院发布的《关于统一法律适用加强类案检索的指导意见(试行)》[以下简称最高法院《类案检索意见(试行)》]对

---

*　江苏省苏州市吴中区人民检察院检察官。
①　根据该条规定,指导性案例的发布主体是最高人民检察院,该主体确定且唯一。因此,我们认为,检察指导性案例特指最高人民检察院发布的指导性案例。

法院系统刑事指导性案例的检索和适用作出明确规定后,如何有效发挥检察系统指导性案例对司法实践的指导作用就成为学界和司法实务人员热议的话题。部分先进地区的检察机关结合本地实际,先行先试,相继出台了关于本地区类案检索的意见,①进行了有益的探索和尝试。我们将从检察指导性案例的效力位阶、检察指导性案例在个案中参照适用的方法以及当前检察指导性案例存在的问题和不足等方面展开论述,并提出完善检察指导性案例的意见和建议。②

一、检察指导性案例的效力位阶

我国的案例指导制度不同于英美法系国家的判例制度。在成文法体系中,检察指导性案例不是正式的法律渊源,不具有法的强制约束力,其对司法实践中个案的指导属于事实上的指导,而非规范意义上的指导,即"检察指导性案例发挥作用,主要在于因其对法律精神的准确阐释和精准应用,对司法人员有较强的说服力,能够通过要旨提炼和指导意义的说明,获得司法人员的认同,从而事实上对司法实践产生影响,发挥指导司法的功能作用"③。也就是说,检察官在办理类似案件的过程中可以引述相关指导性案例的裁判要旨和精神内涵进行说理和论证,但不得将指导性案例作为案件定性、量刑的法源依据。④

这里需要特别说明的是,检察指导性案例虽然不是正式的法律渊源,但具体到个案,其参照适用的价值却是确定的,具有"强制参照适用"的功能,这一点不以办案人员的喜好为转移。如果个案与指导性案例在事实认定、证据采信和法律适用等方面具有相似性,根据高检院《案例指导工作规定》第15条的规定,承办检察官"应当"参照指导性案例办理类似案件;在检察委员会审议案件时,承办检察官应当报告有无类似指导性案例,并说明参照适用情况。可见,在有指导性案例可供参照的情况下,参照适用是承办检察官的工作职责。

此外,作为我国案例指导制度的重要组成部分,最高人民法院发布的刑事指导性案例与检察指导性案例一样,对刑事司法实践起着举足轻重的指导作用。由于审判机关在刑事案件的裁判过程中处于核心地位,最高人民法院发布的刑事指导性案例在我国案例指导体系中的效力位阶是否高于检察指导性案例,办案人员在参照适用时是否应当优先考虑法院系统的指导性案例,目前在司法实践中存在争议。从最高法院《类案检索意见(试行)》第4条的规定来看,类案检索的范围包括最高人民法院发布的指导性案

---

① 2020年9月17日,江苏省苏州市人民检察院印发了《苏州市人民检察院关于加强类案检索的规定》(以下简称《苏州类案检索规定》),该规定自印发之日执行。
② 当前检察指导性案例已逐步覆盖刑事、民事、行政和公益诉讼"四大检察"领域,本文所探讨的检察指导性案例仅指与审查起诉工作密切相关的刑事检察指导性案例。
③ 万春:《检察指导案例效力研究》,载《中国法学》2018年第2期。
④ 高检院《案例指导工作规定》第15条规定:"各级人民检察院应当参照指导性案例办理类似案件,可以引述相关指导性案例进行释法说理,但不得代替法律或者司法解释作为案件处理决定的直接依据。"

例、典型案例、裁判生效案件和本省高级人民法院发布的参考性案例、裁判生效案件等。并特别指出,"已经在前一顺位中检索到类案的,可以不再进行检索",其中,并不包含检察指导性案例。但根据部分地方检察机关制定的类案检索规定,最高人民检察院发布的指导性案例、典型案例不仅属于类案检索的范围,其效力位阶还要优先于最高人民法院的相关案例。[①] 我们认为,最高人民法院的刑事指导性案例与检察指导性案例都对个案的说理和论证产生事实上的约束力,不具有法的强制约束力,两者都指导法律适用,体现了上级司法机关对下级司法机关行使自由裁量权的规范监督和业务指导,其效力不应存在高下之分。两者虽然分属不同的司法系统,但参照适用的效力应当是同等的,法官或检察官遇有合适的案例时,都有参照适用的职责。因为两高发布的指导性案例多数都源于人民法院裁判生效的案件,在司法实践中具有疑难性、典型性和示范性,在制发过程中都经历了检法两家相互征求意见、专家论证等程序,也都取得了一致意见。因此,检法系统各自发布的指导性案例对法官或检察官办理类似案件,均具有同等效力的参考价值。

二、检察指导性案例参照适用的方法

检察指导性案例参照适用的方法是指个案符合何种条件,或者达到何种标准时,可以参照适用相应的指导性案例。关于检察指导性案例参照适用的条件,目前最高人民检察院没有出台书面文件予以明确。根据最高法院《类案检索意见(试行)》第1条的规定,所谓类案,是指与待决案件在基本事实、争议焦点、法律适用问题等方面具有相似性,且已经人民法院裁判生效的案件。从该条规定可以看出,法院系统主要是从案件事实、争议焦点、法律适用三个方面对个案和指导性案例进行识别和比对,具有相似性的,即可以参照适用。而根据《苏州类案检索规定》第2条的规定,"类案检索是指检察官通过在线检索、查阅资料等方式,收集与所办案件在案件基本事实、量刑情节、法律适用等方面相类似的案件,通过分析比对,为所办案件在定性、量刑等方面提供参考"。从该条规定可以看出,关于指导性案例参照适用的条件,检法两系统的意见基本一致,只是检察机关出于落实刑事诉讼法第15条关于认罪认罚从宽制度、提出确定刑量刑建议的需要,更加注重指导性案例在量刑情节、精准量刑等方面的指导作用。综合上述两份文件,我们认为,应当从以下几个方面对个案和检察指导性案例进行技术比较,确定参照适用的具体案例:

(一)基本案情

具有相似或者基本一致的案件事实是参照适用指导性案例的前提和基础。在基本

[①]　例如,根据《苏州类案检索规定》第4条规定,"检索的类案范围,应当参照以下顺序进行:(一) 最高人民检察院、最高人民法院发布的指导性案例;(二) 最高人民检察院发布的典型案例,《最高人民法院公报》刊登的案例,最高人民法院发布的典型案例、参考案例……"。

案情一致的情况下,才有可能存在相同的理论争点和法律适用问题。这一点在某些利用新型作案手段实施的犯罪中较为常见。如检例第 14 号"孙建亮等人生产、销售有毒、有害食品案",被告人孙建亮等人明知盐酸克伦特罗(俗称"瘦肉精")是国家禁止在饲料和动物饮用水中使用的药品,而用以养殖供人食用的动物并出售,构成生产、销售有毒、有害食品罪;检例第 37 号"张四毛盗窃案",被告人张四毛利用技术手段,通过变更网络域名绑定邮箱及注册 ID,实现了对域名的非法占有,并使原所有人丧失了对网络域名的合法占有和控制,遭受了直接的经济损失,构成盗窃罪;检例第 38 号"董亮等四人诈骗案",被告人董亮等人先购买、租赁未实名登记的手机号注册网约车乘客端,再虚构用车订单,并用本人或其实际控制的其他司机端账户接单,发起较短距离用车需求,后又故意变更目的地延长乘车距离,致使应付车费大幅提高,骗取网约车公司垫付车费,构成诈骗罪。上述指导性案例明确了添加瘦肉精、盗窃网络域名、网约车刷单诈骗等行为的入罪思路和罪名适用,及时回应了司法实践中出现的新问题,办案人员遇到相同或相似的案件时,可以直接参照指导性案例进行说理和论证。

(二)争议焦点

办案人员在办理与指导性案例内容相似的案件时,往往会遇到同样的理论争点,因此具有相似的争议焦点或疑难问题也是参照指导性案例的重要依据之一。如检例第 42 号"齐某强奸、猥亵儿童案"中主要存在两大争议焦点,一是被告人齐某利用教师身份,多次奸淫两名幼女,能否认定为奸淫幼女情节恶劣,在有期徒刑十年以上量刑;二是被告人齐某在教室、集体宿舍等场所多次实施猥亵行为,能否认定为在公共场所"当众"实施猥亵。对此,该指导性案例认为,首先,虽然根据相关法条规定,奸淫幼女多人一般是指奸淫幼女三人以上,而本案中,被奸淫的幼女只有两人,但是,被告人齐某多次强奸、猥亵被害人,案发地点在校园内,对被害人及其家人的伤害非常大,对其他学生也造成了恐惧,其危害性并不低于奸淫幼女三人的行为,据此可以认定为"情节恶劣";其次,应当正确理解在公共场所当众实施猥亵中"当众"的含义。被告人齐某在熄灯后进入女生集体宿舍,当时就寝人数较多,床铺之间没有遮挡,其猥亵行为容易被同寝其他人所感知,符合"当众"的要求。因此,我们认为,办案人员在选择检察指导性案例的过程中,如果发现个案与某一指导性案例的争议焦点一致或者相似,就可以参照该案例解决争议问题的论证思路,为我所用。

(三)法律适用

参照检察指导性案例的主要目的在于找准争议焦点,确定法律适用,规范行使检察裁量权,确保司法的稳定性和公正性。办案人员在办理个案的过程中及时、准确地找到争议焦点,发现案件的症结并不难,准确地适用法律,形成正确的审查结论才是真正的难点所在。办案人员在进行类案检索时,通过科学地比较基本案情、争议焦点,找到可供参照的指导性案例,然后根据该指导性案例在解决争议焦点、确定法律适用等方面所作的说理和论证,总结、提炼指导性案例的精华,再运用于个案的处理,是符合参照适用检察指导性案例的一般规律的。如检例第 17 号"陈邓昌抢劫、盗窃,付志强盗窃案"中,被告人陈邓昌入户盗窃后,被被害人当场发现,意图抗拒抓捕,当场使用暴力威胁被害人不许其喊叫,然后逃离案发现场,不仅应当认定为转化型抢劫,而且还构成入户抢劫。该指导性案例就对司法实践中经常出现的"入户盗窃——转化抢劫"的类型化行为作出了分析和论证,并进而认为不应排除认定"入户抢劫"的情节,做到罚当其罪,也为办案人员在办理同类型案件时正确适用法律提供了有效的参照。

（四）量刑情节

提出确定刑量刑建议,确保个案量刑建议的精准是 2018 年刑事诉讼法修正后检察机关面临的全新课题和挑战。根据《人民检察院刑事诉讼规则》第 275 条的规定,犯罪嫌疑人认罪认罚的,人民检察院应当就主刑、附加刑、是否适用缓刑等提出量刑建议。量刑建议一般应当为确定刑。此前,检察机关向人民法院提起公诉时所提出的大多为幅度刑,基于量刑建议"求刑权"的法律属性,承办检察官只需要以建议的形式向人民法院提出量刑的大致区间,"被动地等待"人民法院的判决即可。但在当前认罪认罚从宽制度全面铺开的新形势下,立法要求检察机关的量刑建议一般应当为确定刑,人民法院一般也应当采纳检察机关指控的罪名和量刑建议,这就在一定程度上赋予了检察机关深度参与裁量刑罚的司法职责。这项职责从无到有,是检察机关面临的全新课题和挑战,承办检察官在加强业务学习和培训的同时,通过科学地类案检索,参照适用在量刑情节等方面具有相似性的指导性案例就成为检察机关实现量刑建议精准化的有效手段之一。而目前相当一部分检察指导性案例都源于人民法院裁判生效的案件,在"基本案情"和"诉讼过程"部分都摘录了人民法院的裁判结果,这就为承办检察官提出确定刑量刑建议提供了明确、具体的参照。

三、检察指导性案例存在的问题

作为我国案例指导制度的重要组成部分,检察指导性案例自诞生至今已逾 10 年,在推动检察机关统一法律适用标准、指导检察工作开展、规范检察裁量权的运行等方面发挥了重要作用。但是,相比于人民法院的指导性案例,检察指导性案例还存在一些问题和不足,需要检察机关予以足够的重视。

（一）检察指导性案例对司法实践中常见疑难复杂问题的关注不足

部分检察指导性案例侧重于对国家刑事司法政策和检察机关办案效果的宣传,没有对当下困扰基层司法实践的热点、难点问题给予及时的关注和回应,并作出专业化的分析,这在一定程度上限制了检察指导性案例在指导检察机关正确适用法律、解决疑难复杂问题等方面发挥其应有的作用。如检例第 1 号"施某某等 17 人聚众斗殴案",该案例的主题是规范和指导检察机关依据法律、法规，立足案件事实，妥善作出不起诉决定。但是，该案例没有就作出不起诉决定的理由进行详细、有条理地说明，却将大量篇幅用于介绍办案单位所做的类行政化的程序性工作，如成立化解矛盾工作小组，化解双方积怨；走访当地党委、政府，深入一线调研等。我们认为，不论是相对不起诉还是绝对抑或存疑不起诉，刑法、刑事诉讼法等法律、法规均有明确的条款规范其适用条件，符合该条件是作出不起诉决定的前提。因此，该指导性案例应当将主要篇幅用于阐释作出不起诉决定的理由和依据，分析作出该不起诉决定是否符合法定要件，然后在此基础上，再通过做好上述调查研究和释法说理等工作，减少对立，化解当事各方的积怨，增强不起诉决定的社会认可度和接受度。

（二）部分检察指导性案例对疑难复杂法律问题的说理和论证不足

部分检察指导性案例将大量篇幅用于介绍公诉人出庭履职的过程和案件在侦查、审查起诉、审判等环节经历的诉讼过程，没有对罪与非罪、此罪与彼罪、量刑情节等关键问题进行充分的说理和论证。如检例第 10 号"卫学臣编造虚假恐怖信息案"，该案例仅在"要旨"部分简要论述了如何认定编造虚假恐怖信息、严重扰乱社会秩序，却没有就该争议焦点进一步展开系统、严谨的说理和论证；再如检例第 38 号"董亮等四人诈骗案"中，被告人是网约车司机，其利用网约车平台的管理疏漏，通过互联网技术手段诈骗网约车公司的车费垫付款和订单补贴，这是互联网经济兴起后出现的一种新型诈骗犯罪模式。对于新型诈骗犯罪模式，该案例本应围绕诈骗罪的犯罪构成要件，着力论证该犯罪模式的入罪思路，为遇到类似案件的办案人员准确认定新型诈骗犯罪模式的罪与非罪提供权威指导，确保办案的质量和效率，但该案例仅在"要旨"和"指导意义"部分简要介绍了认定该犯罪模式构成诈骗罪的结论，没有进行相应的说理和论证。这使得办案人员只知道该新型犯罪模式构成诈骗罪，却无从得知该犯罪模式构成诈骗罪的理由，不利于其准确理解和把握检察指导性案例的精神实质，也在一定程度上弱化了案例的指导意义和价值。

（三）检察指导性案例的备选推荐渠道有待拓宽

从当前检察指导性案例的遴选过程来看，一般是由省级人民检察院具体负责收集、整理案例素材，接收下级人民检察院推荐案例，再向高检院择优报送。这对于确保备选案例的质量、把好检察指导性案例的"入口关"具有重要意义。但是我们也应该看到，囿于上下级检察机关对个案处理结果的认识分歧、个别省级院检察官的个人喜好以及对案例要旨和指导意义的理解不一致等方面的原因，部分在说理和论证、归纳和总结指导意义以及服务社会管理创新等方面具有较高参考价值的案例未被纳入省级人民检察院向上推荐的范围。这在客观上不利于最高人民检察院全面了解备选案例的个体素质，堵塞了部分优秀案例的上升通道。因此，如何拓宽检察指导性案例的备选推荐渠道，广泛搜集和吸纳更多、更优秀的案例参与评选，是检察机关提升检察指导性案例的整体素质，确保检察案例指导制度行稳致远的前提和基础。

四、检察指导性案例存在问题的完善对策

（一）检察指导性案例应当对公众关注度较高的热点、难点法律问题予以足够重视

对当下一些社会热点和带有一定普遍性的疑难复杂法律问题，检察指导性案例应当予以必要的回应，为检察机关办理类似案件提供权威和及时的指导。如前段时间热议的为治疗罕见病，进口或贩卖境外仿制药是否应以销售假药罪论处，以及当前无证倒卖成品油等危险化学品是否构成非法经营罪等，涉及如何正确认识销售假药罪和非法经营罪的犯罪构成要件、犯罪的期待可能性等刑法学理论问题，各方观点不一，司法实践中的具体把握和处理也不尽一致。

又如，刑法修正案（十一）施行后，刑法第277条增设了袭警罪，将暴力袭击正在依法执行职务的人民警察的行为纳入刑法的打击范围。此外，刑法修正案（十一）还将行为人实施特定上游犯罪后，为掩饰、隐瞒犯罪所得及其产生收益的来源和性质，实施的将财产转换为现金、跨境转移资产等一系列"漂白"赃款的自洗钱行为以洗钱罪论处。其中，关于袭警罪的入罪条件、"暴力袭击"的认定、"危及或者严重危及人身安全"的界定以及自洗钱犯罪的入罪条件、自洗钱犯罪与特定上游犯罪之间的罪数关系等关乎罪与非罪、此罪与彼罪的重大司法实务问题，目前，也没有相关司法解释或规范性文件明确规定。

我们认为，上述问题往往在一定时期内社会关注度较高，在证据采信、法律适用等方面存在较为普遍的疑难性和复杂性，当司法解释或其他规范性文件未及时予以明确规范时，亟须检察指导性案例通过严谨的说理和论证，统一司法实务人员的思想认识，规范相关案件的办理。及时回应和解决上述问题，不仅可以定纷止争，提高检察机关的办案效率，还有利于强化和巩固检察指导性案例的权威和指导地位。

（二）检察指导性案例应当对"捕权"和"诉权"的规范行使予以足够的重视

审查逮捕和审查起诉是检察机关刑事检察工作的重要组成部分，检察机关可以根据具体案情，依法决定对犯罪嫌疑人是否批准逮捕或提起公诉，从而在审查逮捕和审查起诉阶段发挥主导作用。因此，"捕权"和"诉权"是刑事检察权的核心内容，也是检察机关所拥有的为数不多的终局性权力。如何规范行使"捕权"和"诉权"，明确捕与不捕、诉与不诉之间的界限，是检察机关面临的重大课题之一。

我们认为，检察指导性案例应当对批准逮捕和不批准逮捕、起诉和不起诉等检察机关拥有实质决定权的事项予以足够的关注，将明确捕与不捕、诉与不诉的法定或酌定要

件,规范行使"捕权"和"诉权"作为检察指导性案例的价值目标之一。例如,批准逮捕和存疑不捕、绝对不捕,起诉和存疑不诉、绝对不诉之间的区别主要在于证据是否确实、充分,行为人是否构成犯罪,相对较好把握。但是,定罪不捕和相对不起诉都是在确认行为人构成犯罪的前提下,基于其犯罪行为的性质、严重程度、认罪悔罪的态度,对其是否具有社会危险性所作的综合判断;认定的标准不明确,界限相对模糊,主观性较强,且罪名不同,需要考量的因素也多有不同,司法实务人员较难准确把握。

对此,检察指导性案例应当精心选材,对一些有代表性的定罪不捕案件和相对不起诉案件,通过严谨的说理和论证,从法理的角度说明对犯罪嫌疑人作出不批准逮捕或不起诉决定的理由,并结合具体案件和罪名,提出认定行为人不具有社会危险性或者情节轻微不需要判处刑罚的具体判断标准,供司法实务人员参照执行。

(三)检察指导性案例应当重视和强化对疑难复杂法律问题的说理和论证

从当前的社会认可度来看,检察指导性案例低于法院系统的指导性案例,这与检察指导性案例对疑难复杂法律问题的说理和论证重视不够有直接关系。我们认为,指导性案例的权威性不仅仅源于发布机关的级别和地位,还源于其对疑难复杂法律问题的说理和论证,这是指导性案例之所以权威的灵魂所在。检察指导性案例作为检察系统中最高级别、最具权威的指导案例,理应将行文的重点聚焦于对疑难复杂法律问题的说理和论证,首先解决司法实务人员在办案过程中遇到的证据采信和法律适用问题,在此基础上,再开展有针对性的法律监督工作,凸显检察指导性案例的学术研究和实务指导价值。

对此,我们认为检察指导性案例可以借鉴最高人民法院发布的指导性案例、刑事审判参考指导案例的"裁判理由"部分,在检察指导性案例的"指导意义"部分重点围绕犯罪构成要件,对争议焦点和法律适用等问题进行系统的说理和论证,彰显检察指导性案例的专业化特征,为办案人员深入学习和研究检察指导性案例提供便利条件。

(四)积极探索和拓宽检察指导性案例的备选推荐渠道

根据高检院《案例指导工作规定》第5条和第6条,最高人民检察院备选指导性案例的来源主要有三个:一是各省级人民检察院收集、整理和审查本地区的备选案例,并向最高人民检察院推荐;二是承办具体案件的人民检察院或者承办检察官向其所属的省级人民检察院推荐备选案例;三是人大代表、政协委员、人民监督员、专家咨询委员以及社会各界人士可以向承办具体案件的人民检察院或者其上级人民检察院推荐备选案例。

从上述规定来看,当前检察指导性案例的来源可以简单归纳为"两种模式,三条路径"。前两条路径属于系统内推荐模式,第三条路径是系统外推荐模式;在系统内推荐的模式下,又分为省级人民检察院自上而下收集和选送案例、承办单位和个人自下而上推荐案例两条路径。但考察已发布的检察指导性案例可以发现,当前大部分案例都是省级人民检察院自上而下收集并推荐至最高人民检察院的,承办单位向省级人民检察院推荐的较少;至于承办检察官个人向上推荐案例,以及社会各界人士主动向检察机关推荐案例的情况就更少了。对此,最高人民检察院或省级人民检察院应及时出台实施细则,畅通承办检察官向上推荐案例和社会各界人士向检察机关推荐案例的渠道,真正实现检察指导性案例来源的多样化,提高检察指导性案例的社会认可度和接受度。

从 880 件刑事案例看城市公共交通安全治理

——基于对 J 省 H 市检察机关交通安全领域相关案件的浅析

刘月进　刘　松*

摘　要：近年来，城市道路已经成为重大交通事故的高发区域。从检察机关办理的 880 件城市交通安全领域相关刑事案件看，渣土车等重型车辆因多头管理导致监管机制失灵，交通肇事问题突出；一些交通参与者漠视交通安全，他们违章驾驶电动自行车、城市交叉路口不让行、乘车不系安全带等行为都是引发重大交通事故的安全隐患，校车、窨井盖管理不善也容易成为公共交通安全的风险源。检察机关在办理此类刑事案件中，也面临着因交通事故责任认定不清、以逃逸情节推定责任等带来的难点问题，影响了办案的质效。对此，检察机关应当以问题为导向，结合职能主动融入公共交通安全市域治理，在司法办案中准确认定事实、助力防范风险，多措并举促进各方增强交通安全意识，构建联动互动的交通安全管理格局，推动提高城市公共交通安全治理能力和水平。

关键词：城市交通；公共安全；交通肇事；社会治理

安全是国运之所系、民众之所望，既是治国理政的头等大事，也是为高质量发展保驾护航的必然要求。① 城市公共安全与群众日常生活紧密相连，道路交通安全直接关乎群众幸福指数，城市公共交通安全无疑是市域社会治理的重要内容。2018 年至 2020 年，J 省 H 市检察机关共受理审查交通安全领域犯罪案件 1 309 件，其中涉城市公共交通安全的 880 件，占案件总数的 67.2%。城市道路已经成为重大交通事故的高发区域。加强城市公共交通安全综合治理，切实消除城市道路安全隐患，降低重大交通事故发生率，不仅事关新时代城市高质量发展和社会文明软实力，更事关每个家庭的幸福安康。

一、影响城市公共交通安全的问题隐患

经梳理 H 市检察机关办理的涉城市公共交通安全的 880 件案件，以下问题、隐患

---

* 刘月进，江苏省淮安市人民检察院党组副书记、常务副检察长；刘松，江苏省淮安市人民检察院第三检察部副主任。

① 参见周叶中、任澎：《新时代我国发展与安全的关系辨析》，载《江苏行政学院学报》2020 年第 5 期。

最值得重视。

（一）以渣土车、危化品运输车为代表的重型车辆交通肇事问题最突出

城市内企业集聚，建设工程项目多，本地和外地重型车辆往来活动频繁，这些车辆车高身长，转弯时视觉盲区多、内轮差大，而城区受发展空间所限，部分车道较窄、人车混行，容易引发重大交通事故。H 市城市重大交通事故中，重型车辆肇事的有 266 件，占 30.0％；其中绝大多数是渣土车、危化品运输车肇事；基本上都是车辆在右转时，右轮碰撞、碾压电动车、自行车或者行人，被撞方常常非死即重伤。群众将这些车称为"马路杀手""城市之害"。

一些渣土车等大型货车缺乏日常维护保养，车辆长期欠缺休整，加之在经济利益的驱动下"多拉快跑"，超载、超负荷运营，车辆制动性差。"带病上路"现象屡禁不止，极易引发重大事故。如 2019 年 10 月，震惊全国的无锡高架桥垮塌事故的直接原因就是两辆肇事的大货车严重超载；而大货车超载肇事，甚至一而再地压翻高架桥，造成人员伤亡和财产损失的新闻，也是时有报道。[①] 而危化品运输车一旦发生严重事故造成危化品泄露，对城市公共安全威胁巨大。[②]

（二）电动自行车引发的重大交通事故占比最高

电动自行车以其轻便、快速、省力、灵活的功能优势，受到大家的青睐，已经成为市民的首选代步工具，但驾驶电动自行车无须经过交通安全知识与驾驶技术方面的培训考核，遇机动车时不避让、违章带人、违章进入机动车道、不戴头盔、超速行驶等情况较为普遍。

还有一些电动自行车平时横冲直撞，肆意行驶，极易引发交通事故，害人害己。H 市城市重大交通事故中，涉及电动车的有 526 件，占比高达 60.0％；其中肇事车辆为电动车的有 126 件，占 14.3％，被害人骑电动车的有 400 件，占 45.7％。这样的案例比比皆是，不胜枚举。

（三）交叉路口是城市重大交通事故最高发的地点

随着城市发展进程的持续加快，带来了更多的人流、物流和车流，交通通勤压力骤增。但城市道路基础设施更新、完善不及时，一些道路中心隔离带开口过多，一些路口交通信号灯设置不合理、路标指示受到遮挡、交通标线指示不清楚、监控设备维护不及时，甚至还有相当一部分路口没有红绿灯和监控设备。

而一些机动车、非机动车、行人在路口并不自觉遵守交通规则，互不让行，从而引发碰撞。H 市城市重大交通事故中，发生在路口的有 283 件，占 32.2％。如在邹某某交通

---

① 参见徐立忠：《无锡高架桥垮塌悲剧的警示》，载《江苏警官学院学报》2019 年第 6 期。
② 参见向怀坤、沈文超：《基于 Paramics 的危化品运输事故下道路交通情景建模与仿真分析》，载《中国公共安全（学术版）》2019 年第 1 期。

肇事案中,犯罪嫌疑人邹某某驾驶渣土车沿马路由西向东行驶至路口右转弯的过程中,车辆右前轮与在该路上同向直行的被害人陈某某所驾电动自行车发生碰撞,造成陈某某倒地后又被该货车轮胎碾压后死亡。

（四）不系安全带是造成机动车乘车人重大伤亡的最主要原因

城市居民机动车保有量逐年攀升,机动车已经成为很多市民出行的必备交通工具。但相较于机动车驾驶员,相当一部分机动车乘车人员在城区没有系安全带的习惯,交警又缺乏有效的监管手段,一旦发生交通事故,对未系安全带的人员伤害最大。

据统计,H市在交通事故中死亡的乘车人,90%以上未系安全带。如在李某某交通肇事案中,犯罪嫌疑人李某某驾车失控撞击道路隔离护栏后甩尾,造成坐在车后排未系安全带的其妻子、女儿被抛出车外后死亡,而同时在车内正、副驾驶位置上系安全带的其本人及其儿子并未受伤。该事故使一个原本幸福的四口之家瞬间破碎,令人痛心。

（五）校车、窨井盖等安全隐患引发的城市公共交通安全风险应当引起高度警惕

校车安全直接事关在校学生的人身安全,一旦发生事故,很容易成为社会各界关注的焦点。对于正规校车,教育部门都有严格的管理机制,安全性相对较高,容易产生安全风险的主要是使用报废、拼装、未检验车辆以及"黑校车"接送学生、超员等违法行为。如在赵某某危险驾驶案中,犯罪嫌疑人赵某某长期驾驶非营运小型普通客车从事校车接送学生的业务,被民警查获时车辆额定乘员9人,实际乘坐学生17人,严重超员,十分危险。

窨井盖一般属于城市建设中公共设施的范畴,随着国家路网、城市管网建设的不断发展升级,窨井盖遍布城乡各个角落。常见的窨井盖包括排水、供水、燃气、电力、通信、供热、广电等数十种管道上的井盖。① 一些井盖缺失、破损变形、松动、错位,窨井与路面凹凸不平等问题时有发生,严重影响群众"脚下安全"。最高人民检察院对近年来涉窨井的案件情况进行了调研,在收集到的案例中,仅2019年全国因窨井施工、管理、养护不当致人伤亡的案件就有155件,其中死亡16人。②

二、城市重大交通事故高发的三大原因

交通事故是现代社会的一大杀手,是影响城市公共交通安全的最主要因素;因交通事故造成的人员重大伤亡,给无数家庭带来难以弥补的巨大痛苦。从检察机关办案情况看,

---

① 参见元明、肖先华:《〈关于办理涉窨井盖相关刑事案件的指导意见〉的司法适用》,载《人民检察》2020年第9期。
② 参见周斌:《最高检第四号检察建议剑指窨井"吃人"——推动多部门合力开展窨井盖问题治理》,载《法制日报》2020年6月17日。

造成重大交通事故的原因虽然很多,但透过现象,以下三点原因应当引起高度重视。

(一)交通安全意识淡漠是导致重大交通事故发生的最关键因素

交通安全问题说到底还是人的问题。现实中一方面,一些机动车驾驶人漠视交通安全,缺乏自律意识,违章开车。疲劳驾驶、超速行驶、不注意避让行人、不注意会车安全、夜间行驶不降低速度等都是引发重大交通事故的重要原因,其中疲劳驾驶所引发的交通事故往往损失更大、影响更坏。如在何某某交通肇事案中,犯罪嫌疑人何某某当日凌晨从城区驾车往外地某港口选购海鲜,早晨7时左右返回,因连续7小时没有休息而过度疲劳,在城区连续撞到停在路边的4辆电动三轮车、2辆电动自行车以及在马路边草坪上做绿化的6名工人,造成致4人死亡的重大恶性交通事故。

另一方面,部分受害人特别是在城市交通中处于最弱势地位的行人,也缺乏交通规则意识和基本的安全防范意识,一些行人在路上行走时,为抢时间、图省事而严重违反交通规则,一旦发生交通事故,行人必然首当其冲受到伤害。H市的重大交通事故中,造成行人重伤或死亡的有352件,占40.0%,这其中一半以上的行人都存在闯红灯、逆行、不走斑马线等交通违法行为。

(二)多头管理导致监管机制失灵,使渣土车等重型货车成为交通安全的顽瘴痼疾

以渣土车为例,根据相关规定,有权对渣土车进行监管的有住建、城管、公安、环保、交通等职能部门,但因各部门的权限和认识问题,对渣土车的管理各自为政,无法形成监督合力,常常出现"九龙治水,群龙无首"的现象。

住建部门可在源头上对渣土车的管理机构(施工方)进行日常监管,但管理范围极为有限;公安交警部门负责渣土运输车辆、驾驶人交通安全管理,但处罚力度不够无法形成有效威慑,且渣土车多在夜间和凌晨出没,恰好是执法力量最为薄弱的时间段,使路面监控常处于失控状态;城管部门负责工程渣土的行业管理,但对交通违法行为无权处罚;交通运输部门负责对营运车辆审核,协助做好安全教育工作,而环保部门则负责对建筑工地周边环境及道路积尘监测,都是各管一块,无法实现对渣土车的高压、动态、全程监管,渣土车交通事故多发频发也就不足为奇了。

(三)电动自行车数量多、监管难,容易引发重大交通事故

实证研究表明,非机动车辆和城市公共交通是环保且适宜城市健康发展的出行方式,积极引导公众出行方式向非机动车辆和公共交通方向转变,对于缓解城市交通拥堵问题有独特的优势。[①] 但是,大量电动自行车驾驶人未经专业培训而上路行驶,也显而

---

① 参见袁翠、来逢波、耿聪:《协同治理视域下的城市交通拥堵治理——以济南市为例》,载《重庆交通大学学报(社会科学版)》2018年第6期。

易见地带来了管理难、安全事故多等一系列新问题，特别是超标电动自行车存量大，电动自行车生产的技术标准混乱，非法加装、改装电动自行车的现象屡见不鲜。

同时，一些电动自行车在行驶中不遵守交通规则，扰乱了正常的交通秩序，但交警由于受处罚手段不够、行政强制措施不足、执法力量有限以及电动自行车流动性快等因素所限，对电动自行车违法行为常常处置不及时、不到位，导致一些电动自行车驾驶人存在侥幸心理，最终酿成大祸。如在管某某交通肇事案中，犯罪嫌疑人管某某饮酒后驾驶电动车由北向南行驶时，因对路面疏于观察，与由东向西横过马路的被害人朱某某、孙某某发生碰撞，造成该二人死亡，犯罪嫌疑人管某某弃车逃逸后被抓获。

三、检察机关办理交通肇事案件的两大难题

（一）交通事故责任认定不清，成为检察机关提高办案效率的"堵点"

刑法第133条关于交通肇事罪的规定属于空白罪状，为进一步明确交通肇事罪的成立条件，《最高人民法院关于审理交通肇事刑事案件具体应用法律若干问题的解释》第1条明确，违反交通运输管理法规发生重大交通事故，在分清事故责任基础上，对于构成犯罪的，依照刑法第133条的规定定罪处罚。据此，行为人在交通事故中的行政责任与交通肇事罪的成立与否紧密联系起来，成为交通肇事罪犯罪构成要件的基本要素，分清事故责任也就自然成为检察机关认定行为人是否构成交通肇事罪的重要依据，甚至可以说，事故责任的大小直接决定着交通肇事罪的成立与否。

从司法实践情况看，公安机关对大部分交通肇事案件的事故责任认定清晰准确，但在一些特殊案件中，特别是在城市道路上容易发生的二次碾压、多次撞击等重大交通事故，由于公安机关对行为人在全案中的具体责任认定不清，为防止出现错案，检察机关不得不依靠退查、延期等方式，以进一步查清案件事实，确保准确定性，这已成为影响检察机关办案效率的"堵点"。如在任某、王某某交通肇事案中，犯罪嫌疑人任某驾车撞倒被害人张某某后，在其停车并报警的过程中，犯罪嫌疑人王某某又驾车碾压了已倒在地上的张某某，事故中张某某死亡。公安机关在责任认定时，本该在整体事故中划分任、王二人的具体责任，结果却对该起事故按照两次碰撞分开认定，分别认定第一次碰撞中任某负全部责任，第二次碰撞中王某某负全部责任。检察机关审查后认为，本案案发地点在晚间车流量大的道路上，任某撞倒被害人，事实清楚，证据确实充分，但王某某撞到被害人时被害人是否已经死亡，经多次调查仍事实不清，证据不足。最终该院结合任某在事故发生后主动采取救助措施、自首、赔偿谅解、认罪认罚等因素，对其作相对不起诉处理；对王某某作存疑不起诉处理。而在沈某某、颜某某交通肇事案中，犯罪嫌疑人沈某某、颜某某驾车先后撞上被害人孙某某，且在事发后均逃逸，事故中孙某某死亡。公安机关同样也是认定沈某某、颜某某分别对第一次、第二次碰撞负全部责任。经检察机关多次引导侦查，调取周边相关监控视频，对车辆撞击痕迹再次提取、鉴定，并结合现场

市民关于看到被害人在第一次被撞倒后有明显起身动作的证言,综合判断被害人在第二次被撞时没有死亡,依法对该案提起公诉,后沈某某、颜某某分别被以交通肇事罪判处有期徒刑五年、三年。

上述案例中,公安机关均将整体事故进行了割裂,对行为人的责任按碰撞次数分别认定,而在另一些涉及连续撞击的案件中,公安机关却又将本该细分具体责任的行为人,进行整体责任认定。如在左某某、周某某交通肇事案中,犯罪嫌疑人左某某、周某某分别驾驶电动自行车逆向行驶时,左某某所驾车的车把手与同车道正常行驶的被害人张某某驾驶的电动自行车车把手发生刮碰后,张某某的车又与在左某某身后的周某某的车右前部发生碰撞,事故中张某某死亡。公安机关没有对单个人的具体责任进行划分,而是认定左、周二人共同负该起事故的全部责任。检察机关审查后认为,由于左、周二人加在一起才负事故全部责任,到底该二人的行为与被害人死亡之间的作用力谁大谁小或者如何区分,经反复调查仍无法查清,遂对该二人作存疑不起诉处理。

（二）以逃逸情节推定责任,成为检察机关保障办案质量的"难点"

道路交通安全法实施条例第 92 条第 1 款规定,发生交通事故后当事人逃逸的,逃逸的当事人承担全部责任。即在没有其他证据的情况下,在行政责任认定上,发生交通事故后当事人一旦逃逸,即推定为该当事人承担交通事故的全部责任。

实践中,一些地方公安机关为方便起见,在分析事故责任时,只要有逃逸情节,都会以逃逸认定全部责任,而没有明确查清排除逃逸情节之外,行为人对交通事故应当承担责任的大小。这就给检察机关准确认定行为人是否应负刑事责任带来困难,导致基本相同的案例,各地的处理方式却各有不同。如在金某某交通肇事案中,犯罪嫌疑人金某某驾车右转弯时,与被害人徐某超速驾驶的电动自行车发生碰撞后,金某某逃逸,事故中徐某构成重伤二级。公安机关以逃逸为由认定金某某负全部责任。案件审查中,经检察机关与公安机关反复沟通,公安机关另行出具了事故形成原因分析,认定如果金某某未驾车逃逸,其在事故中仅负主要责任,徐某也应承担次要责任。据此,该院又结合赔偿谅解、认罪认罚等因素,对金某某作相对不起诉处理。

而在葛某交通肇事案中,犯罪嫌疑人葛某驾车行驶到小区门前路段时,与被害人崔某某驾驶的电动三轮车相撞后,葛某逃逸,事故中崔某某死亡。公安机关也是以逃逸为由认定葛某负全部责任。经检察机关与公安机关会商并调查取证,认定如果葛某未驾车逃逸,葛某、崔某某应当分别承担事故的同等责任。据此,由于葛某在事故发生后驾车逃逸的行为与被害人死亡后果之间的因果关系存疑,该院对葛某作存疑不起诉处理。此外,经查阅外地相关判例,有些地方对此类因肇事后逃逸而被公安机关推定承担事故全部责任的行为人,在依逃逸情节定罪后,以避免重复评价为由不再把逃逸作为加重处罚的情节。但也有一些地方的判例显示,对此类情形,既作为入罪情节,同时也适用了加重处罚的条款。

四、城市公共交通安全综合治理的对策建议

城市交通安全与生命健康息息相关，检察机关既是案件办理者，更是城市公共交通安全的司法保护者，应当努力为改善道路交通秩序，共创更加美好、安全的城市交通环境贡献检察智慧、检察力量。根据上述问题隐患和原因分析，结合检察工作职能，就城市公共交通安全综合治理建议如下：

（一）司法办案中积极参与市域交通安全治理

经常性梳理办案中发现的城市道路交通隐患，及时排查、发现城市公共交通安全管理中存在的风险，向公安、交通运输管理等部门发出检察建议，督促责任主体通过完善路口、环岛等道路交通基础设施，加大对闯红灯、逆行、不系安全带等交通违章行为的查处力度，加强对渣土车等的 GPS 定位监管，落实《江苏省电动自行车管理条例》规范电动车管理等措施，持续减少重大交通事故发生率。特别是对办案中发现的渣土车、电动车这"一大一小"两种车辆的监管难题，与相关主管部门加强沟通，帮助发现薄弱环节和管理漏洞，助力形成监管合力，共同解决问题。如 2020 年 5 月，H 市两级检察机关针对未成年学生上下学骑行电动车存在安全隐患的问题，通过地方政府官方微信公众号发布城市公共交通安全"检察关注函"，提醒广大学生家长督促未成年子女自觉遵守交通安全法规，在全市引发广泛关注。在办案中，准确把握交通肇事犯罪系过失性犯罪的司法特征，落实宽严相济、少捕慎诉慎押的刑事司法政策，严格依法适用逮捕措施，综合全案证据、情节，合理评估犯罪嫌疑人的社会危险性，对于没有社会危险性和羁押必要性的犯罪嫌疑人依法不捕；主动做好释法说理、矛盾化解、心理疏导、司法救助等工作，力促交通事故双方尽早达成合理的赔偿协议，避免不捕了之。加强认罪认罚工作，促使犯罪嫌疑人主动自愿认罪认罚，对具有认罪认罚、情节较轻、赔偿到位、取得被害人谅解等情形以及发生在亲属之间的交通肇事案件，可以依法适用相对不起诉，释放司法善意和温情，实现法、理、情相统一。对决定不起诉的案件，建议公安机关依据道路交通安全法等的规定对行为人进行行政处罚，防止不诉了之。对事故责任认定不清、事故原因分析存疑的案件，积极通过自行侦查、公开听证等办案方式，释疑解惑，为准确认定交通肇事罪和妥善处理案件夯实证据、事实基础，努力实现办案的政治效果、法律效果和社会效果的统一。

（二）多措并举推动各方增强交通安全意识

努力办好案件，在办案中传递法律价值导向。一方面，对伤亡人数多、社会影响恶劣的危害公共安全案件，严格依法快侦、快捕、快诉、快审、快判，及时予以严惩，形成打击声势，凸显法治权威；另一方面，以落实认罪认罚从宽制度为契机，从原则、理念和制度配套上扩大酌定不起诉的适用，对情节轻微的涉嫌危险驾驶犯罪案件，符合不起诉条

件的,积极适用,并注意做好不起诉的相关后续工作,确保办案效果。① 以案释法加强交通安全法治宣传教育,提高道路交通参与者的安全意识和自我保护意识,营造"安全行车""文明出行"的社会环境。从人的角度看,机动车驾驶人考试是道路安全的第一道"关口",把好这个关口对于保障交通安全意义重大。H市检察机关办理的一起驾校考试作弊案中,科目二考场安全员孙某为牟取非法利益,与他人共谋,以作弊方式组织考生通过驾驶员科目二考试,收取每名考生2000元至5000元不等的作弊费用。该案与驾驶员考试直接相关,检察机关在办案中没有就案办案,而是充分考虑到这一案件对交通安全可能产生的负面影响,主动履职,在办案中实地走访还原案发过程,深度剖析案发原因,发现系考场内部工作人员利用监管漏洞内部联合作案,而涉案教练、学员多为初犯、偶犯,所起作用较小。检察机关综合涉案人员获利、作案次数、行为作用等因素,对涉案3名考场工作人员、2名教练和学员作出起诉决定,对其他一般参与者、被动参加者拟予不起诉处理;为确保不诉权的精准适用,检察机关联合公安机关、司法行政机关对拟不起诉对象的前科劣迹、悔罪表现、所在驾校意见等进行社会调查,拟定不诉调查分析报告;召集办案单位、主管部门、人大代表等召开公开听证,通报案情、不起诉条件把握标准及涉案人员表现等,经评议及检委会讨论,确定最终的不起诉对象;为提升社会警示效果,检察机关还集中召开不起诉宣告暨新闻发布会活动,除勒令被不起诉人具结悔过,组织被不起诉人签订公益劳动承诺书,向涉案驾校发送合规管理检察建议,确保不起诉决定产生最大社会效果。同时,该市检察院根据办案中发现的问题,分别向市公安局交通警察支队、市交通局交通运输综合执法支队发出检察建议,推动主管部门加强机动车驾驶证考试管理,强化驾校对学员、教练员的安全培训,督促其从源头上提高驾驶人员的交通安全意识。

(三)着力建设联动互动的交通安全管理格局

交通安全涉及多个部门,需要齐抓共管,应当充分整合公安、检察、法院、交通运输等单位掌握的道路交通相关数据,建立起道路交通治理大数据分析平台,推动智慧交通建设。一方面,履行好检察机关的法律监督职责,充分利用"两法衔接"平台对涉渣土车、危化品运输车、校车、窨井等行政处罚案件加强监督,防止"以罚代刑";另一方面,秉持检察机关客观公正立场,严格依法办案,防止"以刑代罚"。由于交通肇事罪所科处的刑罚及其对行为人的声誉、就业、家庭等产生的不利影响要比行政处罚严厉得多,为了保障公民的自由与安全,刑法对交通肇事行为人刑事责任的认定应当比行政法对交通事故当事人行政责任的认定严格得多。因此,检察机关在办案中应当理性看待公安机关《道路交通事故认定书》,避免简单机械的依据行政责任特别是推定的行政责任来认定刑事责任。同时,对于公安机关根据交通运输管理法规认定的与事故损害结果之间

---

① 司法实践中,对危险驾驶案件不起诉并不鲜见,以江苏省为例,2018年至2019年9月不起诉人数为13503人,不起诉率为6.41%,从不起诉的罪名来看,危险驾驶、罪、盗窃罪和故意伤害罪居前三位,共占不起诉总人数的37.10%。参见刘华:《认罪认罚从宽制度下的检察官主导作用》,载《法治现代化研究》2020年第1期。

不存在刑法意义上因果关系的责任情节，不能不加区分地纳入认定交通肇事罪的构成要件之中，应当保持刑法的谦抑性，防止交通肇事罪的处罚范围被不合理地扩大。充分发挥检察机关的审查把关作用，注意结合具体案件，对行为人是否符合交通肇事罪的犯罪构成要件进行实质化的分析判断，以精准认定犯罪。主动加强与公安机关的沟通交流，通过联席会议、共同研讨、案例讨论等方式，推动就交通事故责任认定中常见的疑难复杂问题形成共识。结合检察机关内设机构改革后专业化办案的要求，培养交通安全领域专业化办案人才、办案团队，提高办案检察官分析、研判交通事故成因的能力，减少退查、延期情况的发生，努力做到在事故责任认定、逃逸情节把握等方面精准认定，确保审慎办案。深化部门之间的工作协作，定期分析、研判城市重大交通事故案件的发案规律和特点，据此组织开展道路交通安全联合整治专项行动，形成工作合力。如 H 市某县检察院根据当地"黑校车"案件的发案特点，就加强对校车的常态管理和日常检查与公安、交通、教育等主管部门进行专题会商，并针对部分高中生回家距离远且较分散、上下学不便等问题，向有关学校提出完善校车行驶路线、加强学生安全教育等检察建议，较好地解决了学生上下学的交通安全问题。

检察建议的价值蕴涵、存在问题及优化路径
——基于最高检指导性案例的展开

王建国　周　剑*

摘　要:检察建议作为检察机关履行法律监督职责的重要手段,在推进市域社会治理法治化、维护国家利益和社会公共利益等方面发挥了重要作用。作为指导性案例中检察建议的工作内容,体现了从事后司法判断到前瞻性预防、从案件办理到法律监督渠道延伸、从政策宣示到拓展社会治理的价值。但案例指导司法实践的过程中,检察建议工作的参照力存争议,与其他法律监督方式存在交织,法治化仍然有待进一步加强。指导性案例需要通过加强检察建议规范化建设、实行案件化办理机制、凝聚支持法律监督的共识等多种途径来增强其刚性,将检察建议的优势更好地转化为社会治理效能。

关键词:指导性案例;检察建议;社会治理

现代社会,社会分工日益精密,由于立法不可避免的不周延性和滞后性,加之社会本身的多样多变,使得"案例就是最直接、最有效的指导方式"。检察建议作为检察机关履行职能的重要方式,虽然最高检没有专门就"检察建议"为主题下发指导性案例,但是通过对最高检发布的 38 批指导案例的研读发现,检察建议共在 48 个案例中出现,贯穿刑事、民事、行政、公益诉讼四大检察领域,几乎成为案例中出现频次最多的检察工作内容,在推动法律监督、促进社会治理法治化方面发挥重要作用。检察建议为何在指导性案例中高频次出现? 其反映的检察履职功能定位与价值蕴涵如何? 对检察建议的政策把握、办案方法等方面对办理类似案件具有何种指导意义? 本文就指导案例中的"检察建议"具体的表现形式入手,来探索对检察实务中检察建议工作开展督促指导作用,进一步发挥社会治理作用。

一、检察建议在指导性案例中的表现形式

指导案例的指导性在于"指导性案例对检察办案工作的示范引领作用"。①《检察

---

*　王建国,江苏省常州市人民检察院副检察长;周剑,江苏省常州市人民检察院第一检察部主任。
①　参见 2019 年《最高人民检察院关于案例指导工作的规定》第 2 条。

建议工作规定》(以下简称《规定》)规定了检察建议的五种形态,而指导性案例中的检察建议,除了"其他型"基本全部涵盖。

(一) 再审检察建议

再审检察建议是人民检察院对同级人民法院确有错误的生效裁判和损害国家利益、社会公共利益的调解书进行监督的一种方式。其中1件刑事再审的"检察建议"内容最早出现在2016年5月颁布的指导案例——于英生申诉案(检例第25号)。该案通过再审检察建议改判无罪。该案例揭示了法院没有按照疑罪从无原则判无罪,检察机关应当按照审判监督程序提出抗诉,或者提出再审检察建议。第38批民事生效裁判监督主题中,提示民事检察监督作为法律监督的重要内容,检察机关应当根据案件实际情况,合理选择抗诉或再审检察建议的方式,实现双赢多赢共赢。再如第16批虚假诉讼类指导案例中,相关民事主体采用虚假诉讼方式骗取法院支付令,或者虚假公证骗取法院执行,此种情形法院亦受当事人欺骗,故不宜通过抗诉而是通过再审检察建议,来恢复受损的正常司法秩序。此外,行政案件中,亦出现再审检察建议的身影。如卢某诉福建省某市公安局交警支队道路交通行政处罚检察监督案(检例第146号),市交警支队不服二审判决,向市人民检察院申请监督。市人民检察院依法审查后认为,二审判决适用法律错误,遂向市中级人民法院发出再审检察建议。即再审检察建议与抗诉一道,在执法、司法中存在适用法律不一致的共性问题,通过个案监督和类案监督相结合的方式,来推动执法或司法机关统一执法司法标准,保障法律正确、统一实施。

(二) 纠正违法检察建议

纠正相关司法机关或行政机关的违法行为是检察机关履行法律监督权的直接表现。一般而言,检察机关会对侦查、审判、执行等活动中的违法行为发出《纠正违法通知书》,如宣告缓刑罪犯蔡某等12人减刑监督案(检例第70号)[①]。指导性案例中,更多体现了纠正违法性质的检察建议,且一般作为具体案件诉讼过程中监督的手段。如某牧业公司被错列失信被执行人名单执行监督案(检例78号),检察机关发出检察建议,监督法院纠正对被执行人违法采取的信用惩戒措施。如为了南漳县丙房地产开发有限责任公司被明显超标的额查封执行监督案(检例第79号),检察机关对法院明显超标的额查封的违法行为,通过检察建议的方式督促纠正。同时,检察建议也会被作为类案的法律监督手段。如湖南省某市人民检察院对市人民法院行政诉讼执行活动检察监督案(检例第147号),针对行政诉讼执行案件开展专项监督中发现的问题,检察机关认为20件案件中多件案件存在相同违法情形,分别进行个案监督则内容重复、效率不高,应当进行类案监督。市检察院即向市中级人民法院制发检察建议书,建议严格落实立案

---

① 检察机关以法院减刑不当,向法院发出《纠正不当减刑裁定意见书》,但法院原刑事裁定并无不当,检察机关认为法院刑事裁定仍违反法律规定,于是向法院发出《纠正违法通知书》,要求该院纠正。

登记制,规范送达、告知、执行和解等程序,促进一类问题的集中解决,提升监督质效。检察建议由于相较刚性的"纠正违法通知书",更为柔性,也更容易使被建议单位接受,因而更广泛适用于对人民法院审判活动和执行活动中的违法问题以及公安机关、刑罚执行机构等的执法活动中具有倾向性的违法问题进行监督。

(三)公益诉讼检察建议

指导案例中,公益诉讼诉前检察建议出现的次数最多,涉及公益诉讼的指导性案例中基本都出现公益诉讼检察建议的身影。且在一些案例中,检察建议承担了举足轻重的作用。如湖南省长沙县城乡规划建设局等不依法履职案(检例第 50 号),"提出检察建议"更是作为全部履职内容部分进行阐述。对多个行政机关存在违法行使职权或者不作为情形时,检察机关提出检察建议,作为督促行政机关依法履行职责的方式写入"指导意义"部分。随着检察机关提起行政公益诉讼制度的确立,公益诉讼诉前检察建议也呈现了较强的法律效果、社会效果。同时,多份案例中充分展示了将应诉的不利法律后果置于检察建议之后,为检察建议内容的落实提供了后续的司法程序保障,增强了检察建议的刚性。如湖北省天门市人民检察院诉拖市镇政府不依法履行职责行政公益诉讼案,检察机关对行政机关整改情况进行跟进调查时发现,行政机关虽然作书面回复,但无正当理由的整改不到位,检察机关依法提起了行政公益诉讼。

(四)社会治理检察建议

社会治理类检察建议出现得最为广泛,基本涵盖了四大检察领域。其中,第 23 批指导案例为检察机关参与社会治理类指导案例。而检察建议出现在该批所有案例中。一定程度上可见,检察建议已成为检察机关参与社会治理的主要形式。即结合办案实际,发现个案或者类案反映出的问题带有普遍性制度漏洞时,及时调查核实并采取提出检察建议等方式,促使行业主管部门完善相关制度规范和行业标准等,推进相关领域规章制度的健全,提升治理效果。如李卫俊等虚假诉讼案(检例第 87 号),即检察院在办理"套路贷"过程中发现套路贷公司利用向法院起诉的方式,借助国家力量虚假诉讼来实现自己非法的目的。因此检察办案中发现的非法金融活动和监管漏洞,即运用检察建议等方式,促进依法整治并及时堵塞行业监管漏洞。再如,第 37 批新型毒品犯罪主题指导案例中(检例第 150 号),针对含新型毒品成分的饮料、食品在社会上的销售扩散,严重危害公众特别是青少年的身心健康问题,检察机关从建立食品安全监管平台、开展综合整治、加强日常宣传及警示教育等方面,向食品安全监管部门制发检察建议。

综上,指导性案例中,检察建议高频次出现,体现了其履行检察职能的有力载体,既有程序类诉讼法律活动,包括针对法院裁判错误时发出再审检察建议,也有针对行政机关的公益诉讼前置检察建议,还有发现执法、司法过程中的非法行为提出纠正违法的意见。同时还包括司法后端社会治理预防性质的检察建议,其对检察职权起到了配合、辅助和补充作用,辅助法律监督和履行检察职能参与社会治理的创新实践。检察建议制发内容既可以针对个案，也可以针对类案中发现的普遍性问题。[①] 检察建议的灵活性，有利于提升社会治理的广度与深度，拓宽诉源治理的延展范围。

二、指导性案例中的检察建议的价值蕴涵

指导性案例中的检察建议，应把一部分作为要旨予以提炼，如浙江省某市国土资源局申请强制执行杜某非法占地处罚决定监督案（检例第 58 号）中，明确法院对行政非诉执行申请裁定遗漏请求事项的，检察机关应当依法提出检察建议予以监督。多数则主要表现为检察履职部分及指导意义中予以阐述。在此过程中，"检察建议"作为工作规则，虽然不一定必须当参照，但作为指导案例，仍然体现了司法价值观对规范的指引。尤其是具体的履职过程中，对于事后的司法履职、判断过程，加入社会治理因素，使之发挥对检察履职的指导作用。

（一）从事后司法判断到前瞻性预防

一般理论认为，司法主要是事后判断性。而司法只是社会治理体系的构成部分之一。[②] 检察机关实现从事后判断到前瞻预防，主要是通过个案中检察建议的应用，对个案展示的普遍性制度漏洞进行弥补。这展现了检察工作纳入社会治理体系的司法价值观。案例中检察建议工作的开展，即是履行职能参与社会治理。其中包含了针对违法犯罪发生后，基于亡羊补牢的需要堵塞漏洞之举，风险发生之前制定的预警防范措施，风险发生时提醒相关职能部门及时尽职尽责的举措，以及风险发生后督促其对相关责任人员的处理措施。由此可见，检察建议更侧重案件办理中发现的社会风险的防控和风险发生后的处理举措。如无锡 F 警用器材公司虚开增值税专用发票案（检例第 81 号），检察机关围绕如何推动企业合法规范经营提出具体的检察建议，督促涉罪企业完善公司管理制度。全国检察机关不能就案办案，而是要服务"六稳六保"，保企业进而保民生。

（二）从单纯案件办理到法律监督渠道的延伸

从指导性案例中检察建议来看，有的检察建议与司法活动紧密相关。如检察院发现同级人民法院已经发生法律效力的判决、裁定具有法律规定的应当再审情形的，或者发现调解书损害国家利益、社会公共利益的，可以向同级人民法院提出再审检察建议。有的与执法活动相关，如山东省某包装公司及魏某安全生产违法行政非诉执行检察监督案（检例第 119 号）中，检察机关通过监督法院非诉执行活动，审查行政行为是否合法，发现法院执行活动违反法律规定，行政机关违法行使职权或者不行使职权的，应当

---

① 参见元明、薛慧：《检察建议抓前端治未病的优势与落实》，载《人民检察》2022 年第 8 期。
② 参见刘艳红、刘浩：《社会主义核心价值观对指导性案例形成的作用——侧重以刑事指导性案例为视角》，载《法学家》2020 年第 1 期。

提出检察建议。同时,针对诉讼中的其他违法行为、抗诉案件再审庭审活动违法、执行活动违法的,善于发挥刑事检察和公益诉讼检察职能合力,用好检察建议等法律监督措施,以此推动解决刑事案件涉及的公共利益保护和社会治理问题。此外,与传统的"管制型"监督模式相比,检察建议创造了一种新的协同型监督模式,体现了协商性司法理念,标志着检察权运行从传统的国家范畴走向现代社会范畴。如湖北省十堰市郧阳区人民检察院诉郧阳区林业局行政公益诉讼案等多起公益诉讼案中,检察机关提起协商式检察建议作为行政公益诉讼的前置程序,目的是为了增强行政机关纠正违法行为的主动性。

(三)从政策宣示到拓展社会治理

指导性案例也被赋予司法政策宣传、社会价值引导等方面的功能,以解决社会广泛关注的法律问题,回应人民群众的关切和期待,弘扬法治精神,引领经济文化发展与进步。[①] 指导性案例中,检察建议也作为政策宣示内容,展示检察机关适用这种相对灵活、适用效果相对缓和的手段,防范、化解风险,修复因发生风险而造成的社会关系损害,进而拓展到社会综合治理。这主要体现在以下两方面:一是与抗诉、纠正违法通知书和其他类型诉讼监督相比,检察建议主要解决风险防控和风险发生后的社会关系修复问题。如李卫俊等虚假诉讼案(检例第 87 号),检察机关在办理"套路贷"案件过程中发现套路贷公司利用向法院虚假诉讼的方式来实现自己非法的目的,检察机关即运用检察建议等方式来促进非法金融整治并及时堵塞行业监管漏洞。二是从监督的内容来看,检察建议是来自法律专业领域的监督,具有鲜明的专业特点,如余某某等人重大劳动安全事故重大责任事故案中,检察机关在依法惩处本案、办理关联案件的同时,发现安全生产存在制度漏洞,以检察建议形式促进安全生产治理。

三、指导案例中反映检察建议存在的问题

结合 25 份指导案例关于检察建议工作的开展情况,笔者发现检察建议工作仍然存在如下问题:

(一)参照力存在争议

案例指导制度的生命力,在于将指导性案例作为解释法律、适用法律的方式,发挥指导性案例灵活、简便、快捷地指导司法的作用,以弥补司法解释的局限[②]。但同时,"成文法语境下,指导案例规则只能作为一种非正式的法律渊源,无法成为法律适用的大前提,仅在法律解释、事实认定方面提供一种直观的参照或具体的指引"[③]。即意味

---

① 参见石磊:《指导性案例的选编标准与裁判要点类型分析》,载《法律适用》2019 年第 18 期。
② 参见孙谦:《建立刑事司法案例指导制度的探讨》,载《中国法学》2010 年第 5 期。
③ 参见谢春晖:《从"个案智慧"到"类案经验":指导案例裁判规则的发现及适用研究》,载《中山大学法律评论》第 16 卷第 2 辑,中国民主法制出版社 2019 年版。

着案例中规则无法成为法律适用的大前提,仅在法律解释、事实认定方面提供一种直观的参照或具体的指引。基于"遵循先例"原则,指导性案例履职内容也是指导全国检察机关开展工作的重要路径。《最高人民检察院关于案例指导工作的规定》(2015)(下文简称《案例指导规定》)第 3 条:"人民检察院参照指导性案例办理案件,可以引述相关指导性案例作为释法说理根据,但不得代替法律或者司法解释作为案件处理决定的直接法律依据。"作为最高检察决策机关所确认的实践理性,尤其是经过提炼的要旨,甚至作为准司法解释的地位,其权威性应当予以参照。但是,由于检察履职工作内容非法律适用,若实践中不作为依据进行援引,仍无改判、发回重审等后果责任。

(二)检察建议与其他法律监督方式的交织混同

检察机关的法律监督方式中,检察建议、检察意见和纠正违法意见较为类似,对这三种方式的界定也不够清晰明确,导致有的地方没有严格区分检察建议书、检察意见书和纠正违法通知书等文书之间的不同,界限更难明确。尤其是以检察建议书代替其他法律文书的情况较为普遍。如湖北省某县水利局申请强制执行肖某河道违法建设处罚决定监督案(检例第 59 号)中,检察机关发现行政机关的行政行为存在违法或不当履职情形,向行政机关提出检察建议。对于法院在个案办理中存在超标的查封等违法情形或怠于履行职责的,检察机关没有适用"纠正违法通知书",而是退而求其次适用了相对来说更中性化的检察建议。此外,检察建议的制作也存在不规范性。

(三)检察建议制度保障措施仍不够"刚性"

检察建议仍然是一种"建议",从指导案例中可以看出,检察建议的发出是否取得预期效果仍然有赖于被建议单位的执行情况。如福建省清流县人民检察院诉清流县环保局行政公益诉讼案(检例第 31 号),检察机关向环保局发出检察建议,建议其对扣押的电子垃圾和焚烧后的电子垃圾残留物进行无害化处置,但是环保局逾期仍未对扣押的电子垃圾和焚烧电子垃圾残留物进行无害化处置。除了法律授权检察机关可以提出相关诉讼等措施外,仍很难有强制性保障。即被监督单位对检察建议不予理睬,亦不因此而承担任何法律责任。这就需要有后续监督手段,作为检察建议的保障,方能确保监督取得效果。如江苏省睢宁县人民检察院督促处置危险废物行政公益诉讼案(检例第 112 号)中,违法行为人跨区域倾倒危险废物,违法行为人拒绝履行或者没有能力履行环境修复义务的,检察机关可以依据固体废物污染环境防治法、行政强制法相关规定,督促危险废物倾倒地的环境主管部门代为处置。但环境主管部门始终未履行代处置职责,生态环境仍持续受到侵害,使社会公共利益持续处于被侵害状态,导致重大环境风险和隐患的,检察机关此时即可按照法律授权,开展公益诉讼监督,来确保检察建议效力。但其他社会治理检察建议,缺乏相应的法治化保障措施,"刚性"不足。

四、检察建议在高质量检察工作开展中的优化路径

现代社会是高风险社会,风险防范、化解更需要前瞻性、系统性、协同性。案件的发生意味着出现了违法犯罪行为或者矛盾纠纷,即发生了需要处理、化解的风险。检察机关办理案件本身,往往只能处理那些最重大、最突出、最急迫的风险,而对于防范风险发生的一些深层次因素,或者处置风险后的一些后续问题,仅凭单纯的就案办案难以完成。指导案例中的检察建议在社会治理中的重大作用给予我们启示,对于存在同类违法问题或者社会治理问题,可以及时向相关单位提出检察建议,并持续跟踪督促落实,促进法律监督取得实效。

(一)检察机关在推动检察建议实行"案件化"办理机制,来推动检察建议刚性落实

检察建议不再是办案的附属物,而是因案而出、因事而生的独立新案件,它应该也必须有自身规范的运行程序,这个程序就是案件化办理程序,其中立案是案件化办理的基本程序和重要标志。[①] 包括办理过程的案卷化、调查结果的证据化、办理流程的程序化、决定宣告的仪式化、决定执行的规范化,有利于检察机关聚焦法律监督主责主业,提升检察监督质量,落实检察监督责任,增强检察监督公信。强调作为办案模式,有利于检察建议的"刚性"落实。如多个指导性案例中,提到了相关被建议单位虽作出了整改回复,但检察机关应当跟进调查。[②] 同时,检察建议也要重视相关专业知识支持。由于检察人员一般缺乏专业性知识,在专业性较强或特殊行业中,检察建议中亦应当重视技术性证据审查意见,作为检察建议的参考和依据,确保检察建议的准确性。如罪犯王某某暂予监外执行监督案(检例第 72 号)中,检察机关委托专业技术人员审查案件中涉及的鉴定意见等技术性证据,为精准审查判断或提出检察建议提供了有力支持。

(二)检察建议的合理谦抑

检察建议由检察机关自行启动、自行调查、自行督促落实,主动性很强,但不意味着可以群发、滥发、随意制发。规则层面的合法性并不足以解决法律适用恰当性的问题,还要处理好法律与社会、法律规范与其他社会规范之间融贯性的问题。检察建议是人民检察院为实现一定的社会治理目标而开展的一项专门法律监督。社会治理检察建议既是一项检察工作,又与社会治理活动密切相关。检察机关发出社会治理检察建议的目的是参与社会治理,其实现手段来自法律监督。建议措施的提出,应当尽量符合成本

[①] 参见刘一颖、黄莹:《省检察院出台检察建议规范化办理标准提出检察建议一律实行案件化办理》,载《大众日报》2018 年 10 月 30 日。

[②] 参见湖北省天门市人民检察院诉拖市镇政府不依法履行职责行政公益诉讼案(检例第 63 号),对于无正当理由未整改到位的,可以依法提起行政公益诉讼。

收益的合理化,不仅要考虑要不要,还要考虑值不值。例如对发生在小微企业的盗窃或侵占案件提出预防建议,就不宜提出过分增加企业经济负担的建议,而代以相关工作机制、方法的调整建议比较适宜。应当时刻保持监督的谦抑。检察机关应当以行使法律监督权为必要,在权力边界予以划线,避免检察机关服务社会治理的过度延伸及业务过度分散。在提出建议时紧密围绕案件展开论证,谨守检察权与其他权力的界限,应时刻保持一种谦抑的姿态。

（三）强化公共利益监护功能

检察机关作为公共利益代表的角色,充分反映了它在现代国家治理中的重要地位。指导案例中,涉及公益诉讼检察建议及涉及公共利益社会治理的有多件,充分反映了公益诉讼诉前检察建议及公益社会治理类检察建议是检察机关履行维护好公共利益的重要载体。在新时代,对公共利益更为重视的前提下,检察机关应运用好这一利器,提高对公共利益的预防性保护能力。可以看出,运用检察建议"协商式"推动行业监管部门或行业协会加强预防性监管,引导新技术、新产业、新业态、新模式在制度约束下良性发展。这也要求检察机关在检察建议发出前,应主动听取被建议单位意见,充分运用好检察调查核实权,来提升检察建议的精准度和可行性;在检察建议发出后,应通过各种方式,跟踪了解检察建议落实情况,督促被建议单位将检察建议落地落实。即以高质量的检察建议争取建议对象的认同和支持,实现法律监督的双赢、多赢与共赢。检察建议是检察机关将完善社会治理的意见向前端治理环节反馈的重要渠道,也是实现前端和末端协同治理的重要形式。[1] 通过"后端"办案中发现"前端"治理的风险隐患,提出完善前端治理的合理意见。

---

[1]　参见黄文艺、魏鹏:《国家治理现代化视野下检察建议制度研究》,载《社会科学战线》2020 年第 11 期。

公益诉讼案例指引作用研究

——以淮安检察实践为视角

薛国骏　邹山中 *

摘　要:我国公益诉讼制度建立时间不长,经济社会形态呈多样性、复杂性,新情况、新问题层出不穷。高度概括性的法律规定,一些抽象性的司法解释,在司法实践中有时难以直接适用,案例指引就显得十分必要。淮安市检察院在案例打造、适用等方面进行了探索,但也发现指引性案例少、适用率不高、指导办案成效不够明显等一些问题。本文拟结合"等内""等外"公益诉讼,探讨如何充分发挥最高检指导性案例的作用,如何加大省检察院典型案例的指引力度,更好推动公益诉讼工作高质量发展。

关键词:公益诉讼;案例指引;作用研究;检察实践

2010年,我国正式确立检察案例指导工作制度。其中,最高检发布指导性案例、公告案例等,省检察院发布公告性案例、典型性案例等。最高检要求,指导性案例应当参照适用。指引性案例来源于司法又指导司法,下级检察院提供优质案源,最高检、省检察院总结提炼、编撰公布,并通过下级检察院适用,彰显案例指引效果。

一、淮安市检察院公益诉讼案例研究现状

最高人民检察院《关于案例指导工作的规定》,鼓励各级检察机关积极报送案例素材,要求发挥指导性案例对检察办案工作的示范引领作用。2018年以来,淮安市检察机关既向上报送案例,又主动适用案例对办案工作进行指导,共有3个案例入选最高检指导性案例,入选最高检、省检察院典型案例62个。其中,曾云侵害英烈名誉案入选最高检指导性案例,3件案件入选全国检察机关公益诉讼十大精品案件等。相对其他检察业务而言,基于公益诉讼案例特点,更需要在法律适用、办案规则提炼等方面,加强理论和实务研究。

(一)案例研究工作的意义

典型案例打造是提升公益诉讼工作影响力、贡献度的有效方法,通过典型案例回应

---

* 薛国骏,江苏省淮安市检察院党组书记、检察长;邹山中,江苏省淮安市检察院法律政策研究室副主任。

社会关切，引领市域法治进步。典型案例打造方法，应当聚焦"发展大局、民生热点、新领域新要求"，通过业务研讨、案件评析、联席会议等，学习精品案例，改变陈旧理念，树立全局思维、服务理念、产品意识，把"办对、办好、办巧"案件的要求落到办案中。从淮安市检察机关的实践看，遵循案例打造规律，针对"周恩来童年读书处"旁非法设立垃圾回收点问题，发出行政公益诉讼检察建议推动解决问题，入选最高检典型案例。加强案例研究，要对照精品案例的要求，重点推出在认定事实、证据采信、适用法律和规范裁量权等方面具有普遍指导意义和典型性的案例，促进规范司法，提高办案质量、效率和效果。

（二）案例引领办案功能

典型性、指导性案例，对于检察工作中出现的问题，能够迅速作出回应，有利于在相应范围内做到同案同处。典型性、指导性案例要发挥引领办案作用，下级检察院就必须学习案例，把握蕴含其中的司法理念、办案规则和方法。就公益诉讼领域而言，作为一个较新的领域，疑难性、分歧性、复杂性案例较多，法律体系尚不完善，且由于其公益性质，尤需通过典型案例引领办案，增强办案效果。如淮安市检察机关办理孙某某等 4 人销售伪劣产品刑事附带民事公益诉讼案，针对可否提出以及如何管理公益诉讼惩罚性赔偿金的法律空白难题，淮安市检察院与法院、财政、消保委等部门强化沟通，在全省率先就惩罚性赔偿金适用及规范管理使用达成共识，并建立管理办法。此后，最高检相关职能部门开展专题调研。案例引领办案，就是要通过优化案例素材的供给，最高检、省检察院发布更多典型性、指导性案例，更好地指导服务检察实践。

（三）典型案例研究的力度

打造典型案例，既要有内在引导，还要给予外在激励。比如通过绩效考核，把入选指导性案例、典型案例等，作为贡献度，予以奖励加分，形成精品化办案导向。以淮安市检察机关为例，组建了案例发现报送、总结提炼的快速反应团队，对有价值案例，主动向上请示汇报，争取指导帮助，形成上下畅通的案例指导传送机制。采取员额检察官知识测试、"耕淮法研社""小课堂"，促进干警学习、思考、交流案例经验，并坚持对有推介潜质的案例，集中集体智慧"会诊"深度挖掘研究。办理全国首例英烈民事公益诉讼案后，与《人民检察》杂志社联合举办英烈保护民事公益诉讼案件研讨会。总之，加大典型案例研究力度，要学习案例打造方法，并突出提升办案业务能力，从一开始就要以精品案例为办案导向，并从精品案例中提炼典型要素，提高精品案例的可复制、可推广性，以精品案例撬动公益诉讼职能的落实。

二、公益诉讼指引性案例适用工作中存在的问题

截至 2021 年 9 月最高检先后发布 30 批共 121 个指导性案例，其中 2018 年以来发布 21 批共 78 个指导性案例。自 2014 年党的十八届四中全会确定检察公益诉讼制度

以来,最高检发布了 5 批 16 个公益诉讼指导性案例。同时,最高检公益诉讼职能部门,或最高检与中央部委等联合下发一批典型案例,统一司法标准,规范办案行为,提升办案质量;但也存在一些不足,有待改进提升。

（一）指引性案例数量不够用,不能满足司法实践需求

2020 年,全国检察机关共立案公益诉讼案件 151 260 件,发出诉前检察建议 117 573件,提起诉讼 8 010 件。^① 小案多,层次浅,散而碎,而且凑数案多。大部分案件属于普通案件,剩余的部分有价值转化可能的案件因下级检察院办案质量、说理性等存在问题,有的达不到成为指导性、典型案例的要求。最高检《人民检察院公益诉讼办案规则》明确,公益诉讼诉前检察建议,应当包括国家利益或社会公共利益受到侵害的事实,认定行政机关不依法履行职责的事实和理由,提出检察建议的法律依据,建议具体内容,整改期限等。相对提起公益诉讼而言,诉前检察建议要求较低。最高检修订的关于案例指导工作的规定,对指导性案例的具体条件采取具体与抽象相结合的方式予以明确:案件处理结果已经发生法律效力;办案程序符合法律规定;在事实认定、证据运用、法律适用、政策把握、办法方法等方面对办理类似案件具有指导意义。抽象条件:体现检察机关职能作用,取得良好政治效果、法律效果、社会效果。大量的诉前检察建议,导致能够作为指导性案例、典型案例的筛选案例少。久而久之,可能会造成来源枯竭。即使提起公益诉讼的案例,经过征集、遴选、审查、研究和编撰后公布,能够成为指导性案例的极少。以最高检发布的 16 个指导性案例来看,生态环境领域 12 个、公共安全领域 2 个、未成年人保护领域 1 个、英烈权益保护领域 1 个,覆盖领域、案件范围以及所能发挥的作用极其有限。如食品药品安全、国有财产保护、国有土地使用权出让权"等内"领域无指导性案例。对于"等外"领域,从稳妥角度出发,最高检期待下级检察院试点,待时机成熟后再编发,导致安全生产、公共卫生、生物安全、妇女儿童及残疾人权益保护、网络侵害、扶贫、文物和文化遗产保护,均未有指导性案例。下级检察院在办理一些公益诉讼案件时,很难找到对应的类似指导性案例,降低其适用积极性。另外,纵观最高检指导性案例的发布情况,存在来源地区集中现象,如发布江苏案例 5 个,占全部公益诉讼案例的 31%。虽然各地也编发了一些典型案例,如 2019 年以来,江苏省检察院发布了 5 期公告案例含 4 个环境保护领域案例、1 个公民个人信息保护领域案例、1 个野生动物保护领域案例、1 个耕地资源保护领域案例、1 个食品药品安全领域案例。但与纷繁复杂案件事实相比,案例数量仍然偏少,整体使用率不高。

（二）司法理念未能及时更新,适用指引性案例意愿不强

主动性是公益诉讼的鲜明特征,探索过程中,更强调的是线索的获取、事实的认定。一些检察官产生重实务、轻理论的倾向,类型化、参照适用习惯未能完全养成。由于长

---

① 参见《2020 年全国检察机关公益诉讼工作报告》,载"最高检内网",最后访问日期:2021 年 11 月 23 日。

期存在成文法思维模式的影响,对包括指导性案例在内的在先案例重视不够,"遵循先例"意识理念未能完全形成。另外,市、县两级检察院公益诉讼部门人少案多情况突出。以淮安市检察机关为例,市检察院有 2 名员额检察官,8 个基层检察院普遍为民事行政检察与公益诉讼两个职能合在一个部门内,一般仅有 1 名员额检察官专职从事公益诉讼工作。而一些公益诉讼案件耗时耗力,需要亲临现场勘验勘察,深入有关行政执法机关取证等,在每一个所办案件中检索、对比、引述案例往往难以做到。有的公益诉讼案件案情复杂、争议点较多,根据检察机关管理属性,检察官更愿意采取向领导或上级检察院请示汇报,按照相关意见办理。学者的实证研究表明,89.1%的办案人员会以领导的意见作为最终处理意见,领导意见在案例最终处理结果中发挥着关键性的影响,一定程度降低适用率。①

(三)"不会"适用指引性案例,影响目标任务落实

目前,最高检发布指导性案例,就政策、法律进行释明,说理性较为充分。如淮安市检察院办理的曾云侵害英烈名誉案,指导意义部分,提出在提起诉讼前确认英雄烈士是否有近亲属以及其近亲属是否提起诉讼,当面征询英雄烈士近亲属是否提起诉讼;可以通过公告方式履行告知程序,还要就侵权行为是否损害社会公共利益这一结果要件进行调查取证,考虑行为人的主观过错程度、社会公共利益受损程度等,对办理同类型案件发挥参考作用。但是,随着公益诉讼的深入开展,该类案件是否可以和解、英雄烈士内涵如何界定、近亲属私益诉讼与检察民事公益诉讼如何衔接、检察机关对于不履行英烈保护职责的行政机关是否提起行政公益诉讼等,还需继续加强研究,适时发布指导性、典型性案例。由于未能及时看到新的指引,有的检察官不能做到常态化学习、适用指引性案例。"特别是从案例到案例类比推理的法律适用方法司法训练不够。"②检察人员如何查找、检索指导性、典型案例,如何将待决案件与上述案例进行类比推理、重要性判断,如何正确参照适用"要旨""指导意义",如何适用上述案例撰写司法文书等,没有进行系列的培训,检察人员距熟练掌握参照适用方法、形成案例指引办案思维与习惯的要求还有一定距离。最高检编发了一些典型案例,由于篇幅等原因,要旨和典型意义都表述得极为简单。如广东省某市人民检察院督促整治灌溉渠污染行政公益诉讼案,其要旨是针对农村灌溉渠污染影响人居环境的问题,检察机关发挥公益诉讼检察职能的作用,督促和支持行政机关依法履行行政监管职责、多管齐下综合治理,并持续跟进监督,确保实际效果,助推乡村人居环境整治和经济社会发展。典型意义是乡村振兴,生态宜居是关键。加强农村人居环境整治,有利于构建人与自然和谐共生的乡村发展新格局;该市院在开展"守护美丽乡村"公益诉讼专项监督活动中,及时回应群众诉求,检察长带头办案,迅速厘清行政机关监管责任,有针对性地向属地镇政府发出检察建

① 参见秦宗文、严正华:《刑事案例指导运行实证研究》,载《法制与社会发展》2015 年第 4 期。
② 万春:《检察指导案例效力研究》,载《中国法学》2018 年第 2 期。

议,推动实施"减少外源污染,控制内源污染"的综合治理工程,切实发挥了服务农村人居环境建设的积极作用。该典型案例虽然对案件原始材料进行了提炼、加工,但看起来更像经验交流材料,说理性不足,研究参考价值打了一定折扣。另外,最高检搭建了"检答网"载体,建立案例库,分为指导性、典型、参考案例三类;搜索也分为标题、精准、模糊检索,但功能不够强大,搜索到有价值信息难度较大;加之入库案例少,无法形成规模效应。司法实践中,检察官待办案件,所涉事实和法律问题不可能与指导性、典型案例等完全一样,如果不能通过对一组或一批案件进行参考对照,检察官认同感会下降。

(四)案例适用拘束力不强,司法实践存在一定随意性

最高检《关于案例指导工作的规定》第 15 条明确,各级人民检察院应当参照指导性案例办理类似案件,可以引述相关指导性案例进行释法说理,但不得代替法律或者司法解释作为案件处理决定的直接依据。"参照应用是案例指导制度的关键与依据。"[1]依照该规定,检察机关指导性案例的参照结果是"引述相关指导性案例作为释法说理根据",参照对象是案例,而参照内容和参照方法至今没有形成统一的认识和规则。司法实践中,检察官对于如何参照指导性案例存在分歧。事实认定、证据采信、法条运用应以何种方式参照适用,不同承办人因个体差异会有不同考量和把握,且辨识类似案件多依赖于自身法律素养及办案经验,并未形成业内共识和习惯规则,导致参照适用程度不一。同时,应当参照适用存在不同的理解。一种观点是必须,当办理类似案件时,应当参照指导性案例而未参照的,必须要有令人信服的理由。[2] 另一种观点认为,对指导性案例的法律适用首先来自道德义务而非强制性命令。[3] 因没有规定未援用指导性案例作为裁判理由或未参照指导性案例的后果,指导性案例适用难以落到实处,导致重视程度不够。2020 年 7 月 31 日,最高检出台《人民检察院检察委员会工作规则》,明确检委会职能是讨论决定重大、疑难、复杂案件。由于公益诉讼案件特殊性,难在实务即具体操作;涉及事实认定的,有的委托给专业人士处理。2021 年,淮安市检察院多数公益诉讼案件未上检委会讨论。由此,公益诉讼案件方面,承办检察官应当报告有无类似指导性案例在司法实践中未能有效落实。另外,在当前上级检察院考评体系下,既考评提起公益诉讼数,也考评诉前检察建议数。公益诉讼方面,检察机关具有较大裁量权,遇到疑难复杂问题时,则不提起公益诉讼,而是发出诉前检察建议。诉前检察建议好坏与否,更多的是影响整改落实效果,对检察干警办案评价方面带来的压力不大,因此,案例适用的动力不足。且将提起刑事附带民事公益诉讼后法院支持数,提起民事、行政公益诉讼后法院判决或调解支持数纳入考评,基于后程序对前程序评价且中国法律文书裁判网能查到的一些裁判文书,导致司法实践中,检察官会浏览最高人民法院发布的指导性案例,为自身办案提供参考。

① 左卫民、陈明国主编:《中国特色案例指导制度研究》,北京大学出版社 2014 年版,第 112 页。
② 参见胡云腾:《人民法院案例指导制度的构建》,载《法制资讯》2011 年第 1 期。
③ 杨会、何莉苹:《指导性案例供需关系的实证研究》,载《法律适用》2014 年第 2 期。

三、提升公益诉讼指引性案例工作成效的若干思考

对于公益诉讼而言，推进时间不长，法律规范无法全面预测，就新问题无法作出详细规定，亟待通过深化案例指引，把公益诉讼工作做实做优。

（一）在司法实践中不断增强指引性案例价值

2017 年 6 月 27 日，修订后的《中华人民共和国民事诉讼法》《中华人民共和国行政诉讼法》对检察机关提起公益诉讼作出规定；2020 年 9 月，最高检出台《人民检察院公益诉讼办案规则》《关于积极稳妥拓展公益诉讼案件范围的指导意见》；2020 年 12 月，最高法、最高检联合出台《关于检察公益诉讼案件适用法律若干问题的解释》，依法行使公益诉权，促进依法行政、严格执法。"谁在起草法律时就能够避免与某个无法估计的、已经生效的法规相抵触？谁又可能完全预见全部的构成事实。"①目前，对公益内涵和外延的规范性描述较难，司法实践中把握较难，且"等"外等领域，弹性大、定位难等。在成文法国家，只有对法律规定本身进行解释和厘定，才能满足对于特殊司法审理的需求，这就是案例指导制度出台的合理性所在。② 就公益诉讼案例指引而言，当现行法律与司法解释规定较为模糊时，通过案例确立的要旨、指导意义等，对类似案件中的疑难问题进行解释，有两方面作用：一方面，限制检察官的自由裁量权，弥补成文法的缺陷，发挥司法活动的创造性；另一方面，实现同案同判，通过大量、精细的案例应用，在实践中发现问题、解决问题，突破案件办理中遇到的瓶颈。目前案例指引可采取的模式，主要有两种：一种由一个或多个地区，就某领域案件进行实践探索，如广东开展公民个人信息保护探索，形成典型案例，成熟后上升为指导性案例；另一种，就某区域特定案例开展探索，如江苏开展长江流域环境资源保护探索等。对于前者而言，其确定的是案件类型，认识做法易趋同，可以为其他所借鉴效仿；对于后者而言，缺乏普遍性，在其他检察机关复制、推广时可能遇到困难。因此，最高检在发布案例时，要有所区别，指导性案例尽量选用"类"案例，典型案例可以选用"区域"案例。

（二）在办准办好案件中助力案例工作发展

指引性案例往往是制定法抽象、模糊的情况下，包括应然和实然的法律关系的统一体，这一法律秩序建立在大量先前案例比较、分析、整合而成的法律内在规律之上，并通过先前案例对法律进行不断解释和具体化。法律适用必须一再面对新的问题，故而在一定程度上，每个法律解释都有其时代性。③ 检察指引案例承担一定的法律解释功能，来源于办案一线；一线检察官是办案的主体，要及时反映时代发展中的新情况、新问题，

---

① ［德］拉德布鲁赫：《法学导论》，米健译，中国大百科全书出版社 1997 年版，第 106 页。
② 参见陈兴良：《刑事指导案例裁判要点功能研究》，载《环球法律评论》2018 年第 3 期。
③ 参见陈兴良：《中国案例指导制度研究》，北京大学出版社 2014 年版，第 152 页。

对案件如"解剖麻雀"般精心撰写、提炼规则、反复修改。一方面,市、县两级检察院要种好"责任田",做深做透"等内"领域案件。虽然规定"等外"拓展,但这并不意味着现有的法定范围内的案件我们可以有所懈怠;要加强"等内"案件的办理,"等内"案件依然也将长期是公益诉讼工作的重点。另一方面,要办好"等外"领域案件。作为最高检、省检察院指引性案例的基础,下级检察院要精心办理、及时报送。首先,要预判在办案件的价值,即具有创新性、引领性等;其次,要注重办案质效,案件质量要过硬,不得出现瑕疵或错误,社会效果要好,避免网络舆情炒作等。在此基础上,从案件中发现办理中的困难和问题,重点加强总结,提炼案例规则,尤其是对"要旨""履职过程""指导意义"等部分深度研究、精心拆解,为最高检、省检察院编发指导性、典型性案例提供"源头活水"。指导性案例必然是优中选优,但这并不意味着其他有价值的案例没有用处,我们仍需对其进行反复研究,如通过积极上报省检察院,编发公告案例、典型案例等,发挥区域内的指引价值。

(三)在优化编发流程中提升案例工作质量

鉴于指导性、典型案例的要求、覆盖面有区别,应采取不同策略。指导性案例相对要精,数量不宜多,重点是筛选出具有独特视角、能够为确立办案规则、指引办案方向的案件。省检察院要发挥"纽带"作用,上报本区域亟待指引的办案需求、精品典型案例,实现指导性案例"自上而下"供给与"自下而上"需求的双向互动,确保形成供需平衡的指导性案例结构。王利明指出,类似性应当具有四个特点:案件的关键事实、法律关系、案件争议点、案件所争议的法律问题①。因此,最高检、省检察院编发案例时,应尽量详细阐释,改变当前此部分论述相对简单、检察履职过程描述较为详细的状况,努力做到在更高层面上进行司法理念的引导,并通过就特定的法律问题、法律事实或法律关系,采取以案释法方式,进行实证性分析,及时、有效地与法律关系、法律事实以及法律问题形成有效联结,对下级检察院办案工作有更好的指导。另外,检察指导性案例毕竟与司法解释不同,且针对公益诉讼特殊性,检察机关处于"原告"和法律监督地位,在发挥案例的对外指引作用方面,如为审判提供规则有既做运动员又做裁判员之嫌疑。据此,最高检与最高法是否能够联合发布一些指导性案例,避免两者由于出发点不同、追求的价值不同,从自身角度出发,各自编发的案例在某些问题上摩擦出"火花",避免不必要的争论。但也要克服一些困难,如最高检、最高法的指导性案例遴选需要经过公开选拔、检委会讨论、发布等程序,如发布联合指导性案例则使得该程序更加复杂。有必要探索最高检、最高法的协作机制,简化、优化案例编发流程,更好发挥案例的指引性作用。案例数量过少使得人们期待落空,对全国司法工作的指导意义微乎其微,无疑将使得这一制度的重要性大打折扣。② 由于案件发生、办理、生效,以及逐级上报,再到典型案例的筛选,投入较大人力物力,但成果不够多,建议加大转化力度,加强省检察院编发典型案

---

① 王利明:《成文法传统的创新——怎么看案例指导制度》,载《人民法院报》2012年2月20日第2版。
② 参见林维:《刑事案例指导制度:价值、困境与完善》,载《中外法学》2013年第3期。

例工作并充分考虑影响适用的以下几个因素:(1)编辑发布方式方面。按照公益诉讼领域,如"4+1"等内领域,"等"外领域,分专题编发,避免分散、体系性不强,更加符合检察官办案习惯,提升检察官主动适用案例的意愿。(2)案例编纂研究方面。加强要旨、指导意义等注释性的整理编辑,深入系统的研究解读,为检察官正确理解及规范适用案例提供辅助支撑。(3)加强典型案例制发频次、增加案例发布数量,利用其及时、灵活、多样的特点,形成一定的案例储备,既为最高检做好指导性案例工作奠定基础,也充分发挥案件指引性作用。

(四)在便利实用中增强案例工作实际成效

对于公益诉讼,正确的司法逻辑是顺应法律规范中的当为概念牵引出予以保护的利益。[1] 检察官在适用指导性、典型案例时,思维习惯是通过参照适用,比对在手办理的案件,看要素上是否具有一致性、争议焦点上是否具有类似性。即使某个指导性、典型案例与在手办理的案件在某一点上有关联,也可能通过串并多个案例,形成整体关联。相比较而言,这种思维模式相对简单,省略了从先例中抽取、归纳、概括裁判规则的环节,对司法能力要求相对较低。[2] 有鉴于此,最高检、省检察院要加强对案例适用方法的培训与指导,教会检察官如何检索指导性、典型案例,如何将待决案件与指导性、典型案例进行类比推理、重要性判断,如何正确参照适用指导性案例要旨、意义等,熟练掌握参照适用方法,形成参照适用案例习惯。当前,虽然最高检建立了案例库,但尚未分门别类归纳整理,且案例较少。可借鉴中国知网等做法,搜索引擎中扩大关键词,加强关联检索等,提高匹配性,并把省检察院编发的典型案例纳入其中,充实案例数量,提高下级检察院学习借鉴效能。另外,加强最高检指导性案例适用拘束力,对检察官考评时,能否以鼓励和引导为主,对积极适用指导性、典型性案例,办案效果突出的,予以正面评价。同时,要引导通过检委会、检察官联席会等载体,主动加强指导性、典型性案例的学习培训,提高适用的准确性、参照的积极性,提高分析证据、认定事实、适用法律能力,整体提升公益诉讼案件办理成效。

结 语

公益诉讼案例指引具有鲜明的时代特色,经过一段时间的实践探索,积累了一定经验,也取得了一定成果,但仍不可避免地存在一些问题和不足。其发展和完善应是长期的过程,需要我们在实践中不断探索、积累总结,深入挖掘其本质问题,创新解决方案,不断优化工作路径,着力把公益诉讼工作做优做强,提升人民群众满意度、认可度。

---

① 参见黄茂荣:《法学方法与现代民法》,法律出版社2007年版,第69页。
② 参见陈树森:《我国判例指导制度研究》,上海人民出版社2017年版,第101页。

检察刑事指导性案例的应用路径探讨

田玉琼[*]

摘　要:检察刑事指导性案例发展逐步完善,"指导性"价值定位越发稳固,其于阐释模糊性法律规定、切实回应办案实践需求、拓宽检察监督方向、引领办案方法学习、叙述好检察故事等层面已具备良好的应用价值,但囿于一系列主客观因素,适用效能尚未充分显现。笔者以一名基层刑检部门员额检察官办案实践为视角,从健全检察机关指导性案例的适用规则、以解读形式促进实践的理解和适用、全面辐射检察机关指导案例的职能主题、加强业务培训提升适用能力、拓宽检察机关指导案例的应用广度和深度等角度尝试探寻契合指导性意义发挥的应用路径,以实现检察刑事指导性案例价值释放和检察人员精准办案的"双赢"目标。

关键词:检察刑事指导性案例;应用价值;适用路径

检察指导性案例,简言之,是检察机关发布的具备"指导性"价值的案例,以准确指引检察实践。回顾指导性案例发布的历程,是"指导性"价值定位逐步稳固的过程。笔者试从指导性案例发布的体例变化过程展示刑事指导性案例的价值定位的演变过程,从而探讨刑事指导性案例的应用价值和适用路径,以期实现检察人员参照指导性案例反哺实务精准办案,检察刑事指导性案例价值释放获取司法共同体的普遍认同。

一、最高人民检察院指导性案例的体例变化和目标定位演变

自第一批检察指导性案例发布至今已有十余年,截至 2022 年 6 月 30 日,最高人民检察院已经发布三十八批 157 件指导性案例,覆盖了刑事、民事、行政和公益诉讼"四大检察"领域,初步构建了我国趋向完善的检察案例指导制度。其中,刑事检察指导性案例涉及二十四批 100 件,占比重最高。笔者试结合刑事指导性案例的体例和内容以归纳指导案例规则之趋势,以及追寻逐步清晰的目标定位。

---

*　江苏省连云港市海州区人民检察院刑事检察一部副主任。

（一）从结果指导到注重过程指导

2010 年 7 月，《最高人民检察院关于案例指导工作的规定》（以下简称"规定"）的发布，标志着我国检察机关正式建立案例指导制度。但是这一阶段，最高检只在 2010 年 12 月 31 日发布了第一批刑事指导性案例 3 例，并且体例设置上很单一，分为"要旨、基本案情、诉讼过程"，缺乏对案件认定来说关键的"证据采信"内容，导致偏离"指导意义"的价值定位。经历了五年的司法改革探索，在 2015 年 12 月，最高人民检察院对该规定进行修订，将指导性案例定位于"规范司法办案的作用"，要求凸显"在事实认定、证据采信、法律适用、政策掌握等方面"的指导意义，意在立足服务司法实践的理解和引用。这一阶段发布的第二批至第九批案例在体例编排上进行细化，按不同程序类型设置内容，注重过程的论证和说理，如第九批案例检例 33 号李丙龙破坏计算机信息系统案中论证解析"域名劫持"的表现特征、行为定性、法律适用。这一阶段内容的丰富和细化已初步发挥了指导性案件的重要价值功能。

（二）从实体指导到注重程序指导

刑事检察指导性案例在上一阶段办案过程的指导中主要针对案件的实体方面，缺乏了对证据具体运用的程序指导，因此司法实践者很难透过案例准确掌握认定犯罪的方式方法，这一阶段的指导性案例长效适用价值有限。随后 2018 年的第十批刑事指导性案例中增加的"指控与证明犯罪"详细展示了检察机关的履职过程，充分展示了从审查起诉环节到法庭审理阶段证据运用过程，也是在这一阶段检察指导性案例的指导价值越发显现。2019 年 4 月的第二次修订，最高检以工作规范定位"指导性案例对检察办案工作的示范引领作用"，强调"在事实认定、证据运用、法律适用、政策把握、办案方法等方面面对类似案件具有指导意义"。自此，检察指导性案例的发布频次加快，体系固定涵盖"关键词、要旨、基本案情、指导意义"四个部分，在"指导意义"前均设置"指控与证明犯罪"的程序环节，充分挖掘指导性案例在办案过程中可以参照的方方面面，"指导性"的目标定位在价值层面得以进一步完善。

（三）从公诉指控指导到检察职能指导

检察指导性案例主要围绕阐释事实认定、证据采信以指控与证明犯罪，最后准确进行法律适用，这是满足刑事检察最重要的公诉指控职能需求。但是随着刑事诉讼制度的重大改革，新时代的刑事检察职能也在不断拓宽，如全面落实认罪认罚从宽制度、完善刑事诉讼监督体系，等等。指导性案例也在结合新时代刑事检察职能的转变进行必要的回应，如第二十二批指导性案例主要围绕认罪认罚制度的具体案例应用回应了实务中办案人员对认罪认罚的适用困惑和应对不足问题，第二十三批指导性案例针对刑事案件监督立案、监督撤案，着重体现法律监督在案件中的具体运用。从注重指控犯罪的指导到发挥检察职能的精准应用，实质是"指导性"功能作用对刑事办案中的法律精神在价值层面的深入。

（四）从单一刑事指导到能动司法指导

指导性作为指导性案例的本质特征，对于法律适用的指导性要旨自然是首位的。检察指导性案例一直聚焦于法律适用的指导性，早期的检例明确某罪名或者法律情节的构成认定，注重对定性和情节认定的释明。如对于集资诈骗罪、组织领导传销活动罪等实务疑难罪名以及正当防卫、数额犯中既未遂并存量刑等疑难情节认定等，加强了对检察办案的指导。随着法治需求渗透社会方方面面，刑事检察指导性案例更多从能动司法角度，既明确司法适用、强化业务指导，同时注重发挥公益诉讼、检察建议等职能，回应民众关切和促进完善社会行业治理，彰显能动司法检察。如第三十四批指导性案例以"网络时代人格权刑事保护"为主题，择选五件涉信息类案件，兼具业务指导性和检察参与社会治理引领性。

二、检察刑事指导性案例的应用价值

最高人民检察院发布指导性案例是为了促进检察机关严格公正司法、保障法律统一正确实施。笔者在上文中从四个维度对"指导性"规则趋势予以阐述，随着指导案例发布的数量增多，其应用价值也在不断拓升。指导案例主题呈现上更显类型化、具体化指引性，不仅仅从实体上有助于检察官提高法律适用准确度，还能从程序上助力检察官发挥检察职能作用。即"检察指导性案例发挥作用，主要在于因其对法律精神的准确阐释和准确应用，对司法人员有较强的说服力，能够通过要旨提炼和指导意义的说明，获得司法人员的认同，从事实上对司法实践产生影响，发挥指导司法的功能作用"。[①]

（一）刑事指导性案例有助于阐释模糊性法律规定[②]

法律规定中有大量抽象性和原则性的条款，即使是司法解释也很难全面统一司法适用问题。刑事检察指导性案例是最高人民检察院针对各级检察机关刑事检察人员在案件办理中运用解释方法、释理刑法中不明确规定以及如何具体、准确理解相关司法解释等方面进行履职所搜集、遴选的案例，因此可以作为我国刑法司法解释的辅助制度而存在和发挥作用的，引导检察人员处理类似案件，实现"同案同审""同案同处"。如第七批检例24号马乐利用未公开信息交易案中，检察机关通过抗诉该类案件的"情节特别严重"的适用，从立法精神、技术、体例综合论证援引法定刑为全部援引，彻底解决了实务中此类案件办理适用法律规定的困惑。如第三十八批检例136号仇某侵害英雄烈士、荣誉案，对于刑法修正案（十一）专门增设的罪名，该案例明确了"英雄烈士"的内涵界定并且对于"情节严重"的标准给予了肯定的参考依据。

[①] 万春：《检察指导案例效力研究》，载《中国法学》2018年第2期。

[②] 参见张杰、苏基金：《检察指导案例的实践应用效果》，载《国家检察官学院学报》2018年第4期。

（二）刑事指导性案例切实回应办案实践需求

法律规定和司法解释存在一定的滞后性，犯罪手段和犯罪方式却不断在"更新换代"，这要求承办检察官不仅要精通法律规定，也要熟知各类型犯罪相关的专业知识和刑事政策，唯有如此才能实现对犯罪的有力且精准打击。刑事指导性案例切实回应实践需求，越来越突出主题化特点。如第十一批指导性案例主题为儿童权益的刑事保护，对猥亵儿童"当众"的认定和网络猥亵的认定，统一实务认定标准。第十二批指导性案例主题为正当防卫，迅速回应热点案件，准确认定防卫要件，亦传递"法不能向不法让步"的法治精神。第十八批指导性案例主题为网络犯罪，发布的三个案例均为相关领域的首例犯罪，从法律和互联网技术两个维度明晰了新型网络犯罪常见的法律适用和技术认定问题，特别是针对网络犯罪中电子证据的审查运用作出了详细的采信过程，为同类案件认定路径厘清了思路。第三十七批以新型毒品犯罪为主题，从新型毒品的性质界定、主观认知到客观行为定性，再到量刑建议均明确了惩处意见，及时针对新型毒品实务中主观认知难、数量折抵计算难等问题提出了解决方案。

（三）刑事指导性案例拓宽检察监督方向

刑事指导性案例从偏向关注实体案件到兼顾实体与程序并重，从倾向刑事办案职能履行到注重办案与监督同步发展，开始为案件办理中追加起诉、监督立案与撤案、一体发挥职能合力等体现检察作为方面提供经验做法，延伸检察职能发挥检察贡献度，并注重引导刑事检察双赢、多赢和共赢的监督理念。如在第二十批指导性案例主题为职务犯罪，介绍如何追加单位犯罪、非职务犯罪，在审查起诉阶段发现遗漏同案犯或犯罪事实的处理方式，有很好的借鉴意义。第二十批指导性案例主题为案件监督，专门阐释了监督撤案和监督立案的履职经验，为检察人员启动检察监督、发挥检察贡献度拓宽了思路和方向。第二十六批指导性案例主题为侵权类犯罪，提示集中刑事检察和公益诉讼检察职能合力，用好检察建议等法律监督措施。第三十四批指导性案例紧扣民法典施行后全社会关注的人格权保护问题，通过明确新型网络涉隐私犯罪的行为性质认定和法律概念内涵把握加强人格权的刑事保护，并推动人格权案件自诉与公诉程序的衔接，制发检察建议完善涉人格权隐私信息领域的行业治理，将刑事检察监督融入民生案件中，更全面地发挥了刑事办理的能动司法作用和类案典型的教育警示意义。

（四）刑事指导性案例引领办案方法学习

案件的办理关键在于证据运用，证据运用则要讲究办案方法。刑事指导性案例不再局限个案办理，越发注重说明案件的证明思路和证明方法，"授人以鱼，不如授人以渔"，这也是指导性价值的回归。同理，案件的办理同样要立足刑事司法政策，准确适用刑事诉讼制度，唯此，案件的办理才经得起实践的检验。如第十七批指导性案例检例65号王鹏等人利用未公开信息交易案，案例虽然在阐述该案办理中的证据运用过程，但是证明思路和证明方法同样适用于其他案件办理,引导检察人员如何审查判断间接证据,组织运用间接证据证明客观事实再判断案件事实的构建证明体系的方法。第二十二批指导性案例围绕"检察机关适用认罪认罚从宽制度"主题,对不同类型认罪认罚案件进行指导,侧重阐述检察机关办理案件中的制度运用履职情况,对普遍性、争议性问题进行回应,并提出了解决方案,极具参考价值。第三十二批指导性案例中阐释的职务犯罪使用违法所得没收程序的违法所得证明标准、认定范围等,对于其他刑事案件办理同样具有借鉴意义。第三十七批指导性案例关于"从旧兼从轻"原则的适用精神彰显了司法办案"三个效果",极具启发性。

（五）刑事指导性案例叙述好检察故事

检察机关历经多次改革,其中内设机构的改革规模最大、调整最多,检察权在整合、延伸的同时,如何履行好检察职能让人民群众对公平正义可触可感是检察机关改革的初衷和最深层次的目标,这需要检察故事的"叙述"。每一个刑事案例的精心、精细、精致办理就是一则检察故事。这也是不同于公安部、最高人民法院发布的案例之处,检察机关通过发布的刑事指导性案例,再现案件的真相,揭露犯罪危害的过程,让人民群众深切了解到检察机关如何通过办案发挥其职能、履行检察机关维护公平正义的担当。如第二十五批针对重大责任事故主题的指导案例,以实务中该罪常见的定性分歧、责任划分等争议问题为导向,并且通过办案体现检察机关在安全生产治理方面的作为,呈现案件办理过程的立体感,兼顾普通大众的可读性和理解力,指导意义更深刻。第三十四批的郎某、何某诽谤案,该案件引发网络热议和公众广泛关注,检察机关充分运用自诉转公诉的实体和程序双向引导,将一起侵害社会公共利益、自诉已难以实现权利救济的网络诽谤行为,通过能动履职促成刑事指控,诠释了检察担当,以司法公正引领社会公正,让每一个社会关注得到正能量的回应。

三、刑事检察指导性案例应用存在的不足

刑事检察指导性案例在检察机关统一法律适用标准、促进检察职能发挥、指导检察工作开展等方面发挥了重要的作用。但是在实务层面,因为指导性案例自身尚在从不平衡、不充分发展中逐步过渡的状态,实践中存在诸多因素干扰,示范引领作用发挥效能一般。尤其是刑事指导性案例,囿于个案事实认定、证据情况差异较大,指导案例的适用制约较多。笔者在最高人民法院的"中国裁判文书网",以"参照指导性案例"为关键字,检索了裁判日期2010年1月1日至2022年6月30日的所有一审刑事裁判文书,并无裁判文书直接引用或回应检察机关指导性案例。虽然系法院判决文书,有侧重因素,但是也能反映出检察机关指控援引缺失,刑事指导性案例在实务中的适用效能一般。

（一）客观:检察刑事指导性案例发布尚未形成规模化影响效力

虽然刑事指导性案例占检察指导性案例的比例高达60%,但从整个检察指导性案

例的发布时间看主要是从 2018 年开始加快节奏,至今三年发布的案例占发布总案例数量的 65％。高频次的背后尽管不能完全否认指导性案例的指导效果,但是可以说尚未形成规模性影响效力。并且,同步伴随的是高频次的大量典型案例,颇有"眼花缭乱"之势,检察刑事指导性案例与大量典型案例、法院指导性案例等一众案例之间,未充分凸显自身优势。且案例偏重对刑事政策和办案效果的宣传,没有充分发挥指导检察机关正确适用法律解决疑难复杂案件的功能。①

（二）主观:办案人员对检察指导案例效力的认识上存在局限

实务中,检察机关办案人员总体对检察指导案例的功能、效力、意义等认识还存在偏差。有观点认为,法院的指导性案例效力高于检察机关的指导性案例效力;有观点认为,检察指导性案例只是办案的参考资料,并非必要援引;还有观点认为,检察指导案例主要侧重于对刑事政策和检察机关办案工作效果的宣传、对法律的普及宣传,个案的事实认定和证据情况不同,对实际办案具体指导作用不大。这些存在的片面认识,客观上制约了检察指导案例实际作用的有效发挥。

（三）应用:如何准确掌握指导案例技术存在难题

长期以来,司法人员习惯了将法律规定适用于具体案件的演绎推理办案模式,"案例-案例"的类比推理模式本身即存在不足,缺乏类案对比的司法技艺,尤其是办案人员自身的知识储备、责任意识、办案水平的不同,难免会出现简单的类比,盲目套用案例,很容易导致法律适用的错误。基于此,办案人员自然会对指导案例"望而却步",这也是指导性案例不能充分释放功能价值的阻力之一。

四、检察刑事指导性案例的适用路径

检察刑事指导性案例从产生到发展,历时十余年,在 2020 年最高检集中发布 8 批指导案例,预示着指导案例制度迎来发展的新契机。纵观十余年来发布的指导性案例内容,不管是规范层面还是价值层面,指导性案例的应用效能都是不容忽视的。但是实践中因为诸多因素干扰,在个案上的参考指导价值并不明显。笔者结合自身在办案实践中对指导性案例的认识和思考,试从以下五个方面探讨契合指导性意义发挥的适用路径,以期让指导案例更好地参与每一名检察人员的办案工作,成为办案的"智囊"库。

（一）健全检察机关指导性案例的适用规则

指导案例的生命在于应用,应用的前提是案例的效力明确。虽然规定中明确"各级人民检察院应当参照指导性案例办理类似案件",但是"应当参照"并非作为案件处理决

---

① 参见万春:《检察指导案例效力研究》,载《中国法学》2018 年第 2 期。

定的直接依据,"类似案件"的判断也受检察官的办案水平、认识局限和差异等方面约束。因此在适用过程中办案检察官很难精准找到案例与办案的结合点。笔者认为,应当进一步明确检察指导案例的"强制"效力。对于同样主题中要旨涵盖相同案件的处理,原则上应当参照检察指导性案例执行,要求检察官制作内部文书说明检察指导性案例的适用情况,如果存在不能适用的特殊情节考量或者对案件处理背离指导性案例原则和精神的,应当提出具有说服力的不适用指导案例理由,并经科室检察联席会议充分讨论通过再报经本院检察长或检察委员会研究同意以及上级院的备案。

（二）以解读形式促进实践的理解和适用

从指导案例各批次内容设置上可以看出,最新的指导案例已经进行了完善,翔实了案例的内容,让检察官更好地理解"要旨"和"指导意义"。但是囿于篇幅和案例特征形式等因素,办案过程无法全部呈现。笔者认为,最高人民检察院可以以解读形式讲述每一个指导案例"背后的故事",着重就案件的事实认定、证据采信情况,介绍在办案的整个诉讼阶段存在的分歧以及适用法律、检察作为化解过程,以此提炼办案的具体规则和经验。还原案例的"打造"过程可以加深检察官在办案中的思考,更好地理解指导性案例体现的法律规则、内在的经验法则以及转化实践应用的指导意义。

（三）全面辐射检察机关指导案例的职能主题

检察机关通过整合刑事检察权,案件的办理实现了从引导侦查、审查批捕再到提起公诉、出庭公诉的同一"生产线",对检察官的专业素质和检察工作水平提出了更高的要求,检察官迫切需要业务咨询答疑和学习交流。笔者认为,刑事指导性案例可积极发挥自身对办案引导较司法解释更加全面、灵活、及时的优势,精心挑选每一办案环节履职充分、职能发挥尽全的刑事案件,尤其针对实践中检察官业务困惑最多、检法分歧较大的问题及时予以回应,总结共性案件办理经验和提供类案思考方式,助推指导性案例引领检察人员业务能力提升。如李勇在其《指导性案例应选什么样的案件》一文中提到:其一,指导性案例应注重"法律适用指导性",重点解决法律适用疑难问题;其二,指导性案例应注重"类案典型性",充分考虑此类案件可能普及的范围和规模,为提高适用率和援引率做铺垫;其三,指导性案例应注重"规则创新性",实现指导类似案件办理的准司法解释功能。[①]

（四）加强业务培训提升适用能力

检察官的应用水平和案例指导制度的价值发挥息息相关,不管是刑事指导案例适用规则的识别与掌握,还是指导性案例要旨意义的理解和适用,都对检察官的应用指导案例的能力提出了较高的要求。检察官不能满足于单纯就案办案、片面适用法条的状

---

① 参见李勇:《指导性案例应选什么样的案件》,载《检察日报》2021年9月13日第3版。

态,而要具备"案例意识",注意检索有无相应的指导性案例,寻找指导案例和具体个案的结合点,遵照指导性案例办理案件。实践中,笔者反思自身仍未掌握适用指导性案例需要的"类似"比对以及区分必要事实和非必要事实的技巧,迫切需要加强专门业务培训。笔者认为,检察机关应当将指导性案例的理解与适用纳入日常业务培训中,针对主题化的指导案例进行专题化的培训,并定期评比适用指导案例的应用典型案例;将指导性案例的适用纳入业务绩效考核评价范畴,促使每一名检察官及时汲取指导案例适用的智慧成果,以实现指导性案例应用价值的最大化。

（五）拓宽检察机关指导案例的应用广度和深度

针对与指导案例"类似案件"的判断,除了提高检察官的应用辨别能力,还应细化指导案例的案件组成特征和证据情况,让"类似"有章可循。由于检察机关指导性案例发布的频次高,实践中吸收反哺需要及时跟进。笔者注意到,检察机关四级院共用的检答网上有针对指导性案例的专门通道,方便检察人员的学习使用。笔者建议在此基础上可以进行延伸,设立专门就指导案例应用进行交流讨论的版块,最高检可关注讨论热点问题以问答形式进行回复。另外,可充分运用检察机关办案职能辅助应用平台,设置要求检察官进行指导性案例类似性对比的操作,让案例的指导性在每一个案件办理中得到体现。除此之外,笔者认为,检察机关的指导性案例应当寻求与审判机关指导性案例的融合,在发挥自身特性的前提下,着眼于刑事案件的统一执法标准,以期审判机关的应用认同。最后,针对指导性案例体现的创新性规则设定,最高检可以进一步推动司法解释相关规定的更新,促使其规则功能价值之深度实现。如检例150号提出的新型毒品的数量认定不同于传统毒品,应当审查涉案毒品含量,依法提出量刑建议,符合罪责刑相适应的刑法精神。那么相应地,司法解释应当对新型毒品的数量认定、次数认定以及"情节严重"的把握予以明确。

结　语

检察刑事指导性案例具有的法律适用指导性和检察职能引领性,可以在一定程度上填补实务认定盲区和充实办案的"三个效果"统一密度,是优质的法治产品。虽然有着主客观因素的制约,但是检察刑事指导性案例正在不断完善内容和形式以快速渗入检察实务,不断适应新时代人民群众对法律保护和公平正义的新需求,增强人民群众的法治获得感。笔者以一名基层员额检察官的视角对具体的应用提出浅见,期待有所裨益。相信随着指导性案例在刑事办案层面辐射得更广、更深,检察刑事指导性案例的实务认同度和适用率将会得到大幅提升,检察机关将会贡献出更丰富、优质的案例产品、检察产品。

指导性案例在电子数据审查中的规范指引与可行性应用

——以检例第 67 号、68 号、69 号为蓝本

梁晶晶*

摘　要: 最高检指导性案例第 67 号、68 号、69 号以要旨、指控与证明犯罪、指导意义的体例框架形式,对提前介入、审查逮捕与起诉、庭审质证各阶段的电子数据审查具有规范指引作用。在办理网络犯罪和普通刑事案件过程中,可以参照检察指导性案例中的证据采信规则,通过对电子数据的证据能力和证明力审查,进行可行性应用。

关键词: 电子数据审查;规范指引;可行性应用

指导性案例应当提炼类案适用规则,这是指导性案例区别于其他典型性案例、参考性案例或一般性案例的显著特征,也是《最高人民检察院关于案例指导工作的规定》中所提要求的具体化。其认为指导性案例应当在事实认定、证据运用、法律适用、政策把握、办案方法等方面对办理类似案件具有指导意义。提炼类案适用规则,就是指针对相同类型案件办理中普遍存在的疑难问题,通过指导性案例提炼规则给予解答,后续同类型案件遇到相似问题时,就可以参照指导性案例明确的法律适用规则予以办理或解决。① 电子数据是以数字化形式存储、处理、传输的,能够证明案件事实的数据。最高检第十八批指导性案例,检例第 67 号、68 号、69 号,均涉及网络犯罪和电子数据审查的内容,对司法实践中电子数据审查起到规范指引的作用,并从证据能力和证明力角度探讨检察指导性案例的应用路径。

一、检察指导性案例在电子数据审查中的规范指引

何家弘教授认为,"就司法证明方法的历史而言,人类曾经匆匆'神证'时代走入'人证'时代;又从'人证'时代走入'物证'时代。也即,我们即将走入另一个新的司法证明

---

* 　江苏省连云港市海州区人民检察院刑事检察一部副主任,清华大学法学院在读研究生。
① 　参见张杰:《关于做好基层人民检察院指导性案例编研报送工作的思考》,载《中国检察官(司法实务)》2021年第 7 期。

时代,即电子证据时代"①。

《两高一部关于办理刑事案件收集提取和审查判断电子数据若干问题的规定》中给出了电子数据的法律概念,其认为电子数据是案子发生过程中形成的,以数字化形式存储、处理、传输的,能够证明案件事实的数据。有观点认为,电子数据是借助现代信息技术形成的一切证据,既包括以电子形式存在的材料,也包括其派生物。相比于传统证据,电子数据具有虚拟空间性或者数字空间性。② 电子数据的规则,有学者提出系统性鉴别规则,包括技术性规则和法律规则。电子数据作为证据种类,有其证据特点衍生出纷繁复杂的电子数据审查规则,最根本的就源于电子数据作为一种法定证据。电子数据审查规则是电子数据证据能力的法律规则,进而在确定证据资格的前提下,运用电子数据的证明力证明案件事实。由此,回到证据的证据能力和证明力两个核心概念。

传统理论认为,证据具有客观性、关联性、合法性,以"三性"检验证据的定罪资格。但这种说法是一个十分宽泛的概念,也没有相应的排除规则作为支撑。③ 对此,学者林钰雄认为,证据必须先具备证据能力后,才产生证明力之问题。他提出了证据能力与证明力的"二力"关系问题。戴长林等人在其著作中指出,在刑事诉讼领域,自由心证制度取代法定证据制度后,有关证据证明力的审查判断,属于事实裁判者自由心证的范畴,法律不作预先规定。但并非所有证据材料都可以提交给事实裁判者作为认定事实的根据。关于哪些材料能够作为诉讼证据使用的证据规则,在英美法系通常称为可采性规则,在大陆法系则一般称为证据能力规则。④ 因此,英美法系和大陆法系关于证据的证明力交由事实裁判者自由心证评判的态度一致,在证据能否具有证据资格上使用了不同的概念。所谓可采性,是指一个证据被容许作为证据加以出示的能力和资格,很多时候又被称为证据能力或者证据资格。其内容主要包括关联性法则、品格证据规则、证人作证规则、特免权规则、意见证据规则、传闻规则、验真规则、最佳证据规则等。⑤ 所谓证据能力,是指特定证据材料可以在诉讼中使用,据以证明案件事实的资格,源于法律规定的资格,需要有明确的法律规则为依据,也是证据能力规则的特殊性所在。⑥ 对此,有学者提出,从内在逻辑结构、预防错案和准确适用非法证据排除规则的角度出发,应尽快实现证据"三性"向证据"二力"的知识转型。⑦

因此,在学界呼吁推行证据能力审查规则和证明力自由心证的逻辑体系下,实践中虽未明确适用证据能力和证明力的概念,但已经区分成证据资格和证明力的问题。如检例第 67 号"张凯闵等 52 人电信网络诈骗案"系我国首例将来自中国台湾的犯罪嫌疑人押解回大陆进行司法审判的案件。案例对于检察机关办理电信网络诈骗案件境外证

---

① 刘品新:《电子证据法(第 1 版)》,中国人民大学出版社 2021 年版,第 3 页。
② 参见刘品新:《电子证据法》,中国人民大学出版社 2021 年版,第 5-6 页。
③ 参见戴长林、罗国良、刘静坤:《中国非法证据排除制度:原理·案例·适用》,法律出版社 2016 年版,第 31 页。
④ 参见戴长林、罗国良、刘静坤:《中国非法证据排除制度:原理·案例·适用》,法律出版社 2016 年版,第 32 页。
⑤ 参见易延友:《证据法学——原则·规则·案例》,法律出版社 2017 年版,第 19 页。
⑥ 参见戴长林、罗国良、刘静坤:《中国非法证据排除制度:原理·案例·适用》,法律出版社 2016 年版,第 32 页。
⑦ 参见李勇:《证据"三性"向证据"二力"的知识转型》,载微信公众号"悄悄法律人",2017 年 12 月 31 日。

据审查转换、电子数据审查、犯罪事实审查认定以及犯罪集团的认定具有指导作用。[①]最高检第十八批指导性案例,检例第 67 号、68 号、69 号,均涉及网络犯罪和电子数据审查的内容。下文从证据能力和证明力两个角度进行细分说明。归纳如下:

(一)提前介入阶段证据能力的审查要点

提前介入非法定概念,也无法律明确其概念、定位、权限、效力;提前介入的具体节点应该设置在哪,各地不一,检察机关和侦查机关存在一定分歧。2021 年 6 月,党中央印发《中共中央关于加强新时代检察机关法律监督工作的意见》(以下简称"中发 28 号文件"),明确了检察机关是国家的法律监督机关。对此,依托检侦协作配合机制,提前介入阶段,核心点在于规范引导侦查,履行法律监督职能,尤其是有效利用电子数据固定、提取的黄金期,以提前介入意见书、引导侦查提纲的方式,释明电子数据的证明力,有力促进侦查取证的方向与力度,确保电子数据取证的合法性,以固定侦查机关调取电子数据证据的能力。

1. 确保电子数据原始存储介质封存。检例第 67 号,在提前介入引导侦查阶段,将境外起获的电子数据原始介质(如笔记本电脑、手机)和语音网关(即能将语音通信集成到数据网络中实现通信功能的设备)移交我国公安机关。

2. 明确电子数据提取的具体要求。检例第 67 号,在引导侦查阶段,还应一并对证据提取需要达到的证明标准以及涉外电子证据的提取等问题与公安机关沟通,提取不同种类的电子数据,如聊天记录、文档内容、网络拨打电话记录等数据以及提出无污损鉴定的要求。

3. 确保电子数据收集的及时性。检例第 69 号,针对网络攻击犯罪案件特点,引导公安机关及时固定被害单位报案提交的电子数据,确定主要攻击源的 IP 地址,对受攻击 IP、攻击源 IP、攻击控制端服务器 IP 比对分析,锁定犯罪嫌疑人;同时固定被攻击的强度、规模,受影响系统和用户的数量、时间,对破坏计算机信息系统奠定机不可失的追诉基础。

(二)刑事检察阶段的审查重点

审查阶段,重点审查证据的证据能力和证明力,证据能力直接决定该份证据能否被使用,证明力则应全面挖掘确定证明的内容。

1. 电子数据证据能力的审查要点。

(1)无污损鉴定起始基准时间确定。检例第 67 号,电子数据的无污损鉴定意见的鉴定起始基准时间晚于嫌疑人归案的时间近 11 小时,不能确定在此期间电子数据是否被增加、删除、修改;对此,锁定抓获犯罪嫌疑人和外方起获物证的具体时间,并将此时

---

① 参见孙晴、谢莉:《第 67 号检察指导性案例的生成及对检察办案的指导作用》,载《中国检察官(司法实务)》2021 年第 7 期。

间作为电子数据无污损鉴定的起始基准时间,且与侦查机关一同至国家信息中心电子数据电子鉴定中心,咨询专家,解决无污损鉴定的要求以及电子数据提取的程序问题,重新进行无污损鉴定;同时纠正公安机关以《司法鉴定书》记录电子数据勘验过程的做法,要求将《司法鉴定书》转化为勘验笔录,确保电子数据的客观性。

（2）境外电子数据来源获取合法性。关于境外证据的审查转换,检察机关面临的首要问题就是境外证据的审查认定问题。从国内法关于境外证据审查认定的直接依据来看,对来自境外的证据材料的审查认定主要依据 2013 年 1 月《最高人民法院关于适用〈中华人民共和国刑事诉讼法〉的解释》（下文简称《解释》）第 405 条的规定进行。但该条规定的内容相对简单,办案团队根据案件办理过程中对肯尼亚警方移交的证据的审查情况,并结合《中华人民共和国国际刑事司法协助法》以及有关条约、司法互助协定等规定中对向外国请求调查取证的具体要求,进一步细化了审查步骤,作为指导意义的其中一条,为办理此类案件时认定境外证据是否有证据能力、能否在审判中使用提供参考。[①] 检例第 67 号,根据境外警方出具的《调查报告》、驻外大使馆出具的《情况说明》及公安机关出具的扣押决定书、扣押清单等,确定境外获取的证据来源合法,移交过程真实、连贯、合法。

（3）强调证据调取的完整性。检例第 68 号,针对提供侵入计算机信息系统程序罪、非法获取计算机信息系统数据罪的案件本身特点,针对"小黄伞"软件的运行原理,引导公安机关补充调取证据。办案人员通过对扣押的电脑进行补充勘验,调取同案犯之间的 QQ 聊天记录,提取电脑的 MAC 地址,提取扣押电脑中的含有账号、密码的文件,对涉案程序的制作目的、用途等演示的视听资料,达到证明"小黄伞"软件系"专门用于侵入计算机信息系统的程序"的目的,查明电商平台用户信息与嫌疑人使用"小黄伞"软件的关联性。

2. 电子数据证明力的审查要点。

证明力,是指证据对于待证事实存在的可能性所具有的一种量化的评价。证据证明力的评价是一个事实问题。历史上,到了 1789 年以后,法定证据制度被废除了,取而代之的是自由心证证据制度。从此以后,大陆法系再也没有关于证明力大小的规定,证明力的大小完全由法官自由的判断和评价。我国司法解释也只是比较抽象地规定了证明力判断的基本原则,实务操作中并无具体的规则可以遵循。[②] 因此,指导性案例以案例指引的方式提供了证明力的一个论证逻辑指引。具体如下:

（1）外挂软件属性的证据链条要求。检例第 68 号在要旨和指导意义部分明确:对"专门用于侵入计算机信息系统的程序"的认定,一般应当委托省级以上负责计算机信息系统安全保护管理工作的部门检验;也可由司法鉴定机构出具鉴定意见;或者由公安部指定的机构出具报告,在案电子数据、勘验笔录、技术人员证言、被告人供述等证据相互

① 参见孙晴、谢莉:《第 67 号检察指导性案例的生成及对检察办案的指导作用》,载《中国检察官（司法实务）》2021 年第 7 期。
② 参见易延友:《证据法学——原则·规则·案例》,法律出版社 2017 年版,第 23 页。

印证,足以证实软件的功能。案例申明,鉴定意见非该案的唯一不可替代的法定证据。

（2）建立被害人与诈骗犯罪组织间的关联性。检例第 67 号,因证据调取不完整,出入境记录与认定的跨境诈骗时间点存在疑点,需要进一步调取。对此,检察机关一方面要求补充调取嫌疑人使用网络电话与被害人通话的记录、被害人向嫌疑人指定银行账户转账汇款的记录、犯罪嫌疑人的收款账户交易明细等证据,准确认定被害人;通过电子数据中的网络通话记录、聊天记录与被害人陈述的诈骗电话号码、银行账号等证据相互印证,查明犯罪数额。另一方面,根据护照,协调北京市公安局出入境管理总队出具完整的出入境记录,结合管理护照的嫌疑人,核实部分嫌疑人是否中途离开过诈骗窝点,与电子数据的聊天记录证明的诈骗参与节点一起来确定参与诈骗的时间点。

（3）确定犯罪嫌疑人网络身份和现实身份的一致性。检例第 67 号,涉案笔记本电脑和手机中提取的 SKYPE 账户登录信息等电子数据与犯罪嫌疑人的供述相互印证,能够确定犯罪嫌疑人的身份和犯罪组织的架构。检例第 68 号,从使用撞库软件的终端设备的 MAC 地址与嫌疑人电脑的 MAC 地址、小黄伞软件的源代码里面包含的 MAC 地址一致,来认定嫌疑人就是涉案"小黄伞"软件的编制者。检例第 69 号,从黑客之间的网络活动记录、同案犯之间的信息、资金往来等证据,重建黑客背后的关联和对应关系。

（4）强化证据审查力度,全面认定犯罪事实。检例第 67 号,抽丝剥茧,从恢复证据中发现"返乡订票记录单"以及早期的聊天记录,进而追诉遗漏的犯罪事实,完整认定事实,且有助于主从犯的认定。

（三）庭审阶段的质证关键点

在提前介入阶段和审查阶段的双重复核、过滤下,对电子数据的证据能力已经进行了完整的审核,庭审阶段,重点围绕电子数据的证明力质证,证据能力的质证在举证阶段进行说明,依法予以质辩即可。因此,检例第 67 号、68 号、69 号三个案例也重点关于电子数据的证明力进行了说明。

1. 犯罪金额认定的证据链条完整性。检例第 67 号的证据包括从犯罪集团使用网络电话与被害人电话联系的通话记录,犯罪集团使用的 SKYPE 聊天记录中被害人姓名、公民身份证号码等个人信息,被害人向指定银行账户转账汇款的记录。在案的犯罪事实认定,至少包含上述其中一种关联方式,因此,足以认定被害人被该犯罪集团所诈骗的事实。

2. 共同犯罪故意的认定。检例第 68 号,从 QQ 聊天记录反映两人曾提及非法获取某电商平台用户信息的内容,证实打码系用于批量登录该电商平台账号,且两人行为系相互配合、相互补充,构成共同犯罪。

3. 破坏计算机信息系统危害后果认定。检例第 69 号,虽然本案无法锁定全案造成的危害后果,暂以经济损失认定,但其指出,破坏计算机信息系统的危害后果,应客观全面准确认定,不仅仅局限于违法所得或者经济损失数额来评估危害后果,还应结合受影响的计算机信息系统数量或者用户数量、受影响或者被攻击的计算机信息系统不能正常运行的累计时间、对被害企业造成的影响等证据,做到罪责相当、罚当其罪。

二、检察指导性案例在网络犯罪案件电子数据审查上的可行性应用

网络犯罪具有网络性、不可控制性、非实体性的特征。对网络犯罪的认定，电子数据在证据体系中居于核心地位，起着关键证据、直接证据的作用。如检例第 67 号指导性案例对检察办案的指导作用，明确了对境外实施犯罪证据的审查重点并提出了具体的审查方法，明确了对电子数据的审查重点并提出了具体的审查方法。①

检察指导性案例通过指控与证明犯罪、指导意义的体例框架为电子数据的审查提供了规范指引。笔者现以司法办案中的适用，分案件类型，作如下探讨。

（一）网络犯罪中电子数据之证据能力审查

1. 以程序规范审查电子数据的合法性。

电子数据的合法性，应从电子数据原始存储介质这一物证来源入手审查，扣押、封存物证和提取、存储电子数据均应合规合法。

（1）确保扣押物证合法性。审查扣押手续是否齐全，扣押过程是否准确记录，扣押文书签名完整。

（2）确保原始存储介质无污染。从扣押开始，到提取阶段，到生效判决，均应处于封存状态，且有记录可查，符合封存条件和规范要求。

（3）确保提取过程规范性。区分提取的方式，对现场提取、在线提取、镜像提取、冻结和调取的电子数据，分别按照相应的规范进行审查。

2. 以审查要点判断电子数据的客观性。

检察指导性案例提出以无污损鉴定来采信电子数据的客观性。实践中，基层司法机关可能无法具备进行无污损鉴定的条件，那么如何解决证据的客观性问题呢？对此，检察指导性案例不仅提供了方法，更提供了一种思路，即电子数据的起始基准时间要和电子数据原始存储介质的扣押时间一致，从而在源头上可以固定、审查、采信该电子数据提高没有被更改的可能性。

这一点在实践中，可以从三方面入手审查。

（1）审查电子数据的起始基准时间和电子数据原始存储介质被封存时间是否一致，不一致的能否进行合理解释。

（2）审查勘验、提取笔录的时间和电子数据中的生成、修改时间是否一致。

（3）审查电子数据的 MD5 值和勘验、提取笔录、清单上记载的 MD5 值是否一致。

值得一提的是，实践中侦查机关在网络取证中还进行了向第三方取证。向第三方取证，就是向中立第三方调取电子数据，它是计算机取证体系的重要组成部分。第三方

---

① 参见孙晴、谢莉：《第 67 号检察指导性案例的生成及对检察办案的指导作用》，载《中国检察官（司法实务）》2021 年第 7 期。

包括网络服务提供商、电子数据交换机构、电子证据鉴定机构、案外第三人等。在我国，向第三方取证作为计算机取证的成熟手段之一，具有明确的法律依据，如《计算机信息网络国际联网安全保护管理办法》《互联网信息服务管理办法》等，均明确规定了网络服务商具有提供电子证据的协助义务。如侦查机关通过电子邮件所属服务商确定网络服务商的地址，向服务商调取了 30 个涉案邮箱中的 20 万封电子邮件，经过筛选后将其中与本案有关联的部分作为电子数据材料提交法庭。同时，向第三方取证的数据材料均由第三方单位存储在只能读不能写的光盘里面，阅读者无法对这些数据进行修改，从而保证了电子数据材料的真实性。

（二）网络犯罪中电子数据之证明力审查

证据的证明力问题，始终离不开证据的关联性这一规则。有观点认为，证据关联性规则只是判断证据可采性的规则之一。其认为，一个证据要有关联性，要同时满足两个条件：一是实质性，即证据所指向的证明对象必须是能够决定案件结果的事实；二是证明性，即证据必须使能够决定案件结果事实的存在或不存在具有更有可能或者更无可能的趋势。[①] 简单来说，证据的关联性，一般是指证据必须与案件事实有实质联系并对案件事实有证明作用。关联性的判断不是立法上能解决的问题，而只能由检察人员根据经验法则、生活常识、直观判断和逻辑标准予以进行。电子证据必须与案件事实有某种联系，这种联系方式和途径是多种多样的，而且不同的电子证据与案件事实之间的联系面和联系方式是不同的，因此，其对认定案件事实的作用也有所不同。

电子数据在网络犯罪中的多数情形下系直接证据，能够直接证明犯罪事实，同时也能够和其他证据形成关联性，相互印证，查明相关事实。

1. 网络犯罪中电子数据对犯罪基本事实的认定。根据电子数据反映的内容，认定犯罪行为；结合电子数据和犯罪嫌疑人的供述、书证，围绕犯罪嫌疑人与原始存储介质、电子数据的关联性、犯罪嫌疑人网络身份与现实身份的同一性；剖析电子数据和被害人的陈述、证人证言、书证，从违法所得、经济损失、信息系统的破坏、网络秩序的危害程度以及对被害人的侵害程度等综合判断，认定犯罪行为的情节和后果。如江苏某基层检察机关在办理朱某某等人电信诈骗案中，发现检例第 67 号指导性案例与本案有相似之处，涉及电信网络诈骗数额的审查认定方法，可以参照适用。办案人员通过梳理缺少被害人陈述的涉案 9 笔犯罪数额流转的转账支付宝、微信账号的主体身份及银行卡流转去向，与该诈骗小组成员的分工、分赃模式一致，依法追加认定犯罪数额。

2. 网络犯罪中电子数据对犯罪主观明知的认定。重点挖掘电子数据中的聊天记录、发布内容、浏览记录、网络身份来源合法性与真实性与否，结合是否仅用于违法犯罪活动，交易对象、频次、数额是否明显违反正常交易习惯，操作是否违反正常操作流程，来认定犯罪故意。

---

① 参见易延友：《证据法学——原则·规则·案例》，法律出版社 2017 年版，第 102 - 103 页。

3. 网络犯罪中电子数据对事实完整性的认定。这一问题重点探讨缺失被害人陈述的事实认定。基于网络犯罪的时空非受限性，犯罪主体很可能同时期内多次从事同类型的犯罪行为；也基于投入成本低、追查难度大，犯罪分子很可能再次实施犯罪；即使犯罪分子的存储设备已经清空电子文档等证据，但其基于牟利的动机，很可能会保留相关的通讯群组和通讯方式。因此，在审查过程中，办案人员应不局限于犯罪嫌疑人供述的和侦查机关当场查获的事实，而应追本溯源，基于证据的剖析，确保追诉事实的完整性。如上述朱某某等人电信诈骗案中，参照适用指导性案例电子数据的证明力规则，检察办案人员通过审查搜查、扣押、提取笔录等法律手段及清单，核实电脑、手机中电子证据的客观性和关联性，发现被告人陈宇的电脑中与被告人朱文早的 QQ 聊天记录中存有网贷人员信息表格，均超出 5 000 条，可能涉嫌侵犯公民个人信息，遂监督立案并追加认定侵犯公民个人信息犯罪的罪名。

三、检察指导性案例在普通刑事案件电子数据审查上的可行性应用

普通刑事案件中，电子数据通常非关键证据，也并非直接证据，因此，更多是以印证模式来判断其电子数据的证据能力和证明力，进而排除合理怀疑。

（一）普通刑事案件中电子数据之证据能力审查

普通刑事案件中的电子数据来源，主要系犯罪嫌疑人、被害人所使用的手机、电脑等移动设备，因此，在相关当事人到案时，均第一时间扣押。

如何运用证据裁判原则审查其是否具有证据资格，将直接影响案件事实的认定。判断相关电子数据是否具备证据能力，目前我国采取的是列举式规则，主要是根据《解释》的规定裁判，包含了《解释》关于电子证据审查的全部内容。

对于普通刑事案件中电子数据的审查，相比网络犯罪案件类型单一、内容简单。实践中，不同于网络犯罪案件固定、封存、提取的严格程序，侦查机关现场固定电子数据时通常采用"扣押—打印—确认"模式：制作搜查笔录和扣押清单—召集见证人—切断电源及接口—拍照、录像固定—打印—确认。对于计算机中未被删除的数据，在其他证据足以佐证的前提下，采用了"打印—确认"模式。因此，其合法性审查重点在于扣押手续的规范、完整与否，其客观性审查重点在于提取程序的规范性、提取笔录的完整性，必要时全程录音录像以佐证提取的合法性、客观性、真实性。

（二）普通刑事案件中电子数据之证明力审查

在运用电子证据证明案情时，应根据其不同的证明范围和不同的证明程度做出恰如其分的判断。特别是需要通过科学的分析研究，排除各种矛盾和其他可能性，确定电子证据所反映的内容同案件事实有无联系。与案件事实无关的电子证据，即使是客观真实的也丝毫无助于查明案情，不具有任何证明作用。司法实践中要正确判定电子证

据与案件事实的联系程度,可以从以下几个方面入手:一是所提出的电子证据欲证明什么样的待证事实;二是该事实是否是案件中的实质问题;三是所提出的电子证据对解决案件中的争议问题有多大实质意义。一般说来,某一电子证据对案件争议问题具有实质性意义,即能确定或否定某一案件事实存在,则法庭应当认定该证据具有足够的关联性。①

普通刑事案件中电子数据的证明力,需要结合其他证据印证证明。除了网络犯罪中电子数据的应用途径,普通刑事案件中的电子数据证明力更可以排除合理怀疑。如在熟人间强奸案件中,关于是否违背被害人意志,需要结合电子数据查明两人前期的关系、事发前后的聊天记录,进而排除自愿发生的可能性。如诈骗类案件中,电子数据可以部分反映诈骗过程和金额,但也应排除借贷类案件中,存在情感关系的人,明确告知系借贷周转的情形。

结　语

2010 年 7 月,最高检发布了《关于案例指导工作的规定》(以下简称《规定》),开始在全国检察机关推进施行案例指导制度,旨在作为统一法律适用标准的有效路径和方式,以促进司法公正的实现。之后检察机关历经系统性、整体性、重塑性变革,"四大检察、十大业务"法律监督格局形成后,最高检党组高度重视案例指导工作,不断健全制发指导性案例相关制度。2019 年 3 月,最高检对《规定》进行了第 2 次修订,进一步细化明确了案例指导工作职责、指导性案例的效力、入选标准、撰写体例结构以及遴选程序等,检察案例指导工作进入全新发展阶段,为统一法律适用标准、提高办案质效、宣传检察工作、促进社会治理等发挥了积极的促进作用。

办理计算机信息系统等新型犯罪案件时,危害计算机信息系统安全刑事案件的相关法律、司法解释主要界定了入罪标准与构成要件,不具体涉及证据审查与判断,常会因法律、司法解释规定不明确影响法律适用和证据采信。对此,承办检察官可以通过指导性案例检索,结合所办案件的罪名、基本案情、行为方式、争议焦点等核心点进行相似性判断,参照适用案例确立的类案取证规则、证据审查规则、证据裁判规则,辅助定罪量刑。

由于目前对于指导性案例的援引仍处在探索阶段,且是否赋予指导性案例较高的地位仍然有争议,因此,不宜直接笼统地以全有或全无的方式规定其偏离推翻制度,否则操作不当会降低指导性案例的权威性。这也决定了对于指导性案例初期阶段的援引方式,只能是作为论证的材料,提高法律观点的说服力,但对于高检院在指导性案例中明确提出的具有规则意义的部分,可以适当地提高其地位,赋予其偏离之后被上级审查后推翻的效力。②

---

① 　参见曾晓东:《浅析电子证据在新刑事诉讼法中的运用》,载"中国法院网",最后访问日期:2021 年 7 月 18 日。
② 　参见任庆明、李瑞芝、唐明:《检察指导性案例制度的反思与完善》,载《中国检察官》2021 年第 7 期。

反思与重构:论指导性案例在基层人民法院的适用

——以 10 034 份裁判文书为范本

王晟瑶　李祉含*

摘　要:指导性案例目前在司法实践中存在着诸多困境。本文从指导性案例目前的基本问题入手,分析我国现已发布的 165 件指导性案例的现实图景与应用现状,通过大数据分析,着眼于指导性案例施行过程中面临的应用"软肋"和发展"瓶颈"等多元因素,力图在实践中逐步探索出一条具有中国特色的,适用指导性案例的统一规范性标准,使指导性案例发挥其应有的效用,真正做到同案同判。指导性案例制度的构建主要包括"遴选""公布"和"应用"三个层面。本文从"应用"这一层面的实践角度出发,通过对指导性案例适用现状进行分析,希冀构建出一条可行性发展路径。

关键词:指导性案例;遴选;公布;应用

> 法律的生命不在于逻辑,而在于经验。
>
> ——霍姆斯

最高法院自 1985 年起在《最高人民法院公报》上刊登典型案例,但直到 2015 年 6 月颁布《最高人民法院关于案例指导工作的规定》实施细则,才迈出了详细实施的第一步。学术界和实务界都对其发展提出了有益意见,有认为其既不同于立法和司法解释,也不同于西方判例制度,是具有中国特色,能够发挥典型案例指导作用的司法制度。[①] 有认为指导性案例能够总结经验,指导审判工作,统一司法裁判标准,规范法官自由裁量权。[②] 有认为其能够提高司法适用技能,节省司法成本,提高司法效率。[③] 有认为其具有"划时代意义标志",会对今后司法实践、法学研究和人才培养等方面产生重大影响。法治研究的重心将逐步从立法向法律适用维度靠近。[④] 然而指导性案例在基层法

---

* 王晟瑶,江苏省镇江市丹徒区人民法院研究室法官助理;李祉含,江苏省镇江市京口区人民法院执行局法官助理。

[①] 参见胡云腾、于同志:《案例指导制度若干重大疑难争议问题研究》,载《法学研究》2008 年第 6 期。
[②] 参见陈兴良:《我国案例指导制度功能之考察》,载《中国检察官》2012 年第 9 期。
[③] 参见刘作翔:《案例指导制度:"人民群众"都关心些什么?——关于指导性案例的问与答》,载《法学评论》2017 年第 2 期。
[④] 参见王利明:《我国案例指导制度若干问题研究》,载《法学》2012 年第 1 期。

院的实际适用情况如何呢？针对这一问题,本文从实证分析的角度入手,将实证数据与理论探讨有机结合,梳理指导性案例在基层法院的适用现状,对我国指导性案例发展路径进行反思,为指导性案例的完善提供可供选择的理论框架和实践模型。

一、微观视角:指导性案例现实图景

至 2021 年,最高人民法院共计发布 29 批 165 件指导性案例,涉及民、刑、行政等领域。

(一)检视:指导性案例发布现状概述

第一,民商事案例多。165 件案例中,民商事案例有 97 件,约占 58.8%。自 2011 年指导性案例发布以来,民商事案件一直位居第一。刑事案例有 27 件,约占 16.4%。行政案例有 28 件,约占 17.0%;其中国家赔偿案例 5 件,约占 3.0%。知识产权类案例有 24 件,约占 14.5%。执行案例有 15 件,约占 9.0%。

第二,上诉案件多。165 件案例中,一审案例 37 件,二审案例 75 件,再审案例 32 件,执行案例 15 件,国家赔偿案例 5 件,申诉 1 件。(如图 4 所示)

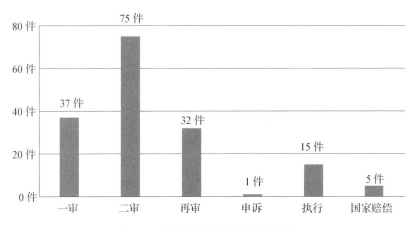

图 4　指导性案例的审理程序分布

第三,地区分布不均衡。概括来看,除去最高院 31 件案例,江浙沪占了超过三分之一的份额,江苏 39 件,上海 25 件,浙江 21 件。(见图 5)而一些中部偏西部省份,如新疆、甘肃只有 1 个指导性案例。海南和辽宁首次成为指导性案例的来源地域。

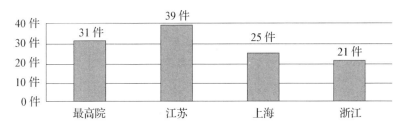

图 5　指导性案例的来源地域分布(部分)

（二）典型特征描述

165 件指导性案例具体内容指向性存在差异。案例可大致分为以下几类：

1. 专业类新型案例，其侧重于平衡不断发展的社会现实与立法的平缓性。如第 50 号指导性案例涉及夫妻双方共同认可的人工授精所生子女也属于婚生子女，弥补了立法迟缓性与社会现实的空缺，为今后类似案件提供指导思路。第 51 号指导性案例涉及航班延误问题，正是近年来经济高速发展下常见的法律问题。第 20 批指导性案例集中在网络犯罪方面，涉及破坏计算机信息系统、网上开设赌场等犯罪行为，指导性案例发布逐渐呈现出专题化的态势。

2. 释明新设罪名和新出台的法律法规及司法解释，作出裁判示范。比如第 28 号指导性案例是对《刑法修正案八》新设"拒不支付劳动报酬罪"的进一步解释说明，明确定义不具备用工主体资格的单位或者个人（包工头），违法用工且拒不支付劳动者报酬，数额较大，经政府有关部门责令支付却仍不支付的，追究其刑事责任。第 32 号指导性案例对《刑法修正案八》增设的第 133 条之一"追逐竞驶"进行明确，给基层法院作出示范裁判，对社会大众起到教育警示作用。

3. 对长期存在的法律适用问题统一裁判尺度，减少各地由于裁判思路等差异造成同案不同判的情形。第 23 号指导性案例解决了职业打假人是否可以作为消费者主张惩罚性赔偿以及十倍赔偿的具体适用问题，明确了不能用消费者的主观购物动机来对"消费者"区别、分类对待。第 24 号指导性案例明确了交通事故中，受害人没有过错，其自身体质问题不可以用来减轻侵权人责任。第 71 号指导性案例涉及如何处理拒不执行判决、裁定的"老赖"问题。明确争议焦点"拒不执行判决、裁定罪中规定的'有能力执行、拒不执行'的行为是以被告人拒不执行判决行为的相关民事判决发生法律效力时起算，而不是从执行立案时起算"。

4. 给予不同类型的具体行政类案件指导方向。针对国家赔偿、行政处罚、行政征收等具体行政行为，缓解国民在此类诉讼中的原有弱势地位。

5. 影响型案件。案情适逢社会热点，最高人民法院通过颁布相关的指导性案例来表明立场，引导社会法治舆论走向。比如第 3 号指导性案例适逢近年来贪腐犯罪高频发生，虽然有学者认为社会热议不能成为指导性案例的成立条件，回应社会、舆论热点不应该成为指导性案例的功能之一，[①]但在合适时机下，就某一社会热议案件来回应社会关注，引导舆论的正确走向确有广泛意义。如第 92 号于欢故意伤害案，该案在全社会引起广泛关注，通过将该案确定为指导性案例，向民众普法释明正当防卫和防卫过当的区别，无疑是一次较好的普法宣传。

---

① 参见周光权：《判决充分说理与刑事指导案例制度》，载《法律适用》2014 年第 6 期。

二、宏观视角：指导性案例应用现状实证研究

我国审判监督机制决定了上级法院对下级法院有制约力，当下级法院作出的裁判不符合上级法院意志时，可能出现被上级法院改判或者发回重审的情形，而这会影响审理法官绩效考核和后续晋升。[①] 在这种谨慎司法背景下，最高人民法院公布的指导性案例，本身具有正确的决定性裁决理由和被最高法院认可的程序合理性，应广泛得到基层法院的适用。[②] 再者，通过法官个人的"自由心证"，指导性案例说理充分，适用法律正确，当基层法官遇到同类案件，内心有疑惑，就会主动寻求指导性案例帮助，经过理性思考和内心确认后，自觉适用指导性案例。这两者共同构成了指导性案例的说服力和指导性。因此，虽然不具有正式的法律效力，但学界普遍认可其具有事实拘束力[③]，是一种新型法律适用机制，弥补了法律文字本身存在的模糊性和滞后性，在解释过程中对法律条文进行了具体细分和贴合具体案情的进一步理解。指导性案例有其存在的必要性，可将其视为司法解释的有益补充，辅助司法解释功能的发挥。[④] 但实际现状却是指导性案例在基层法院的应用遇冷。

（一）指导性案例应用现状

通过检索"中国法院裁判文书网"和"Alpha案例库"，本文共发现涉及指导性案例的裁判文书 10 034 份。（见图 6）案例数量伴随文书公开，基本呈逐年增长的趋势。笔者结合检索数据和相关文献，发现以下问题：

第一，援引率低。同全国法院每年审理的庞大案件量相比，援引适用指导性案例的数量可谓沧海一粟，其中还包含了部分援引法院公报等其他渠道公布的典型案例。还有部分案件没有写明指导性案例的编号和引用依据，未按照实施细则的规定在裁判理由中援引指导性案例裁判规则和列明编号。如（2014）衢柯交民初字第 82 号[⑤]案件，法院援引适用，在"本院认为"中陈述"该判断已被最高院指导性案例确定"，却未明确具体的指导性案例编号。

第二，当事人援引数量远远高于法院援引数量。（见图 7）但当事人往往基于自己的主观认识来判断是否能适用指导性案例，法律知识不足导致生搬硬套指导性案例的情形屡屡出现。以第 41 号指导性案例为例，该案例裁判要点：作出具体行政行为的行政机关在作出该行为时如未引用具体条文，同时在诉讼过程中未证明该行为符合相关

---

① 参见孙海龙、吴雨亭：《指导案例的功能、效力及其制度实现》，载《人民司法》2012 年第 13 期。
② 参见胡云腾等：《〈关于案例指导工作的规定〉的理解与适用》，载《人民司法》2011 年第 3 期。
③ 参见刘作翔、徐景和：《案例指导制度的理论基础》，载《法学研究》2006 年第 3 期。
④ 参见牛克乾：《中国特色指导性案例制度的实然定位与应然方向》，载《人民司法》2015 年第 5 期。
⑤ 参见衢州市柯城区人民法院（2014）衢柯交民初字第 82 号判决书。

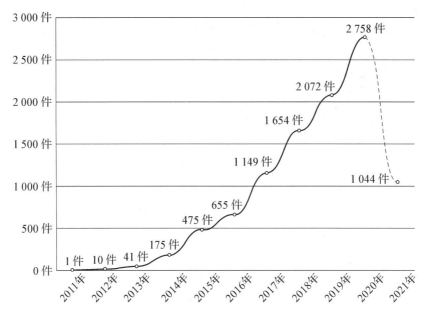

图 6　指导性案例的年份分布图

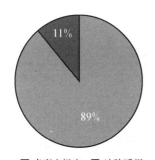

图 7　当事人提出与法院适用之比

法律的规定，应当认为行政机关作出的具体行政行为于法无据，法律适用错误。^① 当事人不理解法律深义，错误援引，甚至用来参照民事案件，而法院或者不回应，或者回应"第 41 号最高人民法院指导案例所载明的事实与本案完全不同，我国实行的不是判例法，该判例不具有约束力"^②。

第三，应用案例在全国的应用量相差大。从地域分布来看，当前案例主要集中在广东省、山东省、四川省，分别占 10.72%、9.78%、9.01%。其中广东省的案件量最多，达到 1 076 件。指导性案例运行以来，各省应用的情况不一，这体现了指导性案例具体应用在全国范围内的差异性。（见图 8）

第四，指导性案例被援引的数量低，类型单一。目前援引指导性案例的案件中，最主要的案由是民事，有 8 847 件，其次是行政、刑事、执行、国家赔偿，还有不少指导性案例处于无人问津的境况中。（见图 9）

第五，被援引的质量堪忧。以援引度较高的第 24 号指导性案例为例，被援引上百次。最高法院明确了交通事故中，受害人没有过错的情形下，侵权人责任不因受害人自身体质状况影响损害结果而减少。但是司法实践中，存在当事人援引，法院无回应现

① 参见第 41 号指导性案例：宣懿成等诉浙江省衢州市国土资源局收回国有土地使用权案，载"中华人民共和国最高人民法院官网"，最后访问日期：2021 年 12 月 25 日。
② 河南省高级人民法院(2015)豫法行终字第 00244 号判决书。

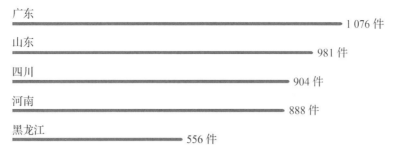

图 8　指导性案例在全国应用量及案例数量排名前五的省份

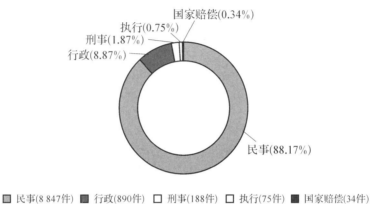

图 9　援引指导性案例的案件分类

象。如(2015)商民终字第 908 号判决,当事人申请适用,法院回应"与本案不具有直接关联性,本院不予评述",这样的回应很难获得当事人认可。或者说,道路交通相关司法解释较少,不足以满足现有需求,而第 24 号指导性案例对案件受害人个人体质参与度问题进行了具体定义,对于审理类似案件有重要价值,所以被援引次数多。但是由于法官自身对指导性案例的适用存在偏差理解,相关实务经验和理论基础不够扎实,在价值判断上会出现不同考量,从而导致同案异判,援引质量并不令人信服。

(二)应用案例与指导性案例对比分析

这里以被适用次数较多的第 24 号指导性案例入手,数据较多,有可分析度。在第 24 号指导性案例公布前,针对受害人特殊体质的类似案件,法院会倾向于作出部分赔偿的判决,也就是所谓的损失参与度,认为受害人的特殊体质也是一种过失,可以用来减轻侵权人责任。[①] 但在该案例发布之后,上百份裁判文书在判决主文中明确适用了第 24 号指导性案例,有效援引占 80% 以上,很多当事人在诉求、答辩意见或上诉请求、被上诉答辩意见中援引。法院以被动适用为主,超过半数案件是当事人提出援引,法官并没有作出明确的评价,但作出了与指导性案例精神一致的判决结

① 参见张婷婷:《受害人特殊体质对侵权责任的影响——由指导性案例 24 号引发的思考》,载《法制与社会》2015 年第 7 期。

果。适用判决中，超过 90％的案例都判决全部赔偿，可见指导性案例在统一裁判标准，确定司法一致性上的有效指导力。一开始，当事人援引的次数较多，2016 年到 2017 年，法官开始主动适用。尽管部分案件是当事人提出援引，法官并未作出回应，但实际作出了与第 24 号指导性案例裁判思路一致的判决结果。另外第 24 号指导性案例不仅在道路交通类案件中得到援引，在其他案由案件中也有援引。如 (2017)吉 01 民终 4258 号案件，当事人提出援引后，审理法官回应当事人提供的第 24 号指导性案例精神只适用于交通事故责任纠纷，本案系医疗事故赔偿纠纷，故其主张不予支持。虽然当事人在法律适用上判断错误，但也从侧面反映了这一指导性案例被援引范围之广和援引方式的多样性。

三、反思：指导性案例的"实然"困境分析

法官对指导性案例的需求在于其能够填补成文法与现实生活之间的缝隙，修护司法"实然"与"应然"之间的缺口。司法的完全应然状态是一种合理的可持续性期待，即在法治保障下，规则能合理运行；规则不明确不清晰的地方，也能通过其他合法手段得以解决，比如审判监督。实然状态是指现行司法环境，地广人多，案情纷繁复杂，仅靠个案的审判监督远远不够。指导性案例在基层法院的"实然"困境主要存在供需不足、应用技术不成熟、配套机制不完善等现实阻碍。①

（一）指导性案例供需不足，"同案"难"同判"

目前出台的指导性案例相对于我国基层法院庞大的案件量和期待解决的疑难问题，有如沧海一粟。指导性案例供需不平衡，存在以下问题。

1. 自身缺乏"指导力"。目前公布的指导性案例，普遍将案情简化，缺乏翔实的梳理论证，说理性不佳，未起到统一法律适用标准的作用，反而增加了基层法官法律论证的压力。案情经过剪辑后，不能完全显现案件事实，又何谈"同案"？细微的案件事实差别，都有可能改变法官对该案的定性分析。未经加工的案件事实，反而可能才是最好的普法良药。如果案情过于冗长，进行简述的时候也应慎重考虑哪些与判决结果无关，哪些是影响具体法律适用的案情细节。②

2. 由下级法院报送、逐级法院审核、最高法院发布的遴选模式，较为单一。在逐级审核过程中，易产生失真效果，信息的单一垂直传递易出现偏差，最终产生的指导性案例可能与原审法官想要表达的裁判规则不一致。另外，案例编辑人员选择案例时，与基层法官之间信息不对等，需求不一致，又因审判经验和收集案例样本差异受限，案例编辑者会倾向于选择特殊新型案件，而忽略了基层法官的实际审判需要，一些具有实际争

---

① 参见牛克乾：《中国特色指导性案例制度的实然定位与应然方向》，载《人民司法》2015 年第 5 期。
② 参见杨知文：《指导性案例编撰中的文本剪辑与要旨著述》，载《河南财经政法大学学报》2015 年第 2 期。

议点但裁判要点不统一的案件无法被遴选成功。[①]

(二)法官类比技术不成熟，"个案智慧"难推广

如果说供需不足是指导性案例发展遇冷的外在因素，那么基层法官缺乏应用指导性案例的必要技能就是指导性案例应用不广的内在根源之一。从理论层次来分析，指导性案例应用裁判案件是类比推理，从个案到个案。[②]但实际上我国传统裁判思维更偏向于大陆法系三段论式演绎推理，法律条文为大前提，案件证据和事实为小前提，推导出结论。基层法官每天审理案件基数大，类比推理，需要从一个个案推出另一个个案，确认案件事实与法官理解相统一，再从个案中总结出普遍规律，应用到更多个案当中。如此的要求对基层法官来说压力不可谓不大。以第1号指导性案例举例说明，针对某房屋买卖居间合同，指导性案例的意见是当卖方在多个中介公司挂牌出售同一房源时，只要途径合理合法，买方就可以选择与更低价格、更优质服务的中介方签订房屋买卖合同，该行为并不视为"跳单"。但具体到不同法院的个案，裁判就出现了不同理解。(2015)龙民一初字第666号判决书认为："① 原告平度市百顺房屋经营部先于平度市正祥房屋中介服务部为被告提供信息服务。② 被告在通过平度市正祥房屋中介服务部购买房屋时，至少利用了原告提供的信息进行。③ 原告毕竟带领被告看过房屋，为被告提供了服务，付出了劳动。④ 在实践中，也确实存在有的买方恶意"跳单"的现象。因此，本院从公平公正和行业利益的角度出发，认定被告构成轻度违约。"而(2015)历商初字第1178号判决书则认为案外人济南和平房地产营销策划有限公司也掌握涉案房产信息，根据最高法院指导性案例精神，答辩人不违约，有权选择比被答辩人展宏公司成交价格、佣金均低的案外人进行交易，被答辩人展宏公司也无权主张违约金。思维方式不同易导致法官在类似案情案件审判时产生不同的裁判结果。何为"同案"，如何进行类案识别，尚未形成相对成熟的类比技术。部分基层法官囿于办案压力，裁判思维尚未转化，认为"最高法院指导案例所载明的事实与本案完全不同，我国实行的不是判例法，该判例不具有约束力"[③]。要逐步培养法官类比技术，使得"个案智慧"成长为"类案经验"。

(三)无规矩不成方圆——缺乏完善配套机制

实施细则中明文规定要在裁判理由中写明援引指导性案例的裁判规则，但这在目前的实务操作中并没有得到明确落实。而援引案例方式不统一，现状较为混乱。当事人或将指导性案例当作证据使用，法官在裁判书中未进行具体回应。在"裁判文书网上"检索，没有具体编号和名称，不符合细则规定的援引指导性案例超百份；或当事人援

① 参见杨会、何莉苹:《指导性案例供需关系的实证研究》，载《法律适用》2014年第2期。
② 参见郭琳佳:《参照指导性案例的技术和方法》，载《人民司法》2014年第17期。
③ 河南省高级人民法院(2015)豫法行终字第00244号判决书。

引后，法官虽然在判决书中提及该案，但在回应中并未提及指导性案例编号。如（2017）川06民终541号案件，在"本院认为"中这样写道："本案所涉案件为民事案件，而上诉人提及的案件为行政案件，不具有参照适用的前提和基础，故一审法院不存在应当参照适用指导性案例的问题。"① 但全文未明确提及指导性案例名称编号。一方面，指导性案例自身说理性不足，在裁判文书中未体现翔实充分的说理论证，而当事人法律知识不足，会对具体案情判断产生错误理解。当事人看见有类似案情，就希望能对自己的案件有帮助，然后就立刻援引，但法官如果认为指导性案例与待决案件不符，也不会进行明确释明。另一方面，目前尚未出台规范的案例援引范本，无论是审判法官还是当事人在适用时，都无从下手。指导性案例作为示范模板，应制定一套规范而全面的援引范本和细致的配套应用机制。把个别现象归纳总结为普适现象，并提供充分论证过程，有了"规矩"，指导性案例制度才能成"方圆"。

四、重构：指导性案例"应然"走向的突围之道

指导性案例为我国司法行进过程的一颗种子，如何生根发芽长成参天大树，如何从实然走向"应然"，需要我们不断反思，探索出一条具有中国特色的可行性路径。

（一）推广多样，可操作性遴选模式

现行的指导性案例逐级上报的遴选方式较单一，建议适用最高检指导性案例社会推荐模式，即减少目前指导性案例遴选层级，改为基层法官和社会主体可直接将推荐案例推荐至所在地区高级人民法院案例指导工作办公室，审核后再推荐至最高人民法院。② 同时减少对推荐案例文字性和程序性要求，参考立法草案向社会征询意见稿的方法，由推荐者自主选择，是通过传统书面方式抑或网络方式，允许推荐者以裁判文书形式递交推荐案例，降低推荐的时间成本。

另外可按年度固定时间公开向社会公众征集案例，构建良性循环的案例推荐渠道，逐步健全回应机制。收到推荐案例后，无论是否决定递交上一级人民法院，都应书面回应推荐者，避免推荐案例时给社会大众"石沉大海"的负面印象。还应建立推荐报送案例的激励机制，鼓励更多的基层法官以及权威学者参与其中。例如在官方媒体上开放专栏，邀请权威学者定期对某一领域的指导性案例分析解读，归纳总结，从而形成指导性案例与学说之间的良性互动。让更多基层法官了解指导性案例，学习指导性案例，使得指导性案例能真正发挥对成文法的补充和解释功能。③

① 德阳市中级人民法院（2017）川06民终541号判决书。
② 参见段陆平：《指导性案例社会推荐模式初论——以〈最高人民法院关于案例指导工作的规定〉为例》，载《社会科学研究》2012年第5期。
③ 参见施鹏鹏、姜盈帆：《立足"类"法源定位 全面彰显指导性案例功能价值》，载《检察日报》2021年10月14日。

（二）培养基层法官识别案例相似性技能

目前基层法院适用指导性案例的难点在于如何确定待决案件与指导性案例之间的连接点。由于不同案情的复杂性和差异性,对"同案"的不同认识,极有可能导致不同的判决结果。因此,培养法官对于基本案情的快速把握和同案类比能力,具有重要意义。让识别技术与我国基层法官长期形成的适法习惯和裁判思维相适应,从而构建本土化的案例识别技术。[1] 通过提取关键词,初步确定可比对的指导性案例事实与待决案件之间的相似性,识别两者关键的事实要件,指导性案例裁判要点是否可以适用待决案件的法律问题,在两者之间建立起沟通的桥梁;然后采用区别技术,找出待决案件与指导性案例关键事实要件存在的差别;最后采用类比推理的比对方式分析明确部分差异性事实不产生阻却性事由,从而应用指导性案例。反之,若差异对待决案件法律适用有重大影响,则认定待决案件不能适用指导性案例。[2]

（三）供给质量改革,增强指导性案例有效供给

1. 创新案例检索方式。裁判文书公开上网的相关配套机制的完善是贯彻落实裁判文书公开制度的关键,也是普法过程中的有益因素。社会主体推荐案例的来源除了当事人自己的案件,也有可能是当事人从裁判文书公开的网络平台中查询到的对自己案件有帮助的典型案例。大数据时代,司法也要与时俱进,提供易于查找同类型案件的网络平台,便于当事人、律师、检察官和法官查询,进一步推进司法公开。定期向员额法官实时推送指导性案例和本省应用指导性案例的生效判决,并提供合理务实的检索方式以供查询全国不同省份各级法院相应的裁判文书,利用科技手段节约司法成本。法信平台现在推行的"同案智推",就是有益探索。通过加入类案比较板块,为法官提供方便,点击"同案智推"引擎,就能通过具体案情描述、案由等关键词筛选到同类型的生效案件。

2. 提高指导性案例自身质量。[3] 不要过度追求法律规则本身的抽象性和概括性,虽然指导性案例重在指导,但也不应忽略鲜活的案件事实,应尽力展现案件本身的事实认定、法律规则的推断过程,在案例评析的说理性与法律的高度概括性之间取得平衡,提供更多的法律信息供后人研读,除了关注裁判要点,还应将案件本身与裁判要点作为一个整体进行思考和理解。[4]

3. 指导性案例生成过程中,要侧重于满足基层法官实际需求。在选择指导性案例

---

[1] 参见郭琳佳:《参照指导性案例的技术和方法》,载《人民司法》2014 年第 17 期。

[2] 参见四川省高级人民法院、四川大学联合课题组:《中国特色案例指导制度的发展与完善》,载《中国法学》2013 年第 3 期。

[3] 参见齐珊珊、赵文艳:《指导性案例之供给机制改革——从 24 号和 32 号指导性案例对比分析切入》,载《深化司法改革与行政审判实践研究(下)——全国法院第 28 届学术讨论会获奖论文集》,人民法院出版社 2017 年版,第 1128 页。

[4] 参见汤文平:《论指导性案例之文本剪辑——尤以指导案例 1 号为例》,载《法制与社会发展》2013 年第 2 期。

时,要避免因缺乏具体司法语境而导致案例失真。基层法院是指导性案例应用高频区,应多听听基层法官的呼声和建议,一个案例之所以成为指导性案例,应是该案例在具体案情和法律适用上具有典型性和代表性,在受到众多基层法官认可之后形成。案例的"孤岛"不可取,要在生成机制上深入思考,作出改变,通过定期调研的方式,对内容进行针对性收集和发布。同时把握供给时间,基层法院的忙碌周期主要集中在每年的 6 月和 10—12 月,因此指导性案例的公布时间应尽量避开这一时间,而选择在每年的年初2—3 月这类基层法院受案量全年较低的月份,从而使得基层法官有时间去研读、适用指导性案例。

(四)设置指导性案例规范参照形式

虽然最高人民法院发布的《人民法院裁判文书制作规范》裁判理由第 7 项明确规定了指导性案例的参照引用方式,但从司法实践中可以看出,只有极少数的基层法官在完全按照该引用方式援引指导性案例,更多的基层法官秉持着"多一事不如少一事"的观点,选择隐形适用指导性案例,因而造成了目前较为混乱的引用现状。这一现状又会对指导性案例的进一步传播造成影响,形成恶性循环。故笔者提出不成熟的建议:明确指导性案例的制度地位,将其纳入现行诉讼审级框架内,通过司法解释来对指导性案例参照引用方式进行规范。[①] 而指导性案例自身的指导意义,也应归纳于裁判要点之中。法官适用指导性案例时,以援引指导性案例裁判要点为限,案例的其他部分不具有普遍指导作用。当事人提出本案与指导性案例具有相似性,要求参照适用时,法官应当回应;若不能援引适用,则应阐明不能参照的理由。[②]

① 参见孙跃:《指导性案例与抽象司法解释的互动及其完善》,载《法学家》2020 年第 2 期。
② 参见谢彩凤、赵鸿章:《从"柔性参考"到"刚性参照":指导性案例应用现状探究及完善——以 52 个指导性案例的援引情况为分析视角》,载《尊重司法规律与刑事法律适用研究(上)——全国法院第 27 届学术讨论会获奖论文集》,人民法院出版社 2016 年版,第 423 页。

检察指导性案例的司法应用及其反思

王莉娜*

摘　要：检察指导性案例具有其司法化和社会化功能。司法化功能是检察指导性案例的基础性功能，即指导司法办案，其社会化功能则体现为检察机关通过指导性案例参与社会治理。检察指导性案例总体数量较少，影响了检察指导性案例制度功能的发挥。应当从检察指导性案例的生产和消费两个方面对检察指导性案例制度进行改进，增加指导性案例的数量，提高指导性案例的质量，拓展指导性案例的消费市场，解决检察官不想适用、不会适用指导性案例的问题，有效发挥指导性案例的社会化功能。

关键词：检察指导性案例；司法应用；案例识别

根据 2019 年修订的《最高人民检察院关于案例指导工作的规定》（以下简称《案例指导工作规定》），检察指导性案例是指经过最高检案例指导工作委员会讨论和检察委员会审议后正式发布，对司法办案等检察工作具有参照适用效力的案例。根据《案例指导工作规定》，指导性案例应当符合四个方面的条件：（1）案件处理结果已经产生法律效力；（2）办案程序符合法律规定；（3）在事实认定、证据运用、法律适用、政策把握、办案方法等方面对办理类似案件具有指导意义；（4）体现检察机关职能作用，取得良好政治效果、法律效果和社会效果。检察指导性案例并非司法造法，其本质上仍是检察机关对法律的适用，是中国特色社会主义司法制度的有机组成部分，是检察机关贯彻全面依法治国要求、推进社会主义法治现代化的制度变革措施。作为最高人民检察院发布的唯一可以在司法文书中直接引用用以释法说理的案例，检察指导性案例虽不同于司法解释，但实质上具有填补法律和司法解释"空白"，澄清法律适用疑难的特殊功能。一定意义上说，检察指导性案例中明确的要旨，具有"准司法解释"的作用。①《案例指导工作规定》要求，检察机关"应当参照指导性案例办理类似案件"，"可以引述相关指导性案例进行释法说理，但不得代替法律或者司法解释作为案件处理决定的直接依据"。最高人民检察院强调，案例是检察产品和法治产品的最主要体现之一，要把案例指导工作作为提升检察官政治、业务能力水平的重要内容来抓。作为检察机关向社会提供的检察

＊　江苏省徐州市云龙区人民检察院检察官助理。
①　参见万春：《最高检指导性案例的发展历程和创新完善》，载《国家检察官学院学报》2019 年第 5 期。

产品、法治产品，通过发布指导性案例，检察机关回应了司法实践对法律统一适用的现实需求，也传达了惩治犯罪、公正司法的社会价值取向，进而在实际上影响社会公众的行为选择。但是检察指导性案例在实践中是否真正发挥了其制度功能，又存在哪些需要检讨的疏漏，以及如何对检察指导性案例制度进行理性纠偏，是我们在检察指导性案例制度运作过程中需要解决的问题。

一、检察指导性案例的制度功能

根据检察指导性案例的制度定位，检察指导性案例的功能可以区分为司法化功能和社会化功能。

（一）检察指导性案例的司法化功能

检察机关作为以办案为中心的法律监督机关，其司法机关属性的体现和法律监督职能的发挥，都应当以办案为出发点和落脚点。因此，检察指导性案例的基础性功能就是用于指导司法办案，即检察指导性案例的司法化功能。"指导性案例为办理同类案件确立了参照标准，有利于指导和规范办案活动，统一司法尺度和法律适用标准，使较为原则的法律规范得以具体化、明确化，消除'同案不同处'现象，切实维护司法公正。"[1]《中华人民共和国人民检察院组织法》把发布指导性案例和司法解释权并列作为最高人民检察院的职权，这一规定赋予了指导性案例以法律地位，并成为指导性案例作为司法办案中"应当参照"的效力渊源。

与不断变化的社会情势和纷繁复杂的案件事实相比，司法解释具有滞后性和抽象性，难以及时全面解决检察实践中遇到的具体法律问题。最高人民检察院通过有规划、分专题地发布指导性案例，可以及时回应司法实践需求并引导司法实践，并以其灵活性和专题性对司法实践起到具体指导作用，从而有效解决司法解释的滞后性和抽象性缺陷。因此，指导性案例制度和司法解释权可以互相补益，更加有利于检察机关行使其法定职责。就具体司法办案而言，检察指导性案例"应当参照"的法律拘束力，可以强化上级检察机关对下级检察机关的业务指导。进而解决"最高检、省级检察院的领导指导能力与市、县检察院办案工作的实际需求不适应、不平衡"的问题。[2] 指导性案例的关键词、要旨、基本案情、检察机关履职过程、指导意义等部分则为检察官检索和适用指导性案例提供了便利，指导性案例通过提炼案情的要旨等规则，有助于准确理解运用法律和司法解释，为办理类似案件提供参照适用的样板。

---

① 万春：《最高检指导性案例的发展历程和创新完善》，载《国家检察官学院学报》2019 年第 5 期。

② 张军检察长 2018 年 9 月 17 日在上海市检察院调研时的讲话要点。在该讲话中，张军检察长认为，检察机关内部存在三个不平衡，即刑事检察与民事检察、行政检察、公益诉讼检察工作发展不平衡，刑事检察中公诉部门的工作与侦查监督部门、刑事执行检察部门的工作发展不平衡，高检院、省级检察院的领导指导能力与市、县检察院办案工作的实际需求不平衡。

从司法实践看,目前对指导性案例的适用主要体现为对指导性案例的明示适用和隐性适用。明示适用即在司法文书中列明指导性案例的编号、要旨等内容,对指导性案例与待决案件事实进行比对,经识别为同类案件,进而适用指导性案例对待决案件作出相同处理。隐性适用则是办案人员虽未明示指导性案例的编号、要旨,但指导性案例体现的法律政策、价值导向等因素对办案人员起到了实际影响,并且案件的最终处理结果与指导性案例的精神一致。[①] 尽管学界对实践中指导性案例的隐性适用及其后果提出了担忧,并对隐性适用指导性案例的情况提出了矫正意见,但从实际效果看,无论是对指导性案例的明示适用还是隐性适用,指导性案例都在实际上影响了办案人员对案件的处理。在这个意义上说,指导性案例在实际上发挥了其统一法律适用的应有功能。

（二）检察指导性案例的社会化功能

在指导司法办案的同时,检察指导性案例还具有社会化功能。检察机关作为国家权力结构体系的组成部分,在司法办案的同时也承担着社会治理职能。充分发挥检察指导性案例的社会化功能,也是检察机关履行社会治理职能的有效途径。"指导性案例的形成过程,必然体现一种司法政策的倾向性与基本立场,这是司法政策的社会导向之体现。指导性案例有利于在规范的意义上实现社会政策的功能。"[②] 从微观视角看,检察指导性案例是检察权解决个案纠纷的结果,是检察机关通过个案的办理,将抽象的司法活动、动态的诉讼流程转换为具体的实指、具象的载体。但检察指导性案例的生产并不仅仅是一个法律的实践活动,更重要的是检察权作为一种公共性权力以及这种公共性权力所外化出来的公共性制度。检察权的运作及其结果所面向的乃是公共利益与公共政策的调整以及公共职能的履行,也就意味着,检察权的运行所提供的乃是一种针对社会矛盾纠纷而言的公共服务产品。作为一种检察产品,检察指导性案例的社会化功能一方面表现在检察机关可以援引指导性案例进行释法说理。指导性案例在事实认定、证据运用、法律适用、政策把握等方面具有的典型意义更有利于检察机关引用指导性案例进行论证说理,有利于增强检察机关所作决定的说服力,增进相关机关和当事人对办案工作和办案依据的理解,有利于提升司法公信力。另一方面则体现在检察机关通过发布指导性案例进行普法宣传。检察指导性案例的发布,使社会公众通过对具体、鲜活的案例的认知,进一步了解和理解检察机关和检察工作,并通过指导性案例进一步明晰守法与违法的界限。检察机关发布指导性案例,有利于展示检察工作的理念、原则和具体办案程序。以指导性案例为素材,开展以案释法和法治宣传,可以树立正确价值导向,推进社会治理,真正落实好"谁司法谁普法"的责任。

---

①　参见孙海波:《指导性案例的隐性适用及其矫正》,载《环球法律评论》2018年第2期。
②　刘艳红、刘浩:《社会主义核心价值观对指导性案例形成的作用——侧重以刑事指导性案例为视角》,载《法学家》2020年第1期。

二、检察指导性案例的实践检讨

检察产品，是坚持以人民为中心、推动检察工作"讲政治、顾大局、谋发展、重自强"的重要理念创新。[①] 自最高人民检察院发布指导性案例以来，作为一种检察产品，检察指导性案例在司法实践中发挥着越来越重要的作用，但从总体上看，检察指导性案例应用状况仍不够理想，检察指导性案例的制度功能未能充分发挥。检察指导性案例功能的充分发挥，依赖于检察产品的生产者和消费者的良性互动。但检讨检察指导性案例的应用实践，我们可以发现，无论是检察指导性案例的"生产"还是"消费"都存在诸多问题。

（一）检察指导性案例"生产"不足

从检察指导性案例的"生产"来看，首先是已经发布的指导性案例数量总体偏少，指导性案例对司法实践中亟待解决的疑难问题的回应不够及时，针对性不够，难以契合"参照适用"的现实需求。随着近年来各项司法改革配套制度的完善及对检察业务进行调整，检察指导性案例中民事类执行案件和公益诉讼类案件的数量占比也有大幅度的提升。2020 年的指导性案例中包括了认罪认罚从宽制度、退回补充侦查、不捕不诉、重大责任事故、自行补充侦查、职务犯罪、食品药品犯罪、涉民营企业羁押必要性审查、司法工作人员职务犯罪、民事执行监督、民营经济司法保护、公益诉讼、行政争议实质性化解、未成年人附条件不起诉、涉非公经济立案监督、保障律师职业权利、检察机关参与社会治理等，体现了指导性案例已经均衡地覆盖了四大检察、十大检察业务。截至目前，最高人民检察院共发布 38 批 157 件指导性案例，仅 2020 年，最高人民检察院就连续发布了 9 批 34 件指导性案例；2021 年度，最高人民检察院又发布了 8 批 37 件指导性案例。[②] 而全国检察机关 2019 年度共办理各类案件 314.6 万件，同比上升 9.7%[③]；2020 年度，全国检察机关共办理各类案件 301 万件，同比下降 19.4%；[④]2021 年度，全国检察机关共办理各类案件 363.7 万件，同比上升 20.9%。[⑤] 尽管 2020 年度全国检察机关办理案件数量有所下降，但 2021 年度检察机关办理的案件数同比又有了较大幅度的增长。与检察机关办理的案件数量相比，检察指导性案例的供给呈现严重不足的态势。

其次，指导性案例的发布程序复杂，发布周期较长。通常一批检察指导性案例的生成程序大多在半年以上，程序复杂与时间过长导致在短期之内不能从实质上缓解对疑难、复杂问题针对性、回应性不够等问题。[⑥] 应当注意的是，出于对检察指导性案例的

[①] 参见简平：《树立"四观" 践行检察产品理念》，载《检察日报》2018 年 8 月 1 日。
[②] 2022 年度，最高人民检察院已陆续发布 6 批 27 件指导性案例。
[③] 数据来自最高人民检察院 2020 年工作报告。
[④] 数据来自最高人民检察院 2021 年工作报告。
[⑤] 数据来自最高人民检察院 2022 年工作报告。
[⑥] 参见李文峰：《检察机关案例指导工作回顾与制度构建》，载《人民检察》2020 年第 7 期。

社会化功能的考虑,部分检察指导性案例的发布具有明显的时效性和政策性。这些案例难以在司法实践中运用,从而影响了检察指导性案例在法律适用中应发挥的价值。四大检察业务相互之间存在较大差异,不同类型案例在适用效力、类似案件判断、援引方式上均应有所区别,而《案例指导工作规定》对其效力统一规定为应当在办理类似案件中予以参照,可以引述进行释法说理,也在客观上影响了检察指导性案例的实际适用。

(二)检察指导性案例"消费"不畅

对应于检察指导性案例的司法化功能和社会化功能,检察指导性案例的"消费"可以分为司法化应用和社会化应用。就检察指导性案例的司法化应用而言,首先存在检察官不想适用的问题。我国作为传统的成文法国家,无论是法官还是检察官接受的法律思维训练都是三段论式的逻辑推理,作为推理大前提的都是法律规范。这一思维过程是从一般到特殊,而适用指导性案例的思维过程则是从特殊到特殊。检察指导性案例发布的主要目的是通过对个案的分析,提炼出一种法律理念或法律规则来指导检察官办案。法律理念的形成或法律规则的创设却是在全面了解案情的基础上而来的,指导性案例经过了裁剪、压缩、总结,会导致检察官在运用指导案例过程中产生理解不透彻的问题,而难以实现应然的法律精神。通过指导性案例检索相关法律文书,了解案件更详尽的情况又存在额外的工作负担。因此,不论是这种思维模式转变带来的困难,还是需要检索、识别指导性案例带来的工作量的增加,都会影响检察官适用检察指导性案例的主动性。

其次是检察官存在不会适用的问题。适用指导性案例,首先需要对指导性案例进行检索和识别。作为一种类比推理,适用指导性案例,需要对待决案件和指导性案例的基本事实进行比对,并确定待决案件事实与指导性案例的事实属于类似案件,但是现有的规定并未从技术层面对"类似案件"的识别进行规定,包括何为类似案件及判定标准。并且,在缺乏具体标准的情况下,对案件事实的比对可能具有很大的主观性,即是否属于类似案件取决于承办人对事实的归纳和总结,而这种依赖于承办人主观认知的结果恰恰违背了指导性案例统一法律适用的初衷。在缺乏相应思维训练的情况下,检察官对指导性案例的适用可能存在心有余而力不足的困难。与此同时,指导性案例的具体适用方法与监督评价机制不健全,指导性案例的司法适用缺乏刚性约束,造成了指导性案例适用率低、适用任意化、指导效果发挥不足等问题。[①] 而就检察指导性案例的社会化应用看,客观地说,在最可能并应当适用指导性案例的检察官都尚未养成自觉主动的适用习惯的情况下,无论是运用检察指导性案例进行释法说理还是以检察指导性案例为素材进行普法宣传,都还存在着很大的努力空间。

此外,就刑事指导性案例而言,检察机关的诉讼地位也对检察指导案例的适用造成

---

① 参见庄永廉等:《如何强化检察指导性案例的生成与应用》,载《人民检察》2019年第11期。

了不利影响。"检察机关的审查起诉并不具有终局性的法律意义。即使是充当着法律监督者的身份，最终如何评价一个人是否构成犯罪，如何定罪量刑必须由法院决定。检察机关的诉讼地位决定了检察指导案例的作用发挥是很有限的。"[①]指导性案例制度的目的就是为了实现同案同办，但最高人民法院和最高人民检察院发布的指导性案例仅在各自系统内运行和适用，两高至今未能联合选编和发布检法共同适用的指导性案例。[②]

三、检察指导性案例的理性纠偏

对检察指导性案例司法应用实践的检讨，意在寻找发挥检察指导性案例应有的制度功能的可能路径，使检察指导性案例回归其制度定位，真正发挥检察指导性案例的指导作用。

（一）提升检察指导性案例的供给质效

提高检察指导性案例的供给质效，即从检察指导性案例的"生产"入手，增加检察指导性案例的数量，提高检察指导性案例的质量。首先要增加检察指导性案例的数量。检察指导性案例能否发挥其指导作用，数量是重要影响因素，一定规模的检察指导性案例才能更好发挥集群作用和规模效应。因此，应当进一步拓宽检察指导性案例覆盖面，针对四大检察、十大业务的布局，发挥检察指导性案件遴选、发布的计划性优势，加快检察指导性案例发布频次，增加检察指导性案例发布数量，强化检察指导性案例应对解决实践问题的针对性、及时性。在检察指导性案例的素材供给上，应当进一步提高基层检察院及市级检察院报送推荐指导性案例素材的积极性，拓宽检察指导性案例素材的来源渠道。检察官在办理案件过程中，应当树立指导性案例意识，及时发现可能成为指导性案例素材的案件，精雕细琢，在办好案件的同时，做好案件精加工的"后半篇文章"。

其次要致力于提升检察指导性案例的质量，指导性案例必须具有高质量，能够回应、解决实践中的疑难复杂问题，这是指导性案例具有吸引力，能够获得应用的自身内在质量要求。[③]检察指导性案例的质量是影响检察指导性案例参照适用的重要因素。说理性不足以及文本剪辑技术不成熟均会影响检察指导性案例的质量。指导性案例必须满足典型性、示范性的要求，释法说理的不充分抑制了检察官参照适用指导性案例的积极性，而过度简约化的文本剪辑技术也会影响指导性案例的参照适用效果。[④]提升指导性案例的质量，应当更加注重解决司法实践中最常见、最具有代表性并最急需解决

---

① 周光权：《检察案例指导制度：透视与建议》，载《人民检察》2013 年第 16 期。
② 最高人民法院和最高人民检察院分别将"马乐利用未公开信息交易案"作为法院和检察院的指导性案例发布，但并没有联合发布。
③ 参见张杰：《指导性案例应用的方法考察与实践突破》，载《检察调研与指导》2019 年第 5 期。
④ 参见刘占勇：《检察案例指导制度：实践现状与发展完善》，载《中国检察官》2020 年第 11 期。

的问题,从而真正为司法实践提供指导。同时,在制发检察指导性案例的过程中,应当注重倾听一线办案检察官的意见,掌握法律和司法解释在适用过程中的疑难所在,提高检察指导性案例的针对性和有效性,切实指导基层司法的办案实践。

(二)拓展检察指导性案例的“消费”市场

从检察指导性案例的“消费”入手,拓展检察指导性案例的消费市场。首先要培养检察官适用检察指导性案例的思维习惯,解决检察官不想适用的问题,这是发挥检察指导性案例的指导司法基础性功能的前提。检察官习惯的三段论式演绎推理与检察指导性案例适用的类比推理在思维模式上的差别导致检察官一定程度上不敢适用指导性案例。为此,推动检察指导性案例的适用,要求检察官具备适用检察指导性案例的意识,在司法办案中,既要根据法律规定依法办理案件,同时也要参照适用检察指导性案例;当然,必须是在法律和司法解释对待决案件没有明确规定的情况下,才能参照适用指导性案例。同时,检察官在决定参照适用指导性案例时,应当对指导性案例进行检索和识别,并将待决案件和指导性案例进行类比,“运用类比推理,通过案情的比对,找到与当下待决案件最为接近的指导性案例,并将法律针对指导性案例所赋予的规则转用于该待决案件”①。

其次,应当明确检察指导性案例的识别技术和识别规则,解决检察官不会适用的问题,这是发挥检察指导性案例司法功能的核心。检察官对指导性案例抽象化的要旨与类型化案件的事实进行比对与涵摄是一个再解释的过程。有些检察人员在论证指导性案例和类型化的个案具有相似性或差异性方面存在能力欠缺,导致检察指导性案例参照适用率不高。通常在比对与涵摄的过程中需要借助经验法则、社会通常观点,主观判断的因素占比较多,而指导性案例限制自由裁量的功能可能会增加检察官的负担。②进行类似案件比对和判定是指导性案例适用的核心技术,应当确定类似案件的判定标准。在就待决案件和指导性案例进行比对时,既要领会指导性案例的要旨部分所确立的规则或精神,又要对具体的案件事实进行类比,以主要事实、法律关系、争议的法律问题三者界定同类案件、同类问题。三者相似即可认为属于同类案件、同类问题,③即可以确定检察指导性案例的适用。为此,建议由最高人民检察院适时或定期就检察指导性案例的识别技术和类比规则进行培训,解决检察官不会适用指导性案例的问题。

再次,应当有效发挥检察指导性案例的社会化功能,正确处理检察指导性案例的司法化功能和社会化功能的关系。检察指导性案例作为一种检察产品,除了用于指导司法办案实践以外,还具有社会公共产品的属性,应当面向社会公众、服务社会公众。作为释法说理和法律宣传的有效素材,检察机关应结合案件办理特别是结合检察指导性

---

① 于同志:《论指导性案例的参照适用》,载《人民司法》2013年第7期。
② 参见吴君霞:《检察案例指导制度定位的反思与重整》,载《南京大学法律评论》2014年第2期。
③ 参见张旻:《检察机关案例指导制度实证研究——以第一至第九批指导性案例为中心》,载《现代法治研究》2018年第1期。

案例的发布，对案件的普法意义予以挖掘、宣传，采取灵活多变的方式向社会公众进行法律宣传，引导公众从案例中吸取经验教训，树立正确的价值导向，也让社会公众进一步了解检察机关和检察职能。同时，随着社会公众对检察指导性案例的熟知，可能会在参与司法实践中主动类比检察指导性案例，这也会进一步推动检察机关参照适用检察指导性案例。但需要注意的是，仍需正确认识和把握检察指导性案例指导司法实践的基础性作用。只有将检察指导性案例充分运用于指导司法实践，才能真正体现检察指导性案例的制度价值。"作为政策宣示与规范适用的指导性案例并不矛盾，但政策宣示的意义是附带的，绝不能对法律规范的适用产生不当干扰，这是刑事指导性案例形成的目的与要求"。①

---

① 刘艳红、刘浩：《社会主义核心价值观对指导性案例形成的作用——侧重以刑事指导性案例为视角》，载《法学家》2020 年第 1 期。

第二部分

民商事及行政案例

涉英烈人格利益民事公益诉讼案例研究

韩 俊 孔令媛 左 霞*

摘 要:英烈的人格利益不仅是个人权益的重要内容,更是社会公共利益的典型体现。涉英烈人格利益民事公益诉讼系发轫于我国法治实践的一项重要司法创新成果,但司法实践中涉英烈人格利益民事公益诉讼存在涉英烈人格利益保护不全面、侵权要件的认定标准不明以及欠缺惩罚性赔偿内容等困境。有必要从加大涉英烈人格利益的保护力度、明确侵权行为要件、增加惩罚性赔偿内容以及跟进配套的程序性保障等四个方面进行完善,以期达到通过司法裁判保护涉英烈人格利益的目标,弘扬社会主旋律,营造崇尚英烈、敬重英烈、捍卫英烈精神的法治氛围。

关键词:英烈人格权益;民事公益诉讼;社会公共利益

一、涉英烈人格利益民事公益诉讼的规范解读

2018 年 4 月 27 日,十三届全国人大常委会二次会议审议通过了《中华人民共和国英雄烈士保护法》(以下简称英雄烈士保护法),其中第 25 条规定"对侵害英雄烈士的姓名、肖像、名誉、荣誉的行为,……英雄烈士没有近亲属或者近亲属不提起诉讼的,检察机关依法对侵害英雄烈士的姓名、肖像、名誉、荣誉,损害社会公共利益的行为向人民法院提起诉讼"。十三届全国人大三次会议于 2020 年 5 月 28 日表决通过了《中华人民共和国民法典》,其中第 185 条规定"侵害英雄烈士等的姓名、肖像、名誉、荣誉,损害社会公共利益的,应当承担民事责任",并且将人格权独立成编。

(一) 涉英烈人格利益民事公益诉讼的立法规定

1. 检察机关提起涉英烈人格利益民事公益诉讼的原则和条件。从检察机关角度来看,提起公益诉讼应该坚持谦抑原则,即没有英烈近亲属或其不行使公益诉讼实施权时,检察机关才能行使公益诉讼实施权,具有补充性质。尽管检察机关被赋予提起英烈

---

* 韩俊,淮安市中级人民法院党组成员、副院长;孔令媛,淮安市中级人民法院研究室主任;左霞,淮安市中级人民法院研究室法官助理。

保护民事公益诉讼的权力,但是该权力并不是绝对的。① 因此,尊重近亲属提起私益诉讼的权利是必须坚守的第一原则。此原则主要分为两种情况:一是近亲属提起私益诉讼的,检察机关不能以相同理由再行起诉;二是没有近亲属或者近亲属放弃提起私益诉讼,检察机关为维护公共利益可以提起民事公益诉讼。从而明确了私益诉讼在前,公益诉讼在后的先后顺序之分。

2. 涉英烈人格利益民事公益诉讼较之私益诉讼的特点。一是诉讼动力不同。公益诉讼旨在保护社会公共利益,私益诉讼更为注重保护私人合法权益。毋庸置疑,相较于英烈近亲属来说,国家机关在一定程度上具有更雄厚的诉讼实力。但是,一切工作归根结底都是人的工作,在国家机关行使公益性诉讼实施权时,都必须依靠国家机关工作人员来进行具体的实施诉讼行为。但相关人员因与诉讼结果之间,或者说与英烈近亲属之间缺乏直接的利害关系,容易产生懈怠心理和消极怠工行为。与之相反,英烈近亲属对于维护英烈人格利益具有强烈的愿望。因为英烈权益诉讼结果会对其社会评价产生重要影响,故通常能够认定作为直接关系人的英烈近亲属相对于国家机关工作人员来讲,具有更为充分的诉讼动力。二是相同的民事责任承担方式可能具有不完全相同的法律效果。例如,公益诉讼中的"赔礼道歉"涉及面更为广泛,要求被告向社会群众赔礼道歉,主要是为了营造良好的社会风气;而私益诉讼中的"赔礼道歉"更多的是为了安慰英烈近亲属因被告不当行为和言论造成的悲观、愤慨等负面情绪,仅能要求被告向原告赔礼道歉。

(二)涉英烈人格利益民事公益诉讼保护对象的界定

1. 英雄烈士的界定。在审理涉英烈人格利益民事公益诉讼中,审判的关键点之一就是对于英雄烈士的界定,要确定被侵犯的对象是否属于受到法律保护的英雄烈士,必须坚持以法律和相关政策为标准,同时要兼顾到社会具体实际。就我国目前的现实情况来看,可以有三个方面裁定依据:(1)人民政府颁发的烈士证书,载入该证书的当然属于保护对象;(2)各级人民政府编纂、公布的相关英雄烈士名录,或者中央级权威报刊报道的英雄烈士人物,如民政部公布的"抗日英烈和英雄群体名录"②、《人民日报》刊载的"为了民族复兴·英雄烈士谱"等③,可直接用于案件审理;(3)党和政府作出的有关表彰决定或者授予的荣誉称号,即对于那些牺牲后虽然还没有获得烈士证书或进入英雄烈士名录,但是已经党和政府以文件形式或其他官方方式(如党报党刊)正式确认其先进事迹,并给予正面评价宣传、号召学习其崇高精神的先进模范人物,也应当参照英雄烈士依法予以保护,这符合英烈保护法立法精神,有利于弘扬社会主义核心价值观。当然,在具体案件审理实践中,情况会相对复杂,那么对于被侵犯对象不适用于上

---

① 参见汤瑞东:《论英烈保护检察公益诉讼的模式选择》,载《市场周刊》2019年第9期。
② 《民政部公布第一批著名抗日英烈和英雄群体名录》,载"中国政府网",最后访问"日期":2021年9月14日。
③ 《为了民族复兴·英雄烈士谱》,载人民网,最后访问"日期":2021年9月16日。

述三种裁定标准的案件,人民法院应当及时主动向当事人做好释法明理工作,并按照一般侵权案件进行依法审理。

2. 英烈人格利益的具体认定。根据英烈保护法第 24 条、第 25 条、第 26 条规定,英烈保护法的具体保护对象是英雄烈士的姓名、肖像、名誉、荣誉等人格利益。我们应当认识到,英烈保护法保护的并非英雄烈士的人格权利,而是英雄烈士的人格利益。在民事法学理论中,自然人具有民事权利能力,即享受民事权利承担民事义务的能力,始于出生终于死亡。英雄烈士作为已故之人,显然不再具有传统法理意义上的民事权利能力,不能享有物质性人格权。将英烈保护法的具体保护对象认定为保护英雄烈士的人格利益,不仅可以起到切实的保护作用,还可以避免陷入与法学理论相悖的困境。当然,在侵犯英烈行为已经严重损害到国家利益和社会秩序的情况下,国家赋予了检察机关对敢于污蔑、侵犯英烈人格利益的当事人提起刑事诉讼的权力,这就不再局限于对英雄烈士个体人格利益的维护,更是对社会公共利益和社会主义核心价值体系的维护。

二、涉英烈人格利益民事公益诉讼案例的实证考察

经"中国裁判文书网"数据平台查询,共检索到涉英烈人格权益民事公益诉讼案例 21 份。[①]

(一)从案件数量来看

涉英烈人格权益民事公益诉讼案件数量总量不大,但社会关注度较高。2018 年至 2020 年,全国范围内仅审理此类案件 21 件,其中,2018 年 2 件、2019 年 17 件、2020 年 2 件。年限分布较为集中,呈明显的"梭型"结构。

笔者认为,出现此类特征主要受三方面因素影响:(1)我国相关法律法规不够健全,虽在民法总则中进行了相关阐述与规定,但是缺少纲领性法律。随着 2018 年 4 月 27 日《中华人民共和国英雄烈士保护法》、2020 年 5 月 28 日《中华人民共和国民法典》两部法律的正式审议通过,涉英烈人格权益民事公益诉讼案件的审理有了明确的法律依据和量刑标准。但可能受时间或司法诉讼程序影响,两部法律的社会效果、法律效果在 2019 年得以集中展现。(2)案件总量虽然较少,但此类案件极易受到关注、影响较大,如淮安中院审理的全国首例"侵犯英烈名誉民事公益诉讼案",曾某在手机微信群内发表大量带有明显侮辱性质的不实言论,歪曲、曲解烈士谢勇英勇牺牲的事实。经人民法院审理,最终认定曾某的行为构成对谢勇烈士名誉的侵害,并侵犯了社会公共利益,依法判决曾某在本地市级报纸上公开赔礼道歉。此案件社会关注度极高,先后被中央电视台、《中国青年报》《法治日报》《人民法院报》等多家全国性新闻媒体采访报道,并被作为典型案例写入 2019 年最高人民法院工作报告,成功入选最高人民法院弘扬社会主

---

① 通过中国裁判文书网搜索 2018—2020 年审结涉英烈人格权益民事公益诉讼案件。

义核心价值观十大典型民事案例。（3）2020 年初，新冠疫情暴发，对人民法院司法审判工作带来冲击，为响应中央号召、立足人民群众实际需求，全国各级法院将工作重心转移到协助各级党委政府开展疫情防控工作上，检察机关也因疫情防控，减少向法院起诉案件。在案件数量整体减少的情况下，涉英烈人格权益公益诉讼案件数量出现下滑。

（二）从案件管辖层级来看

由中级人民法院受理案件占主导地位，组成七人合议庭的情况居多。21 件涉英烈人格权益民事公益诉讼案件中，中级人民法院审理 16 件，基层人民法院审理 5 件，分别占比 76.19%、23.81%。其中，15 件案件由 7 位审判员组成的合议庭进行审理，6 件案件由 3 位合议庭进行审理。

（三）从原告诉讼请求来看

诉讼请求事项较多。21 件涉英烈人格权益民事公益诉讼案件中，12 件案件的英烈近亲属明确表示放弃提起民事诉讼的权利，并支持检察机关提起民事公益诉讼，9 件案件没有适格主体提起诉讼。在检察机关提起的公益诉讼中，其诉讼请求主要集中在停止侵害、赔礼道歉、消除影响、承担诉讼费用等方面。其中，有单一诉讼请求，也有同时提请多种诉讼请求。

例如，在"王猴龙侵害烈士名誉权公益诉讼案"中①，公益诉讼起诉人红河哈尼族彝族自治州人民检察院向红河哈尼族彝族自治州中级人民法院提出诉讼请求：判令被告在当地有影响的媒体上公开赔礼道歉、消除影响，所需费用由被告承担。本案同时包含了赔礼道歉、消除影响、承担诉讼费用等三方面诉求。在"韩亮肖像权纠纷民事公益诉讼案"中，公益诉讼起诉人安徽省六安市金安区人民检察院向安徽省六安市金安区人民法院提出诉讼请求：判令被告韩亮对公众赔礼道歉。此案就仅包含了赔礼道歉一项诉求。

（四）从裁判结果来看

裁判结果均支持了起诉人的诉讼请求。21 件涉英烈人格权益民事公益诉讼案件均以判决方式结案，审理法院均支持了公益诉讼起诉人的诉讼请求。英烈是民族精神的基石，全社会都应认识到保护英烈的重要意义。由于受到历史虚无主义等不良思潮影响，在网络虚名化的生态系统中，扭曲、丑化、恶搞革命先烈以达到博人眼球为目的的黑段子流传不止，对英烈声誉造成严重损害，毁损了中华民族的共同情感。通过司法手段保护英烈的姓名、肖像、名誉、荣誉等合法权益，传承和弘扬爱国主义精神，弘扬社会主义核心价值观，对激发中华民族伟大复兴中国梦的强大精神力量具有重大意义。

---

① 参见云南省红河哈尼族彝族自治州中级人民法院(2019)云 25 民初 181 号民事判决书。

三、涉英烈人格利益民事公益诉讼的现实困境

（一）司法裁判中涉英烈人格利益保护不全面

1. 现行法律对涉英烈人格利益的保护范围过窄。如前所述，姓名、肖像、名誉、荣誉权作为受保护的英烈四项人格利益在现实生活中也往往容易被侵犯，但这并不意味着英烈其他人格利益不会遭到侵害。最有争议的也即英雄烈士的隐私利益，比如说以"揭密"为名非法披露英烈隐私从而侵犯了英烈"好"人格利益及其近亲属的追思之情，这当然也会损害社会公共利益。自然人享有的人格权包含隐私权的内容，能够在法律范围内隐瞒、使用、保护并支配自己的隐私利益。我国《精神损害赔偿解释》确立了普通死者的隐私利益受到侵害时由近亲属请求精神损害赔偿的方式进行保护，而隐私利益却没有被纳入英烈人格利益的保护范围之中。从保护范围来看，死者人格利益包含隐私在内，而法律对英烈人格利益的保护对此却有所遗漏。

2. 与学术研究、言论自由冲突时难以权衡。实践中英烈名誉侵权案件频发且其在司法实务中难以界定的表现包括对于"评价英烈的言论"是否违法，此"评价言论"是否属于公民言论自由权利的正常行使。我国宪法确认了言论自由属于公民基本权利的地位，但这种自由依然是在法律限度内的相对自由。侵权言论与公民言论自由权利之间矛盾冲突的典型案件为"狼牙山五壮士"系列侵权案。被告通过细节性分析提出质疑，包括狼牙山五壮士的跳崖位置和方式、作战伤亡情况、生活细节，等等。从表面看被告洪振快的表述中引用不同历史时期的材料以及相关当事人的言论作为说理依据，但是法院认为，尽管并没有使用侮辱性的语言，但是被告通过强调与案件无关的细节，无充分证据作出质疑和评价，降低了狼牙山五壮士在社会上的精神价值，损害了英烈人格利益。但是在"王鸿准与河南商报社等名誉权纠纷"中，法院认为尽管被告对原告之父王桓武革命烈士的历史表现作出了负面的评价，但被告在出品、出版该书时确有一定的文史资料为依据，主观上并非故意侵犯王桓武的名誉权，不构成侵权。通过这种差异，我们应该思考英雄烈士人格利益侵权行为的判断标准，以及侵权行为与学术研究、言论自由之间的界限。

（二）司法裁判中侵权要件的认定标准不明

由于缺乏对网络英烈人格利益侵权的法律规制，英烈相关案件中的争议焦点问题往往是如何认定行为人的侵权行为。一方面，私益和公益兼备的英烈人格利益就会产生：在英雄烈士条款中，损害社会公共利益作为侵害性质还是作为单独的构成要件予以判断决定着司法实践判决的方向。如果损害社会公共利益仅仅作为侵害英雄烈士人格利益的性质来认定，那么一旦侵害了英雄烈士的人格利益，就可以依据英雄烈士条款来予以保护。但若是将其认定为损害后果，那在判定侵权之后，还要判定是否造成了社会

公共利益损害的后果。这时就可能出现侵犯了英雄烈士的人格利益但并没有损害社会公共利益的情形，此时并不适用英雄烈士条款。因此，损害社会公共利益是否作为侵权构成要件对司法判决的结果至关重要。从另一个方面来看，将其作为一般侵权行为进行认定，主要涉及对于"过错"的判断学界存在一定的争议：行为人主观上是否有过错能够影响侵权案件的恶性程度。因此，如何判断行为人主观方面的态度显得尤为重要，这也是界定侵权事实最核心的因素。由于没有统一标准，法院判决往往自由裁量权较大，不利于实务中英烈人格利益保护的开展。

（三）司法裁判中欠缺惩罚性赔偿内容

长期以来，我国法律制度对于保护英雄烈士人格利益构成的制约力和执行力不够完备、不够充分，客观上效果也不尽如人意，主要症结就在于违法成本较低。由于侵害英雄烈士人格利益所侵害的是其"事迹与精神"，停止侵害、赔礼道歉、消除影响、恢复名誉等方式是目前我国司法实践中对死者人格利益保护的主要手段，并辅之以赔偿损失。在我国发生的英烈人格利益公益诉讼中也大多是让侵权人赔礼道歉。而这样的结果对侵权人并无实质性惩罚，这并不能真正地起到制裁和预防作用。从严格意义上的精神损害赔偿理论基础来看，检察机关并不存在该基础①。由此，淮安首例英雄烈士保护公益诉讼中检察机关提起诉请仅要求被告赔礼道歉、消除影响，而这对被告人来说似乎有些不痛不痒，仅仅赔礼道歉、消除影响对英雄烈士人格利益保护略显隔靴搔痒。再者，对于惩罚性赔偿的适用学界存在肯定说与否定说的尖锐对立②，实践中更是"畏首畏尾"。由此可见，违法成本太低不能达到一种保护利益的效果，甚至给公众一种先骂再赔礼道歉就能脱责的错觉。

四、涉英烈人格利益保护民事公益诉讼的完善路径

（一）加大涉英烈人格利益的保护力度

1. 明确英烈人格权益的保护范围。如前所述，当侵权人的行为侵犯到英烈的姓名、肖像、名誉和荣誉时，人民法院应当按照侵犯英烈人格权益案件的程序进行审理。但如果侵权人的不当行为侵犯到了英雄烈士的隐私，进而影响到其名誉和社会公共利益，则应当借助名誉利益加以保护，以侵犯英雄烈士名誉权进行立案审理。但如果侵权人的行为侵犯到英雄烈士的隐私，仅对英雄烈士个人产生影响，没有侵犯到社会公共利

---

① 精神损害赔偿的理论基础在于近亲属的精神遭受痛苦，英雄烈士近亲属因侵害行为遭受精神痛苦时可以要求精神损害赔偿，但由检察机关提起公益诉讼时，便失去了精神损害赔偿的理论支撑。

② 肯定论者认为，为了对诋毁英烈从而损害社会公共利益的行为予以惩戒，检察机关可探索提出具有惩罚性质的赔偿损失的请求。否定论者认为，与消费者权益保护法和食品安全法等法律明确规定了惩罚性赔偿相比，侵害英烈人格利益的惩罚性赔偿没有法律依据。加之，英烈保护的立法宗旨，主要是维护和彰显社会公德、社会主义核心价值观，保护社会公共利益，而不是强调经济惩罚作用。

益的,这时人民法院应当按照普通自然人死者人格权益的一般规定进行处理。而对于遗体、遗骨的侵权行为,难以借助侵害英雄烈士名誉利益的方式进行保护,所以只能按照普通自然人死者人格权益的一般规定处理。

2. 倾向性保护涉英烈人格利益。某种程度上,仅依靠原则来限定"言论自由"在司法实践中是不够的,在设定相应原则的基础上应当补充相应的法律条文以严格限定这种言论自由。而我国英烈保护的相关立法中对于"禁止性言论"的规定是空白的。因此笔者建议可以借鉴欧洲各国出台的"禁止性言论"规范,用于补充我国英烈保护法以更好地限制法官的自由裁量权。例如,首先,强调将公众的历史共识法律化,任何人不能否认历史共识,禁止在公共场合或网络场所以任何形式质疑、歪曲英烈所做的贡献,违反此"禁止性言论"规定的行为人将承受严厉的民事责任后果。此种"禁止性言论"将会有效遏制侵权人的侵权行为,减轻法官在审判过程中对于言论自由界限行使自由裁量权所带来的压力。

3. 限定侵权行为人抗辩事由。名誉荣誉实质上是一种社会评价,涉英烈人格权益同时涉及宪法权利的言论自由问题,确定侵害名誉荣誉权益的违法性抗辩事由实有必要。笔者认为,类案判决在涉及英烈毁誉案件中创立了谨慎善意抗辩规则,而不是一般名誉权纠纷中的真实抗辩规则。英烈形象和价值承载着双重法益,且首要的是国家利益。真实抗辩原则只是对纯粹个人利益受到侵害时的抗辩,对国家利益的抗辩只有真实抗辩自然是远远不够的,它必然要求像美国"公众人物"案件中"实质恶意"抗辩原则一样,才能使英烈所承载的国家利益得到充分的保护。目前从司法审判实践来看,我国采用的是"谨慎善意"原则,以此作为国家利益保护的屏障。[①] 该判决并未对被告主张的真实性抗辩予以采纳,当然这里的真实并非指事实的真实,而是指所谓的事实有来源或依据。

系列英烈毁誉案大致上根据行为人的影响力(如粉丝数、所在领域行业、现实中的职业身份等)、英烈的事迹和贡献、是否使用诱导性或暗示性表述方式、英烈的名誉荣誉共识程度等来判断违法性是否成立。行为人在抗辩时可以就言论的内容和目的,是否尽到完全谨慎义务审查相应资料来源、是否切断与不当事实及评论的关联性、是否为正面善意评论、是否采用合适的传播途径等内容,承担举证责任。当然这些只是针对有限的案例反向推导出来的结论,当前未有抗辩成功的案例,具体如何认定,还必须就个案具体情形予以衡量而认定。

(二) 明确侵权行为要件

1. 把握学术研究与侵权行为的边界。在通过对英雄烈士事迹还原以进行相关学

[①] 如在"葛长生、宋福宝分别诉洪振快名誉权侵权纠纷系列案"中,法院在审理后认定:"尽管案涉文章无明显侮辱性的语言,但通过强调与基本事实无关或者关联不大的细节,引导读者对'狼牙山五壮士'这一英雄人物群体英勇抗敌事迹和舍生取义精神产生质疑,从而否定基本事实的真实性,进而降低他们的英勇形象和精神价值。被告的行为方式符合以贬损、丑化的方式损害他人名誉和荣誉权益的特征。"北京市西城区人民法院(2015)西民初字第 27841 号民事判决书。

术研究的过程中,如果只是取源于真实、充分的史料开展考证的,一般被认为是学术研究自由范围之内;但若是凭空捏造、主观臆测、故意贬损英雄烈士名誉的,往往被认为是侵犯其人格利益的侵权行为。可以看出,把握学术研究与侵权行为的边界关键在于"真实、充分",具体何为"真实、充分",还需裁判者在实践中秉持正确的价值取向进而举一反三。

2. 主观过错应包括故意和过失。英雄烈士名誉荣誉侵权违法性认定的特殊性在于英雄烈士所承载的重大国家利益价值,强调加害人对损害结果发生前有较高的审慎义务、结果发生后有较高的容忍义务。从归责原则来分析,可参考一般侵权行为的理论,一般死者人格利益侵权行为归责原则是过错责任,因此对于侵害英烈人格权益的行为,也以侵害人是否有过错而作为归责原则。① 学理上,过错分为故意和过失。在笔者看来,主观故意和过失都属于英雄烈士条款制裁的范围,即便是一般过失也要承担民事责任。在侵害英雄烈士人格利益已构成侵害公共利益的情形下,如果因为行为人主观上存在一般过失就不予追究责任,则会违背立法宗旨,影响社会秩序,更会影响社会主义法治的建设。而且英雄烈士的事迹和精神已经成为社会的共识,其人格利益的保护具有社会预见性,一般过失并不能成为不承担责任的理由。至于对行为人过错的认定,应当根据通常人的理解(一般理性人的判断),并结合社会常识、行为人自身认知水平等多方面因素加以判断。

(三)增加惩罚性赔偿内容

1. 确定精神损害赔偿金额。我国民法典将人格权请求权与侵权损害赔偿请求权分离,从而加强了对人格权的保护,同时也有利于预防损害后果的发生。关于现行的精神损害赔偿的金额确定学界没有形成共识,而笔者认为可以从以下三点因素考量。一是手段方法因素。对行为人的侵害手段按照从重到轻的程度进行分类,如"污蔑反转式""推论否定式""戏谑解构式"等,对侵害人的处罚也应视其程度而裁量。二是过错程度因素。参照侵权行为中的过错责任,通过行为人主客观因素进行具体分析,如存在主观故意为过错程度较高;重大过失,过错程度次之;一般过失,过错程度较低。三是经济适当因素。既然考虑到赔偿金数额,就可以从经济学的角度来加以确定,应做到获利与赔偿相抵,与当地经济发展水平相当。

2. 引入惩罚性赔偿。英雄烈士是国家和民族的象征,不容许肆意辱骂、抹黑。侵害英烈人格利益,造成社会公共利益的损害,更应该承担与精神损害赔偿性质相同的惩罚性赔偿,使英雄烈士人格利益保护公益诉讼达到目的即一般预防与特殊预防。从这个意义上说,应当对该种行为进行最起码是民事上的制裁即惩罚,通过惩罚体现法律对侵权行为的否定与消极评价。我国目前尚无法律明文规定侵害英雄烈士人格利益可以请求惩罚性赔偿,因此,淮安首例英雄烈士人格利益公益诉讼案中检察机关的诉请无可

---

① 参见季秀平、肖天奉、王新阳:《侵害英烈人格利益问题的理论与实践》,载《人民检察》2018年第21期。

诉病。笔者认为,针对英雄烈士人格利益保护不仅可以起诉请求赔偿损失(包括精神损害赔偿),而且在公益诉讼中应当引入惩罚性赔偿机制。产品责任与食品安全关系公共安全与健康,涉及对公共利益的保护,因而立法明确了惩罚性赔偿。而英雄烈士人格利益作为公共利益的一部分,也应当允许检察机关在公益诉讼中可以参照精神损害赔偿的标准请求法院判令侵权行为人给付惩罚性赔偿金并且应当适当提高赔偿金额标准。该种侵权行为严重损害了社会公共利益且占用了检察机关的司法资源,对此种行为应作出惩罚性赔偿以填补对社会公共利益造成的损害。

另外,设定较高的赔偿金可以充分发挥法律的警示指引作用、惩罚制裁功能,尤其是能够震慑那些企图肆意侵犯英雄烈士的准侵权人。一方面,通过立法明确惩罚性赔偿彰显英雄烈士人格利益作为公共利益应当受到特殊保护的决心;另一方面,通过提高违法成本对侵权人进行制裁以实现侵权责任法的预防功能。为了避免法官恣意,惩罚性赔偿金额应当确定在合理限度内,而如何确定合理限度需要有参考标准,绝不能仅仅因为无法合理估计惩罚性赔偿金额而畏葸不前。况且赔偿金额可以找到明确的参照标准,可以参考精神损害赔偿的数额请求赔偿,并应当适当提高金额。

(四)跟进配套的程序性保障

1. 依职权全面查明事实。由于英雄烈士的人格利益保护直接关乎社会主义核心价值观,其公益属性直接决定了法官在诉讼中不受检察机关诉求的主要事实的限制,可依职权进行事实查明活动。在涉英烈人格利益保护公益诉讼中,法院查明事实的范围关键在于"全面"。这不仅包括起诉机关或被告主张或未主张的事实,还包括超出自认、和解的范围等进行间接事实、辅助事实等其他事实的查明,并可以将其作为裁判的基础。当然,为了增强裁判的认可度和可接受性,应当赋予该公益诉讼中双方针对法院依职权查明的事实的发表意见的机会。

2. 强化法官释明权。释明权是法官在诉讼中的一项权力也是一项义务,存在广泛的适用空间;而在涉英烈人格利益保护公益诉讼中,释明①主要指的是法官针对检察院的诉讼请求无法全面保护公共利益之时可以要求其变更或增加。首先,应明确法官行使该释明权的时间节点,一般认为任何阶段都不应限制法官的释明,但如果法官至一案诉讼进程终结时才"突袭性"作出释明和引导,势必会增加当事人的诉讼成本,拖延诉讼进程。因此,涉及诉讼请求的释明应限于法庭辩论终结前,有利于检察机关或被告及时作出应对,平衡诉讼主体地位。其次,释明的内容应具体明确,便于当事人了解其背后的依据理由甚至是救济途径。再次,对于该公益诉讼释明权只针对诉讼请求的现状,在未来的发展过程中,应当适度地扩张阐明权在英烈保护民事公益诉讼的适用范围。

3. 依职权及时保全。英烈人格利益的侵权行为具有特殊性,一般通过互联网进行

---

① 《最高人民法院最高人民检察院关于检察公益诉讼案件适用法律若干问题的解释》第18条明确将释明权引入到公益诉讼之中,法院发现诉讼请求无法充足保护社会公共利益,有权向检察机关释明要求其变更或者增加停止侵害、恢复原状等诉讼请求。

广泛传播，极易对社会主义核心价值观产生难以估计的损害。对此，如果检察机关没有提起保全请求，法院应主动作出保全裁定，及时阻断持续发生的损害后果。"相较于审判程序，行为保全程序具有迅速便捷性，能由法院迅速规制当事人的纷争状态，避免损害发生或继续扩大。"①同时，基于该公益诉讼的特殊性，法院采取保全措施要求行为人删除信息或网站平台禁止转发、评论等消减影响行为时，可以不予要求检察机关提供担保。

---

① 郑贤宇：《论行为保全制度的构建——以公害诉讼为视角》，载《厦门大学学报（哲学社会科学版）》2012年第5期。

民商事案件中人格混同问题研究
——中美两国关于法人人格混同制度研究

张 佳 苏晓聪[*]

摘 要:国际法学界尚未给"人格混同"一个统一的名称,但是与"人格混同"含义相关的情形,在英美法系与大陆法系国家的司法适用中均有出现。我国公司法并未对"关联公司人格混同"进行详细规定,在实务中,多参照最高人民法院第15号指导案例对涉及关联公司人格混同进行相关认定。美国法院多采用"独立性和公平性"双重认证标准并参照"Laya v. Erin Homes Inc 案"总结的19个因素进行判断。

关键词:公司法;关联公司;人格混同;美国衡平法

如今,"跨国、跨区域"俨然成为检验企业集团化发展水平的标尺,业内常见做法为:公司股东跨区域、跨国界直接或间接投资数个公司。然而,复杂化的治理模式、多层级的股权结构往往为股东滥用公司独立法人地位的行为提供便利,关联企业也变相成为股东躲避债务的"避风港"。本文选取中国(大陆法系国家)与美国(英美法系国家)涉及公司人格混同的案例进行比较分析,归纳总结两种不同体系下针对公司人格混同认定的不同标准,以期为涉及公司人格混同认定的涉外商事案件股东责任承担问题提供解决思路。

一、美国公司人格混同经典案例:Kinney Shoe Corp. v. Polan[①]

(一)案情简介

Lincoln Polan 于 1984 年成立了 Industrial Realty 和 Polan Industries 两家公司,这两家公司均进行了公司注册且取得了注册证书。但两家公司均未举行组织任何公司

---

[*] 张佳,北京市盈科(南京)律师事务所股权高级合伙人、涉外与争议解决法律事务部主任;苏晓聪,北京市盈科(南京)律师事务所律师助理。

[①] Kinney Shoe Corp v. Polan，939 F. 2d 209，4th Cir(1991).

会议，也没有选任任何高级管理人员。1984 年 11 月，为将其租用的大厦转让租给以被告 Lincoln Polan 为唯一股东的 Industrial Realty 公司，Kinney Shoe 公司和 Lincoln Polan 就转租事宜进行谈判。虽然双方直到 1985 年 4 月 5 日才签署书面租赁合同，但是，实际上，Kinney Shoe 公司转租给 Industrial Realty 公司的转租期限自 1984 年 12 月已经开始计算。1985 年 4 月 15 日，Industrial Realty 公司将涉案建筑物的部分区域一部分转租给了 Polan Industries 公司，转租部分价值高达租金金额的一半。Lincoln Polan 代表两家公司分别签署了转租协议。

法院查证：Industrial Realty 公司不存在有形资产、公司账户和收入来源，亦未发放任何股票。Industrial Realty 的唯一资产是与原告 Kinney Shoe 公司的转租协议。Industrial Realty 仅支付了一笔租金（实际是 Lincoln Polan 用个人财产支付的），原告 Kinney Shoe 公司获得了对其价值 166 400 美元的债权，但其宣布破产。基于此，原告 Kinney Shoe 公司提起诉讼，追加 Lincoln Polan 为共同被告，要求 Lincoln Polan 对转租未支付的款项承担连带责任。

（二）法院判决

美国联邦第四巡回法院判决 Lincoln Polan 对 Industrial Realty 公司所负债务承担连带责任。

（三）判决分析

上诉法院在判断是否需要揭开 Industrial Realty 公司面纱的问题上，提出了一个双重检验标准，即"独立性与公平性"标准。该标准的内容具体如下：第一，判断是否发生了公司与自然人之间利益和所有权完全重合的情形，从而导致公司不再具有独立法人人格；第二，若是将上述行为仅作为公司的行为，是否将导致不公平的结果。

首先，Industrial Realty 公司没有举行过任何公司会议，Lincoln Polan 也没有选任 Industrial Realty 公司的高级管理人员，Industrial Realty 公司运营状况无从知晓，并没有履行任何公司手续。西弗吉尼亚州法院在"Laya v. Erin Homes Inc 案"中确立的裁判要旨如下：若个人想要在商业活动中仅仅承担有限责任，那么必须履行一些创立和维护公司实体的手续，毕竟这些手续相对于有限责任承担而言只是较小的代价。然而，本案中 Lincoln Polan 并未履行相关程序。

其次，考虑到 Industrial Realty 公司没有足够的资本，Lincoln Polan 并未认购 Industrial Realty 公司的股份，也没有履行实际出资。由于资本化程度不足，并且无视公司手续，造成了实质上的不公平。据此能够揭开公司面纱，由相关股东向与公司签订合同的当事人承担个人责任。此外，Lincoln Polan 试图通过将其资产变成 Polan Industries 公司资产，并利用 Industrial Realty 公司介入 Polan Industries 公司和 Kinney Shoe 公司间的租赁关系以达到保护其隐藏在 Polan Industries 公司账目下的资产的目的，以此对抗 Kinney Shoe 公司。另外，Lincoln Polan 并未对其在 Polan

Industries 公司和 Kinney Shoe 公司之间的作用进行合理解释。

由此可知,Lincoln Polan 试图通过利用 Industrial Realty 公司的注册证书形成的"面纱"来实现他和 Polan Industries 公司在 Kinney Shoe 公司和 Industrial Realty 公司租赁合同中的有限责任。这些事实完全符合上诉法院提出的双重检验标准,由此突破了公司独立法人人格的"面纱"。

二、美国衡平法下人格混同研究

在美国法律体系中并未对公司法人人格混同形成统一的名称,而是分散在各类判例、判决的罗列之中,类似概念如:商业活动的混同、财产混同以及其他一些近似概念。美国司法实践中,很少有仅仅依据人格混同情形从而揭开公司面纱的案例。法官通常会参考人格混同、资本显著不足、过度控制等因素进行整体考虑。通过研究经典案例"Kinney Shoe Corp. v. Polan"[①]的判决可知美国法院一般从独立性和公平性两个角度对公司人格否认的适用进行判断。独立性意为控股股东尊重公司的独立地位,明确地将公司当作一个独立的经济主体,公司财产独立;所谓公平性,顾名思义,即公正。

相比于抽象地从独立性和公平性来把握"刺破公司面纱"的标准,西弗吉尼亚法院在"Laya v. Erin Homes Inc 案"中总结的需要考虑的 19 个揭开公司面纱的认定因素,是公认的最全面总结。但是,其只有参考价值,而不具有终局性、决定性意义。

19 个认定因素具体内容如下:1. 公司资金、资产与股东个人财产相混合;2. 将公司资金或资产挪用于非公司用途(如股东挪作私用);3. 未履行发行或认购公司股份所必需的公司手续(如董事会正式批准发行股票);4. 股东向公司外第三人宣称其对公司债务承担责任;5. 没有留存足够的公司记录;6. 两个法人实体所享有的所有权竞合;7. 负责监督管理的两个单位的董事、高管的身份存在竞合;8. 没有充分发挥公司对公司事业合理风险的资本化作用;9. 公司无独立资产;10. 利用公司作为空壳或渠道来经营特定企业或个人的某项业务;11. 个人或某一家庭成员独自持有公司的全部股份;12. 公司及其个人股东办事处或营业场所为同一地点;13. 公司及其股东聘用同一批雇员或代理人;14. 隐瞒或歪曲其享有公司的所有权、管理或财务利益的身份、股东的个人经营活动(如唯一股东不披露与公司的关联关系及该公司在未履行正当程序的情况下向其提供贷款);15. 不履行合法手续,使得关联实体之间的关系不平衡;16. 把公司作为向另一自然人或法人雇佣员工、采购服务或商品的渠道;17. 将企业资产转移到股东、其他个人或其他公司名下以侵害债权人权益,或操纵公司之间的资产和负债以实现一方只持有资产,而另一方只持有债务;18. 公司与他方签订合同,意图通过公司法人实体地位避免不履行风险,或者利用公司为非法交易作保护;19. 公司的成立和运营的目的就是承担他人或实体的既有责任。

---

① See Laya. Erin Homes, 177W. Va. 343, 352 S. E. 2d 93(1986).

三、中国案例：七盛科技香港有限公司、深圳市力士康电子科技有限公司买卖合同纠纷①

(一)案情简介

原告：ZOA 电子股份有限公司(ZOA Electronics Co，Ltd.)，是 2011 年 8 月 23 日在韩国注册的股份有限公司。

被告一：七盛公司(2013 年 7 月 12 日在香港依据香港公司条例注册的有限公司)。

被告二：力士康公司(2015 年 6 月 1 日在中国广东省深圳市依据《中华人民共和国公司法》注册的有限公司)。

被告三：朴某某(被告七盛公司和力士康公司的唯一股东)。

2015 年 7 月 11 日，基于开发并交 POS 产品给原告销售的目的，原告与被告七盛公司签订《POS15 产品提供合同》。2017 年 2 月 10 日，原告向被告七盛公司发送询价单，总金额为人民币 1 141 500 元。被告七盛公司后确认了询价单后，向原告陆续发送了 6 张形式发票，请求原告按比例付款。原告付款后，被告七盛公司交付部分货物，并承诺于 2017 年 6 月初交付全部货物。原告总计向被告七盛公司支付了货款 173 558 美元，折合人民币 1 192 502.95 元。

被告七盛公司逾期未交货，并于 2017 年 8 月 9 日向原告出具《交货履行确认书》和《未交货信息及 SPEC(规格型号)》，承诺于 2017 年 10 月 20 日前交付剩余货物(即《未交货信息及 SPEC(规格型号)》项下的货物)，如果未能在该日交货，承担与之相关的所有民事责任。2017 年 10 月 20 日届至及之后，被告七盛公司仍未向原告交付剩余货物。

原告诉请三被告对货款、违约金、公证费、翻译费及诉讼费用承担连带责任。

(二)法院判决

1. 被告七盛公司应于本判决发生法律效力之日起 10 日内向原告退还货款人民币 1 055 412.95 元；

2. 被告七盛公司应于本判决发生法律效力之日起 10 日内向原告偿付公证认证费人民币 17 000 元、翻译费人民币 4 760 元；

3. 驳回原告 ZOA 电子股份有限公司的其他诉讼请求。

(三)判决理由

1. 关于原告诉请被告力士康公司承担责任的问题

原告诉请被告力士康公司对被告七盛公司的债务承担责任，所主张的事实依据是

① 参见深圳前海合作区人民法院(2019)粤 0391 民初 4084 号判决书。

被告七盛公司、力士康公司均是被告朴某某独资设立的公司、两公司均在同一地点办公、财产混同。所主张的法律理由原告虽没有明确,但其意思是指被告七盛公司、力士康公司人格混同。

在内地法律制度下,没有明确的法律规定调整关联企业人格混同行为。司法实践中参照适用公司法(2018 年修订)第 20 条第 3 款和最高人民法院发布的第 15 号指导案例"徐工集团工程机械股份有限公司诉成都川交工贸有限责任公司等买卖合同纠纷案"[①]的裁判要旨。本案中,被告七盛公司与力士康公司均是被告朴某某独资设立的公司,属于关联企业。被告七盛公司在产品提供合同和装箱单中将其地址填写为被告力士康公司的登记住所地,并不必然证明两被告公司在同一住所经营。产品提供合同由被告七盛公司签订、6 份形式发票和装箱单由被告七盛公司发出、原告支付的货款由被告七盛公司收取、交货履行确认书由被告七盛公司签署和承诺交货计划,看不出被告力士康公司参与了产品供货合同的履行。原告并未提交证据证明两被告公司人员混同、业务混同和财产混同,且使其债权严重受损。因此,原告主张被告一(力士康公司)与被告二(七盛公司)构成人格混同,但并无充分的证据予以证明,原告应承担举证不能的法律后果。其主张被告力士康公司对被告七盛公司的债务承担连带责任,依据不足,本院不予支持。

2. 关于原告诉请被告朴某某承担责任的问题

根据香港判例法,存在以下两种情形之一的,股东应对公司的债务承担责任:第一,股东明确表示自愿代为偿还公司的债务;第二,股东滥用公司身份或利用公司名义进行欺诈等非法行为,公司可突破法人独立人格,直接追究股东的责任。在本案中,交货履行确认书是被告朴某某作为被告七盛公司的代表签字并加盖被告七盛公司的印章,被告朴某某并未明确其自愿代被告七盛公司承担责任。原告也未能举证证明被告朴某某利用被告七盛公司对原告实施了欺诈等可以揭开被告七盛公司面纱的非法行为。

四、我国公司人格混同制度研究

我国公司法没有对"关联公司人格混同"进行详细规定。由此可见,最高人民法院第 15 号指导案例对涉及关联公司人格混同的相关认定对司法实务审判中的有关"个人混同"认定、法律责任的承担问题具有一定的指导意义。具体而言,该指导案例主要涉及两个裁判观点:一是关联公司在人员组成、业务往来以及财务管理等方面存在错综复杂的、不可分割的联系;二是两个相互联系的公司之间存在人格混同,如此一来,对公司的各个债权人的利益造成了不可避免的损害,由此导致两个相互联系的公司都要不可避免地对外部的债务承担连带责任。[②] 简言之,需要对关联公司和人格混同两个要件进行实质性判断。

---

① 参见最高人民法院指导案例 15 号(2013 年)。
② 参见最高人民法院指导案例 15 号(2013 年)。

（一）关联公司

1.“关联公司”的法律规定

对于“关联公司”的详细定义,公司法(2018年修订)没有相应的法律条文。公司法(2018年修订)第21条对“关联关系”进行了详细的规定。除此之外,我国法律体系中,对于“关联公司”的有关规定多散见于税法、证券法等相关法律法规之中。《税收征收管理法实施细则》(2016年修订)①对于关联企业的界定是在财务往来、经营管理、业务往来等方面,存在或大或小的关系,从而能够直接或者间接地实现对公司的控制。

《国家税务总局关于完善关联申报和同期资料管理有关事项的公告》②明确规定了构成两家或者多家公司之间存在关联关系的几种情形。第一种情形:一公司直接或间接持有另一公司的股份,且持股比例达到25%乃至25%以上。第二种情形:持股比例虽未达25%,但双方间存在借贷往来,借贷的资金占任一公司实收资本的较大比例,一般为50%乃至以上,或者任一公司名下超过10%的借贷总额由另一公司担保。第三种情形:持股比例虽未达25%,但一方的日常生产经营高度依赖另一方提供的特许权。第四种情形:持股比例虽未达25%,但一方的财务和日常经营活动被另一方控制,相关规则由另一方制定。第五种情形:一公司半数以上的董高由另一公司委任,或者同时在另一公司担任相同职务;或者两家公司各自的半数以上董高均为第三家公司委任。

《企业会计准则第36号——关联方披露》③第3条对“关联方”进行了详细的规定,即一家公司或者多家公司控制、共同控制另一家公司或对另一家公司的经营、管理能够产生重大的影响力或者利害管理,以及两家或两家以上共同受同一家公司控制、共同控制或重大影响的,以上情形可认定为构成关联方。除此之外,在第4条中详细而具体地列举了4条规定,其中包括存在母公司、子公司,受同一家公司控制的其他企业,有共同控制或能够产生重大影响力的投资方,对该家公司施加重大影响的投资方、合营企业、联营企业,主要投资者个人及与其关系密切的家庭成员,企业或其母公司的关键管理人员及与其关系密切的家庭成员,企业主要投资者个人、关键管理人员或与其关系密切的家庭成员控制、共同控制或施加重大影响的其他企业。

2.“关联公司”的理论研究

在理论研究中,对于“关联公司”的讨论比较少,学界对此也没有形成统一的意见和看法。在一些学者看来,企业之间为了实现利益的最大化或者为了更好地经营管理,采取一种或者多种特定的方式实现企业间的联合。④但是在司法实务中,另一部分学者则主张:所谓的关联公司在实质上就是一种为了实现特定的目的而采取的一种整合策

① 参见《中华人民共和国税收征收管理法实施细则》,国务院令第362号,2016年6月2日发布。
② 参见《国家税务总局关于完善关联申报和同期资料管理有关事项的公告》,国税发〔2016〕42号,2016年6月29日发布。
③ 参见《企业会计准则第36号——关联方披露》,财会发〔2006〕3号,2006年2月15日发布。
④ 参见施天涛:《关联企业法律问题研究》,法律出版社1998年版,第6页。

略。还有学者将关联公司进行了划分,将其分为广义上的关联公司与狭义上的关联公司。何谓广义上的关联公司,即两家相互独立经营管理的公司之间存在一定的业务往来或者存在一定的投资关系。何谓狭义上的关联公司,即一家公司被另外一家或者多家公司持有股份但其并没有被完全控制的公司。① 在司法实务中,有法院对于关联公司的内涵也提出了自己的主张与看法:所谓的关联公司在本质上就是一种公司之间的联合。具体而言,两家或者两家以上的公司之间存在一种控制关系或者重大的投资关系。② 在司法实践中还存在一种关联现象,两家公司或多家公司之间并不存在控制或者隶属的关系,一家公司并不能对另外一家或者多家公司施加重大的利害关系,而只是其中一个公司的关联关系人。例如,一家公司的董事、监事或者高级管理人员恰好也是另外一家公司的董事、监事或者其他人员,两家公司之间仅仅存在关联关系人的情形。③

总而言之,对于关联公司的定义,无论是理论上还是司法实务中,我国还并未形成一个统一的看法或认识。目前,对于关联公司的定义主要是从经济学的角度进行着手,属于经济学的定义。在最高人民法院第 15 号指导案例的裁判理由中,法院认为由于案涉的三家公司背后有一个共同的控制人,在这个角度上来说,涉案三公司属于关联公司。在七盛科技香港有限公司、深圳市力士康电子科技有限公司买卖合同纠纷案中,法院认为:被告七盛公司与力士康公司均是被告朴永武独资设立的公司,属于关联企业。因此,只有在债权人从外观上存在视多家公司为一家公司的情形以及法院认定多家公司之间的确存在某种关联,才可以被称为关联公司。

(二) 人格混同

法人人格混同的基础是法人人格独立地位以及股东有限责任,通过对上述中美案例的分析可见,出于保护公司法人独立地位的考虑,中美两国在适用"人格混同,刺破法人面纱"上均持谨慎态度。

下文以最高法第 15 号指导案例中确立的法人人格混同的裁判要旨为蓝本,归纳我国司法裁判理由并结合美国平衡法公认的由"Laya v. Erin Homes Inc 案"确定的 19 个揭开公司面纱的认定因素,总结出我国司法实践中认定法人人格混同的参考标准。

1. 财产混同

(1) 财产混同是最根本且严重的混同情形

公司作为法律意义上独立存在的法人实体,拥有独立的财产,财产独立是公司拥有独立法人人格的基础,是公司作为民事主体从事民商事活动的经济基础。④ 倘若一法人与其股东或关联公司存在人格混同,其财产必然混同,因此财产混同是最普遍的人格混同行为。因通过财产混同可实现在关联公司之间输送经济利益,破坏法人独立人格

① 参见江平主编:《新编公司法教程》,法律出版社 2004 年版,第 221 页。
② 参见金剑锋:《公司人格否认理论及其在我国的实践》,载《中国法学》2005 年第 2 期。
③ 参见梁彦红:《关联公司人格混同法律规则的完善》,载《河北法学》2019 年第 8 期。
④ 参见史际春、胡丽文:《论法人》,载《法学家》2018 年第 3 期。

的同时,损害公司及债权人的利益,故财产混同也是最根本的人格混同行为。司法实践中,一旦股东无法自证财产独立,法官往往根据公司法(2018年修订)第63条推定该公司存在财产混同现象。由此可见,财产混同在认定法人人格混同中的地位。

财产混同的行为是指因股东或者关联公司的不正当操作,导致公司的利益流向该股东或关联公司。该行为在实务中常表现为:因公司财产账面余额高于实际余额、公司财产评估不实、股东或关联公司与公司资产混用、公司和关联公司之间的财产无法区分,导致债权人遭受严重的利益损失。

(2) 财产混同的具体认定路径

实务中的财产混同行为千变万化,无法穷尽列举。从财产混同的表现情形出发判断公司是否存在财产混同仅为表征判断,从根本上可以通过适用司法会计进行核算的方法判断该公司是否存在财产混同。具体而言,应从静态和动态两个维度对公司的财务状况进行审计。[1]

静态的财产混同是指针对公司的财务报表、报告等书面材料进行审计得出的在某一时间点公司财产混同的情形。具体应从财务制度、资产负债权属等方面进行考察。财务制度不健全是静态财务混同情形最主要的原因。健全的财务制度是公司财产独立的基础,健全的财务制度可以在公司财产与股东财产间形成屏障,对公司财产进行有效管控,防止出现财产混同的情形。资产负债权属混乱是公司财务制度缺失的必然结果。一方面,要考察公司所有的资产(过去形成的,企业现有的,并于未来获利的各项资源)是否经过合法、合规的会计确认,包括资产的计价是否公允,公司会计核算是否准确,财务报告是否完整。另一方面,需对公司财务会计资料的真实性、准确性、完整性、独立性进行审计。综上,如果公司的各项资产均得到公允估价,公司的会计账簿完整,可基本认定公司不存在静态财产混同情形。

动态的财产混同行为是指公司的日常运营中可能存在与股东或者关联公司存在财产混同的财务管理行为。不同于静态的财产混同的是,其具有一个确定的时间点对公司形成书面的财务资料进行审计。在公司的日常经营管理中,财务管理行为是实时变化的,故动态的财产混同的考察更为复杂。通常仅能证明公司存在"财产混同"的可能。因此,实务中用动态财产混同的证据对静态财产混同行为进行佐证。

(3) 财产混同的主要情形

通过对中国司法实践以及美国判例法的财产混同的分析,结合财产混同的概念及特征,总结出在认定财产混同时应纳入考虑的情形如下:

① 公司账目不清,记账不规范,无法从账面上获得完整的财会信息;[2]

② 股东个人账户与公司账户混用,记账不规范,无法从账面上区分公司财产与股东个人财产;[3]

---

[1] 参见黄辉:《中国公司法人格否认制度实证研究》,载《法学研究》2012年第1期。
[2] 参见浙江省宁波市中级人民法院(2021)浙02民终1859号判决书。
[3] 参见山东省威海市中级人民法院(2021)鲁10民终2305号判决书。

③ 将公司资金或资产挪用于非公司用途(如股东挪作私用);①

④ 公司及其个人股东办事处或营业场所为同一地点。②

2.业务混同

(1)业务混同的认定路径

公司是独立的法人实体,公司除了需要具有独立财产,还必须具备独立意志。独立意志是通过公司从事独立的法律行为体现出来的,具体指公司的业务经营行为。业务混同行为较难认定,其原因在于公司日常经营与分公司、子公司进行关联业务交易是非同寻常的商业合作模式,需要对关联公司间的利益进行综合分析,当有多方面证据支撑时,方可认定存在业务混同行为。

通过上文对于美国案例以及相关人格否认制度的分析可知,美国司法实践中没有明确地将公司间业务范围的重合作为判断法人人格否认项下业务混同的标准。我国公司法及有关司法解释也并未对业务混同的认定标准进行规定。因此,可以参考最高法第15号指导案例裁判理由中对于业务混同的相关描述,即三公司均涉及相关业务、经销中共用销售协议、宣传信息混同。③

(2)业务混同的主要情形

基于上述裁判理由,结合我国司法实践中的判决,总结出在认定业务混同时应纳入考虑的情形:

① 经营范围、方式、对外宣传信息大致相同;④

② 利用公司作为空壳或渠道来经营特定企业或个人的某项业务;⑤

③ 公司的成立和运营的目的就是恢复其他实体的生产经营。⑥

3.组织机构混同

(1)组织机构混同的认定路径

公司作为民事主体的一种,享有民事权利,承担民事义务。但因其是拟制的法律意义上的人,其独立的意思需要通过组织进行表示。组织机构混同的认定是判断公司人格混同的三种情形中最直观的情形。因为,公司的组织机构落实为公司章程、高管、办公机构。在进行公司组织机构混同判断时,应首先确定人格混同项下的"组织机构"。公司法规定公司必须设立的机构有股东会(股东大会)、董事会(执行董事)、监事会(监事)。

美国衡平法中关于法人人格混同制度下的组织机构的认定:除了股东、法定代表人、高级管理人员,还对普通员工进行混同考察。我国司法也对组织机构的混同持有审

---

① 参见广东省东莞市第一人民法院(2020)粤1971民初16982号判决书。

② 参见江苏省靖江市人民法院(2018)苏1282民初7913号判决书。

③ 参见盛勇、罗叶、贾仁发:《关联公司人格混同情形下法人人格否认问题之探讨》,载《时代金融》2019年第32期。

④ 参见广东省佛山市顺德区人民法院(2019)粤0606民初11150号判决书。

⑤ 参见贵州省凤冈县人民法院(2021)黔0327民初2650号判决书。

⑥ 参见最高人民法院(2015)民一终字第260号判决书。

慎态度,将中层管理人员也纳入组织机构混同考查范围之内。

(2) 组织机构混同的主要情形

在人格混同范畴内涉及的组织机构混同行为包括股东、法定代表人、高级管理人员以及部分中级管理人员作出的与公司经营相关的行为,具体情形如下:

① 两公司的董事、高管的身份存在竞合;[①]

② 公司及其股东聘用同一批雇员或代理人。[②]

结 语

国际法学界尚未对"人格混同"形成统一的名称,但是与"人格混同"含义相关的情形在英美法系与大陆法系国家司法适用中均有出现。中美两国对于这样一个尚未形成一致看法的法律问题,均未制定成文法进行明确规定,但两国都有相关有参考价值的判决作为裁判指引。分析"Kinney Shoe Corp. v. Polan 案""Laya v. Erin Homes Inc 案",本文总结出美国法院的通常做法:首先,采用"独立性和公平性"原则作为法人"人格混同"的判断标准;其次,通常参考西弗吉尼亚法院在"Laya v. Erin Homes Inc 案"中总结的需要考虑的 19 个揭开公司面纱的认定因素,从"人员、业务、财务"等方面的独立性和公平性进行把握,判断是否"刺破法人面纱"。

于中国司法而言,最高法第 15 号指导案例的裁判要旨对司法实践中"人格混同"的认定具有重要的参考价值,具体体现为两步骤三要素。第一步,认定公司之间是否存在关联关系。第二步,如果公司之间存在关联公司,再从人员、业务和财务三要素判断关联公司是否构成人格混同。其中,人员、业务、财务三混同是认定关联公司之间构成人格混同的表征因素。财产混同是认定关联公司之间构成人格混同的实质因素。第三步,关联公司之间人格混同的程度已经达到"严重损害债权人利益"的后果,是认定关联公司之间构成人格混同的结果要素。

鉴于中美两国关于"人格混同"的判断与适用既有相似之处又不完全相同,对于这样一个源自判例的制度在我国如何适用,本文以最高法第 15 号指导案例中确立的法人人格混同的裁判要旨为指引,归纳我国司法中"人格混同"案件的裁判理由并结合"Laya v. Erin Homes Inc 案"确定的 19 个认定因素,总结我国司法实践中认定法人人格混同的参考标准。值得注意的是,公司法人独立原则乃公司法的重要基石,不可随意撼动。因此,在司法实务中,认定关联公司是否构成人格混同的情形,应该从多方考察,将财产、业务和人员层面相结合,切忌仅仅依照其中的一个或者两个混同将其理解为高度人格混同。

---

① 参见广东省中山市中级人民法院(2016)粤 20 民终 3559 号判决书。

② 参见广东省高级人民法院(2017)粤民申 3034 号裁定书。

身份关系协议准用合同编的裁判路径

——兼论民法典第 464 条第 2 款

葛鉴春[*]

摘　要:民法典第 464 条第 2 款明确身份关系在必要时"参照适用"合同编,系身份法与财产法衔接融合的准用性条款。在准用过程中,基于身份关系协议的独特价值、封闭属性、多为倡导规范等方面的特殊性,参照适用合同编既要注重司法技术规则,又要考量司法价值选择。涉身份关系协议案件类型复杂多样,明确各类身份关系协议准用合同的裁判思路,为类型化处理身份关系协议准用案件提供指引。

关键词:准用性条款;身份关系协议;家庭伦理;类案处理

一、民法典第 464 条第 2 款"参照适用"条款的性质、功能

(一) 准用性条款的内涵

准用性条款无法单独作为裁判依据,在缺乏构成要件或法律效果时对其他规范进行援引适用。[①] 准用性法条的表述形式之一就是"参照适用……规定",该法律规则属引用性法条。引用性法条可分为直接适用型和参照适用型。直接适用型法条调整拟处理的构成要件事实与拟引用法条的抽象构成要件事实是同一的,在规范评价上同一对待。参照适用型法条又称为准用性法条,是指法律明确规定某一法律规定可以参照适用于其他的情形。准用就是根据法律的规定,对有关 A 的规定进行修正,适用于 B。

(二) 准用性条款是立法进步的重要指标

法律的健全与进步,以类推适用作为测试指标,并因类推适用而渐趋成熟。[②] 相较于类推适用,准用性条款既有其独特性,又展现出其优越性:基于立法明示,能够普遍反

＊　江苏省南通市中级人民法院审判监督庭法官助理。
①　参见朱庆育:《民法总论(第二版)》,北京大学出版社 2016 年版,第 47 页。
②　参见王泽鉴:《民法学说与判例研究(第 8 册)》,北京大学出版社 2009 年版,第 51 页。

复适用；对司法者明确授权，而非针对法律漏洞；从法律适用援引技术看，参照适用属不完全法条，须将该法条与被引用法条一并援引，才能发挥其裁判规范功能；从自由裁量空间看，准用性条款中隐含的规范意思包括法官可以参照适用、应当参照适用两种情形，授予法官自由裁量权，但在自由程度上略作区分；准用性条款主要是从法律后果上参照适用。如果立法者已在其他地方对某一法律问题作出了规定，那么立法者通常会拒绝采取相同表述来处理同样的问题，从而运用到准用性条款。基于准用性条款的独特优势、产生背景，笔者认为，民法典中参照适用规范的设置，表明民法典立法技术的健全和进步。

（三）民法典第 464 条第 2 款的法律规则定位

我国民法典有 33 条准用性法律条款，其中民法总则部分 3 条、"物权编" 10 条、"合同编" 17 条、"人格权编" 2 条。民法典第 464 条第 2 款属准用性条款，是对所援引对象的概括指引。该条款并未明确可以直接参照的法律规范，法官需在待决案型与可能被援引范围内的法条之间反复研判，决定如何参照适用。法律适用通常包含三个层次，即解释、制定法内的法律续造、制定法外的法律续造。[①] 民法典第 464 条第 2 款介于法律解释和法律续造之间，在适用时须先采取法律解释方法来考量法律规则含义和待决案件的关系。[②] 如果法律解释不能解决时，就需要通过超越法律解释的活动，即法律续造，使问题得到解决。参照适用作为法律规则的准用，将关于某种事项所设之规定，适用于相类似之事项。[③] 其过程包含类似性考量，被援引规范既关涉价值判断，还涉及技术规则。在身份关系协议的法律适用中，身份关系性质成为核心判断标准和解释依归。[④] 参照适用并非单纯的法律解释，法律解释无法解决类似性考量。参照适用亦不是法律续造，准用性条款并非法律漏洞。在法律适用中，如果待决事实符合参照适用情形，则可以准用相关规范的法律效果。立法者有意放弃身份关系协议法律适用的精细化构造，以准用性条款为引，未偏离立法者意志，也为司法者处理有关案件预留了广泛的空间。

二、身份关系协议参照适用合同编的内在逻辑冲突及解决路径

（一）亲属法优先适用，破解财产规范与家庭伦理的冲突

"婚姻家庭编"已不再是非财产法，而是接近特殊身份者之间的特殊财产法。[⑤] 但

---

① 参见［德］卡尔·拉伦茨：《法学方法论》，陈爱娥译，商务印书馆 2003 年版，第 246 页。
② 参见王泽鉴：《民法学说与判例研究（第 6 册）》，北京大学出版社 2009 年版，第 30 页。
③ 参见王泽鉴：《民法学说与判例研究（第 6 册）》，北京大学出版社 2009 年版，第 133 页。
④ 参见王雷：《婚姻、收养、监护等有关身份关系协议的法律适用问题——〈合同法〉第 2 条第 2 款的解释论》，载《广东社会科学》2017 年第 6 期。
⑤ 参见贺剑：《论婚姻法回归民法的基本思路——以法定夫妻财产制为重点》，载《中外法学》2014 年第 6 期。

身份关系协议在准用"合同编"规则时,面临的第一个矛盾就是家事法维护良好伦理秩序、崇尚优良家风,这与财产法以权属规范为基础、以经济结果最大化为目的之间形成矛盾。在财产交易秩序中,交易主体都有权充分发挥各自优势谋求个体利益最大化。作为经济生活的理性人,财产合同的订立、履行、变更是"理性人"之间博弈的经济性结果。在婚姻家庭秩序中,亲属的身份关系,本自然形成于人伦秩序之上。事实先在性的亲属法原理要求尊重人伦秩序的身份事实。亲属法上纯粹身份关系的规定,与其说是法律规范,不如说是人伦规范。身份关系诸要素,即使受到法律调整,也应该依据其传统的伦理秩序、道德习惯予以确定。① 亲属身份关系即使被法律化,仍不应丧失其人伦秩序关系的特色。身份关系中免不了经济问题,但其中涉及的财产协议通常也不可直接用金钱量化。如直接用精准化经济标准来衡量原本无法量化的主观情感等非理性因素,无疑会让市场经济的工具理性对家庭伦理形成正面冲击和过分干预。由于身份关系协议中各方地位不绝对平等,因此,需要通过实质公平向弱势群体倾斜。

(二)身份协议整体考量,缓解家事规范的封闭属性与法律解释的开放需求之间的角力

现代民法中,调整婚姻家庭的法律规范由于其特殊的伦理性和鲜明的价值取向,使得相应的法律规范具有封闭性。虽然参照适用条款奠定了婚姻家庭编与合同编联系的基础,也让封闭的规范被迫向外扩张。适用民法典第 464 条第 2 款时,须根据其性质参照适用。② 实践中,不免见仁见智,引发对身份关系协议规范的扩张,造成法律适用上的冲突。例如离婚协议中关于违约责任条款的适用,在民法典第 464 条第 2 款出台以前,身份关系协议排除在合同法规则的适用范围外,故多不予支持,但随着该条款的适用,相同情况则发生变化。无论是曾经的婚姻法,还是如今的民法典"婚姻编",法律对于婚内契约几乎均没有详细的规定,但现如今法律对婚姻生活的干涉愈发全面和深刻,很多原本交由道德规制的问题,已通过当事人之间约定由法外空间转入法内空间,法律触角以不可逆转的态势延伸至婚姻家庭领域,婚姻约定越来越多地呈现出民事法律行为属性,其法律效力也越来越多地得到认可。实践中,对争议的处理也转向对婚内协议的效力控制,但须防范相关法律解释的过度扩张。

(三)兼顾两类规则原则,化解立法研究前瞻与司法实践滞后的抵牾

法律来源于生活,又滞后于生活。③ 关于民法典第 464 条第 2 款之规定,理论界广泛关注高度评价,认为这是民法典时代身份法与财产法融合的契机。④ 但实务界却反

---

① 参见刘得宽:《民法总则(增订四版)》,中国政法大学出版社 2006 年版,第 45 页。
② 参见王雷:《婚姻、收养、监护等有关身份关系协议的法律适用问题——〈合同法〉第 2 条第 2 款的解释论》,载《广东社会科学》2017 年第 6 期。
③ 参见温震:《论法律滞后性问题的现实性思考》,载《经贸实践》2017 年第 7 期。
④ 参见党日红、李明舜:《〈民法典·婚姻家庭编〉的变化要点及其价值引领》,载《妇女研究论丛》2020 年第 4 期。

响平平。孙若军教授指出,这一条款"理论走在了实务的前面"。法律规则需建立在一定基础之上,法律规则的建立往往滞后于现实社会发展,这本是法律不可避免的属性。① 自民法典施行以来,该条款虽在不断热议中,但并未大量适用、引用,也尚未出现典型性案例。相关研究也主要从方法论角度论证参照适用规则。作为新中国的第一部法律的婚姻法,发展至今,其相关的法律规范、争议解决机制日益完善,使得法律的滞后性并未在婚姻关系领域凸显。"婚姻家庭编"回归民法典后,要规范两类规范的规则原则,唯有推进该条款的适用,不断化解上述业已凸显的矛盾。

三、涉身份关系协议的类案处理规则探析

(一)涉身份关系协议案件的类案特点

依托"中国裁判文书网""法信网"等数据平台检索,以"民事案件""身份关系协议""民法典第 464 条"等信息为索引,排除无效检索,笔者汇总整理了各类裁判文书 132 件。通过案例的汇总整理,笔者认为涉人身关系协议的民事案件主要呈现出以下特点:

1. 案件数量呈递增态势。排除部分文书未上网、检索手段粗糙等原因,从检索范围内历年案件数据看,呈现出涉"身份关系协议"类民事案件量逐年增长的态势,尤其是近三年的数据,占检索结果案件数的近 70%。由此可见,涉"身份关系协议"的矛盾纠纷进入高发区,亟待立法、司法层面关切,而民法典第 464 条第 2 款的出台,也为有效解决该类纠纷指明了方向,提供了依据。

2. 案由类型相对集中。通过检索结果分析,排在前三位的案件类型为:债权人撤销权纠纷(占比 16.67%)、离婚后财产纠纷(占比 12.88%)、赠与合同纠纷(占比 12.88%),其他案由类型的案件数均占比较小。由此可见,纯粹身份关系协议案件几乎没有相关案例、涉身份财产关联协议案例亦较少;案件类型主要表现为基于夫妻离婚后财产分割对第三人产生影响后引发的纠纷类型;新类型的案例,诸如空床费协议、探望权补偿等纠纷,尚未显现出来。

3. 第 464 条第 2 款并未出现大量引用。检索结果显示,并未发现引用该条款的情形。民法典系 2021 年 1 月 1 日实施,实施时间尚短,法条引用量相对较少;因身份关系协议引发的纠纷,基于司法惯性,原有纠纷处置规则还在发挥效用;亟须探索运用民法典第 464 条第 2 款解决纠纷的典型案例,以彰显该项机制的优越性。

(二)身份关系协议准用合同编的类案处理的裁判原则

基于身份关系协议强烈的道德性、伦理性、内部性,在审理该类案件时应当遵循以下三个裁判原则:

---

① 参见殷冬水:《法律滞后三论》,载《行政与法》1998 年第 2 期。

1. 亲属法优先适用原则。对预期争议与风险的防范是财产法规则所致力的目标，人身关系协议准用财产法规则后，势必会对婚姻规范力图促进的优良家风形成冲击，会使法律原本希望在婚姻家庭关系中弘扬的奉献、关爱价值遭到削减。在身份关系协议纠纷处理中，面临法律规范冲突、衔接适用等问题。民法典第 1043 条具有重要意义，绝非单纯"倡导性""宣誓性"条款，该条款系公序良俗在家事领域的特别规范，为家庭伦理提出相较于交易规范更高的要求，明确了"优良家风"的规定，在于促进鼓励夫妻之间互相忠诚、互相尊重、互相关爱，而不是相互算计以及在婚姻破裂时避免损失。故应充分发挥民法典第 1043 条的原则功能，一方面体现在对配偶间婚内行为效力的审查，另一方面在对配偶一方婚内权利行使的限制。

2. 身份协议整体考量原则。身份关系协议是亲属之间基于特殊关系综合考虑各种因素最终达成一致意见的结果，其中每一条都是协议整体中的部分，相互关联构成协议完整意思表示。故要将协议作为一个关联的有机整体，不能单独将某一条款拿出来与协议整体相割裂。以离婚协议为例，是夫妻双方权衡利益、考量利弊后就婚姻关系解除、子女抚养、共同财产分割、夫妻债务承担、离婚损害赔偿等达成的"一揽子"协议，属于具有人身和财产双重性质的合意。故处置该类纠纷，应整体考量评判。

3. 兼顾财产规则的家庭伦理原则。一方面防止夫妻恶意串通转移财产损害债权人权益，另一方面也应保障婚姻关系中的配偶利益。如夫妻共同所有的房产登记在一方名下，离婚时双方协议约定房屋归另一方所有，但未变更登记，此后登记一方因个人债务被强制执行，此时双方离婚协议中关于房产权属的约定能否排除强制执行？对此，笔者认为，执行异议之诉应坚持实质审查原则，避免因"表面权利判断规则"可能造成的执行错误，不能仅依据权利外观表象即作出裁判。

（三）人身关系协议准用合同编案例的类型化探析

1. 纯粹身份关系协议准用合同编的空间

对于纯粹身份关系协议，在婚姻家庭编中多有明文规定。有规定的，应以婚姻家庭编为准，例如婚姻关系的终止（民法典第 1076 条、第 1080 条、第 1081 条、第 1082 条）、收养关系的解除（民法典第 1114 条、第 1115 条、第 1116 条）等规定。但纯粹身份关系协议成立、缔约过失、效力瑕疵等是否可以准用民法典合同编乃至总则编之规定，存在探索的空间。

（1）纯粹身份关系协议的成立是否准用合同编。纯粹身份关系协议的成立须具备法定形式，由于结婚登记、收养登记等程序操作愈发简捷，几乎不存在现实障碍。强制公示形式主义立法已经取代"以夫妻身份共同生活的事实"，无论婚姻、收养的合意，均须通过特定形式展现，故纯粹身份关系协议的成立不存在准用空间。

（2）纯粹身份关系协议的缔约过失责任是否准用合同编。纯粹身份关系协议的当事人之间，更多讲求公序良俗原则，维护伦理秩序底线。以婚姻的缔结为例，男女双方原则上均可随时中断结婚磋商，否则，结婚自由本身将受到限制。结婚行为的效力规则,应理解为封闭性规定,不能适用民法典第 464 条第 2 款。

（3）纯粹身份关系协议的效力瑕疵是否准用合同编。从比较法上看,德国民法典的总则编有关意思表示的瑕疵效力规则具有封闭性,并不适用于缔结婚姻的法律行为,日本民法典关于意思表示的规定不适用于身份行为。从我国的立法、司法情况看,纯粹身份关系协议可以直接适用民法典第 143 条,使其归于无效。

2. 身份财产混合协议准用合同编的空间

（1）对通谋虚假意思表示规则的准用。参照适用通谋虚假表示规则的典型身份财产混合协议是"虚假离婚协议"。某些夫妻会通谋解除婚姻关系,对财产分配、子女抚养等达成一致协议并完成离婚登记程序,待特定目的达成之后复婚,达到逃避债务、多享福利补贴等特定目的。由于离婚解除协议包含了婚姻登记机构的形式审查、登记的公示公信效力以及诚实信用原则等因素,因此这决定了"虚假离婚"应该引发离婚的法律后果。同时,我国司法实践通常将身份协议与财产协议区分判定,肯定前者的效力,否定后者的效力。在"赵某与陈某离婚后财产纠纷申请再审案"中[①],赵某申请再审理由之一系一审庭审笔录中双方均承认达成离婚协议只是通过离婚而规避债务,双方并不是出于真实的意思表示而对财产进行处分。再审法院肯定了离婚协议的效力,但由于赵某的举证不充分,对其请求未予支持。实务中,当事人往往由于"假离婚"没有实现预期效果,而以"假离婚"规避债务等理由向法院申请再审。但是从诚实信用、维护秩序的角度,法院往往要求当事人负举证责任,否则,将对夫妻财产依法重新分配。

（2）对情势变更、显失公平规则的准用。身份关系的存续过程中,不仅可能受到外部环境影响,也存在身份关系人之间的变化。在"蒋某与金某离婚后财产纠纷案"中[②],金某是否需要继续向蒋某履行离婚协议第 5 条的付款义务,案涉离婚协议是双方就离婚及离婚所涉的子女抚养、财产、债务处理等事项一并予以处理的约定。金某主张协议第 5 条是赠与性质,因其经济状况显著恶化,基于困难抗辩或行使任意撤销权,不再履行赠与。本案中,因金某提出离婚蒋某不同意,为达成离婚目的,金某以向蒋某支付200 万元为条件与蒋某签订离婚协议。该协议第 5 条是以蒋某同意解除与金某的婚姻关系为前提达成的债务协议,是与双方人身关系一体处理的条款,并不等同于普通民事交往中的无偿赠与或约定。在双方婚姻关系确已解除的情形下,金某应当按照约定履行付款义务。从本案情况来看,金某主张因抚养女儿、赡养父母等导致经济困难的情况并非离婚之初难以预见的重大变化,并非难以掌控的"客观情势",不宜认定为情势变更。此外,从保护当事人意思自治精神出发,情势变更原则适用应极为审慎,加之本案离婚协议区别于一般合同的特殊性。故本案既不适用赠与法律关系中的困难抗辩或任意撤销权,也不构成商事活动中的情势变更,金某以其目前经济困难主张不履行剩余付款义务理由不成立。但如果随时间推移,婚姻家庭关系内部或外部环境发生难以预测的变

---

① 参见甘肃省高级人民法院(2021)甘民申 324 号民事裁定书。
② 参见四川省乐山市中级人民法院(2021)川 11 民终 1009 号民事判决书。

化,且这些因素导致婚内财产协议、夫妻忠诚协议、子女抚养协议的情势已发生重大变更,履行协议对一方当事人显失公平,则可以参照适用合同编的情势变更规则。

身份财产混合协议是否可以准用显失公平规则,最高人民法院原则上持否定态度。由于离婚财产分割协议兼有财产与情感因素,因此,倘若夫妻一方急欲离婚而在夫妻共同财产问题上作出重大让步甚至"净身出户",那么,尽管离婚财产分割协议中的财产权利严重失衡,亦不宜简单认定显失公平。

(3)对代位权、撤销权规则的准用。身份财产协议的债权人准用民法典第 538 条规定的撤销权规则,具体包括两种情形:第一,遗赠扶养协议的遗赠人无偿转让约定财产或放弃约定到期债权。在此情形下,扶养人可以请求法院撤销受扶养人的无偿转让或放弃债权的行为,此处不作赘述,详见身份财产关联协议准用合同编部分;第二,离婚协议中的夫妻财产给予约定并非赠与,因而应排除赠与人的任意撤销权的适用,但是,当财产价值显著超过必要的法定扶养义务限度并损害财产给予方的债权人的利益时,债权人可以行使撤销权,以避免夫妻通过离婚协议恶意逃避债务。在"高某甲、王某与高某乙、高某丙、程某、张某债权人撤销权纠纷案"中[1],争议焦点是高某乙、高某丙、程某、张某行使的撤销权是否符合法律规定。该案中,经法院另案判决高某甲负有向四人赔偿 77 余万元的债务,但其在另案判决作出后与王某协议离婚,并约定将夫妻共同财产市区房屋分配给王某。尽管高某甲、王某在离婚协议中除对市区房屋进行分配外,还对高某甲农村宅基地房进行了分配,但二人不能证明高某甲对所涉农村宅基地房屋享有所有权,可用于赔偿款项支付。高某甲以协议的方式将夫妻共同财产的一半处分给王某,客观上导致其自身财产的减少,对高某乙等四人行使债权造成了障碍,故四人行使撤销权符合法律规定,应予支持。

(4)对违约责任规则的准用。如果身份财产协议的一方不履行合同义务或者履行合同义务不符合约定,则可以准用民法典第 577 条规定的违约责任。亲属身份权利义务具有伦理道德因素,一方不履行的债务属于民法典第 580 条第 1 款规定的法律上或者事实上不得强制履行的义务。以"陈某等与王某分家析产纠纷案"为例,关于王某与申某所签订房产协议的性质及效力认定,根据王某与申某在房产协议中的约定,涉及任何一方如违反夫妻忠诚义务,则应放弃财产分配,该内容系夫妻间有关忠诚协议约定的性质。夫妻忠诚协议是夫妻双方结婚前后,为保证婚姻关系存续期间不违反夫妻忠诚义务而以书面形式约定违约责任的协议。关于夫妻忠诚协议的法律效力问题,结合民法典相关规定,夫妻是否忠诚实质属于情感道德范畴,夫妻之间订立的忠诚协议,应由当事人本着诚信原则自觉履行,法律并不禁止夫妻之间签订此类协议,但也不赋予此类协议强制执行力,不能以此作为分割夫妻共同财产或确定子女抚养权归属的依据。当事人在离婚分割夫妻共同财产时,应综合考虑婚姻关系中各自的付出、贡献大小、过错方的过错程度和对婚姻破裂的消极影响,对无过错方酌情予以照顾,以平衡双方利益,

---

[1]　参见陕西省渭南市中级人民法院(2021)陕 05 民终 798 号民事判决书。

通过司法裁判树立正确的社会价值导向。本案中，案涉协议中"任一方感情背叛则净身出户"内容，系以夫妻关系身份为前提；基于夫妻忠诚协议的身份性，虽以合同形式存在，但基于夫妻身份关系而发生，不属于合同编意义上的合同，故不宜纳入合同编财产关系法律规范调整范畴。双方虽签订了夫妻忠诚协议，但应建立在双方诚信自愿履行的基础之上，不具有合同法上的法律约束力，故不能通过法律强制手段予以解决。王某基于房产协议主张分割涉诉房屋份额的主张，法院未予支持。[①] 尽管民法典第 1043 条规定"夫妻应当互相忠实，互相尊重，互相关爱"，但是，法律不可能以维持婚姻关系为目的而"强制"夫妻相互忠诚。故违反忠实义务的不利后果只能发生在离婚之时。夫妻忠诚协议中约定的金钱给付或分割财产须以婚姻解除为前提，实质系夫妻就未来离婚时过错赔偿标准的预先约定。

3. 身份财产关联协议准用合同编的空间

（1）身份财产关联协议准用抗辩权规范的问题。子女对父母有赡养扶助的法定义务，赡养义务是法定的、无附加条件的，对各法定继承人之间、各法定继承人和被继承人之间达成的关于赡养和遗产继承的继承协议，应该充分维护被继承人接受赡养的权利。继承协议是各个继承人和被继承人之间就如何履行赡养义务和继承遗产达成的协议，继承协议不能有损被继承人接受赡养的权利，这些法定主义调整态度是身份关系性质所对应的养老育幼和孝道理念的体现。免除义务人赡养义务的赡养协议、分别赡养协议均属无效。[②] 抚养义务与赡养义务不构成对待给付，承担赡养义务的前提不是被赡养人先前提供的抚养，即便被赡养人未履行抚养义务在先，赡养义务人也不能行使先履行抗辩权。[③] 近亲属之间有偿的意定监护协议的伦理属性很弱，当事人的给付义务所对应的请求权具有对价关系和牵连性，可以准用抗辩权规范。关于遗赠扶养协议，扶养人权利和遗赠人权利产生具有异时错位性，遗赠人在生前享有接受扶养权利，扶养人须先依约履行扶养义务甚至安葬义务，才能在遗赠人死后取得对其继承人的遗赠请求权。遗赠扶养协议中的扶养和遗赠之间不存在牵连性，故不得准用抗辩权规范。继承协议中的继承遗产、赡养父母等内容并不具有牵连性，亦不得准用抗辩权规范。

（2）身份财产关联协议准用合同解除权规则的问题。民法典第 563 条第 1 款规定的法定解除权规则可以准用于身份财产关联协议。遗赠扶养协议等继续性合同，该类合同的履行高度依赖于当事人间的特别信任关系。如果当事人之间的信任和善意无以为继，不能期待当事人继续维持合同关系，则应赋予当事人解除合同的权利。

（3）身份财产关联协议准用委托合同规则的问题。随着近年监护模式多元，从兼顾利益保护与意思自治，既有向被监护人提供替代决策模式——委托监护，也有向有一定能力的被监护人提供协助决策模式——意定监护。这两类监护协议主要内容与委托

---

① 参见北京市第三中级人民法院(2021)京 03 民终 8334 号民事判决书。

② 参见李益松、李志平：《子女签订的分别赡养父母协议无效》，载《人民司法·案例》2014 年第 12 期。

③ 参见张平华：《修改完善〈继承法〉及制定民法典继承编的几个宏观思考》，载梁慧星主编：《民商法论丛》第 49 卷，法律出版社 2011 年版，第 430－431 页。

合同类似,故监护协议的成立、生效、解除或终止等可以参照适用合同编委托合同的规定。在委托监护协议中,被监护人处于第三人的法律地位,意定监护协议属于附生效条件的合同,只有当监护原因发生时,通常是当被监护人丧失部分或全部民事行为能力时,意定监护协议才生效。由于被监护人的利益在委托监护协议与意定监护协议中处于特殊地位,监护人不享有委托合同中委托人的任意解除权。

结　语

在民法法典化的背景下,民法典第 464 条第 2 款为婚姻家事法融入民法典、准用财产法规则提供了契机。亲属法领域身份关系协议在准用民法典合同编的过程中,首先要明确"参照适用"的性质及规则定位,"参照适用"条款体现了民法典立法技术的进步,是婚姻家事法归入民法典的立法选择,赋予了法官在处理人身关系协议案件时更多的自由裁量空间,既涉及价值判断,也关系技术规则。在法律适用中,因特殊价值而长期独立立法的婚姻家事规范融入民法典合同编,面临不可回避的问题,诸如制度价值方面的冲突、立法与实务的抵牾、封闭规范与解释开放之间的矛盾以及纯粹由伦理道德调整的法外空间与法定强力规范的法内空间之间的角力。

夫妻相爱、血脉相传,本就是人伦道德秩序的根本,但在人与人之间的身份关系中,难免掺进财产因素,婚姻家事领域准用财产法规则,已然成为不可阻遏的大势。在民法实施一年多来,第 464 条第 2 款尚未凸显出其独特优越性,笔者试从既有案例中寻求法官在处理涉人身关系协议案件的裁判思路,同时,寻求总结纯粹身份关系协议、身份财产混合协议、身份财产关联协议在"参照适用"合同编的类案处理规则,为司法实践略尽绵力。

个人破产制度的实践与探索

——全国首宗个人破产清算在深圳裁定

邓茜文　叶　敏*

摘　要：随着我国国内市场经济的迅猛发展和优化营商环境的深入推进，建立全面的个人破产制度迫在眉睫。深圳经济特区开始个人破产制度试点改革具有里程碑意义。个人破产立法属大势所趋，立法机关应当尽快走出地方试点立法、分步推进的模式，并摒弃从商人破产再到非商人破产的立法思路，选择整体推进的立法路径。

关键词：个人破产制度；深圳经济特区个人破产条例；许可免责

"深圳个人破产案件信息网"于 2021 年 11 月 9 日公布的法院公开文书显示表明，深圳市中级人民法院于 8 日裁定债务人呼某破产，我国第一个"破产人"诞生。该案件审判信息显示，呼某在 2014 年至 2016 年经营深圳市呼延文化发展有限公司，因所在商场倒闭，呼延文化发展有限公司不得不关闭，导致呼勇负债近 500 万元。2018 年，呼勇卖掉了唯一的住房，实际收款 260 万元，并坚持还债，但至今仍欠 100 多万元。深圳市中级人民法院于 2021 年 11 月 8 日裁定债务人呼某破产。深圳破产法庭庭长曹启选表示，自宣告破产之日起，呼某进入 3 年免责考察期。考察期内，呼某需每月在深圳市破产事务管理署的破产信息系统登记申报个人收入、支出和财产状况等信息，除扣除每月必要支出外，剩余收入全部用于偿还债务。考察期的限制远不止这些。除了要按时申报个人收入、支出和财产状况等信息之外，在考察期内，呼某的个人消费、职业资格、收入分配等多方面受到限制。限制的内容包括不能乘坐头等舱、一等座等，不得修建、改造、翻新住宅，不得给孩子上高收费的私立学校，不得租用高级写字楼等场地办公，不得缴纳巨额保费购置保险金融理财产品等，也不得担任上市公司、非上市企业和机构的董事、监事和高层管理人等。从弘扬契约精神、挽救和帮助"诚实而不幸"的债务人，并且预防这些债务人滥用破产制度的角度出发，个人破产制度的建立健全都是一剂良药。良法善治，对于建立健全稳定、透明、公平和可预期的法治化营商环境，意义非常重大。

---

* 邓茜文，江南大学法学院硕士研究生；叶敏，江南大学法学院副教授，硕士生导师。

一、我国个人破产立法路径

关于是否应该建立个人破产制度的学术争论于 20 世纪 90 年代中后期发端,并分别在 1986 年和 2006 年因两次破产立法而被推至风口浪尖,但最终都是否定派占了上风[①]。自 1986 年企业破产法(试行)以来都只有企业破产制度,没有提及个人破产制度。结合司法实践来看,个人破产制度的缺失,使自然人无法通过个人破产程序进行清算,造成案件执行难,导致自然人躲藏逃避债务甚至了结生命也不愿意申请企业破产,从而导致企业破产制度的实施也受到影响。1991 年的民事诉讼法第九章"企业法人破产还债程序",虽然扩大了企业破产制度的范围,但仍然无法覆盖合伙中小企业有限公司、个别独资企业、个体工商户、自然人等主体。

随着中国改革开放的深入,我国破产法是否有必要扩大其范围,建立一个既适用于企业法人,也适用于自然人、非法人团体等一切市场经济主体的统一的破产制度,已成为学界所讨论的焦点问题之一。如 2004 年交付全国人民代表大会常务委员会审查通过的企业破产法(草案)第 2 款就曾规定,本法的范围包括企业、合伙公司及其合伙人、个人独资公司及其出资人、以及其他依法成立的盈利性团体。尽管当时的企业破产法(草案)还只是把破产法的范围扩展至各种种类的公司,但因为包括了企业合伙人、个人或独资公司的出资人,被认为是我国立法过程中离个人破产制度最接近的一次尝试。但是最后制定的企业破产法并未接受草案的意见,只是选择了把破产法限制于适用企业法人,而合伙公司、个人或独资公司都可以"参照适用"。所以,自中国现行的企业破产法 2007 年实施以来,始终将个人破产排除在外。最高人民法院周强院长 2018 年向十三届全国人大常委会第六次会议报告关于基本解决执行难工作时提出了"推动建立个人破产制度,畅通执行退出进路"的建议。此后,浙江、江苏、山东、广东等地法院开始尝试探索个人债务集中清理,试图在现有立法之下摸索出一种与个人破产制度功能相当的司法实践模式。2019 年国家发改委、最高人民法院等部门联合发布了《加快完善市场主体退出制度改革方案》,明确改革的总体目标是"逐步建立起与现代化经济体系相适应,覆盖企业等营利法人、非营利法人、非法人组织、农民专业合作社、个体工商户、自然人等各类市场主体的便利、高效、有序的退出制度",对于个人破产立法规划的表述是"研究建立个人破产制度,重点解决企业破产产生的自然人连带责任担保债务问题。明确自然人因担保等原因而承担与生产经营活动相关的负债可依法合理免责。逐步推进建立自然人符合条件的消费负债可依法合理免责,最终建立全面的个人破产制度"。中国人民大学商法研究院主任刘俊海此前曾表示,必须要善待"诚实但失败"的个别债务人。目前这些人的数量实在是巨大,而且早已触及公共利益问题。在新冠肺炎疫情暴发以前这类人就大有人在,在疫情暴发以后更是扩大了范围。许多人在疫情时期没

[①]　参见赵万一、高达:《论我国个人破产制度的构建》,载《法商研究》2014 年第 3 期。

有收入,但房贷还得还,或者尽管暂时不偿还房贷并不造成违约,但利息却还得计算。在这个情形下,更该理解、同情和谅解这些债务人,但又不能一棍子打死,让他们这辈子都消沉下去。个人破产并不等于给恶意规避债务的人提供"保护伞",也不是给"老赖"提供避风港,它的目的是"促进诚信债务人经济再生",充分调整债权人与债务人的权利义务关系。个人破产制度所保障的是"诚实而不幸"的人的权益。作为债权人,贷出去的款,就这么一笔勾销实在让人无法承受。但以人文视角理解个人破产这种事件,因为债务人所欠下的巨额债务,按照其实际还款实力来看,已没有了偿还的可能性,逼迫反而加大了违法犯罪和突破道德底线的可能性。有些人认为"欠钱不还"便是"逃债",这是对该制度的误读。事实上这个制度也是约束"逃债"者最有效的办法。破产程序中,管理人在接手公司后可以通过对所有债权人的财产、账户等情况充分调查,向所有债权人及时披露消息,并进行询问、监管等,以避免隐藏、转让遗产,同时,律师对借破产逃避债务的行为还会追究法律责任。值得注意的是,这个深圳的单亲妈妈还未破产"顺利",还需要经过三年评估期。她受到包括无法购置不动产、车辆,无法供孩子们上高消费私立学校,以及无法在三星级以上的旅馆、饭店等公共场所消费等限制。只有通过考察,法院才会裁定破产;要是通不过考察,该还的债还得继续。特别是如果通过欺诈手段获得免责裁定,那这个免责就会被撤销。有竞争的地方就会有失败,尤其对那些承担着高风险的创业者来说,给予他们重整旗鼓的机会,为这些"诚实而不幸"的人托底,才能更好鼓励创新、激发创业热情。

二、深圳经济特区个人破产条例立法概况

《深圳经济特区个人破产条例》(以下简称《深圳条例》)于 2020 年获表决通过。随着立法工作的逐步推进,中央对深圳开展个人破产立法试点的支持力度不断提升。深圳启动立法工作之初,仅有国家发展改革委、最高人民法院等部门联合发布的《加快完善市场主体退出制度改革方案》作为政策依据。2020 年 5 月国务院出台了《关于新时代加快完善社会主义市场经济体制的意见》,提出"健全破产制度,改革完善企业破产法律制度,推动个人破产立法,建立健全金融机构市场化退出法规,实现市场主体有序退出"。10 月中共中央办公厅、国务院办公厅印发了《深圳建设中国特色社会主义先行示范区综合改革试点实施案(2020—2025 年)》,同时以附件形式印发 40 项首批授权事项清单,其中明确提出要"率先试行自然人破产制度,支持制定深圳经济特区个人破产相关规定"。至此,深圳经济特区个人破产立法完成了"自下而上"向"自上而下"的转变,成为中央授深圳试点的改革事项之一。

《深圳条例》从第一稿至公告稿,前后历经数百次修改调整,保护对象从全面保护到限缩保护经营性债务再到重新扩大到包含消费债务;破产程序从清算、重整二元论变为清算、重整、和解三元论,并增加了简易程序;法定免责经历了从宽到严的局部调整;破产管理机构从无到有;破产信息公开和登记制度从简单的信息化办案发展成为一项独

立且重要的破产配套保障机制。还有诸多法律技术层面的调整,比如,债权人是否具有申请权、债务人财产的界定、破产原因的界定、不予受理的事由、管理人的产生方式、豁免财产的确定、清偿顺序的安排、重整计划法定最低标准、家庭住宅抵押贷款特别条款、法律责任的设计等,均经过反复讨论研究修改。最终形成的公告稿条文未必成熟,但其中修改脉络所呈现的争议可为未来国家个人破产立法提供参考和借鉴。

深圳在国内进行个人破产立法尝试,对于构建完整的现代破产制度和市场退出制度,营造稳定、公平、透明、可预期的国际一流法治化营商环境有着重大意义,由此也会让深圳进一步成为投资的洼地。深圳试点个人破产制度必然会引发地区公平的问题。实际上,任何试点改革都会产生地区间的公平性问题,对于中国这样一个地域辽阔、经济发展不平衡、地区差异性较大的大国,试点改革可以在有限范围内探索拟试点制度的利与弊,总结经验教训,然后决定是否在全国范围内推广。因此,对于地区公平性的考量应当转换为对试点改革利弊的分析。只要我们严格遵循党的十八届三中全会决定提出的"凡属重大改革都要于法有据"的方针,对试点改革的利弊进行充分的论证,地区间的公平性问题则可视为国家改革必然要承受的代价。中央选择进行地区立法试点,应当是利弊权衡之后的结果。中共中央、国务院于 2019 年 8 月发布的《关于支持深圳建设中国特色社会主义先行示范区的意见》指出:"在中央改革顶层设计和战略部署下,支持深圳实施综合授权改革试点,以清单式批量申请授权方式,在要素市场化配置、营商环境建设、城市空间统筹利用等重点领域深化改革、先行先试。"中共中央办公厅、国务院办公厅 2020 年 10 月印发的《深圳建设中国特色社会主义先行示范区综合改革试点实施方案(2020—2025 年)》明确要求"推进破产制度和机制的综合配套改革,试行破产预重整制度,完善自然人破产制度",其附件《深圳建设中国特色社会主义先行示范区综合改革试点首批授权事项清单》列明"率先试行自然人破产制度,支持制定深圳经济特区个人破产相关规定"。在中央文件的明确支持下,深圳市人大常委会制定《深圳条例》,试行个人破产制度,属于于法有据的重大改革。因此,地区间的公平性问题不影响深圳试点个人破产制度的正当性。然而,《深圳条例》的效力如何拓展到非试点地区的问题仍然存在。

例如,《深圳条例》规定的中止执行和解除保全措施的效力能否及于深圳以外的地区?对此,单从《深圳条例》制定机关的地位来看,深圳市人大常委会确实无法对深圳以外的地区的司法行为作出规定。但很显然,如果《深圳条例》不在非试点地区发生效力,则深圳的个人破产试点必然遭遇失败的结果,因为极易出现债务人将财产保留在其他地区,然后在深圳启动个人破产程序并取得债务免责的情形。如果允许这种情形发生,则《深圳条例》真有可能使深圳成为逃债的避风港。解决这个问题,需要从深圳试点改革的地位来认识。深圳作为中央确定的中国特色社会主义示范区,根据中央的决定启动个人破产试点改革,属于为国改革,而并非深圳经济特区自主决定的本地区范围内的试点改革。因此,可以由全国人大常委会作出决定,确认《深圳条例》的法律效力可以拓展到深圳以外的地区,以落实中央提出的"支持制定深圳经济特区个人破产相关规定"

的改革要求。我们注意到，最高人民法院 2020 年 11 月 4 日发布的《关于支持和保障深圳建设中国特色社会主义先行示范区的意见》第 12 条规定"扎实开展破产制度改革试点。率先试行自然人破产制度，建立自然人破产制度司法实施协调保障机制，全面落实自然人破产案件裁判在特区内外的法律效力"。其中，"全面落实自然人破产案件裁判在特区内外的法律效力"正是针对前述问题而言的，但最高人民法院的要求只能约束全国法院系统的行为，无法对于法院以外的单位（如公安机关、检察院、税务局、海关等）采取的保全措施或强制执行措施产生约束力。而企业破产法的实施表明，这些单位采取的保全措施或执行手段的解除才是问题的症结所在。因此，由全国人大作为最高立法机关对此作出明确的规定才是解决问题的根本办法。现实中，其他省份地区也在积极进行尝试。例如，继深圳通过首部个人破产法规后，浙江也正式探索个人破产制度。2020 年 12 月，浙江省高级人民法院发布《浙江法院个人债务集中清理（类个人破产）工作指引（试行）》，提出要积极探索通过附条件的债务免除、诚信财产申报、合理确定"生活必需品"以实现破产制度中豁免财产的制度目的等途径，在个人债务集中清理工作中充分探索个人破产制度。

总之，深圳在个人破产领域的先行先试具有开创性意义，为填补我国自然人破产法律制度的空白迈出了关键一步。个人破产制度是"帮助企业经营者保证人解除债务枷锁、再次创新创业的最基本制度"[1]。由于我国现行企业破产法不适用于自然人，在自然人已成为社会主义市场经济中重要的经济主体后，其清偿能力出现危机或困境时无法获得破产法的保护与救济。此次《深圳条例》所带来的保护作用是双向的，不但保护了债务人，对债权人也是一种约束和保护。首先可以保障债务人及其所扶养人的基本生活及权利，应当为债务人保留豁免财产，即不作为偿债财产的债务人财产，这些保留给债务人自由支配。这些有利于保护债务人在面临债权人追债时得到更多的合法保护。以往债权人在向个人追债时面临着两个方面的问题：一是过度追债甚至违法追债，侵犯债务人及其家属的人权以及其他合法权益，债权人陷于违法犯罪的境地；二是由于没有个人破产制度，债务人在资不抵债时，其理性选择不是积极清偿债务，而是隐匿、转移财产，保留给自己和家庭使用。归根究底在于缺少个人破产法律制度。根据《深圳条例》，债务人和债权人都可以向人民法院申请破产。就债务人而言，在深圳居住，且参加深圳社保连续满三年的自然人，因生产经营、生活消费导致资产不足以清偿全部债务或者明显缺乏清偿能力的，可以依法进行破产清算。就债权人而言，当债务人不能清偿债务时，单独或者共同持有五十万元以上到期债权的债权人可以提出对债务人进行破产清算的申请。截至 2021 年 9 月 30 日，深圳市中级人民法院共收到个人破产申请 755件。此前，深圳已裁定了全国首个个人破产重整案和全国首宗个人破产和解案。相较于全国首个个人破产重整案和全国首个个人破产和解案的当事人，呼某才是全国首个真正意义上的"破产人"。

---

[1]　金春：《个人破产立法与企业经营者保证责任问题研究》，载《南大法学》2020 年第 2 期。

三、构建和完善我国个人破产制度的建议

（一）程序层面

首先，设置较高的申请破产门槛。当债务人的财务状况急转直下，完全不可能按时还清债务才能申请个人破产。至于债务额度上，应综合考虑不同债务人的情况，以较高的额度为原则性标准。全面掌握债务人未来可能取得的收入、收入来源和渠道。通过对就职单位、身边人的问询，多方面获取真实情况。从事实也可以看出，这一制度执行相对严格。首例个人破产案的出现，距离《深圳条例》实施后历经 8 个月之久。个人破产清算第一案出现较晚的主要原因可能在于，为了起到良好的社会示范作用，法院对个人破产案件的审理秉持十分谨慎的态度，对于债务人的债务情况、偿还能力是否有隐匿财产的情况等审查得非常细致。个人破产制度旨在帮助"诚实而不幸"的债务人实现"东山再起"。而站在债权人的角度所担心的，是个人破产制度是否会成为"老赖"逃避债务的温床。因而从法律技术层面，在事前需要法院、管理人采用合法的手段调查债务人的真实情况，在确保债务人没有破产欺诈的情况下再进入破产程序；更重要的是，需要通过事后监督和制裁措施，让滥用个人破产程序逃废债务的债务人付出代价，确保债务人不通过各种欺骗性手段获得免责救济。在当前技术条件下，限制债务人转移资产、隐匿财产或者实施欺诈性破产已经具备基本手段。但除了信息科技手段外，更需要完善配套制度和执法强度。

由于人的复杂性、多变性，在道德层面很难判断出来一个人是否是"诚实而不幸"的。就目前情况而言，判断可能更依赖于个人信用体系，比如是否有犯罪前科、违约违法前科、恶意欺骗债务人前科等。因此，在推进个人破产条例的过程中，以及法院在裁定债务人破产的过程中，需要慎之又慎，稳步推进。其次，设置前置程序。设立庭前和解与庭中和解程序，人民调解员主持庭前和解，以增加和解协议的达成率，简化处理流程。达不成和解协议的，则在法官的主持下进行庭中和解，法官不仅可以调节债权债务人之间的争议，也可依职权选定对双方最适合的方案并作出具有强制执行效力的裁定。再次，设立破产法庭。在我国现有的司法体制下，个人破产案件一旦启动，案件数量必将大大增加，民事审判压力将会史无前例的巨大。因此，建立一个专门的破产法庭以提高审判效率显得尤为重要。目前，我国已在深圳、上海、北京等地设立 14 家破产法庭。此外，相对独立、专业的破产管理机构是保障破产管理职责高效有序行使的组织基础。该机构从性质上讲，属于政府行政机关，依法行使行政管理权，承担对破产事务的宏观管理以及对破产案件进行个案管理职能。此外，还应当特别授予该机关独立的行政调查权和行政处罚权，使其可以依法对破产管理过程中发现的违法行为进行调查，并根据情节轻重作出行政处罚决定，情节严重构成犯罪的，可依据调查结果移送公安机关立案侦查。破产审判与破产管理两权分离，独立运作，不等于人民法院与破产管理机构互相

隔离；相反，在很多工作内容上，二者需要交互信息、协同推进。一方面，破产管理机构行使行政管理权以破产审判工作为基础。比如，破产管理机构负责管理人名册编制与考核，管理人履职情况需要人民法院在办理案件过程中进行收集和评价并反馈给管理机构。另一方面，人民法院行使审判权需要破产管理权给予保障和支持。比如，人民法院能否对债务人裁定免责，有赖于破产管理机构对债务人免责考察期内的表现出具调查意见。由于二者在工作内容上密切关联，需要频繁的交互信息，互为前提和依据，若流程松散、各环节衔接不畅，就会造成程序拖延滞后，降低破产办理的效率。因此，应当对二者需要相互配合衔接的工作内容进行梳理，以信息化平台为载体，固化流程节点，加强时效管理。站在实践角度，法院选择一个"单亲妈妈"作为第一个吃螃蟹的"破产人"也是经过深思熟虑的，关键是要确保"老赖"不能用破产逃债。呼女士的确欠了巨额债务，但她也努力通过卖房凑钱来还债。她属于典型的"诚实而不幸"的债务人，这时适用"个人破产"，对她自己，对债权人，对执行法官来说，都是一个解脱。

（二）实体层面

运用人道主义理论和社会效用理论，把握个人破产免责的例外情形设计的宽严程度，以防止免责制度阻碍个人破产制度充分发挥"鼓励创新，宽容失败"和赋予债务人"全新开始"的功能价值，真正让个人破产立法"逐步实现对个人债务人的生存权和发展权由低到高的保护"[①]。

首先，建立有条件的许可免责制度。免责制度是为了保护"诚实而不幸"的债务人，使其摆脱债务困境，但在制度设计上还应当考虑何种债务人可以免责，以及债务人的何种行为应当不予免责。可以借鉴德国和日本的做法，采取严格的许可免责和有限免责制度，即债务人应制定债务清偿计划，积极偿还债务，在此基础上向法院提出免责申请，经法院审查许可后，方可免除剩余债务。对于特殊债务，应规定不予免除，如人身损害赔偿义务、家庭抚养义务、个人所欠的医疗等社保费、因侵权所产生的费用等。在债权人的角度来看，对于想还款但没有还款能力的人来说，如果一味地施加压力，很可能会导致债务人作出跑路等极端选择。通过个人破产制度，在免责考察期期间债务人依旧需要偿还债务，对于债权人来讲不仅能收回一部分钱，还能避免债务人的极端选择，能得到社会的良好口碑。对于身为金融机构的债权人来讲，免责考察期过后，债务人有东山再起的可能性，有可能再次成为金融机构的 VIP 客户。从金融机构的角度，虽然放弃了之前的部分债务，但通过这种良性循环的人性化的制度，从长期层面可能会获得更大的收益。其次，建立自由财产制度。自由财产是给债务人及其负有抚养责任的家庭成员留有足够的，一般以满足基本生活需要为限的金钱与物资，为债务人继续工作提供合理的支持，方便其重新创业，回归社会正常的状态，解决破产人未来一定期间内的生存问题。此外，对于法院确认的自由财产的范围，债权人有权提出异议，可以为利害关

---

① 殷慧芬：《个人破产立法的现实基础和基本理念》，载《法律适用》2019 年第 11 期。

系人设置相应的法律救济渠道。

此外,建立失权和复权制度。失权制度对债务人的某种权利或资格在一定期限内予以剥夺,复权制度将债务人先前被剥夺的权利或资格在经过法定期间后有条件地予以解除或恢复。在制度设计上,可借鉴中国香港地区经验,规定一定的期限,对失权的内容进行细化,如对其财产的管理处分权、居住迁徙、通信等进行限制。期限届满后,可采许可主义,由法院宣布解除对债务人的权利和资格限制,恢复其相应的权利。建立事后监督制度。在破产期间,对债务人存在的欺诈、转移、隐藏破产财产以及个别清偿债务等行为,可考虑设置专门的机构或人员对个人破产程序结束后、免责前的财产收入与支出进行严格监控。如中国香港的破产管理署,中国澳门的检察院,都在破产程序中有监督的权力,以保障破产程序的正常进行。实施中,一旦债务人不如实申请或有选择地申请欠款、遗产,又或是有意地以个人名义申请与他人混同的欠款、向别人转让遗产后再申请破产案件的,情况一旦出现,人民法院将严格地根据《深圳条例》作出不批准、驳回申请、不免责的决定,并将严肃追究责任。即使在获得了免责裁定以后,一旦发现上述情况,法庭也将作出不予受理、驳回请求、不予免责或者撤销免责的裁定,并严厉追究责任。

自治与法治的边界：论农村集体经济组织成员资格认定的裁判规则

——基于 184 份高级法院裁判文书的实证分析

李星星*

摘　要：农村集体经济组织成员资格认定涉及亿万群众的实际权益。通过对 184 份不同省份高级法院裁判文书的整理分析，笔者发现约 39% 的文书认为农村集体经济组织成员资格认定属于村民自治范畴，不属于法院受案范围。经法理分析，村民自治权具有权力和权利双重属性，而权力需要规制，否则易被滥用；对个体权利而言"有权利就有救济"，司法救济具有正当性和终局性。如何正确理解村民自治权与司法权的性质，如何正确处理村民自治与法治的关系，如何构建合理合法的成员资格认定裁判规则，是本文的核心论题。本文共分为四个部分：第一部分是司法现状，成员资格认定纠纷存在裁判观点不一的问题；第二部分是原因剖析，导致裁判观点不一的影响因素；第三部分是法理分析，明确村民自治权和司法权的性质，厘清村民自治与法治的关系；第四部分是规则思考，基于现实和法理，提炼合理合法的裁判规则，并利用不同学科的照明，借鉴行政诉讼的经验做法，进一步完善裁判规则。

关键词：农村集体经济组织成员；资格认定；裁判规则

"民族要复兴，乡村必振兴。"2015 年以来，全国共确认农村集体经济组织成员 6 亿多人。[1] 农村集体经济组织成员资格认定（以下简称成员资格认定）是集体组织成员权实现的前提。[2] 成员资格认定已成为集体产权制度改革、集体土地制度改革、宅基地三权分置改革必须面对的问题。[3] 可见，成员资格认定涉及亿万群众的实际权益，是推进农村全面深化改革的重要基础。

---

* 江苏省盐城市中级人民法院法官。

[1] 参见《国务院关于农村集体产权制度改革情况的报告》，载"中国人大网"，最后访问日期：2020 年 4 月 26 日。

[2] 集体组织成员权包括集体土地承包请求权、宅基地分配请求权、集体利益分配请求权、获得集体保障权、集体事务参与权等。参见戴威：《论农村集体经济组织成员权内容的类型化构造》，载陈小君主编：《私法研究（第 17 卷）》，法律出版社 2015 年版，第 231–241 页。

[3] 参见许中缘、范朝霞：《农民集体成员资格认定的规范路径——以地方立法、司法实践为视角》，载《海南大学学报（人文社会科学版）》2020 年第 5 期。

一、司法现状:成员资格认定纠纷裁判观点不一

最高人民法院是我国最高审判机关,具体承办的成员资格认定案件较少。中基层法院裁判观点受到高级法院裁判观点的直接影响,因而本文选择高级法院裁判文书作为研究样本。

选样时间:2021 年 6 月 1 日。选样媒介:"中国裁判文书网"。选样方式:全文搜索"理由—成员资格认定"。法院层级:高级法院。裁判时间:不限。搜索结果:196 份,其中民事文书 127 份,行政文书 69 份。在 196 份文书中,实质与成员资格认定无关的文书 12 份,剩余有效样本文书 184 份。

经整理分析,在 184 份文书中,72 份文书认为成员资格认定属于村民自治范畴,故不属于法院受案范围;70 份文书认为法院可以实体审查并作出认定;24 份文书认为成员资格认定是提起成员权之诉的前提,无成员资格认定行为即提起成员权之诉不符合起诉条件;10 份文书认为没有法律规定,故不属于法院受案范围;5 份文书没有进行说理,直接认为涉成员资格认定,即不属于法院受案范围;3 份文书认为当事人双方并非平等的民事主体,故不属于民事案件受案范围。

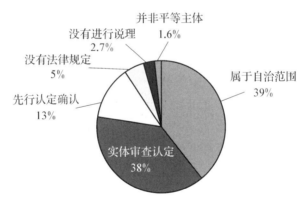

图 10　不同裁判观点占比图

【案例一】①村民自治范畴。法院认为:本案双方争议的焦点实际上是关于孟某某的成员资格认定问题。依照《村民委员会组织法》的规定,成员资格认定及征地补偿款分配,属于村民自治范畴,不属于法院民事案件受理范围。

【案例二】②实体审查认定。法院认为:对于因分配土地补偿费产生的成员资格认定问题,应综合考虑当事人生产生活状况、户口登记状况以及农村土地对农民的基本生活保障功能等因素认定相关权利主体,将当事人是否获得其他替代性基本生活保障作为重要考量因素。

---

① 参见辽宁省高级人民法院(2019)辽民申 5009 号民事裁定书。
② 参见河南省高级人民法院(2021)豫民申 442 号民事裁定书。

【案例三】①先行认定确认。法院认为:本案涉及农村集体经济组织股份化改制后成立的股份合作公司的股东资格确认以及分红等问题,进而涉及原农村集体经济组织成员资格认定问题。成某某、许某某应先就其是否具有成员资格申请处理或确认,其在其资格认定之前提起本案诉讼,不符合民事诉讼受理条件。

【案例四】②没有法律规定。法院认为:有关成员资格认定属于立法法第 45 条第(一)项规定的需要进一步明确具体含义的情形,其法律解释权在全国人大常委会,故在全国人大常委会作出相关解释前,成员资格认定不属于法院民事案件受理范围。

【案例五】③没有进行说理。法院认为:具有本集体经济组织成员资格是参与分配土地补偿费、享受村民待遇的前提,而涉及成员资格认定问题,不属于法院受理民事诉讼的范围。

【案例六】④并非平等主体。法院认为:农村集体经济组织成员资格的审查认定并非平等民事主体之间的权利义务关系,由此产生的纠纷不属于法律规定的法院受理民事诉讼的范围。

二、原因剖析:裁判观点不一的影响因素

1. 国家级法律法规长期缺位

2005 年 7 月 29 日,最高人民法院公布《关于审理涉及农村土地承包纠纷案件适用法律问题的解释》并在答记者问中提出,农村集体经济组织成员资格问题事关广大农民的基本民事权利,属于原立法法第 42 条第(一)项规定的法律保留事项,其法律解释权在全国人大常委会。2018 年修正的土地承包法第 69 条规定,确认农村集体经济组织成员身份的原则、程序等,由法律、法规规定。但迄今为止,全国人大及其常委会仍未对该问题进行立法或解释。目前仅有少数省份出台了农村集体经济组织条例等地方性法规或地方政府规章。国家层面的立法未对集体经济组织成员资格的确认进行明确规定,农民权益极易受到侵害,⑤法院受理审理此类案件无法可依。

2. 对村民自治和司法救济的错误认识

样本中,约 39%的文书认为成员资格认定属于村民自治范畴,不属于法院受案范围。首先,此类文书未能认识到村民自治的权力属性,想当然地认为村民自治属于自治范畴,因而不属于法律规制范围。其次,混淆了村民自治与司法救济的边界,把成员资格认定仅视为村民自治事项,未考虑到成员资格认定的侵权性质,以致将应当纳入司法救济范围的侵权纠纷,人为地排除在法院大门之外。再次,未能准确认识司法权的性

---

① 参见广东省高级人民法院(2018)粤民申 10891 号民事裁定书。
② 参见浙江省高级人民法院(2018)浙民申 3076 号民事裁定书。
③ 参见山东省高级人民法院(2019)鲁民申 7008 号民事裁定书。
④ 参见广东省高级人民法院(2020)粤民申 67 号民事裁定书。
⑤ 参见陈小君:《我国农民集体成员权的立法抉择》,载《清华法学》2017 年第 2 期。

质。不能把司法救济当成是司法权干预村民自治权。司法是保障社会公平公正的最后一道防线,司法救济具有正当性、终局性等特性,法院不能拒绝裁判。最后,未能正确理解诉权的含义,通常情况下,只要有诉的利益即有诉权,成员资格认定具有诉的利益,因而当事人具有寻求司法救济的诉权。

3. 对事实和法律的不同理解

成员资格认定是享有成员权的前提,有法院认为提起成员权纠纷诉讼,必须先经过村民自治认定或行政机关确认,法院不宜直接作出认定;也有法院认为,在审理成员权纠纷案件中,可以对成员资格进行审查认定,进而对成员权纠纷作出裁判。有法院认为成员资格认定理所当然不属于法院受案范围,故没有进行说理直接裁定驳回;也有法院写明不予受理的理由再裁定驳回。① 有法院认为集体组织或村委会与当事人是平等民事主体,② 也有法院认为不是平等的民事主体。不同省份高级人民法院的裁判观点各异,甚至有高级法院在裁判文书中直接写明:"外省关于农村集体经济组织成员资格认定的相关规定,不适用于我省。"③ 还有法院制定出台了有关成员资格认定标准的规范性文件。

表5　四家高级法院的规范性文件整理

法院	规范性文件	成员资格认定标准概括
安徽省高级人民法院	《关于处理农村土地纠纷案件的指导意见》	户籍＋自然取得和法定取得,兼顾实际生产生活或未取得城市最低生活保障
陕西省高级人民法院	《关于审理农村集体陕西经济组织收益分配纠纷案件讨论会纪要》	户籍＋实际生产生活＋形成权利义务关系＋外出务工、在校学生等特殊人员
重庆市高级人民法院	《关于农村集体经济组织成员资格认定问题的会议纪要》	较为固定的生产生活＋基本生活保障＋常住户口
海南省高级人民法院	《关于审理农村集体经济组织土地补偿款分配纠纷案件若干问题的意见(试行)》	基本生活保障＋户籍＋较为固定的生产生活＋"外嫁女"等特殊人员

三、法理分析:村民自治纳入法治的证成及思考

法理因为其自身具有的正当性的价值、原则、理念,而具有对国家政策、法律法规、具体案件等进行价值评判或证成的功能。④ 通过对184份高级法院裁判文书的整理分析可见,成员资格认定裁判观点不一的首要原因即村民自治,而村民自治的核心是村民自治权。

1. 村民自治权的内涵分析

关于村民自治权的性质,有权利说,如村民自治权是法律赋予的一种对村中事务进

---

① 参见浙江省高级人民法院(2017)浙民申796号民事裁定书。
② 参见河南省高级人民法院(2015)豫法民提字第00146号民事裁定书。
③ 参见河北省高级人民法院(2018)冀民申823号民事裁定书。
④ 参见张文显:《法理:法理学的中心主题和法学的共同关注》,载《清华法学》2017年第4期。

行自主管理的权利。也有权力说,如村民自治权是对一定范围内的公共事务进行管理的权力。① 有双重属性说,如对外、对国家而言,村民自治权是一种权利;对内、对村民个体而言,村民自治权具有权力性质。② 笔者同意双重属性说,理由如下:村民自治权具有相对性和综合性,在国家权力面前,村民自治权具有权利属性,享有自主管理、自主治理的权利;在村民个体面前,村民自治权具有权力属性,具有决定村民取得或丧失某种权利的权力。权力源于民主授权,经过村民民主决议的自治事项当然具有权力属性。既然村民自治权具有权力属性,那就应当受到规制,否则易被滥用,而规制权力的最有效方式是法治。

2. 村民自治与法治的对比及关系

村民自治就是自我管理、自我教育、自我服务。法治是治国理政不可或缺的重要手段,法治兴则国家兴。村民自治是村庄范畴,法治是国家范畴。村民自治是正向赋权之治,法治是反向约束之治。村民自治的依据是自治章程、村规民约,法治的依据是法律法规。村民自治与法治不是平行或对立关系,而是融合关系。村民自治与法治均不能过度强调,否则容易形成"自治中心主义"和"法治中心主义"。一味强调法治,容易降低自治的生机活力;一味强调自治,容易导致权力被滥用。村民自治和法治相结合是促进农村集体经济高质量发展的前提和保障。

3. 村民自治纳入法治的理由

司法救济具有法治属性,法治强调对个体权利的保护。关于村民自治权侵犯个体权利应否纳入法治范畴的问题,具体而言即村民自治行为侵权纠纷应否纳入司法救济范围的问题,笔者持肯定态度,理由如下:

符合法律规定。民法典第 120 条规定,民事权益受到侵害的,被侵权人有权请求侵权人承担侵权责任。民法典第 265 条第二款规定,农村集体组织、村委会或其负责人作出的决定侵害集体经济组织成员合法权益的,受侵害的集体经济组织成员可以请求法院撤销。村民委员会组织法第 36 条第一款规定,村委会或者村委会成员作出的决定侵害村民合法权益的,受侵害的村民可以请求法院撤销。可见,无论是民法典还是村民委员会组织法均规定,农村集体组织或村委会等侵权纠纷纳入司法救济范围。

符合政策精神。在深入推进全面依法治国背景下,2021 年 4 月 26 日农业农村部公布的《关于全面推进农业农村法治建设的意见》明确要求,全面推进农业农村法治建设,为全面推进乡村振兴、加快农业农村现代化提供有力法治保障。可见,在国家眼中,农村不是法外之地,需要全面推进法治建设。村民自治是农村的主要治理制度,当然属于法治建设范围。故而,村民自治行为侵权纠纷纳入司法救济范围符合国家政策精神。2018 年最高人民法院《关于为实施乡村振兴战略提供司法服务和保障的意见》规定,审慎处理尊重村民自治和保护基本权利的关系,防止简单以村民自治为由剥夺基本权利。

---

① 参见潘嘉玮、周贤日:《村民自治与行政权的冲突》,中国人民大学出版社 2004 年版,第 4 页。
② 参见郝红梅、韩德强:《论村民自治权运行中的权力制约问题》,载《甘肃政法学院学报》2008 年第 1 期。

可见,最高人民法院已注意到下级法院存在以村民自治为由不予受理的问题,村民自治行为侵权纠纷纳入司法救济范围符合司法政策精神。

具有法理基础。从司法救济特性分析,首先,司法救济具有正当性。法院是国家设立的专门司法机关,法官是国家任命的专门从事审判工作的司法职业者,他们按照专门的诉讼程序,"以事实为根据、以法律为准绳"审理案件,拥有公平公正的价值追求。"有权利即有救济",我国公民合法权利受到侵害,当然有权寻求司法救济。村民自治行为侵犯个体合法权利,司法救济具有正当性。其次,司法救济具有被动性。在我国,法院被动受理案件,也就是常说的"不告不理",法院诉讼程序必须由当事人启动,法院居中审判。村民自治行为侵犯个体合法权利,如果没有当事人起诉,法院不能主动司法救济。再次,司法救济具有谦抑性。司法权运行的范围有限,否则也容易被滥用。司法权应充分尊重村民自治权,不能僭越自治权。理论上,经司法审查,成员资格认定行为违法,法院可以判决撤销,可以责令村民自治组织限期重做,但不宜替代村民自治权直接作出认定。最后,司法救济具有终局性。村民自治行为侵犯个体合法权利的前置救济方式多样,如请求基层党支部帮助处理、基层调解组织参与调解、基层乡镇政府指导处理等。司法救济具有终局性,是最后的权利救济途径,司法裁判一经作出就具有拘束力和强制力,还具有公信力和权威性。另外,从诉权角度分析,诉权具有普遍性,理论上具有诉的利益就应当具有诉权,[①]成员资格认定涉及当事人基本生活保障权、身份权、财产权等,具有诉的利益,故当事人具有寻求司法救济的诉权。

具有现实必要。自治章程、村规民约缺乏必要的监督,往往存在多数人对少数人的"合法"侵权。[②] 村民自治权以村民民主决议形式运行,民主决议依据《村民委员会组织法》实行多数决。现在的问题是多数决的民主决议的公正性问题。以成员资格认定为例,集体利益是既定的,集体利益属于所有集体经济组织成员,那么多认定一个成员就意味着多分出一份利益,对既有成员而言就会少分配一些集体利益,大多数村民从自益的角度也会从严或违心作出表决。鉴于存在这种利害关系,村民民主决议多数决将倾向于发生"多数人的暴政",民主决议的公正性存疑,此时,外部的司法救济凸显现实必要。

4. 关于成员资格认定纳入司法救济的思考

理论上,法院应当受理成员资格认定案件。现实中,我们还要考虑法院能否承受之重,首先是案件数量激增问题,其次是成员资格认定涉及基层民主制度,法院如果敞开受理,是否会"叫醒了沉睡的孩子",打破目前还可以维持的相对稳定的状态。[③] 当前我国最高权力机关对成员资格认定讳莫如深,行政机关对成员资格认定也只是行政指导,

---

① 参见刘敏:《论诉的利益之判断》,载《国家检察官学院学报》2012 年第 4 期。
② 参见刘高勇、高圣平:《论基于司法途径的农村集体经济组织成员资格认定》,载《南京社会科学》2020 年第 6 期。
③ 参见刘婧娟:《农村集体经济组织成员资格的认定困境分析——从征地补偿款的分配问题切入》,载胡学军主编:《南昌大学法律评论(第 1 辑)》,厦门大学出版社 2017 年版,第 166 页。

法院是否完全介入应当深思。

改革增加发展动力、增添社会活力；法治保障社会秩序，实现和谐稳定。《中共中央国务院关于稳步推进农村产权制度改革的意见》规定了农村集体经济组织成员身份确认的相关内容。该意见是全面深化改革的内容之一。"改革与法治如鸟之两翼、车之两轮"，成员资格认定既是改革中的问题，也是法治中的问题，因而需要稳妥处理，既不能影响改革进度，也不能牺牲个体权利。

四、规则探索：构建合理合法的裁判规则

裁判规则是由权威部门颁行的或依据法理约定俗成的关于裁判的准则、标准、规定等。[①] 规则具有指导性和可操作性。不同学科之间可以相互照明，借鉴行政诉讼的经验做法，成员资格认定的裁判规则可以进一步完善。

1. 成员资格认定属于法院受案范围

成员资格认定具有可诉性。村民自治不是阻却司法救济的理由。村民自治事项必须符合法律、法规以及合法有效规章、规范性文件的规定，不得剥夺集体经济组织成员的合法权利。[②] 正常的村民自治事项，若不违法、不侵权或无当事人诉讼，法院无权干预。村民自治事项若涉嫌违法侵权，当事人诉至法院，法院应予受理并实体审查。成员资格认定案件的审查标准，重点应考虑基本生活保障、实际生产生活、户籍等因素，构成违法侵权的认定行为应予撤销。

法院不能以没有法律规定拒绝裁判。首先，法律具有滞后性，而现代社会丰富多彩，新的法律关系层出不穷，纠纷不断，法院不能因没有法律规定就拒绝裁判。其次，司法具有能动性。"为大局服务，为人民司法"是司法能动的鲜明体现。发挥司法能动性，除法定不纳入法院受案范围的案件，法院应当受理并依据法理和社会主义核心价值观作出裁判。再次，法律具有完善性。法律总是不断修订完善，而司法实践是修订法律的重要依据，考虑到法院的地位、角色和特性，法院在实践探索方面具有得天独厚的优势，也最适合在前期、在个案中构建相关规则秩序，之后这些规则秩序再通过法律进行固定。从此角度讲，司法实践在前，法律完善在后。最后，司法具有终局性。司法救济是维护社会公平正义的最后一道防线，关于成员资格认定纠纷，法院不能以没有法律规定而拒绝裁判。

成员资格认定不具有行政可诉性。行政诉讼法第 2 条规定，行政行为侵犯合法权益，当事人有权起诉。行政行为，包括法律、法规、规章授权的组织作出的行政行为。农村集体组织或村委会是基层群众性自治组织，其作出成员资格认定行为，并非行政行为，也非依据法律、法规、规章授权履行行政管理职责的行为，故当事人就成员资格认定

---

① 参见张文显主编：《法理学（第五版）》，高等教育出版社、北京大学出版社 2018 年版，第 115 页。
② 参见最高人民法院(2017)最高法行申 5157 号行政裁定书。

提起行政诉讼的,法院应不予立案或驳回起诉。

　　成员资格认定应当纳入民事诉讼范畴。原民法通则和现民法典均规定,农村集体经济组织法人、基层群众性自治组织法人为特别法人。可见,法律已经明确农村集体组织和村委会的私法地位,农村集体组织、村委会与当事人之间属于平等的民事主体,故成员资格认定应当纳入民事诉讼受案范围。①

　　成员资格认定是提起成员权之诉的前提。成员资格认定之诉必须先有认定行为,这里的认定包括予以认定、不予认定或怠于认定,没有具体认定行为,人民法院难以司法审查。同理,成员权纠纷案件的基础是成员资格认定,成员资格认定行为缺失,将导致成员权纠纷的请求权基础缺失。最高人民法院《关于审理涉及农村土地承包纠纷案件适用法律问题的解释》第 22 条规定,征地补偿安置方案确定时已经具有本集体经济组织成员资格的人可以请求支付相应份额。可见,司法解释也要求先有成员资格认定行为,再有成员权之诉。

　　2. 优化司法审查内容

　　合理审查成员资格认定程序。借鉴行政诉讼司法审查行政程序的经验做法,在成员资格认定纠纷中,司法审查的内容除了认定标准外,还有认定程序,主要审查认定程序是否符合正当程序原则,即农村集体组织或村委会作出认定前是否听取了当事人的陈述申辩,作出认定时是否说明理由,参加民主决议的人数和表决结果是否符合民主决策程序等。

　　附带审查自治章程、村规民约。借鉴行政诉讼附带审查规范性文件的经验做法,引入自治章程、村规民约附带审查制度。当事人认为成员资格认定所依据的自治章程、村规民约不合法,在对成员资格认定提起诉讼时,可以一并请求法院对该自治章程、村规民约进行审查。法院经审查认为自治章程、村规民约不合法的,不作为认定成员资格的依据,可以向农村集体组织或村委会提出处理建议,并抄报当地乡镇政府。法院经审查认为自治章程、村规民约合法的,可以在裁判文书中引用。当事人单独就自治章程、村规民约提起诉讼,要求法院予以司法审查的,法院不予受理。

　　3. 提高裁判的科学性

　　强化裁判文书说理。说明理由制度不仅是控制国家机关自身的重要依据,也是增强决定正当性的依据。② 2018 年最高人民法院《关于加强和规范裁判文书释法说理的指导意见》明确要求强化裁判文书说理,提升裁判文书的正当性和可接受性。裁判文书要言之有据、言之有理,让当事人既"知其然"也"知其所以然",体现讲得出理由的正义。成员资格认定案件,涉及农村农民问题,法院裁判文书应当强化说理。

　　适用合理判决方式。借鉴行政诉讼确认违法和撤销的判决方式,即对程序轻微违法但实体正确的成员资格认定行为,法院判决确认认定行为违法,对认定程序轻微违法

---

① 参见管洪彦:《宅基地"三权分置"的权利结构与立法表达》,载《政法论丛》2021 年第 3 期。
② 参见胡云腾:《论裁判文书的说理》,载《法律适用》2009 年第 3 期。

进行否定性评价,但保持认定行为的效力;对明显违法或明显不当的成员资格认定行为,法院判决直接撤销。行政诉讼中,法院只能撤销违法的行政行为,判令行政机关限期重做,这是司法谦抑性的体现,也是对行政权的尊重。同理,成员资格认定案件,司法权也要保持谦抑性,法院不宜替代农村集体组织或村委会作出成员资格认定,而是应在撤销原认定行为之后,判令农村集体组织或村委会限期重新作出认定。

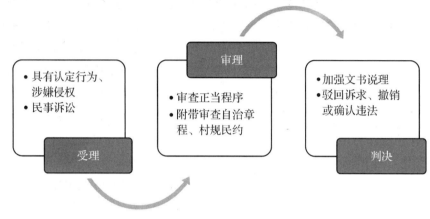

图 11 成员资格认定纳入民事诉讼流程图

4. 充分尊重村民自治

村民自治属于我国基层群众自治制度,基层群众自治制度与人民代表大会制度、中国共产党领导的多党合作和政治协商制度、民族区域自治制度统称中国四大基本政治制度,其重要性不言而喻。法院应当充分尊重村民自治,审理成员资格认定案件时应当充分尊重农村集体组织或村委会的自治权。尤其涉及民主决议事项,法院更加应当审慎审查和评判,不能轻易否定自治章程、村规民约的效力,慎重处理涉及当地乡风民俗事项,还要积极争取当地党委政府支持,共同做好村民自治涉诉纠纷的实质化解工作。①

结　语

在全面推进依法治国背景下,中国并无法外之地,不仅是村民自治,还包括特别行政区自治、民族区域自治、企业自治、行业自治、高校自治等均应纳入法治范畴。从宏观整体看,自治与法治的关系不是平行或对立关系,而是融合关系;自治之中有法治,法治之中有自治,自治丰富了法治的内容,法治规范了自治的内容。从具体实践看,要妥善处理自治与法治的关系,既要"让自治的归自治,让法治的归法治",也要明确自治与法治的边界,自治的边界即不能违反法律法规和国家政策,不能违反公序良俗和社会主义核心价值观;法治的边界即充分尊重自治,无法定理由不得干预自治,不得影响自治的生机和活力。

---

① 参见刘竞元:《农村集体经济组织成员资格界定的私法规范路径》,载《华东政法大学学报》2019 年第 6 期。

违约方解除规则在房屋租赁纠纷中的
规范解释与适用展开

——基于若干典型案例的实证研究

王开阳　丁雨纯*

　　摘　要:基于社会生活的需要和司法实践的经验总结,民法典第580条第2款的规定对破解合同僵局作出了大胆尝试,旨在重新平衡当事人利益,促进物尽其用,但实践中该条款在适用时显现出混乱的情况。房屋租赁合同中合同僵局现象多发,为破解此类僵局,违约方申请解除合同的解释路径应定位于民法典第580条第2款。法院在裁判应对时首先应将金钱债务纳入调整范围,再遵循谦抑原则,对实体要件进行理性克制的裁量,在程序要件上参照适用情势变更的再交涉程序。关于合同解除时间点的确定以诉讼时是否已达到解除效果为区分,亦需明确法官裁判此类案件时应承担的释明义务。

　　关键词:房屋租赁合同;合同僵局;司法解除

　　相较于一时性合同,继续性合同因需要持续履行,更易形成合同僵局,违约方解除合同的适用空间也更大。房屋租赁合同即为最常见、最典型的一种继续性合同,在违约方申请解约的案件中,房屋租赁合同纠纷占比达到50.4%。① 民法典第580条第2款规定,当出现履行不能等合同僵局,致使合同目的不能实现时,法院或仲裁机构可以根据当事人请求终止合同关系。该款为当事人通过起诉破解合同僵局提供了可能,但在实践层面却表现出理解与适用混乱。该款能否作为违约方解除合同的解释路径来破解房屋租赁合同僵局,无论是对其他合同的类推适用还是建立一般规则都有重要意义。本文选取四起典型案例对该款的适用情况进行考查,分析问题的成因,并以解释论为基础,就法院在裁判房屋租赁纠纷时规范适用违约方解除规则提出若干建议。

---

　*　王开阳,江苏省常熟市人民法院法官助理(苏州市中级人民法院民一庭交流助理);丁雨纯,江苏省常熟市人民法院法官助理。

　①　笔者在"中国裁判文书网"分别以"违约方解除""房屋租赁合同"进行关键词筛选,截止到2021年11月23日,共得到633篇与违约方解除相关的裁判文书,其中房屋租赁合同纠纷裁判文书数量为319篇。

一、实践乱象：民法典第 580 条第 2 款在房屋租赁合同案件中的适用情况审视

笔者选取了民法典实施后房屋租赁纠纷中法院援引第 580 条第 2 款解除合同的四起案件，对该款适用的情况进行研析，以期发现其中潜在的问题。

（一）样本列举

案例一：孔莉诉汪影房屋租赁合同纠纷案[①]

2019 年 10 月，承租人孔莉与出租人汪影签订房屋租赁合同。在租期内，因新冠肺炎疫情及家人患病，承租人经营不善持续亏损，孔莉于 2020 年 12 月通过微信告知汪影房屋已搬空不再续租，但被汪影拒绝，并让其转租。其间，孔莉通过广告公司发布招租公告。同月，孔莉再次向汪影发送书面退房通知告知汪影可另出租。后孔莉向汪影归还房屋钥匙遭拒，孔莉便将钥匙放至隔壁（此商铺也属汪影所有），并告知汪影自行取回，以防止损失扩大。再次遭拒后孔莉遂起诉要求解除合同。庭审中，法庭向汪影释明，如果法院认定合同解除，其可以就解除后果主张损害赔偿，汪影称另案主张。法院认为，孔莉作为提前解约的违约方不享有解除权，但考虑孔莉的违约行为不存在主观恶意，且剩余租期过长，涉案房屋易于另行出租，为尽快稳定交易关系，合同从判决作出之日起终止。

案例二：周伟杨等诉河南省华炜食品有限公司房屋租赁合同纠纷上诉案[②]

2020 年 4 月，周伟杨等三名承租人与出租人华炜公司签订厂房租赁合同，用于生产熔喷布。合同签订后承租人因生产的产品无法达到合格标准，遂决定停产，1 月后将机器搬离厂房，未归还厂房钥匙。后承租人起诉要求解除合同并返还相应租金。华炜公司则反诉要求支付剩余租金并赔偿损失。一审法院认为，考虑到承租人已经搬离房屋，不宜强制其履行，合同应于起诉状送达华炜公司时解除。租金由承租人继续支付至解除前。解除后如房屋闲置损失属于华炜公司怠于行使权利所致，承租人不承担。对出租人主张的损失没有依据，不予支持。二审法院维持一审判决，但认为房屋租赁合同可以继续履行，只是承租人履约的成本远大于其获得的履行利益，双方形成合同僵局，继续履行合同不利于社会资源的有效配置。

案例三：陈军诉付忠良房屋租赁合同纠纷上诉案[③]

2011 年 4 月，付忠良承租了案外人程文西的 6 亩场地。2018 年 3 月，付忠良将上述场地转租给陈军。后因付忠良未按时向程文西交纳租金，遂起纠纷。2019 年 8 月 1

[①] 参见江苏省徐州市云龙区人民法院(2021)苏 0303 民初 38 号民事判决书。
[②] 参见河南省驻马店市中级人民法院(2021)豫 17 民终 104 号民事判决书。
[③] 参见四川省宜宾市中级人民法院(2021)川 15 民终 142 号民事判决书。

日,付忠良与陈军的微信聊天记录显示付忠良将退还 2 万元保证金给陈军并退相应租金。程文西于当日控制涉案场地。陈军遂起诉请求解除合同,由付忠良退还相应租金、押金,并支付违约金。一审法院认为,合同解除时间应为程文西控制场地时即 8 月 1日。合同系因付忠良根本违约解除,合同解除后陈军多缴的租金和押金应当退还,并支付违约金。二审法院维持一审判决,但认为违约方付忠良在租赁合同事实上不能履行时,可以行使解除权,其通过微信通知陈军,在通知到达陈军时即产生合同解除的效力。

案例四:吴斌诉江苏速正房地产营销策划有限公司等房屋租赁合同纠纷案①

2020 年 6 月,承租人速正公司与出租人吴斌签订商铺租赁托管合同,租期 5 年。2个月后,速正公司便未再支付租金,吴斌发函催讨无果遂起诉。法院认为,速正公司拒绝缴纳租金已构成严重违约,便援引《民法典》第 580 条第 2 款判令合同于判决生效之日解除。

(二) 问题剖析

以上四起案例均是法院援引民法典第 580 条第 2 款化解纠纷的案例,其中案例一、二为典型的合同僵局,但法院在适用该款处理时却存在以下不一致之处:

1. 对第 580 条第 2 款理解不一致

在案例一、二中,均为违约方提起解除合同的诉讼,法院援引第 580 条第 2 款判令合同解除或终止;案例三、四系守约方提起解除合同的诉讼。案例三中,一审法院援引的原《合同法》(已废止)根本违约条款判令解除合同,二审法院却转而援引第 580 条第2 款确认违约方有权解除。案例四中,法院则直接认为守约方解除合同可以适用该条款。

2. 判项表述不一致

案例一中,虽然违约方起诉要求解除合同,但法院最终并未判令解除,而是确认终止。其他案例中法院判项的表述均为合同解除。

3. 认定违约方解除的标准不一致

案例一中,法院认定违约方起诉解除的考量因素较多,在判决终止合同时相对严格;案例二中,一审法院判断解除的标准主要是履行不能,二审法院判断的标准是认定违约方继续履行的费用过高;案例三中,二审法院同样认为在履行不能的情况下违约方有解除权,并可以通知的方式解除合同。

4. 合同解除起算点的认定不一致

案例一中,法院认为合同终止的起算点为判决作出之日;案例二中,法院认为起诉状送达守约方时解除;案例三中,二审法院认为违约方解除合同的通知到达守约方时解除;案例四中,法院认为判决生效之日合同解除。

---

① 参见江苏省无锡市锡山区(市)人民法院(2020)苏 0205 民初 6205 号民事判决书。

二、成因检视:违约方解除合同的民法典适用局限与论证困境

(一)民法典的基本立场

在审判实践中,法院支持违约方解除合同的典型案例可追溯至"新宇公司诉冯玉梅商铺买卖合同纠纷案",[①]一审法院援引公平原则、诚实信用原则判决解除合同,二审法院依据《合同法》第 110 条履行障碍抗辩制度维持一审判决。然而因为违约方解除合同在法律上没有明确条款,该案引发的争议从未停止,各级法院对是否应支持违约方解除合同的态度也不一致。基于对个案规范的提炼,最高人民法院通过的《全国法院民商事审判工作工作会议纪要》(以下简称《九民纪要》)第 48 条首次以司法文件的形式提出了违约方解除规则,明确一些长期性合同如房屋租赁合同履行过程中若出现合同僵局,违约方可通过诉讼方式解除合同,但附随限制性条件。

为防止交易过程中出现大量合同僵局的抽象危险演变为现实危险,由立法预先统一矫正比通过司法个案调整更为经济。[②] 基于此,民法典第 580 条第 1 款后新增了"当事人请求合同终止条款",[③]其以"当事人"代替"违约方",以"终止"代替"解除"回避了一些学者的直觉与经验,因而也引发了对该款的不同解读,导致在适用上存在问题。首先,对条款中的"当事人"是否涵摄违约方存有争议,若仅基于文义解释,无法直接得出违约方可以申请解除合同的结论。[④] 其次,即使通过其他解释得出此结论,该款也只是一条基于原则的规定,需要细化各种要件才可使之在实践中有可操作性。再次,该款将起诉解除的前提限定为不履行非金钱债务,适用范围较窄,不足以解决实践中大量出现的承租人不支付租金等金钱给付债务问题,如上述案例一、二。

(二)违约方解除合同的"负面"效应

在立法对违约方解除合同的态度未十分明确时,法官可以借鉴一些学界倾向性意见通过法律续造进行个案衡平,但一直有观点认为若违约方可以解除合同会引发负面效应,这也是一些主张将民法典第 580 条第 2 款中的"当事人"限缩解释为守约方的反

---

① 案例参见《最高人民法院公报》2006 年第 6 期。
② 参见路成华、谷惜伟:《交易僵局中违约方司法解除请求权的证立及限度——基于租赁合同典型案例的分析》,载《法律适用》2020 年第 10 期。
③ 《中华人民共和国民法典》合同编一审稿、二审稿均规定由违约方解除合同的条款,但招致巨大争议。有专家建议,鉴于各方对违约方解除规则未达成一致,立法机关可采取替代性办法,在 580 条后增加一款规定:"有上述情形之一的,人民法院或者仲裁机构可以根据当事人的请求确认合同的权利义务终止,但不影响违约责任的承担。"该建议被采纳。参见最高人民法院民法典贯彻实施工作领导小组主编:《中华人共和国民法典合同编理解与适用(二)》,人民法院出版社 2020 年版,第 741 页。
④ 有观点认为,该款是违约方申请合同解除的立法表达。参见徐博翰:《论违约方解除权的教义学构造》,载《南大法学》2021 年第 1 期。亦有观点认为该款中的当事人应限缩解释为守约方。参见石明涛:《违约方合同解除权质疑与替代性框架的构建——兼评〈民法典〉第 580 条》,载《烟台大学学报(哲学社会科学版)》2020 年第 5 期;郝丽燕:《走出违约方解除权的误区》,载《南大法学》2020 年第 3 期。

对者的依据,间接导致一些法院认为违约方不享有解除合同的权利[①],继而产生各地法院对第 580 条第 2 款的理解不一致的情形。

反对者认为,其一,违约方解约可能破坏合同解除体系。违约方若能解除合同将冲击实际履行的优先地位,损失赔偿作为违约救济手段不能完全填补实际履行的状态。[②]解除合同是违约救济体系之一,违约方自己享有救济权在法律价值上是矛盾的。[③] 其二,违约方解约可能引发效率违约。[④] "效率违约"理论要义是:"如果一方当事人因违约获得的利益超出其履约的期待利益,或违约获得的利益超过相对方履约的期待利益,并且损害赔偿以期待利益损失为限,在这样的情况下存在违约刺激,当事人应该选择违约。"[⑤]而合同严守是民法基本原则,效率违约的弊端会产生激励违约的效果,使行为人从其不法行为中获利。

三、概念厘清:违约方解除合同的解释进路

虽然立法未明确规定违约方解除合同条款,但现行法中是否存在可能的解释路径,是本部分需要探讨的问题。而在此前,有必要先消弭反对者所担心的负面效应,证成制度的正当性。

(一)违约方申请解除合同的正当性证成

针对上文第一点质疑,笔者认为,在债权人救济上,损失赔偿等违约责任确实略逊于实际履行,但损失赔偿的计算方法已经较为完善,且实际履行抗辩是出现第 580 条第 1 款合同僵局时的例外,现实中不会突破实际履行的原则性规定。此外,合同解除并非违约责任的承担方式,最新研究观点也认为合同解除的功能是"义务解放",[⑥]违约责任不随解除合同而消灭。针对第二点质疑,笔者承认,违约方解除合同与效率违约的确具有相似性,甚至借鉴了该理论,但从主观上看,效率违约是违约方主动追求更大利益而选择违约,而违约方解除合同则要求违约方非恶意,认定标准更为严格。从标准上看,效率违约以"成本—收益"为判断标准,只要符合经济效率的违约行为都可以被鼓励,而违约方申请解除合同的实质应是司法解除,即合同是否被解除取决于法院而非当事人,法院会以"效率——公平"为判断标准,只有在符合民法效率价值和公平价值时违约行为才会被肯定。在司法解除这种程序要件的限制下,对警惕当事人策略选择上有明显

---

① 参见福建省南平市中级人民法院(2017)闽 07 民终 33 号民事判决书。

② 参见孙良国:《违约方的合同解除权及其界限》,载《当代法学》2016 年第 5 期。

③ 参见郝丽燕:《走出违约方解除权的误区》,载《南大法学》2020 年第 3 期。

④ 参见蔡睿:《吸收还是摒弃:违约方合同解除权之反思——基于相关裁判案例的实证研究》,载《现代法学》2019 年第 3 期。

⑤ See Richard A. Posner, *Economic Analysis of Law*, *Little Brown and Company 1977*, p89 - 90. 转引自石佳友、高郦梅:《违约方申请解除合同权:争议与回应》,载《比较法研究》2019 年第 6 期。

⑥ 参见杜景林:《合同解除的体系建构》,载《法商研究》2020 年第 3 期。

优势,考虑到金钱、精力等诉讼成本,行为人并不会任意违约进而起诉解除合同。

违约方解除合同的正当性还表现在破解合同僵局的不可替代性。虽然减损规则一定程度上可以遏制债权人怠于行使解除权形成的合同僵局,但这一规则在具体操作上存在不确定因素,且效果上是间接的。对于守约方的减损措施是否适当,缺少客观的判断标准,合同效力的继续维持也不必然造成守约方损害扩大。而相较于情势变更,违约方申请解除有其优势,情势变更的"情势"指无法预见的政策或社会环境等订立合同基础有关的客观事实发生重大调整或变化,其不调整合同履行过程中当事人主观因素的变化,如债务人自身判断失误原因导致的债务履行能力的变化(如经营环境恶化)。而后者更多出现于违约方申请解除合同的场景中。

(二) 民法典第 580 条第 2 款的解释论展开

1. 合同解除而非合同终止

自合同法实施至民法典颁布,无论是制定法还是司法解释均未严格区分解除与终止,民法典第 557 条第 2 款规定合同解除系合同终止的原因,合同终止是解除的客观后果,即终止是解除的上位概念。立法者之所以将该款表述为"终止"或许是为了与第 563 条第 1 款第 5 项的法定解除兜底条款相界分,避免存在交叉适用的情况。因此第 580 条第 2 款规定的终止,其本质含义即为解除。再参照《九民纪要》第 48 条规定,笔者认为,上述案例一中,更恰当的判项表述应为确认解除而非确认终止。

2. 违约方解除而非守约方解除

从文义上看,民法典第 580 条第 2 款规定的当事人可以解释为守约方与违约方,但若做体系解释,对该款应限缩解释为违约方。第一,第 580 条第 1 款规定的是违约方对抗守约方继续履行的抗辩权,第 2 款权利的行使需以出现第 1 款的情况为依据,因此从法律条文的体系连续性上解释,该款的当事人也应专指违约方。第二,在出现合同履行障碍,致使合同目的不能实现时,守约方可以援引民法典第 563 条第 1 款的法定解除权以通知方式解除合同,第 563 条第 1 款系为保护守约方利益而设,目的为消灭对待给付利益,而第 580 条系为保护违约方特殊利益而设,目的为免除其给付义务。基于该条款的功能设置,亦应将当事人解释为违约方。严格区分两条的适用情形是否符合规范目的和法律体系,有助于法律的精准适用。上述案例四中,法院没有援引守约方法定解除条款,却根据民法典第 580 条第 2 款解除合同,正是对条文理解不够准确所致。

3. 司法解除而非当事人解除

如前所论,民法典第 580 条第 2 款规定的当事人申请解除是区别于协商解除、通知解除,是与情势变更解除类似的司法解除(见图 12)。[①] 司法解除系以法院等有权机关

[①] 有观点认为,《民法典》第 580 条第 2 款规定的是当事人的形成诉权而非司法解除,笔者认为该观点值得商榷。对通说中最典型的形成诉权——撤销权,《民法典》中与其相关表述均为"一方当事人有权请求法院撤销",反观该款的表述则为"法院可以根据当事人请求终止合同"。对此,全国人大法工委的观点与笔者一致,参见黄薇主编:《中华人民共和国民法典释义及适用指南(中)》,中国民主法制出版社 2020 年版,第 879 页。

最终判定合同是否解除,当事人不享有解除权,因此不能适用《民法典》第 565 条以通知到达对方时作为合同解除时间的规定。

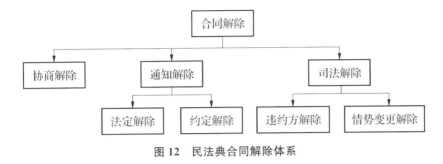

图 12 民法典合同解除体系

综上,民法典视域下违约方解除合同的最佳解释路径即为《民法典》第 580 条第 2 款,该款名为"当事人请求终止"实为"违约方请求司法解除"的立法表达,法院在裁判时的具体适用是其解释路径的最终落脚点。

四、规则完善:房屋租赁合同中违约方解除规则的司法适用

法院对违约方申请司法解除的裁判需相当慎重,应坚持理性克制的谦抑原则,尊重市场自我调节,防止公权力对私权利的过度介入或突破合同严守,诱发前文反对者所担忧的负面效应。

(一)金钱债务的扩张适用

法院在应对此类案件时首先应注意的是第 580 条第 2 款是否可以作为违约方不履行金钱给付之债时起诉解除合同的裁判依据。因违约方起诉解除合同的纠纷中较常见的一种情形是承租人起诉解除,而原则上支付租金等金钱给付义务不存在履行不能或不宜强制履行的情形。上文案例二中,一审法院以承租人已经搬离房屋,不宜强制履行为由判决解除合同,显然是混淆了给付义务与受领义务,二审法院进行了修正。但是持续性金钱债务与资产利用率直接相关,资产财富的长期空置既不利于社会发展的效率需求,也会对承租人造成沉重负担,故也应属于司法治理的"合同僵局"。[①] 笔者认为,一种可能的解释为,第 580 条第 1 款中的非金钱债务限制仅约束实际履行障碍抗辩制度而不约束第 2 款,第 2 款只是借用了第 1 款中的三种情形。因此只要存在第 1 款中的三种例外情形,无论是金钱债务还是非金钱债务,违约方均可以向法院申请解除合同。基于无力负担金钱债务形成的合同僵局远非个案,笔者建议可以通过司法解释明确将金钱债务的履行障碍也纳入到该款的调整范围。

---

① 参见李兴:《司法治理"合同僵局"路径选择与法理分析》,载茆荣华主编:《〈民法典〉适用与司法实务》,法律出版社 2020 年版,第 434 页。

(二) 实体要件:违约方申请司法解除的成立要件与参酌要素

违约方申请解除制度应限于合同僵局的情形,即守约方丧失继续履行请求权,而又不解除合同的情况。因民法典第 580 条强调的是合同僵局的客观后果,法院在适用时,仍需结合《九民纪要》第 48 条的规定对成立要件进行全面考察。笔者提炼为以下三要件。第一,客观要件。法律上或者事实上不能履行、债务标的不适于强制履行或者履行费用过高、债权人在合理期限内未请求履行致使合同目的不能实现。第二,主观要件。违约方不具有恶意。第三,价值要件。违约方违反诚实信用原则导致显失公平。实践中,有些法院只考察了客观要件就判决解除合同,不符合谦抑原则,值得商榷。[①] 对于前两个要件,审理时较好判断,但价值要件中,诚实信用与显失公平都是相对不确定概念,须进一步明确。笔者认为,法官审理时可以从以下四个要素考虑是否符合价值要件。其一,替代交易的可能性,当守约方无须付出较大成本与费用即可寻找到合适的替代交易时,若仍要求对方继续履行,则可认为其违反了诚信原则。其二,是否具备不可苛求性,当违约方无法再从合同中获益,例如上文案例一,孔莉因疫情、家人患病等多重因素导致无法继续经营,其从合同中获益已基本无可能;上述案例二,周伟杨等承租人因生产设备问题无法生产熔喷布而搬离,又如承租人在法院附近租用房屋开设律所,但法院搬离致使其案源锐减。以上均不应苛求承租人再继续履约。笔者认为,若承租人仅仅因经营不善要求解除合同但并未搬离,未达到十分紧迫的程度,应属于自身所承担的风险,不符合解除的条件。其三,剩余合同租期,时间在持续性债务中,具有核心意义。[②] 剩余租期越长,解除合同就越具备正当性。其四,守约方过错程度,若守约方在履约中有过错,过错程度越高,受保护的程度就越低,解除的可能性就越大。

(三) 程序要件:前置适用"再交涉程序"

同样基于谦抑原则,在判决支持违约方解除合同前,应仔细审查其为妥善解决合同僵局所尽的努力,优先鼓励当事人协商解决。《民法典》第 533 条情势变更解除中新增了再交涉程序,规定合同双方均负有再交涉义务,旨在尊重当事人意志和市场规律,保证公权力介入的谦抑性。违约方解除与情势变更解除同为司法解除,为使功能与体系上一致,违约方解除制度亦应参照适用。在违约方起诉前应证明自己提出了解决合同僵局的方案并已尽再交涉义务,比如协助守约方找寻新的承租人、提出损害赔偿方案等,守约方有积极配合的义务。违约方未进行再交涉而直接起诉的,再交涉程序转化为调解程序,未经调解的,法院不得径行裁判,由此导致合同解除时间点延后的不利益由违约方承受。守约方拒绝再交涉的,违约方获得立即起诉的程序性权利。对于再交涉的期限,具体到房屋租赁合同案件中,当承租人已不再占有、使用的情况下,考虑到守约

---

① 参见河南省驻马店市中级人民法院(2020)豫 17 民终 39 号民事判决书。
② 参见[德]梅迪库斯:《德国民法总论》,邵建东译,法律出版社 2013 年版,第 660 页。

方有防止损失扩大的义务,再交涉的期限应限定在 3 个月内。有下列情形之一的,再交涉期限应认定届满:1. 守约方拒绝再交涉的;2. 守约方要求继续履行合同,但违约方再次明确表示拒绝的;3. 承租人搬离房屋时,出租人在现场的;4. 出租人已接收房屋另行招租或已将房屋出租给他人的。

案例一中,孔莉在陷入僵局时,先向汪影微信交涉,并积极帮助出租人寻租,但汪影仍然要求其继续履行,孔莉再次向汪影发送退房通知,可以认为汪影已经履行了再交涉义务,此时可以向法院申请解除合同。而在案例二中,法院未注意到当事人的这一义务,也没有引导双方进一步交涉而直接判决支持违约方解除合同的诉请,审慎不足。

（四）关于合同解除时间点的确定

在房屋租赁合同纠纷中,合同解除的时间关乎租金及损害赔偿的计算,对当事人利益有重要影响。司法解除允许法院根据具体情况确定合同解除的时间点,具有优势,合同时间点相对通知解除时间点较后,可以兼顾守约方履行利益。案例三中,二审法院认为违约方有解除权,通知到达守约方时合同解除,虽裁判结果正确,但理由难谓妥当。虽然司法解除对合同解除日期的确定有灵活性,但也应设定相应的基准,否则就会产生法院太过职权主义之嫌,对当事人而言无法形成确定的预期,而这对于商事交易稳定性与法律秩序至关重要。①

在违约方解除合同案件中,法院对解除合同时间点的确定相对混乱。有法院将判决作出或生效之日作为合同解除的时间点,如上文案例一;有法院将承租人失去占有时作为合同解除时间点,如案例三中的一审法院。笔者认为这两种观点均值得商榷:对于前者,有的案件经历一审、二审、鉴定,时间可能长达数年,在陷入合同僵局时,承租人往往已经搬离,考虑到违约方起诉解除的功能在于防止守约方违背诚实信用原则给违约方带来不利,再要求其承担案件审理期间中的租金,与其立法目的相悖,以此时作为合同解除的时间点,似嫌过迟;对于后者,承租人失去占有,表现为搬离或其他人控制房屋,但其本质是一种事实行为,不可能产生合同解除的法律效果。笔者认为,在陷入合同僵局的前提下,合同双方均有一定的可非难性,故在合同解除点的把握上应坚持客观标准。房屋租赁关系本质上是房屋的占有、使用、收益与租金的交换关系,二者彼此构成对价,在承租人不再占用房屋时,法律不应苛求其再支付占用的对价。因此合同解除的时间点应和房屋是否已经空置相关联,同时兼顾相对人利益,解除合同至少应该及时通知守约方并经历再交涉程序。综上,以房屋空置日为基准,在承租人提前搬离房屋且已经通知出租人接收房屋或交还钥匙的,以再交涉期限届满日为合同解除日,此之为起诉前已达解除效果。在起诉时,房屋尚未空置(多见于出租人违约的情形)或已经空置但未经再交涉程序的,法院应根据案情具体情况确定房屋交接日,交接日即为合同解除日,此之为诉讼中达到解除效果(见图 13)。案例一中,因起诉时孔莉已经搬离并通知汪影,汪

---

① 参见孙良国:《违约方合同解除的理论争议、司法实践与路径设计》,载《法学》2019 年第 7 期。

影要求继续履行但再次被孔莉拒绝,故法院应确认在孔莉向汪影发送退房通知到达对方时再交涉期限届满,合同于当日解除。案例二中,因起诉时承租人已经搬离,但其未经与出租人再交涉便直接起诉,法院应视房屋情况确定交接日,并以此日为合同解除日。

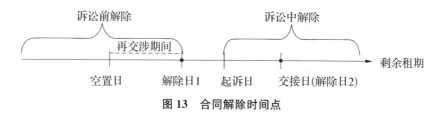

图 13　合同解除时间点

（五）法官释明义务

根据民法典第 580 条第 2 款规定,当事人解除合同的,不影响违约责任的承担。在形成合同僵局时,如果违约方起诉解除合同,守约方一般会选择消极应诉或反诉违约方继续履行。在裁判时如果法院认为应当支持违约方诉请,基于诚信原则与减少当事人讼累,应向守约方释明合同已经不能继续履行和法院可依职权解除等内容,要求其提出或变更诉讼请求为:判令违约方承担提前解除合同的违约金、赔偿损失等违约责任。例如,承租人违约的,可以要求出租人变更反诉请求为判令违约方继续支付至合同解除日的租金并可主张另行招租产生的房屋空关损失。经释明后守约方不提出或不变更诉请的,驳回其原先诉请并告知其另案主张,不能径行判令违约方承担违约责任,否则会有超判之嫌。[1] 上述案例一中,法院就较好地运用了释明权,既保障了守约方权利也未违反不告不理原则。此外,由法院确定房屋交接日的,应释明当事人于何时交接,如出租人不愿意接受房屋的,由此产生的扩大损失由出租人承担。

结　语

目前对违约方解除的研究集中在违约方是否有权解除合同、现行法是否存在违约方解除合同的依据等,而对民法典第 580 条第 2 款的现实适用情况较少关注。本文从审判实践出发,发现第 580 条第 2 款适用中存在的问题,并从裁判者的视角,提出适用此条款进行司法解除的谦抑性原则。围绕该原则,主要在解除合同的实体要件上提出了若干参酌要素,并在程序要件上参照适用情势变更的再交涉程序,另对合同解除时间点这一实务难题进行了重点论证和明确。随着判例的积累和研究的深化,从实践中走来的违约方解除规则还将在实践中发展完善,贡献解决合同僵局的中国经验和中国智慧。笔者希望通过对理论与实践的回应,为较常出现合同僵局的房屋租赁合同这一类型,在法院裁判时如何具体适用违约方解除规则作出一份努力。

---

① 在"冯玉梅案"中,原告作为违约方主张解除合同,被告不同意解除,故没有反诉要求原告支付违约金,但法院在支持原告诉请后直接判令原告支付违约金。

农村拆迁安置房"人头"面积所有权归属认定
——从四则既判案例观点切入

卢晓文　潘德进*

摘　要："人头"面积是农村住房拆迁安置过程中给予被安置人口的房屋补偿面积。因集体土地上房屋拆迁补偿制度的立法缺失、各地拆迁补偿政策的差异、拆迁安置房保障属性与原房屋所有人权益保障的冲突等原因，司法实践中，对"人头"面积权益归属的认定存在多种观点。"人头"面积是对家庭共有房屋、宅基地使用权的补偿，同时具有保障被拆迁人基本居住权益和生存权益的属性。"人头"面积是集体经济组织给予被安置人口的补偿对价，所有权归属被安置的集体经济组织成员。在拆迁安置房共有却必须分割的情形下，按"人头"面积确认至家庭成员所有是最佳选择，但在最终分割时应考虑到原房屋所有人或实际建造人、其他实际居住人的损失综合平衡相关利益。

关键词：农村拆迁安置房；"人头"面积；宅基地使用权；生存保障

征收农村村民住宅，按土地管理法相关规定，应采取重新安排宅基地建房、提供拆迁安置房或货币补偿等方式给予村民补偿。在提供拆迁安置房补偿中，各地面积计算标准并不一致，一般存在按被征收房屋评估价值（俗称"数砖头"）、按被征收房屋户内具有集体经济组织成员资格的人员数量（俗称"数人头"）以及两者相结合计算相应安置房面积三种模式。按照"数人头"方式进行安置房补偿时，在家庭成员未办理登记、未签署分家协议的情形下，"人头"面积归属容易产生争议，由此带来审判和执行上的难点。

一、农村拆迁安置房"人头"面积归属的实践考察

（一）农村拆迁安置房"人头"面积所有权认定观点

检索数据显示，司法实践中对农村拆迁安置房"人头"面积的所有权归属认定存在不同的裁判观点。大致可以分为四类，为简化说明，本文将主要观点内容、代表性案例及法院裁判理由用表格方式进行呈现。

---

*　卢晓文，江苏省常州市天宁区人民法院法官助理；潘德进，江苏省常州市天宁区人民法院法官助理。

表6 司法实践中农村拆迁安置房"人头"面积所有权认定观点归集

观 点	案 例①	法院裁判理由
一、"人头"面积系居住权益并非所有权,无法归被安置人所有	江苏省南京市中级人民法院(2018)苏 01 民终 4189 号、(2020)苏 01 民终 7108 号	张娟玮作为张春平家庭户的一员,亦为被拆迁人,根据当地的拆迁政策,依法享有 56 平方米安置面积。该面积系拆迁人给予被拆迁户按人口购买安置房的指标,张娟玮因此享有拆迁安置房中的 56 平方米相关权益。但张娟玮享有的 56 平方米相关权益是居住权而非所有权,故张娟玮要求张春平、王容琴等给付房屋折价款 616 000 元的诉讼请求缺乏依据。
二、"人头"面积按拆迁协议应归被安置人所有	江苏省常州市中级人民法院(2019)苏 04 民终 712 号	上诉人谈琴妹、董龙根等 5 人与被上诉人周芳共 6 人根据当地拆迁政策及拆迁协议约定,每人享有 40 平方米安置面积,共计 240 平方米,分配两套 120 平方米的房子,因而可确定周芳享有 40 平方米安置权益。现周芳因与董龙根离婚,其相应 40 平方米安置房权益应当由董龙根补偿,因此酌定判决上诉人谈琴妹、董龙根等支付周芳 40 平方米房屋补偿款 12 万元。
三、"人头"面积在领取房产权证后才能分割房屋归属	安徽省芜湖市中级人民法院(2020)皖 02 民终 1525 号	离婚时双方尚未取得所有权或者尚未取得完全所有权的房屋有争议且协商不成的,人民法院不宜判决房屋所有权归属,案涉房屋系拆迁安置房,虽然已经领取了该房屋初始登记证,但至今仍未办理产权登记,仍处于权属不明晰状态,因此不宜作出判决,马某可待房屋取得产权证后主张权利,故对其诉请不予支持。
四、"人头"面积权益根据贡献酌定部分归被安置人所有	上海市第一中级人民法院（2018）沪 01 民终 13856 号	若包晓霞不与彭旭华结婚,则征收补偿为七套房屋及剩余货币补偿款 7 717 805.14 元,现因包晓霞与彭旭华结婚,实际获得拆迁权益八套房屋和货币补偿款 8 646 667.49元,相差一套房及货币补偿款 928 862.35 元。包晓霞系因婚姻关系而作为被拆迁安置的核定人口,而非被拆房屋的建房人口,对被征收房屋没有贡献,也未在被拆迁房屋中居住,因此酌定一套房归包晓霞所有,包晓霞不再分得货币补偿款。

（二）对各观点的评析

根据表6,我们可以直观了解到,目前司法实践中对农村拆迁安置房"人头"面积权益的归属存在不同意见,各种观点均有一定合理之处,但也存在许多不足。

观点一经常被原房屋所有权人主张,原房屋所有权人一般认为拆迁协议中的金额系被拆迁房屋的评估金额。拆迁安置房是对被征收房屋及土地价值的实物补偿,补偿对价应当给予房屋的所有权人、实际建造人,其他家庭成员并未对被拆迁房屋建造、出资或做出其他贡献,因此不应享有补偿的拆迁安置房所有权。"人头"面积仅是按照相关标准考虑保护同住人的基本生存权益而采取的计算方式,不能改变征收补偿对价的

---

① 以下案例均来源于"中国裁判文书网",检索时间截至 2021 年 8 月 22 日。

所有权归属,因此其他家庭成员的"人头面积"仅能是居住权而非所有权。但该观点未考虑按人口安置的政策补偿因素及其对所有权认定的影响,且在"数人头"所得面积大于被拆迁房屋待补偿价值时的超出面积难以解释。

观点二认为"人头"面积应根据征迁协议确定大小归被安置人所有。其理由在于,一是"人头"面积系根据当地集体土地拆迁安置政策确定的最低保障面积赋予被安置人的,具有人身属性,即家庭成员对于该部分面积取得具有极大贡献;二是"人头"面积系对集体经济组织成员宅基地使用权灭失的补偿,该部分补偿一定程度上体现于集体经济组织关于拆迁补偿的分配以及拆迁安置房极低的补偿价格上;三是被拆迁房屋所有权建造于宅基地上,因此应视为家庭成员共有,"人头"面积一定程度上能够体现家庭成员对被拆迁房屋的共有权利。但该观点对于被征收房屋所有人或实际建造人的出资贡献并未考虑。根据各地实践,取得"人头"面积并非无偿,需以被征收房屋评估所得价款以及征收产生的其他款项来出资购买。而被征收房屋评估所得价款一般基于房屋本身价值评估所得,原房屋由原所有人或实际建造人出资建造,其他家庭成员则在未出资建造下享受了该部分补偿对应的认购面积,虽然被征收房屋被视为家庭共有财产,但原房屋所有人或实际建造人仍然承担一定损失。

观点三主要认为离婚案件中,未取得房屋所有权证的拆迁安置房不能处置。该做法有一定合理性,一方面符合《中华人民共和国民法典》婚姻家庭编的解释(一)第77条规定;另一方面拆迁安置房可能涉及其他家庭成员,现实中存在被拆迁人与父母尚未分户且共同居住的情形,且拆迁安置房屋所有权人可能包括夫妻双方、父母及子女等,涉诉夫妻双方作为部分所有权人不具备直接处分权;同时部分拆迁安置房由于历史原因行政机关无法办理产权证,其所有权不宜由法院直接认定。但对于无证拆迁安置房均不予分割并不合理:离婚纠纷中,对于尚未完全取得所有权的房屋直接不予处理不利于双方当事人解决矛盾,很有可能产生持续争议;未对无法办理产权证的具体原因核查,如经与行政机关确认非历史原因或一定时间后可以办理房屋产权证,则已然产生物权期待权益,该权益应可分配;此外,对于执行案件中需要执行析产共有权益的,由于无证拆迁安置房仍然符合执行环节现状处置要求,属于可以处置财产,此时仍需及时分割。

观点四考虑到其他家庭成员对于被安置房屋所有权取得的一定贡献,即对比无该成员情况下的拆迁补偿与现补偿间差额,结合对原被拆迁房屋的贡献、是否为集体经济组织成员、是否在被拆迁安置房屋中居住等要素由法官酌定部分"人头"面积份额。但各要素对"人头"面积权益认定比例并未区分,导致部分案件酌定款项、部分案件酌定房屋个案差异较大的,仍应挖掘"人头"面积认定的明确标准,做到类案统一。

在安置房共有却必须分割情形下,按"人头"面积确认至家庭成员所有是兼顾被征收房屋补偿、宅基地使用权补偿、基本居住权益和生存权益保障等因素的最佳选择,但在最终分割时应当考虑上述损失,并结合所有人或实际建造人的其他补偿收益综合平衡相关利益。

二、农村拆迁安置房"人头"面积归属裁判混乱的原因分析

（一）集体土地上房屋拆迁补偿制度立法缺失

"集体土地上的房屋被拆迁，是指国家相关行政机关将位于集体土地上的建筑物、构筑物及其附属设施予以拆除，并对所有权人进行补偿安置的现象。"[1]集体土地上房屋的征收拆迁缺乏专有的法律法规规定。目前可依据的法律规范仅有民法典第243条征收的一般规定，第327条征收用益物权应予补偿的规定，以及土地管理法第48条征收农村村民住宅的一般规定。但现行法律法规并没有对农村集体土地房屋征收与补偿制定统一明确的规定，而是多散见于各地政府出台的有关集体土地拆迁补偿方面的地方性规章、条例和办法等，其中又以集体土地住宅房屋拆迁补偿办法最为常见。[2]相关立法的缺失不仅使得农村住房拆迁安置时缺乏高位阶的法源进行指导，而且导致人民法院面对涉及拆迁安置房所有权认定的纠纷时缺乏具体明确的裁判规则。

（二）各地拆迁补偿政策存在很大差异

拆迁补偿缺乏统一规定且弹性过大，导致各地拆迁补偿标准混乱，极强的政策性主导了拆迁补偿的标准和范围，造成不同地区、同一地区不同地理区位的拆迁补偿的差异，也给拆迁安置房所有权的统一认定带来了很大困难。在提供拆迁安置房补偿中，一般存在三种安置房面积计算方式，即"数砖头""数人头"以及以"数砖头"计算安置基准面积，同时给予安置人口最低限度的"人头"面积保障。后两种计算方式都涉及"人头"面积所有权归属的认定。

表7 江苏省各地农村住房拆迁补偿政策

类别	地区	文件名称	征收补偿对象	征收安置方式	安置房面积计算方式
"数砖头"	南京市	《南京市征收集体土地涉及房屋补偿安置办法》	持有宅基地集体土地使用证和房屋产权证（含建房许可证）的被征收人	实行货币补偿的，被征收人可以申购征收安置房	每户被征收人申购面积人均不能超过30平方米，总申购面积不得超过本条第（二）项规定的220平方米。
	南京市江北新区	《江北新区直管区征收集体土地涉及房屋补偿安置办法（试行）》	持有宅基地集体土地使用证和房屋产权证（含建房许可证）的被征收人	住宅房屋实行货币补偿的，被征收人可以申购安置房	总申购面积不得超过本条第（二）项规定的220平方米。

[1] 崔建远主编：《房屋拆迁法律问题研究》，北京大学出版社2009年版，第222页。
[2] 如《南京市征收集体土地涉及房屋补偿安置办法》（宁政规字〔2015〕15号）、《合肥市被征收集体土地上房屋补偿安置办法》（合政〔2018〕4号）、《常德市集体土地征收与房屋拆迁补偿安置办法》（2019年2月18日印发）。

续 表

类别	地区	文件名称	征收补偿对象	征收安置方式	安置房面积计算方式
"数人头"	无锡市市区	《无锡市市区征收集体土地涉及房屋及其他建筑物构筑物补偿安置实施办法》	征收集体土地所涉及房屋及其他建筑物、构筑物的所有权人	产权调换	被征收人选择产权调换的,安置用房面积应当与被征收住房合法面积相当。
	常州市市区	《常州市市区征地房屋拆迁补偿安置办法》	被征收集体土地上房屋所有权人	异地安置	拆迁住宅房屋的原面积人均不超过40平方米,安置面积不超过原面积的,按安置房建安价结算;安置面积超过原面积,但不超过人均40平方米的部分,按安置房的成本价结算。
	溧阳市南渡镇人民政府	《溧阳至宁德公路南渡镇段土地和房屋征收与补偿安置方案》	拥有合法住宅房屋产权,并取得农村集体经济组织成员资格的被补偿人及其取得同一集体经济组织成员资格的家庭成员	货币结算、提供定向商品房购买的安置方式	可安置建筑面积按正常安置人口和照顾安置人口人均50平方米计算。被征收人应按最接近的套型面积选购安置房。
"数砖头"+"数人头"	苏州市吴江区	《吴江区集体土地住宅房屋拆迁补偿安置办法》	被拆迁人专指被拆迁房屋的所有权人	定销公寓	被拆迁人按合法有效房屋计户,以原房屋合法有效面积作为安置基准面积。对于未审批过宅基地的农村户籍人员,按人均40平方米增加基准面积,但总额不超过280平方米;对于人均不足40平方米的安置户按在册人员人均40平方米计算。
	苏州市虎丘区	《苏州高新区(虎丘区)集体土地房屋拆迁管理实施细则(暂行)》	被拆迁人是指被拆迁房屋及地面附着物的合法所有权人	房屋安置	被拆除主房建筑面积小于或等于180平方米的,按主房建筑面积确定安置面积。人均房屋安置面积不足30平方米的,可按人均30平方米给予房屋安置。

（三）拆迁安置房保障属性与原房屋实际建造人权益保障存在冲突

与普通商品房不同，农村拆迁安置房具有社会保障功能。在产权调换补偿方式下，宅基地上房屋及宅基地使用权均归于消灭，拆迁安置房的一项重要属性就在于保证被拆迁人在失去了原有农村住房后能够"居有定所"，避免对农村村民的生产生活和社会关系产生重大影响。[①] 而申购安置房的流程为先根据原房屋价值等补偿项目计算一个总金额，具体包括被拆迁房屋重置评估价、装修评估值、附属物补偿、辅助补贴、按时签协议搬迁奖励等项目，而后被拆迁人使用该金额按照安置房建安价以及确定的"人头"面积申购安置房。由于原房屋评估价值在最终确定的补偿总金额中占了很大一部分，原房屋所有权人或实际出资建造人因此认为拆迁安置房应当完全归其所有，或者应当按照原房屋价值所占补偿金额比例计算拆迁安置房的所有权份额。拆迁安置房的保障属性因而与原房屋所有权人（实际出资建造人）的利益产生激烈冲突。

三、认定"人头"面积权益归属的核心要点："人头"面积属性

（一）补偿性

1. "人头"面积是对家庭共有房屋的补偿

被征收房屋具有家庭共有属性，"人头"面积是对成员共有部分的补偿。土地管理法第62条规定，农村村民一户只能拥有一处宅基地，其宅基地面积不得超过省、自治区、直辖市规定的标准。可见，宅基地使用权的取得系以户为单位，且宅基地的面积大小又与家庭成员数量有重要关联。《江苏省苏州市农村宅基地管理办法》明确规定：房屋面积不得超过宅基地面积的70%，每户宅基地不得超过135平方米，已婚子女合住并且总人数在6人以上的，不得超过200平方米。由此可见，被征收房屋的房屋价值并非仅仅依据房屋本身建造价值计算，也需要考虑家庭成员对于宅基地大小以及可建房屋面积的影响。与此同时，基于历史原因，目前农村宅基地使用权以及地上房屋所有权登记并不规范，相关权利证书的登记人一般为户主，与实际使用权人及所有人并非一一对应，家庭成员普遍对房屋建造有出资、添附乃至劳动帮助等行为，在拆迁安置时按"人头"分配，也是对上述情形的纠正以及对真正权利人份额的一次明确。宅基地房屋所有权证上登记的权利人即为房屋所有权人，该理由并不能完全成立，应综合考虑宅基地使用权申请、建房申请、该户集体经济组织成员数量等综合认定。相对应的，在征收过程中有以房屋补偿款认购的"人头"面积，也有对家庭成员房屋共有部分的补偿。

2. "人头"面积是对宅基地使用权的补偿

宅基地使用权应予补偿。宅基地使用权是集体经济组织依法赋予其成员占有、使

---

① 参见王璐瑶：《离婚案件中拆迁安置房权属认定及分割问题研究》，苏州大学2020年硕士学位论文，第7页。

用、收益、有限处分被分配宅基地的一项权利①,具有一定身份性、无偿性,具有农村居民基本居住权益保障的基本用途。民法典实施后,宅基地使用权作为单独一个章节被置于民法典第二编物权第三分编用益物权之下,从法律上认可了其用益物权属性。民法典第 327 条规定,不动产被征收致用益物权消灭的,用益物权人有权依据本法第243、245 条的规定获得相应补偿,可见宅基地使用权在补偿范围内。

宅基地使用权应由集体经济组织补偿。需要注意的是,虽然民法典第 327 条明确规定不动产被征收导致用益物权消灭的,用益物权人有权获得补偿,但该条并未明确负有补偿义务的主体是征收人还是土地所有权人。笔者认为,负有补偿义务的主体应为集体经济组织,而非征收人,具体理由为:一是实践中宅基地使用权并未成为单独征收补偿项目,我国目前法律规定的征地客体也仅限于农村集体土地所有权,征收人直接给予宅基地使用权人补偿于法无据;二是宅基地使用权作为宅基地所有权的附属权利,随着宅基地所有权被征收而消灭,其取得宅基地使用权的基本法律关系存在于集体经济组织及其成员之间,由集体经济组织予以补偿符合双方基础法律关系;三是宅基地使用权本质上是集体经济组织给予的,具有无偿、居住保障的基本属性,如再单独由征收人给予使用权人而非所有权人相应补偿则违背宅基地使用权无偿取得的属性;四是宅基地使用权具有一定身份性、专属性,在市场上无法正常流转,因而无法评估、补偿其价值,如由征收人对其补偿,实践中难以操作。因而,宅基地使用权的补偿收益应体现于土地所有权补偿中,集体经济组织取得土地补偿后再给予其成员宅基地使用权灭失补偿。

(二) 保障性

1. "人头"面积是对居住权益的保障

一是"人头"面积是对宅基地使用权保障性的延续②,故其对居住权益具有保障功能。集体经济组织保障每个成员获得宅基地,从而保障其基本的生存条件和居住条件。"集体经济组织成员可以无偿取得一处宅基地,这也是集体经济组织成员因其成员资格而当然应当享有的权利。"③民法典第 364 条规定:"宅基地因自然灾害等原因灭失的,宅基地使用权消灭。对失去宅基地的村民,应当依法重新分配宅基地。"该条体现了宅基地使用权对居住权利的保障。拆迁行为发生后,宅基地上房屋及宅基地使用权均归于消灭。"农村拆迁安置房作为原被拆迁宅基地上房屋居住功能的延续,政府在制定拆迁安置房建设项目时就以保证被拆迁人的居住权为基本要求,通过安排拆迁安置房以保障被拆迁人的居住权不受到影响。"④如前所述,"人头"面积来源于对农村房屋及宅

---

① 参见最高人民法院民法典贯彻实施工作小组主编:《中华人民共和国民法典物权编理解与适用(下)》,人民法院出版社 2020 年版,第 839 页。
② 参见刘玉存:《农村住房拆迁安置房所有权问题研究》,华东政法大学 2012 年硕士学位论文,第 34 页。
③ 王利明:《物权法研究(下卷)》(第 2 版),中国人民大学出版社 2007 年,第 195 页。
④ 王璐瑶:《离婚案件中拆迁安置房权属认定及分割问题研究》,苏州大学 2020 年硕士学位论文,第 7 页。

基地使用权的补偿,不仅延续了宅基地使用权对居住权益的保障特性,更是对居住权益的进一步量化,确保每一位被拆迁人均可获得相应的房屋面积,从而强力保障被拆迁人的居住权益。

二是"人头"面积是拆迁安置房分配中对被拆迁人基本居住条件的保障。民法典第243条第3款规定:"征收组织、个人的房屋以及其他不动产,应当依法给予征收补偿,维护被征收人的合法权益;征收个人住宅的,还应当保障被征收人的居住条件。"因而,各地制定集体土地征收补偿管理办法时,大多确定了符合当地情形的基本居住面积,比如《常州市市区征地房屋拆迁补偿安置办法》明确安置建筑面积为人均不超过40平方米,《苏州市高新区(虎丘区)集体土地房屋拆迁管理实施细则(暂行)》则规定在人均不低于30平方米前提下被拆除房屋面积小于或等于180平方米的,按被征收房屋面积确定安置面积,家庭成员超过6人的,可增加30平方米。由此可见,"人头"面积标准是政府制定的保障被征地农民原有居住水平不降低的固定标准,具有充分的政策性、保障性。

2."人头"面积是对生存权益的保障

被拆迁农民的生存权益应当得到保障。"生存权,是指人的生命得以延续的权利,包括生命权、健康权、劳动权、休息权和获得生活救济的权利等。它不仅要求政府不侵害公民的生命和健康,而且要求政府积极保障公民的生存条件,是使公民有健康的生活的一项权利。"[①]我国是一个农业大国,农民是我国公民的主体部分,我国政府历来重视对农民生存权益的保障。我国现行宪法中虽然没有对生存权保障的明确规定,但是也有一定程度的生存权保障规范。[②]这些社会权利中的大部分是为了保障基本生活发生困难的公民的生存利益,而我国农村人口比城镇人口的生活更加贫困,并且其自我保障能力更弱,因而农民为了满足其生存需求或维持其基本生活,有权利要求国家和社会提供物质保障。[③]此外,给予被拆迁农民生存权益的保障也是我国法律的基本要求。土地管理法第48条第一款明确规定,征收土地应保障被征地农民原有生活水平不降低,长远生计有保障。

给予被拆迁人"人头"面积所有权才能有力保障被拆迁人的生存权益。在具有宅基地使用权时,集体经济组织成员可以建造房屋及其附属设施,在具有居住保障、使用功能的同时还有传承、租赁、抵押、有限处分等用益物权及部分所有权权利。该类权利仅能通过给予具有价值属性的所有权才能避免补偿不对等问题,仅赋予居住权益则会极大影响补偿与保障价值实现。对农村住宅进行征收时,应当依法足额支付土地补偿费、房屋补偿费、附属物补偿费、安置辅助补贴、签字费等费用。在采用产权调换方式提供安置房的情况下,被拆迁人用这些费用的总额去购买相应的拆迁安置房面积。"人头"

---

① 谢鹏程:《公民的基本权利》,中国社会科学出版社1999年版,第70页。

② 主要有:第11条关于保护个体经济合法权利和利益的规定;第13条保护个体合法财产权的规定;第37条保护人身自由的规定;第42条保护劳动权的规定;第44条退休制度的规定;第45条物质帮助权的规定;第48条保障妇女权益的规定;第49条保障儿童权利、老人权利的规定等。

③ 参见朱晓喆:《农民生存权视野下的农村社会保障——我国农村社会保障制度的法理透视》,载《财贸研究》2006年第2期。

面积承载着对被拆迁人的生存权益的保障,是购买拆迁安置房面积的最低要求。只有给予被拆迁人"人头"面积所有权,才能对"人头"面积行使分割、出卖、抵押等行为,进而实现"人头"面积所具有的生存权益保障功能。

四、农村拆迁安置房"人头"面积所有权归属:集体经济组织成员

(一)"人头"面积系集体经济组织分配,所有权应归集体经济组织成员

1. "人头"面积是集体经济组织给予的补偿对价

实践中,被征收房屋价值一般由具有法定资质的评估机构确定,但拆迁安置房的认购价值,则由政府、征收方或集体经济组织决定。拆迁安置房一般由政府或者征收项目方建造,再按照集体组织确定的方案,由被征收人按照固定价格以征收补偿金出资认购。其实质是集体经济组织针对安置房的建造、价格、分配等已与政府或征收方达成约定,被征收人才可以远低于周边房屋市场价的价格认购。此时,安置房已然成为政府、征收方支付集体经济组织征收补偿对价的一部分。另一方面,被征收人及其家庭成员作为集体经济组织成员具有相应的成员权利,对于集体财产或者集体受益享有抽象份额。民法典第 61 条第 3 款、《江苏省集体资产管理条例》第 11 条第 4 款规定,集体土地征收或征收补偿等资金分配方案、留用地使用方案等应由农村集体经济组织成员(代表)大会讨论决定。参照上述规定,当安置房具有集体经济组织土地补偿对价属性时,集体经济组织通过内部按成员"人头"分配,应视为集体经济组织给予其成员丧失宅基地使用权补偿的自治行为,具有充分的程序保障。

2. 集体经济组织成员具有"人头"面积所有权

"农村拆迁安置房屋的所有权人只能是村集体的成员。"[①]通过集体土地征地拆迁农村住房的行为,集体经济组织获得了土地补偿费、房屋拆迁补偿费等费用,可以通过成员大会等方式对征地拆迁费用进行自治分配。集体经济组织对征地拆迁费用进行分配时,必须考虑到家庭共有房屋价值、宅基地使用权人保障、被拆迁人集体组织成员身份等因素,在此基础上确定拆迁安置房价格及"人头"面积。拆迁安置协议的签订一定程度上体现了集体经济组织决议的执行,故确定的"人头"面积可以认定为集体经济组织对其成员的分配,其成员对该面积所有权取得具有充分的权利基础,符合所有权继受取得的形式要件。另一方面,"人头"面积兼具有对于集体经济组织成员宅基地使用权的补偿与保障,该补偿与保障仅能通过给与所有权的方式才能足额弥补。与此相对应,无集体经济组织成员资格的家庭成员集体经济组织对其不负宅基地补偿及保障其居住权利之义务。虽然由于其原因多分配部分"人头"面积,但该面积基本性质及取得前提均与集体经济组织成员资格相挂钩,因此在分割时不宜将该部分"人头"面积给付非集

---

① 柴敏:《农村拆迁安置房屋所有权问题研究》,西南政法大学 2018 年硕士学位论文,第 11 页。

体经济组织成员，可通过货币补偿方式给予一定照顾，该面积再归家庭其他集体经济组织成员共有。而针对成员资格的确定，不能单一考虑户口的情况，应当考虑三个因素："一是是否具备本集体组织的常住户口；二是是否在本集体组织中形成了比较固定的生产生活关系；三是集体组织的土地是否是基本生活的保障。"①

（二）集体经济组织成员对其"人头"面积可在一定条件下分割处置

有观点认为，拆迁安置房具有重要的基本居住权益保障的属性，"人头"面积是政策规定的、保证集体经济组织成员被征收宅基地房屋后生活水平不降低的重要载体，因而其成员不能自行处置。本文认为上述观点并不成立：一方面，"人头"面积的政策补偿及居住面积保障系对征收环节中政府或征收人的要求，在政府或者征收人给予相应"人头"面积后已然完成政策规定，至于该成员获取该部分面积后是出卖还是自用，则是其自由处置其财产的表现；另一方面，"人头"面积处置并不必然导致其基本居住权益丧失，不仅扶养义务人可以提供维持生活必要的居住房屋，而且申请人可按照廉租房面积标准提供居住房屋乃至以获得款项自行租赁房屋等方式加以解决。因此并不能因为拆迁安置房的基本权益保障功能而否定其共有人对其处置的权利。

实践中，"人头"面积标准由省、市结合当地情况自行确定，很难与实际拆迁安置房面积相匹配，"人头"面积往往以共有形态体现在多套拆迁安置房中。对于无证安置房的共有物分割，在共有人共有基础丧失或有强制执行、疾病等重大理由情形下，法院并不能因无产权证而拒绝分割。此时分割标准应结合安置房取得时的权利基础进行确定。一是"人头"面积具有宅基地使用权补偿及基本居住权益保障属性，应归属家庭成员个人；二是独生子女、未出生子女等照顾面积，因具有一定人身专属性、政策照顾性，亦应归上述特定主体所有；三是超出人头面积、照顾面积的多余认购部分，如认购款项仍从被拆迁房屋补偿款支出则应归被拆迁房屋所有权人或建造人所有，若在房屋所有权人放弃认购的前提下，其他家庭成员认购，则应归该家庭成员所有。

（三）"人头"面积所有人应对被征收房屋所有人、实际建造人、其他实际居住的家庭成员给予补偿

对"人头"面积所有权的争议往往集中在被拆迁房屋所有人（或实际建造人）、房屋其他居住人与"人头"面积安置人之间。笔者认为，当集体经济组织通过"数人头"方式确认所有权人时，被征收房屋的所有人或实际建造人存在损失，取得的"人头"面积并非无偿，而是需以被征收房屋评估所得价款以及征收产生的其他款项来出资购买。被征收房屋评估所得价款系对被征收房屋所有人或实际建造人的补偿，此时其他家庭成员未出资建造房屋但却享受了该部分补偿对价认购的相应面积，虽然被征收房屋被视为家庭共有财产，但所有人或实际建造人仍然承担一定损失。在安置房共有却必须分割

---

① 黄斯琴：《付某霞诉宝塔组房屋拆迁安置补偿纠纷等案评析》，湖南大学 2019 年硕士学位论文，第 22 页。

的情形下,按"人头"面积确认至家庭成员所有是兼顾被征收房屋补偿、基本居住和生存权益保障、宅基地使用权补偿等因素的最佳选择,但在最终分割时应当考虑上述损失,并结合所有人或实际建造人的其他补偿收益综合平衡相关利益。对于其他实际居住的家庭成员,如因"外嫁""就业"等已丧失集体经济组织成员权利的,以及因婚姻关系实际居住但未取得集体经济组织成员资格的,如拆迁安置补偿协议中仍补偿其"人头"面积,该补偿仅具有拆迁人及集体经济组织对其基本居住条件的保障性,而不包含对集体土地及其上房屋的补偿性。分割事由出现后,集体经济组织或同住集体经济组织成员不再具有保障其基本居住权利的义务,此时应由家庭集体经济组织成员取得该部分"人头"面积,并根据公平原则支付部分归并补偿。

超越私益救济："大数据杀熟"纳入公益诉讼理念转换与路径探究

于军辉　王　宏　徐　洁*

摘　要："在线化"生活让消费者产生海量个人信息，这些信息经过电商的采集、分析和应用，没有成为满足消费者美好购物需求的"参谋"，反而成为电商对消费者"杀熟"的"帮凶"。现实生活中"大数据杀熟"现象愈演愈烈。司法实践中由于权利依托、知情同意、利益平衡、主体力量、举证责任分配、责任承担六个原因导致个人诉讼效果有限。"大数据杀熟"侵害的个人信息自决权益具有重要性、正当性和公益性，要求民事公益诉讼必须积极介入。应以扩张起诉主体、倒置举证责任、填补平台责任、丰富责任方式为支点，让民事公益诉讼规制"大数据杀熟"的司法路径始终保持畅通。

关键词：大数据杀熟；信息自决；使用场景；公益诉讼

　　阿尔文·托夫勒在《第三次浪潮》中预言："歧视行为将悄无声息地融入数字世界。""在线化"生活时代，消费者在衣、食、住、行、用等各种网站与软件停留时会留下海量个人信息[①]（以下简称信息）。上述信息让电商[②]以"上帝视角"洞悉个体消费者的购买意愿与能力，"大数据杀熟"现象随之而起。"大数据杀熟"是指电商运用算法分析消费者信息，评估其预期支付价格，在同等交易条件下对消费者实行区别定价的行为。"大数据杀熟"不仅侵犯消费者私益，而且损害社会公益。然而，将"大数据杀熟"纳入民事公益诉讼，实务界未见相关权威案例，学术界亦众说纷纭。本文立足社会化视角，在揭示"大数据杀熟"个人诉讼困境的基础上，探索"大数据杀熟"纳入民事公益诉讼的基础理念和具体进路，以完善网络空间裁判规则，实现数字经济发展与消费者权益保护的平衡。

---

* 于军辉，江苏省常州市中级人民法院法官助理；王宏，江苏省常州市中级人民法院刑二庭庭长；徐洁，江苏省常州市中级人民法院研究室副主任。

① 个人信息指与个人存在一定关联，单独或结合其他数据能够识别特定个人的数据。

② 电商指对销售的商品或服务拥有自主定价权的互联网零售经营者。

一、"大数据杀熟"私益救济的实践困局

（一）"大数据杀熟"现象解剖

"大数据杀熟"对消费者权益的侵害贯穿于采集信息、用户画像与区别定价三个环节。具体分述如下：

1. 信息采集：算法时代，身份识别蕴含无限商机。只有海量、异构、多维的信息才能由"数据"进化为"数聚"，规模较小或种类单一的信息挖掘价值较低。因此，电商在采集信息方面不遗余力，过度采集问题凸显。

一是从前到后全程采集。电商采集信息的时机分为注册时和使用时。前期注册网络账户时，电商要求消费者填写性别、出生年月、地址、电话等基本信息以创建用户管理档案，并要求消费者授权其自动记录搜索、浏览、收藏、购买、评价、退货等交易信息。后期消费者开启某项服务时，电商以提供服务为由要求消费者授权其使用位置、通信录、通话短信记录、打开摄像头、打开话筒录音等信息或权限，消费者拒绝将失去使用服务的机会。电商甚至以折扣、获奖机会或免费服务换取消费者更为私密的信息。[①]

二是由弱到强迭代采集。Cookie、Flash Cookie、Ever Cookie 和 Fingerprinting 等信息跟踪采集技术呈现隐蔽属性、采集能力由弱到强的日益演化。[②]

2. 精准画像：电商通过对海量、粗放、碎片化的原始信息进行深度分析，挖掘与提炼不同信息间的"化学反应"，揭示消费者的支付能力、购买偏好、价格敏感度等隐性知识，最终编织消费者"千人千面"的现实形象。

3. 区别定价：用户画像的合理应用能够克服人类决策的主观缺陷，实现电商与消费者的双赢。一方面，电商可以清晰把握消费者需求，进而提升决策效率，压缩决策成本；另一方面，精准的"私人订制"可以减少消费者选择的时间消耗，让消费者轻松获取更对胃口的商品，满足消费者的美好购物需求。

然而，在逐利的本性驱使下，电商作为经营者，难以将消费者利益作为决策的出发点。电商通过试错法持续输入程序指令，不断向消费者推送动态、个性化的目标商品与定价方案。电商推送的价格与消费者的需求弹性、价格敏感度呈反比，与忠诚度呈正比。若消费者对商品需求弹性较大、对价格波动较为敏感、首次或偶尔购物时，电商会标出较低的价格，甚至提供购物补贴与减免优惠以刺激消费。若消费者对商品需求弹性较小、对价格波动不敏感、经常购买形成路径依赖时，电商会推送较高的价格以提高利润。

---

① 参见《关于腾讯手机管家等 84 款 App 违法违规收集使用个人信息情况的通报》，载"国家网信办官网"，最后访问日期：2021 年 12 月 13 日。

② Cookie 技术可以访问消费者电脑中的 Cookie 文件并获取保存在其中的信息。Flash Cookie 技术可访问消费者电脑中的共享文件。Ever Cookie 技术可不断地在消费者电脑中备份文件。Fingerprinting 技术不直接在消费者的电脑上储存文件，服务器在传输过程中可以凭借传输的关键信息来识别某台计算机。

电商"看人下菜碟"在消费场景中司空见惯,[①]"千人千价"精准榨取了消费者剩余价值。深陷"信息茧房"的消费者对这一隐蔽的价格歧视行为难以察觉,只能任由电商宰割。

(二)个人私益救济瓶颈探析

"司法裁判刻画法律的具体形象。"[②]司法实践中涉及"大数据杀熟"的民事案件仅 2 件(案例 10 和案例 11),这与消费者频遭"杀熟"的现实感受并不相称。为保证样本的广泛性,笔者将样本范围扩大至侵犯消费者个人信息的民事案件。笔者以"网络、互联网;个人信息、用户信息;消费者"为关键词在"中国裁判文书网"(截至 2021 年 8 月 23 日)搜索,另查询到 10 件民事案件(包括 1 件公益诉讼案件),加上最高人民检察院发布的 2 件个人信息民事公益诉讼典型案例(案例 13 和案例 14),[③]样本案件共 14 件(详见表 8)。

表 8　样本中案情和裁判结果一览

序号	案件名称	案　情	裁判结果
1	朱某诉百度案[④]	百度记录朱某搜索的关键词,并以此向朱某投放广告	一审:构成侵权。赔礼道歉;损害后果轻微,无须赔偿精神损害
			二审:撤销原判,驳回朱某的诉讼请求
2	万某诉南方航空案[⑤]	泄露消费者包括姓名、身份证号、手机号等在内的行程信息,导致消费者被诈骗	驳回诉讼请求
3	庞某诉东方航空、趣拿案[⑥]		一审:驳回诉讼请求
			二审:构成侵权。赔礼道歉;无须赔偿精神损害
			再审:维持二审
4	方某诉金色世纪案[⑦]		本案是合同而非侵权纠纷。金色世纪赔偿因诈骗给方某造成的经济损失;驳回赔礼道歉与精神损害的请求
5	申某诉携程、支付宝案[⑧]		构成侵权。携程赔偿因诈骗给申某造成的经济损失;赔礼道歉;驳回精神损害赔偿请求

---

① 北京市消费者协会发布的调查结果显示:88.32%的受访者认为"大数据杀熟"现象普遍存在,56.92%的受访者承认曾被杀熟。参见《北京市消协发布大数据"杀熟"问题调查结果》,载"北京市消费者协会官网",最后访问日期:2021 年 12 月 13 日。

② [德]卡尔·拉伦茨:《法学方法论》,陈爱娥译,商务印书馆 2003 年版,第 20 页。

③ 未查询到裁判文书。参见《最高检发布检察机关个人信息保护公益诉讼典型案例》,载"中国长安网",最后访问日期:2021 年 12 月 13 日。

④ 参见江苏省南京市鼓楼区人民法院(2013)鼓民初字第 3031 号民事判决书;江苏省南京市中级人民法院(2014)宁民终字第 5028 号民事判决书。

⑤ 参见广东省广州铁路运输第二法院(2016)粤 7102 民初 385 号民事判决书。

⑥ 参见北京市海淀区人民法院(2015)海民初字第 10634 号民事判决书;北京市第一中级人民法院(2017)京 01 民终 509 号民事判决书;北京市高级人民法院(2017)京民申 3835 号民事判决书。

⑦ 参见广东省深圳市宝安区人民法院(2018)粤 0306 民初 23342 号民事判决书。

⑧ 参见北京市朝阳区人民法院(2018)京 0105 民初 36658 号民事判决书。

续 表

序号	案件名称	案　情	裁判结果
6	谢某诉苏宁案①	泄露消费者包括姓名等在内的订单信息,导致消费者被诈骗	驳回诉讼请求
7	付某诉三快案②		构成侵权。三快赔偿因诈骗给付某造成的经济损失;驳回精神损害赔偿请求
8	周某诉快客、易得案③		一审:构成侵权。周某自身存在过错,快客赔偿周某60%的经济损失
			二审:维持原判
9	俞某诉乐友、支付宝、淘宝、天猫案④	乐友在未取得授权的情况下将俞某的交易信息传给支付宝。支付宝又和淘宝、天猫共享了上述信息	构成共同侵权。个人信息的价值无法估量,仅赔偿俞某经济损失1元;驳回赔礼道歉与精神损害请求
10	郑某诉携程案⑤	郑某在携程网查询机票价格为1 864元,购买时价格变为2 387元	驳回诉讼请求
11	胡某诉携程案⑥	携程VIP客户胡某线上支付的房价是酒店实际挂牌价的2倍	构成侵权。携程退赔差价,并按差价3倍支付惩罚性赔偿
12	周某民事公益诉讼案⑦	周某出售非法获取的个人信息	构成侵权。以违法所得作为赔偿额,交纳于指定财政专账,专门用于公益支出;赔礼道歉
13	某网络公司民事公益诉讼案	过度采集个人信息	达成调解。删除违法采集的个人信息。在媒体及APP首页赔礼道歉
14	李某民事公益诉讼案	非法获取个人信息用于电话滋扰、欺诈	构成侵权。删除个人信息;支付3倍惩罚性赔偿;赔礼道歉

由上表可知:个人诉讼是当前保护个人信息的主要途径,但上述案件显示存在下列问题导致私益救济的效果有限,主要表现在:

1. 权利依托失据。虽然民法宣示自然人的个人信息受法律保护,但具体内容阙如

---

① 参见广东省阳江市江城区人民法院(2016)粤1702民初1098号民事判决书。
② 参见北京互联网法院(2018)京0491民初1905号民事判决书;北京市第四中级人民法院(2019)京04民终143号民事裁定书。
③ 参见广东省深圳市宝安区人民法院(2018)粤0306民初10921号民事判决书;广东省深圳市中级人民法院(2019)粤03民终3954号民事判决书。
④ 参见北京市海淀区人民法院(2018)京0108民初13661号民事判决书。
⑤ 参见上海市长宁区人民法院(2020)沪0105民初9010号民事判决书。
⑥ 参见史洪举:《以司法裁判向大数据杀熟说不》,载《人民法院报》2021年7月17日第2版。
⑦ 参见四川省自贡市中级人民法院(2020)川03民初16号民事判决书。

导致个人信息权利属性模糊。消费者在选择请求权基础上摇摆不定，既可能诉诸个人信息权益，也可能"曲线救国"通过隐私权或合同途径寻求间接保护。权利基础影响裁判结果。以涉"大数据杀熟"的 2 起案件为例，案例 10 郑某以公平交易权起诉，法官认为机票价格受多种因素影响存在浮动，郑某查询与购买的时间存在一定间隔，机票价格变动在合理限度内，携程未侵犯公平交易权。案例 11 胡某以个人信息权益起诉，法官则认为携程构成侵权（详见图 14）。

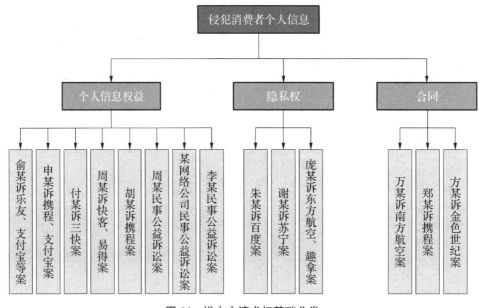

图 14　样本中请求权基础分类

2. 知情同意失效。法官普遍将"知情＋同意"作为电商采集、使用个人信息的守则。[1] 知情方面应遵循明示规则。一是内容透明，电商不仅应明示采集个人信息的方式（如何采集）与范围（采集什么信息），更应明示目的（采集用途）。二是程序透明，电商应以清晰、醒目、易懂的告知方式（如弹出提示窗口、醒目字体、下划线等显著方式标识，点击阅读完毕按钮方能继续下一步操作等）使消费者慎重阅读并充分理解条款内容。同意方面应遵循同意规则，电商在采集与使用个人信息时，应取得消费者同意。然而，"知情＋同意"的静态化会导致两类现象：一是消费者被告知而不知情。商家告知事项事无巨细以规避法律风险，但冗长的协议内容和烦琐的提示程序不仅提高了电商的运营成本，也增加了消费者的认知负担。据统计，消费者需平均花费 244 小时才能读完每年使用的个人信息提示条款。[2] 消费者为追求快速注册、使用而忽略部分或全部提示条款；二是消费者知情而被迫同意。即使充分知情，消费者在"不选即走"的霸王条款面前也只能一键同意。知

---

① 参见《中华人民共和国民法典》第 1035 条。
② See Aleecia M.Mcdonald & Lorrie Faith Cranor，The Cost of Reading Privacy Policies，4 Journal of Law and Policy for the Information Society 534(2008).

情同意原则由保护消费者信息的"安全阀"异化为电商推卸责任的"挡箭牌"。

3. 利益平衡失灵。民法应均衡、恰当地协调信息商业利用与信息权利保护的紧张关系。强化个人信息保护方能促进数字经济健康发展。[1] 少数法官陷入"保护个人信息是保护私益,促进数据产业发展是保护公益"的误区,认为不宜对正处于爬坡迈坎的新兴产业过度限制。甚至为了释放数据红利,一再容忍个人信息权益遭受侵蚀。

4. 主体力量失衡。技术、资本、地位的鸿沟导致"博弈天平"失衡。与消费者相比,电商聘有专业的法律团队,在法律知识、诉讼技能等方面具有极大优势,消费者维权的积极性不足。民事诉讼法第 55 条将消费者民事公益诉讼的范围笼统表述为"侵害众多消费者合法权益,损害社会公共利益"的行为。司法机关"摸着石头过河",通过民事公益诉讼保护个人信息。但是,将"大数据杀熟"纳入民事公益诉讼也因面临此类公益诉讼性质认定、取证时间过长等诸多原因导致尚未成势。

5. 举证责任失准。依据"谁主张谁举证"的一般规则,消费者应对电商实施侵权行为承担举证责任。然而,关键证据大都由电商把持并可随时删除,消费者取证时往往吃"闭门羹"。同时,电商内部算法与定价规则的科技性、隐蔽性、复杂性、易变性导致消费者必须借助科技手段甚至专家帮助才能查明并固定证据。案例 2、6、10 中,法官严格适用举证责任,给消费者施加了严酷的举证负担,几乎等同直接宣判消费者败诉。反之,适用举证责任倒置的案件均推定电商实施了侵权行为。

6. 责任承担失范。案例 9 中,电商将消费者在其店铺的交易数据非法提供给平台,[2]平台又与第三方共享上述数据,法官判决上述被告共同承担侵权责任。其余案件未涉及平台责任。个人诉讼中,电商即使败诉,其承担的责任方式和程度也较为有限。案例 3 中,法官以个人信息的价值难以估量和精神损害后果较轻为由,驳回经济赔偿请求。案例 9 中,法官判决电商象征性赔偿消费者经济损失 1 元。案例 4 中,消费者要求赔礼道歉的请求也被驳回。微不足道的损失让电商仍可从违法行为中获利,其会更加肆无忌惮。另外,个人诉讼无法弥补市场秩序、消费者市场信心等受损之公益。

二、规制"大数据杀熟"的理念转换

建立个人信息公益诉讼制度是世界发展趋势。[3] 个人信息保护法提出将个人信息保护纳入民事公益诉讼,释放出加强社会控制的积极信号。"大数据杀熟"能否纳入公益诉讼,取决于其侵犯的权益是否具有重要性、正当性和公益性。

---

[1] 参见周强:《最高人民法院工作报告——2021 年 3 月 8 日在第十三届全国人民代表大会第四次会议上》,载"新华网",最后访问日期:2021 年 7 月 13 日。
[2] 平台指第三方经营的为交易提供网络空间与技术服务的经营者。
[3] 欧盟《通用数据保护条例》规定:数据主体为了自身利益,有权委托非营利组织行使救济权利。参见沈红雨:《大数据流动背景下个人信息保护法律制度的挑战与对策——基于比较法的视角》,载《中国应用法学》2021 年第 2 期。

（一）重要性：从财产权到人格权益的权利属性转换

受损权益的性质决定公共力量介入的优先程度。理论界对"大数据杀熟"的法律属性众说纷纭，但相关学说存在明显缺陷难以为司法裁判提供闭环理论支撑（详见图 15）。

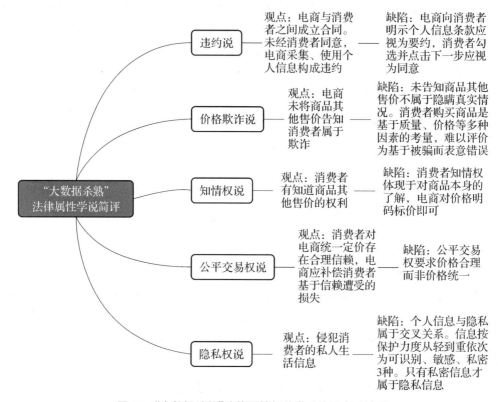

图 15 "大数据杀熟"法律属性相关学说的观点及缺陷

民法典将个人信息置于人格权编，开辟了个人信息人格权请求权的新路径。"大数据杀熟"实质上侵犯了个人信息权益中的信息自决，即采集、分析与利用信息过程中的知情和决定权益。消费者通过支配信息权益实现自由意志，维护人格尊严。人格权的专属性与排他性要求社会更加积极的保护。

（二）正当性：从静态条款识别到动态利益衡量的评估方法转换

个人信息的应用场景是多元化的。电商在与消费者达成契约时难以将具体应用场景逐项清晰地落于纸上，而且文字本身的开放性、弹性化导致解释空间过于广阔。知情同意条款陷入简而无用、多而无功的两难困境。在静态知情同意条款失效时，应以"动态场景"理论补位。该理论要求以社会生活经验为依据，以利益衡量为标尺，对每一种场景下的应用行为进行具体的利益权衡与取舍。[①] 利益衡量要求寻求发展数字经济与保护消费者权益的平衡点。前者要求个人信息的应用技术需具有一定的创新性。后者要求在较少让渡消费者权益的同时能为消费者带来对等或更大的福祉。[②] 以此观之，"大数据杀熟"可能满足技术创新性，但是利用消费者个人信息反过来危害消费者的行为明显违背保护消费者权益的要求。消费者不仅未获得"红利"，还隐蔽地"被宰"（详见表9）。

表 9　利益衡量下"大数据杀熟"的正当性评判

衡量要素	创新程度	对消费者信息权益的损害	对消费者消费福祉的增加	最终结果
衡量尺度	有	较小	不低于损害	正当
"大数据杀熟"的具体衡量	符合	不符合	不符合	不正当

（三）公益性：从个人私利到社会公益的侵害法益转换

个人信息的产生、功能、受众让其溢出私人法益范畴，演变成承载公共利益的社会资源：

从产生方式看，个人信息具有社会性。个人信息按产生方式可分为自然信息与社会信息。自然信息指存于自然人个体，在进入社会前就存在的信息，如基因、血型、性别等。社会信息指生成于社会，与他人交互而产生的信息，如上网时留下的浏览记录，网购时留下的交易记录等。[③] 在个人信息的组成中，社会信息的数量远多于自然信息，并不断丰富、增长。

从功能上看，个人信息具有公共性。个人信息是社会识别与了解个体并以此开展活动的根据。对个人信息的开发利用可以惠及公众，如企业可以为广大消费者提供更加贴心的商品，政府可以为所有社会成员供给更加优质的公共服务。

从结果上看，侵害对象具有广泛性。个人信息相较生命权、健康权貌似重要性较低，但"大数据杀熟"的受害者人数众多且不特定，[④]前者导致的伤害可能与后者具有程度上的相当性。电商借助不断改进的采集、分析和推送技术使"大数据杀熟"波及范围广、隐蔽时间长，形成辐射性和散发性危害，每个消费者都难以独善其身，侵犯消费者人格权的规模呈几何级倍增。

---

① 参见丁晓东：《用户画像、个性化推荐与个人信息保护》，载《环球法律评论》2019 年第 5 期；郭春镇：《数字化时代个人信息的分配正义》，载《华东政法大学学报》2021 年第 3 期。

② 参见杜前、沙丽：《网络经济语境下不正当竞争裁判路径的构建——基于杭州互联网法院审判实践探索的启示》，载《中国应用法学》2020 年第 1 期。

③ 参见丁国民、连浩琼：《我国在个人信息保护模式上的价值选择——以美、德比较法为视角》，载《北京邮电大学学报》（社会科学版）2019 年第 3 期。

④ 主体的众多和不特定是公益利益的集中表现。参见张雯、李文超、武一帆：《从文本到实践：互联网民事公益诉讼的理论思辨与程序设计》，载《法律适用》2021 年第 1 期。

三、"大数据杀熟"纳入公益诉讼的路径探究

司法机关要积极回应广大消费者的新期待，对"大数据杀熟"从消极不作为转向主动干预积极作为，构建合法、适宜、可行的公益诉讼路径，为个人信息开放共享营造安全可控的良好社会环境。

（一）启动：明确起诉主体，补强维权力量之弱

公益起诉主体的介入，能补强力量关系中的弱势方，使两者的博弈能力趋于平衡。可以说，我国立法目前对于"大数据杀熟"，已经构建起一套相对完整的权益保障体系，但"徒法不足以自行"，具体实务中，仍需要厘清公益诉讼主体间的起诉顺序及公益诉讼的形式。

公益诉讼的起诉主体乃法律拟制，并非真正的公共利益权利主体。消费者权益保护法第 47 条规定，对侵害众多消费者合法权益的行为，中国消费者协会以及在省、自治区、直辖市设立的消费者协会，可以向人民法院提起诉讼。个人信息保护法将个人信息公益诉讼的起诉主体界定为检察机关、行政机关与公益组织。[①] 对于涉及"大数据杀熟"的公益诉讼案件，民事诉讼法第 58 条[②]，将各主体的起诉顺序明确为"行政机关/公益组织—检察机关"。检察机关应督促、建议、支持前置主体提起诉讼，在前置主体缺位的情况下方可直接起诉。[③] 各主体应从消费者举报、新闻报道、另案（行政、刑事案件）办理等多渠道挖掘线索。同时，建立各主体间的互动机制，实现信息共享，形成保护合力。

对于公益诉讼的形式，可以有单纯的公益诉讼和公益集体诉讼两种。单纯的公益诉讼限于篇幅在本文就不再赘述。关于集体诉讼，2019 年，十九届四中全会《中共中央关于坚持和完善中国特色社会主义制度推进国家治理体系和治理能力现代化若干重大问题的决定》明确要求"强化消费者权益保护，探索建立集体诉讼制度"，但目前民法典、民事诉讼法中并没有对集体诉讼制度进行相关表述，机构作为诉讼代表人参与诉讼的，仅在证券投资领域有具体的法律规定，即特别代表人诉讼。"大数据杀熟"领域与之有类似，未来可以探索公益集体诉讼路径。

[①] 《中华人民共和国个人信息保护法》第 70 条规定个人信息处理者违反本法规定处理个人信息，侵害众多个人的权益的，人民检察院、法律规定的消费者组织和由国家网信部门确定的组织可依法向人民法院提起诉讼。

[②] 《中华人民共和国民事诉讼法》第 58 条规定：对污染环境、侵害众多消费者合法权益等损害社会公共利益的行为，法律规定的机关和有关组织可以向人民法院提起诉讼。人民检察院在履行职责中发现破坏生态环境和资源保护、食品药品安全领域侵害众多消费者合法权益等损害社会公共利益的行为，在没有前款规定的机关和组织或者前款规定的机关和组织不提起诉讼的情况下，可以向人民法院提起诉讼。前款规定的机关或者组织提起诉讼的，人民检察院可以支持起诉。

[③] 参见薛天涵：《个人信息保护公益诉讼制度的法理展开》，载《法律适用》2021 年第 8 期。

（二）快进：倒置举证责任，减轻原告证明之难

归责事由包括危险开启与危险控制力。从危险开启看，电商是"大数据杀熟"的炮制者和受益者，其需负担更高注意和更多责任。从危险控制看，根据卡拉布雷西的事故责任分配原则，[①]防范成本最低的主体是防范风险的最佳人选。相比消费者，电商能够从制度与技术上避免"大数据杀熟"的危险现实化，且成本较低。需改变错配的举证责任结构，让两者"攻击与防御"保持大致平衡。应倒置举证责任，电商需证明其采集、分析、使用个人信息合法方能免责。[②] 同时，上述推定属法律上可推翻的事实推定，电商可通过证明不存在前提事实或者前提事实无法推出结论事实予以反驳。另外，电商需允许、配合、协助原告进入平台内部取证，不得设置不合理的制度与技术障碍。[③] 倘若电商拒不配合，检察机关可向其主管部门发送检察建议，建议科处相应的行政处罚。

（三）关联：厘定平台责任，填补前、后管控之缺

平台作为网络交易市场的规制者，其管控权日益扩张。例如，淘宝网对其内电商可施加警告、搜索降权、屏蔽店铺、商品发布资质管控、下架商品、不累计或删除销量、关闭店铺、查封账户等 10 余种管控手段。有观点认为，平台不仅承担安全保障义务，还应担负公共责任。若发生"大数据杀熟"，平台亦应承担赔偿责任。[④] 但是，目前不宜将维护公益的责任转嫁于平台。一是平台的管控职责的"自治性"决定了其承担责任的有限性。平台的管控职责是基于契约达成而非法律授权，电商随时可以用脚投票离开平台。二是平台的管控能力基本上囿于事前预防或事后惩戒。平台内电商成千上万，交易次数不可计量，平台无法直接监管每笔交易。不当加重平台责任属于过度延长民法的"家父之手"，既于法无据，亦强人所难。

当然，平台并非一律受"避风港规则"保护。平台不仅应基于受害消费者要求向其提供电商的真实名称、地址与联系方式，还应主动加强前、后端监管。若平台对其内电商的资格未尽到事前审查义务，需承担相应的补充责任。若平台通过公开的新闻报道、消费者投诉或行政处罚等方式知道或应当知道电商实施"杀熟"，平台应及时管控直至电商停止侵权行为。若平台视而不见，其主观方面已由过失演变成故意，与电商形成无意识联络的两个侵权行为结合，平台此时须与电商承担连带责任。

（四）终止：丰富责任方式，保障诉讼结果之效

首先，申请人格权侵害禁令。起诉主体可要求电商不得将个人信息用于损害消费

---

① 经济分析法学的奠基人卡拉布雷西认为："事故法的首要功能是减少事故成本与避免事故发生的成本的总和。"

② 《中华人民共和国个人信息保护法》第 69 条和《最高人民法院关于审理使用人脸识别技术处理个人信息相关民事案件适用法律若干问题的规定》第 6 条均要求个人信息处理者对处理行为合法性承担举证责任。

③ 参见蒋都都、杨解君：《大数据时代的信息公益诉讼探讨——以公众的个人信息保护为聚焦》，载《广西社会科学》2019 年第 5 期。

④ 参见刘权：《网络平台的公共性及其实现——以电商平台的法律规制为视角》，载《法学研究》2020 年第 2 期。

者利益,也可要求对个人信息全部或部分删除或去标识化处理。紧急情况下还可申请人格权侵害禁令,要求电商立即停止区别定价,并将特定价格恢复至公允价格。

其次,向消费者赔礼道歉。广大消费者享受良好消费环境的精神利益遭受损失,电商应赔礼道歉,弥补消费者的心理或情感损失。鉴于"大数据杀熟"波及范围较广,法院可要求电商在全国公开发行的新闻媒体公开赔礼道歉,内容需经法院审核。可同时要求电商在涉案网站首页显著位置展示致歉声明,时间1—3个月不等。慑于声誉扫地的严重后果,电商可能不会为了"杀熟"获取的小利而丧失更多的生意。另外,精神损害赔偿归属于个体消费者,并以造成严重精神损害为前提,"大数据杀熟"中消费者通常遭受的精神损害较轻,本文不作展开。

最后,适用惩罚性赔偿。惩罚性赔偿一般是指当被告以恶意、故意、欺诈或放任的方式实施加害行为而致原告受损时,原告可以获得实际损害赔偿之外的增加赔偿。[1]个人诉讼中,对于补偿与惩罚性赔偿,消费者可以择一或同时主张。现行法律未明示"大数据杀熟"公益诉讼是否适用惩罚性赔偿。在具体个案中,如若电商"大数据杀熟"行为构成消费者权益保护法第55条第1款之"欺诈行为",则应当适用惩罚性赔偿,以提高电商的违法成本,让其"痛到不能再犯"。[2]惩罚性赔偿具体适用过程中,应当注意:一是不需酌减行政罚款或刑事罚金。虽然法律规定刑事罚金可折抵行政罚款,但未规定行政罚款与刑事罚金可折抵民事赔偿,且民法典第187条明确规定:"民事主体因同一行为应当承担民事责任、行政责任和刑事责任的,承担行政责任或者刑事责任不影响承担民事责任;民事主体的财产不足以支付的,优先用于承担民事责任。"二是应当"专款专用"。惩罚性赔偿用于恢复和发展受损之公益,并非"无主财产",不能直接上缴国库。同时,起诉主体并非真正的权利主体,不享有惩罚性赔偿的支配权。应建立公益诉讼赔偿基金制度,开设统一账户,惩罚性赔偿须注入这一专门的"资金池"。同时,上述款项今后必须专门用于保护消费者个人信息权益,由公益组织履行具体职责,检察机关负责监督。

另外,公益诉讼裁判在效果上具有广泛性与延伸性。裁判内容对今后消费者的个人诉讼均产生辐射效力,可以一次处理,多次适用,促进定纷止争的低成本与高效率。

结　语

"大数据杀熟"行为的警报已经全面拉响,为防止"曾经的屠龙少年变成恶龙",司法机关应当有所作为,引入民事公益诉讼这一重要手段,引导数字经济在法治的框架内规范发展,才能让中国新经济的重要力量兴利除弊,行稳致远。

---

① 参见李适时主编:《中华人民共和国消费者权益保护法释义(最新修正版)》,法律出版社2013年版,第261页。
② 参见薛天涵:《个人信息保护公益诉讼制度的法理展开》,载《法律适用》2021年第8期。

公益诉讼中替代性修复实务研究

——从 4.7 亿元南京某水务公司污染
环境公益诉讼案谈起

张培华　曹莉莉　张丝怡*

摘　要:环境公益诉讼中的替代性修复工作,是一项技术复杂、过程漫长的综合系统治理工程。本文在对公益诉讼中替代性修复的法律依据进行梳理的基础上,主要以 4.7 亿元检察机关诉请最高额污染环境案为实务观察样本,对检察公益诉讼尤其水污染案件中替代性修复中存在的主要司法实践归纳总结。为解决替代性修复工作存在的混淆修复义务和修复能力、违法行为者修复能力不足、修复方案缺乏现实可行性等现实困境,提出合法确定违法行为者修复义务、合理选择修复责任主体、制订科学有效的替代性修复方案等完善之道,以期对检察实务有所裨益。

关键词:公益诉讼;生态环境损害;替代性修复;实务研究

2020 年 2 月 7 日调解生效的"南京市鼓楼区人民检察院诉南京某水务公司污染环境刑事附带民事公益诉讼案"。① 该公司主营污水处理业务,于 2014 年 10 月至 2017 年 4 月期间利用暗管向长江非法排污,经鉴定,造成生态环境损害 4.69~4.70 亿元。检察机关向法院提起 4.7 亿元赔偿总额刑事附带民事公益诉讼。11 天庭审后,双方经 35 轮 50 余次磋商,最终形成 2.37 亿元现金赔偿+2.33 亿元替代性修复的调解方案,取得公益保护"最优解"。该案入选最高人民检察院 86 号指导性案例、第九届中国十大公益诉讼案件和 2019 年度人民法院环境资源六大重点典型案例。该案并被最高检评价为:"对推进全国检察公益诉讼工作具有重要借鉴意义和示范引领价值。"2021 年 7 月,该案做法被吸纳为司法解释《人民检察院公益诉讼办案规则》第 99 条第 1 款。因此,基于该案对司法政策的精准把握和有力推进以及对替代性修复的实践探索,本文将其作为主要实务研究对象,展现该案的思考与创新,总结提炼替代性修复司法实务经验。

---

*　张培华,江苏省南京市鼓楼区人民检察院第五检察部主任;曹莉莉,江苏省南京市鼓楼区人民检察院副检察长;张丝怡,江苏省南京市鼓楼区人民检察院第五检察部检察官助理。
① 参见南京市玄武区人民法院(2018)苏 0102 刑初 68 号刑事附带民事公益诉讼调解书。

一、公益诉讼中替代性修复的基本概况

（一）公益诉讼中替代性修复的法律渊源

要研究公益诉讼替代性修复司法实务，首先要知悉公益诉讼替代性修复这一问题的由来与法律渊源。为了弥补行政监管手段的不足，探索检察机关守护社会公共利益的新渠道，早在2015年，最高检就先后出台《检察机关提起公益诉讼改革试点方案》《人民检察院提起公益诉讼试点工作实施办法》。2017年新修改的民事诉讼法和行政诉讼法明确赋予检察机关提起公益诉讼的职责。为细化程序规则、完善配套措施，又陆续颁布《关于适用〈中华人民共和国民事诉讼法〉的解释》和《最高人民法院、最高人民检察院关于检察公益诉讼案件适用法律若干问题的解释》等法律文件，让检察公益诉讼更加具有操作性，从制度走向了实践。

由于生态环境形势严峻，国家对环境保护愈加重视，检察机关主张被告在环境公益诉讼中承担环境修复责任逐步在法律中得以明确。根据《最高人民法院关于审理环境侵权责任纠纷案件适用法律若干问题的解释》第14条、《最高人民法院关于审理环境民事公益诉讼案件适用法律若干问题的解释》第18条的相关规定，对污染环境、破坏生态，已经损害社会公共利益或者具有损害社会公共利益重大风险的行为，原告可以请求被告承担停止侵害、排除妨碍、恢复原状等六种民事责任。新颁布的民法典第1234条第1款也明确规定了生态环境修复责任：违反国家规定造成生态环境损害，生态环境能够修复的，国家规定的机关或者法律规定的组织有权请求侵权人在合理期限内承担修复责任。诉讼请求是基于诉讼标的并承载着诉之利益实现的具体权益主张，体现了公益诉讼的质的规定性，提出怎样的诉讼请求影响诉讼功能的实现效果和公共利益的救济程度。[1] 检察院可以以公益诉讼起诉人身份提起环境公益诉讼，诉请法院要求被告承担应负的生态环境修复责任。

其中，关于环境公益诉讼中被告的生态环境修复方式，《最高人民法院关于审理环境民事公益诉讼案件适用法律若干问题的解释》第20条第1款作出了细化性规定，即原告请求恢复原状的，人民法院可以依法判决被告将生态环境修复到损害发生之前的状态和功能。无法完全修复的，可以准许采用替代性修复方式。该法律条款明确了生态环境修复方式主要为直接修复和替代性修复，也确立了替代性修复适用的前提条件，即"无法完全修复"，但其缺陷在于并没有对替代性修复的含义作出准确界定以及对适用情形进行具体说明。

2018年，江苏省高级人民法院出台了《江苏省高级人民法院关于生态环境损害赔偿诉讼案件的审理指南（一）》。其中，第20条提到生态环境损害赔偿费用包括但不限

---

[1] 参见迟晓燕：《行政公益附带民事公益诉讼的诉讼请求及判决执行》，载《中国检察官》2017年第18期。

于恢复性费用,而替代性修复费用属于恢复性费用的一种,而第 40 条指出法院可以判决被告将生态环境损害修复费用支付至相关生态环境司法修复基地开展替代性修复,并由原告负责监督。另外,在第 39 条对可以采取替代性修复方式进行修复的三种情形进行列举,分别是:(一)无法原地原样修复或无法完全修复的;(二)原地原样修复难度过大、成本过高或因规划调整等原因而无须修复的;(三)采取替代性修复经济合理且更有利于维护区域、流域整体生态环境的。此外,还对替代性修复进行了明确的定义界定:替代性修复是指无法或没有必要在原地原样对受损生态环境进行修复的情况下,合理采取异地和(或)他样方式进行生态环境治理、建设,保障受损生态环境在区域性或流域性范围内得到相应补偿的修复方式。第 41 条还对能够实现绿色生产转型的赔偿义务人,探索设定了有条件地以技术改造抵扣赔偿款的创新方式。第 50 条特别指出法院可以在裁判前将替代性修复方案在相应区域范围内进行公告。该审理指南总结提炼了江苏地区近年环境审判工作经验,对替代性修复的概念、适用情形、费用性质以及使用方式等进行了明确规定,起到了很好的实务指导作用。

(二)公益诉讼中替代性修复概念

我国法律法规司法实务中的替代性修复其实相当于我国《生态环境损害鉴定评估技术指南总纲》中"生态环境恢复"中的一种特殊的基本恢复方式。一般来说,生态环境修复的两种方式,应以直接修复为主,替代性修复为辅。替代性修复作为满足一定条件下可以适用的补充方式存在。替代性修复是指"等值重建或更换受损的生态环境",亦即提供某种与受损生态环境原有状态和功能大体相当的替代性生态环境。状态是大气、水和土壤等环境要素的物理、化学和生物学意义上的形态,功能是生态环境为其他生态系统和公众提供的服务和功能。生态环境恢复是状态和功能两重意义上的恢复原状。[①]

替代性修复可以在原受损生态环境所在地及其附近开展,也可以在异地开展。在最高人民法院环境资源审判庭看来,替代性修复方式包括同地区异地点、同功能异种类、同质量异数量、同价值异等级等多种情形,使生态环境恢复到受损害之前的功能、质量和价值。[②] 比如,山体植被因采矿受损难以原地恢复的,可以采取在异地按照相同种类、数量进行补种复绿的替代性修复措施进行生态修复。

另外,替代性修复方式作为修复方式的一种,与直接修复的出发点一致:必须要符合环境公益诉讼损害担责的要求,该方式所承载的生态价值要尽量弥补填平受损的生态环境要素。替代性修复提供的生态环境及其生态系统服务应当与原受损生态环境及其生态系统服务等值或大体相当。同时,如果被告选择采用替代性修复方式,必须科学

---

① 参见王小钢:《生态环境修复和替代性修复的概念辨正:基于生态环境恢复的目标》,载《南京工业大学学报(社会科学版)》2019 年第 1 期。
② 参见最高人民法院环境资源审判庭:《最高人民法院关于环境民事公益诉讼司法解释理解与适用》,人民法院出版社 2015 年版,第 303 页。

评估出替代性修复项目工程量和替代性修复相关费用，制订出合理可行的生态环境替代性修复方案，为后期的方案真正实施提供必要前提。其最终修复效果也必须做到无限接近受损生态环境的生态效果和社会效果，切实保证生态环境公共利益目的的实现。

二、公益诉讼中替代性修复司法实践与现实困境

具体到长江流域生态污染公益诉讼案件，主要以南京市鼓楼区人民检察院办理的索赔 4.7 亿元南京某水务公司污染环境公益诉讼案为例。如何科学、有效、合理进行替代性修复使原受损生态环境及其生态系统服务等值或大体相当是亟须司法实务关注问题。长江具有防洪、供水、航运、渔业、生态、景观等综合性功能，是国家重要的生态廊道和水生物资源宝库，是长江沿岸各省自治区的饮用水源地和灌溉水源地。习近平总书记多次强调，长江经济带发展要"共抓大保护、不搞大开发"并指出要将长江修复放在压倒性位置。检察机关作为公益利益的代表，在提起环境公益诉讼案件过程中，理应将"修复"长江生态环境予以充分体现。由于长江水域水体流动性、扩散性、渗透性，使得环境污染、生态破坏具有不可逆性，不可修复或者不必修复，或者修复成本过于巨大，因此替代性修复模式是妥适的选择。但替代性修复司法实践中呈现出混淆违法行为者修复义务与修复能力、替代性修复主体能力或意愿不足、替代性修复方案缺乏精准度以及现实可行性等现实困境，不利于公益诉讼制度价值实现。

（一）混淆违法者修复义务与修复能力

根据"谁污染、谁治理"原则要求，污染者因破坏生态环境，侵害环境公共利益，代表社会环境公共利益的检察机关依据法律规定，要求污染者恢复原状，对受损害的环境进行全面修复和治理，以期达到完全保护环境、维护社会公众环境权益的目的。最高人民法院《民事公益诉讼司法解释》第 20 条规定，法院可以在判决被告修复生态环境的同时，确定被告不履行修复义务时应承担的生态环境修复费用；也可以直接判决被告承担生态环境修复费用。由此看来，为了达到全面修复的效果，对于那些无法完全修复和难以完全修复的环境污染，替代性修复责任是法律规定的污染者的法定义务，绝不能随意免除[①]。但是，现实中却经常有鉴定机构、司法机关免除环境污染者、生态破坏者的替代性修复义务的情形。如在绿会诉"大海塘石场"因违法开采砂石导致破坏海滩生态环境的案件中，鉴定机构认为该石场只有被损害环境区域的 38% 能够进行修复，其他 62% 被损害部分无法修复，法院判决根据该鉴定机构的意见免除了被告应该承担的对该 62% 的破坏区域进行替代性修复的法定义务。本院作为公益诉讼起诉人提起的诉南京某水务公司污染环境刑附民公益诉讼案件中，诉求 4.7 亿元生态修复费用。该公

---

① 参见《替代性修复是污染者的法定义务，不可随意取消》，载微信公众号"中国绿发会"，最后访问日期：2020 年 5 月 23 日。

司有机物污染的来源主要是偷排至长江干流水域的农药、染料、医药中间体等化工污水。巨量废液、废物渗透扩散到整个长江的水体及水下生态系统中,给长江的渔业资源、微生物资源、滩涂湿地资源都会造成巨大的污染损害。但因其财产面临资不抵债风险,有的观点认为被告方修复能力有限,建议可以由4.7亿元减轻至3.5亿元修复义务。上述案例混淆了修复能力和修复义务的概念。修复能力要考量修复可行性,综合考量修复成本与环境权益的关系,也要考量后续使用的问题;而修复义务则是法定的、无条件的,若确实无法修复或者因为后续开发利用而不必修复,污染者的替代性修复义务也不能因此而免除,否则不但违背了损害担责的环境法原则,也违背了"任何人不能从其违法行为中获利"的基本法理原则。

(二)替代性修复主体能力或意愿不足

节约时间和管理成本是选择替代性修复主体需要考虑的重要要素。在司法实践中,替代修复方式的选择往往并非基于当事人主动修复环境的积极意愿,更多是由于当事人在金钱偿付能力不足的情况下司法的变通措施。当事人在诉讼过程中寻求通过替代性责任履行方式实现生态(环境)损害救济的效果,常常具有权宜性,这往往导致当事人的替代性履行能力受到质疑,从而极大地影响到替代性履行的效果。从违法行为当事人自身的角度出发,即便其选择替代修复的意愿存在,其能力也是大可存疑的。[①] 应该说,在替代修复方式实质化的情况之下,对当事人在替代修复方面的要求非常之高。大部分公司总有自己的专业领域,既然存在相关污染排放作业,其和水域的关联常常存在一定联系,但是因其专业及资源所限,其修复领域范围、视野面较为局限,如果检察机关或政府机关利用自身公权力优势协调各个领域的替代性修复项目,适当放宽其修复义务主体标准,引入其他修复主体,补强违法者修复能力,可以更好的实现公益诉讼目的。比如在重庆市人民检察院第一分院诉重庆市昆仑化工有限公司水污染责任纠纷环境民事公益诉讼一案中,法院认为该案符合进行替代性修复的情形,但被告本身并不具备生态环境修复的专业能力,故直接判决被告承担生态环境修复费用,此案判决后该地区环境修复仍然是个悬而未决的问题。"南京某水务公司污染环境公益诉讼案"中,违法行为者南京某水务公司1亿元左右资产承担4.7亿元生态修复费用,如强制执行,使企业面临破产境地,与环境修复也是杯水车薪。能否在违法行为者自履行替代性修复义务基础上,鼓励引入关联企业利用专业技术代履行承担替代性修复义务,最优效果地修复受损地区生态环境是需要不断探索与实践的问题。

(三)替代性修复方案缺乏精准度以及现实可行性

关于替代性修复法律规定的笼统宽泛,污染领域专业复杂,审判机关环境保护实践

---

① 参见何勤华、靳匡宇:《行政和司法衔接视域下长江环境替代性修复方式研究——以美国替代环境项目为镜鉴》,载《法学研究》2020年第2期。

亲历性不足，使得司法实践中，裁判文书中替代性修复方式直接以恢复费用来替代，或一些情况下笼统地规定替代修复方式，似乎只是为了实现一个形式要求，而不问结果的实现与否。在水污染案件之中，相对于其他污染对象，水由于流动扩散性，污染更具有损伤难以认定、无法修复，更符合替代性修复责任的适用条件。在这类案件中，虽然司法规定了替代性修复模式，但往往并无具体可行的举措，单单从裁判文书看不出具体的操作方向，更多时候往往沦为环境侵权人"纸上的义务"，具体到如何开展，则无法追寻到下文。如南京某水务公司污染环境案，替代性修复方案如何设定均无明确法律规定。一是公益诉讼的赔偿总额能否让渡。民事公益诉讼的调解程序仅在最高法《关于审理环境民事公益诉讼案件适用法律若干问题的解释》中有原则性规定。本案案情复杂、数额巨大能否适用调解，能否让渡赔偿数额诉讼请求均无明确法律规定可依。二是如何确定合适的替代性修复项目。替代性修复项目需要统筹考虑是否必要、是否科学、是否环保、是否合法合规、认定标准能否具有前瞻性等问题。三是如何把握现金赔偿及替代性修复比例。我国相关领域法律空白，实践中有些探索，如泰州市环保联合会诉常隆公司、锦汇公司等环境污染责任纠纷一案，法院判决赔偿总额 40％技改抵扣费用。美国环保局于 1991 年发布第一个正式的环保政策文件，在该文件中，企业如果履行替代环境项目，最多可以得到百分之百的折扣。这也就意味着，如果措施得当，企业完全可以免于具体的金钱处罚。本案中 4.7 亿元赔偿总额替代性修复项目占比如何确定，能否借鉴他国经验，我国未有相关规定可循。

三、公益诉讼中替代性修复的完善路径

（一）合法认定违法者替代性修复责任

法定责任是不能通过协商或自由裁量免除的，不能因违法者没有修复能力就免除污染者修复义务或者替代修复义务；这种做法违背了全面修复、"应赔尽赔"的原则，使得被污染的环境无法得到有效修复，被损害的社会公众环境权益无法得到司法救济。违法行为者应当依法全面全额承担替代性修复义务，主要有以下两种情形：

一是直接裁判减免修复义务是直接对污染者的经济鼓励，违反法理、违反环境公平正义。"如果没有处罚，企业就不会有动力履行环保义务，更可能选择延迟遵从，直到它们被发现并被强制执行。处罚不仅能够激励环境合规行为并能防止未来的违法行为，还可以阻遏其他可能的违法者。建立国家层面的竞争环境，确保违反者不至于获得不公平的经济优势而使遵纪守法的竞争者置于不利地位。此外，处罚也鼓励环境违法者（包括监管者）实施污染防治措施和循环利用以减少污染物的排放，以避免可能的法律

责任。"[①]替代性修复是污染者的法定义务,对其随意豁免则是对环境公共利益的再次伤害。

二是检察公益诉讼若以调解方式结案,也不可减免违法者修复义务。检察机关代表国家提起公益诉讼,与诉讼标的没有直接利害关系,不能随意让渡减损公共利益,应当在查清案件事实、明确责任的基础上,严格遵循不减损社会公共利益的原则参与调解。检察机关不得就鉴定意见、评估报告或专家咨询意见中确定的损害赔偿、环境修复等费用数额与被告进行协商,不得就法定的损害赔偿计算标准与侵权行为人进行协商,应当确保社会公共利益不因纠纷解决方式的改变而受损。所以,南京某企业污染环境公益诉讼案中,鉴定评估的生态环境修复费用达到 4.7 亿元,企业账面资产仅 1 亿元左右,确实资不抵债。其非法排污行为公益损害后果大大超出企业获益,法律才惩罚这种"得不偿失"的环境侵权行为,所以法律对企业非法排污造成的生态修复费用应当依法依规评估,而不是依照企业赔付能力评估。目前条件下,该类案件应适用生态填平原则,裁判企业依法承担全部修复义务。最终,该案赔偿总额 4.7 亿元全部满足诉讼请求,体现损害担责、全面赔偿的环境损害救济原则。

(二)合理筛选符合一定条件的替代性修复主体

一是自履行。主要指违法行为者自身替代性修复,比如涉案企业进行环保设施技术改造或新建环保项目设施等。二是代履行。一方面指违法行为者关联企业代为履行替代性修复义务。如控股股东利用关联业务技术代为履行修复义务。另一方面,针对违法行为者现金赔偿部分,地方政府或专业机关开展替代性修复项目。总之,扩大替代性修复主体,鼓励违法行为者关联企业、专业部门加入修复主体,可节约环境修复的时间成本和管理成本。政府部门或专业机关因其代表国家进行监督管理,其进行的替代性修复项目,理应符合政府项目的实质合法性与程序合法性。本部分关键是审查违法行为者关联企业代为履行替代性修复义务,应当具备哪些要素。"南京某水务公司污染环境案"案发后外资股东与公安和检察机关积极联系,了解案情,并承诺加强管理、积极补救,也采取了一定的措施保证了企业的正常运转。该集团公司作为规范专业的现代化上市公司,其集团的美誉度与其业务布局、项目收益关联密切,因此该集团公司希望担负起社会责任,减少个别子公司因违法行为而带来的负面影响,提供担保函,希望共同承担修复义务。检察机关办案中认为企业是社会经济技术进步的主要力量,是社会财富的主要创造者和实现者,是国民经济的主要细胞。保护好企业合法运作,就是保护了中国社会经济活动的生机和活力,与每个人生活息息相关,也是更深刻意义上的公共利益。所以基于公益诉讼制度价值即修复生态环境宗旨,同意违法行为者控股股东成为替代性修复义务的共同主体,补强被告方环境修复能力,鼓励违法者积极自救,对比

---

① 何勤华、靳匡宇:《行政和司法衔接视域下长江环境替代性修复方式研究——以美国替代环境项目为镜鉴》,载《法学研究》2020 年第 2 期。

司法机关委托其他第三方替代修复环境，更节约费用和时间成本，更具有技术修复针对性，更利于修复受损的生态环境。

具体检察公益诉讼案件中，关联企业能否具有真实意愿及能力承担替代性修复义务，检察机关需要审查以下条件：一是听取政府职能部门对涉案企业专业技术、作用贡献的评价。本案中涉案企业系园区专门污水处理企业，具有国际领先技术优势。关联企业基于股东社会责任、集团业务经营等考虑，主动承担替代性修复义务并对环境修复费用承担连带责任，为替代性修复方案的执行提供了有力保障。二是核查关联企业股权结构、经营状况及履约能力等，约定其承担连带责任，确保替代性修复义务切实履行。防范被告方以谈判磋商为由拖延诉讼，全面核查关联企业的股权结构、注册资本、经营状况、涉诉情况，确认关联企业经营状况良好、资产雄厚、股权结构全面，履约能力可信。三是检察机关全面过程性地监督关联企业替代性修复项目的公益性、环保性和先进性，确保生态环境资源得到有效修复。检察机关作为环境领域非专业机关，对关联企业提出的替代性修复方案应多方听取专业意见。在磋商过程中，检察机关主动到化工园区调研、积极与地方政府共同研究商定现实可行的替代性修复项目，确保替代性修复项目符合国家经济结构调整方向，实现绿色生产转型，具有公益性、环保性、先进性以及可操作性，真正有益于生态环境保护。

（三）制订科学有效的替代性修复方案

制订科学有效的替代性修复方案是达到修复环境的良好效果必要前提。没有明确具体修复方案的替代性修复责任承担，是无源之水，无根之木。制订生态环境修复方案时，要考虑时间与经济成本，兼顾有效性、合法性、技术可行性、公众可接受性、环境安全性、可持续性等因素。以"南京某水务公司污染环境公益诉讼案"为例，检察机关坚持赔偿损失与修复治理、保护公益与促进发展并重，在保护公益的同时防止对涉事企业"一棍子打死"。在确保现金赔偿部分过半的基础上，经磋商，最终形成足额赔偿 4.7 亿元的调解方案，即由南京某水务公司分四期承担 2.37 亿元现金赔偿责任，关联企业控股股东 2.33 亿元替代性修复义务并承担连带担保责任，同时制订细化方案，包括新建污水处理厂、污水处理厂提标改造、设立保护江豚公益项目等替代性修复方式等内容。该方案的形成具有明确性和现实可履行性：

一是检察机关有能力制定科学实质化的替代性修复方案。检察机关在公益诉讼案件司法办案程序中，调查收集环境侵权证据、鉴定咨询专业人士、起诉应诉案件、监督执行裁判文书，在具备法律知识基础上，习得较多涉案领域专业知识，可担负起协调、判断、起诉、磋商的主体责任，制订较为科学精准的替代性修复方案，使得替代性修复责任取得实效。检察机关作为案件亲历者，制订科学实质化的替代性修复方案优势明显：第一，熟悉生产工艺实务操作。办案过程中与违法企业实务操作人员的询问，了解该企业生产工艺流程实际操作方式方法、规避监管的流程与方法。第二，获悉工艺流程理论设计。咨询专家、鉴定机构，了解企业污水处理工程工艺设计的原理、技术设备、环评设定等理论知识。第三,明确专业领域行业监管标准。沟通行业监管部门,了解整个行业监管的法律法规、政策背景、社会大局,尤其是行业监管标准在企业的实际落实衔接。如南京某水务公司案中,环保部门有生态红线、污染物总量控制、污水处理在线监测实时数据等各方面标准及管控方法。

二是替代性修复方案项目排放标准设定高于法律义务。参考《中华人民共和国环境保护法》第 22 条规定,企业事业单位和其他生产经营者,在污染物排放符合法定要求的基础上,进一步减少污染物排放的,人民政府应当依法采取财政、税收、价格、政府采购等方面的政策和措施予以鼓励和支持。替代性修复义务是以民事环境违法为前提,应具有一定惩罚性,但处罚有一定限期,所以其替代性修复项目排放标准在一定强制期限内应高于法律义务。本案替代性修复项目的新建污水处理厂和涉案企业原污水处理厂按 COD(化学需氧量)最高允许排放浓度不超过 45 mg/L 的条件建设和提标改造,而国家法定标准为 50 mg/L。最高允许排放浓度需满足环保行政机关有效检测数据的92%不超过 45 mg/L,该项目资金才可被认定。

三是替代性修复项目内容与违法行为具有一定的联系,但标准应宽松掌握,因为生态环境是系统性、整体性关联。在替代环境项目的内容方面,替代性修复提供的生态环境及其生态系统服务需要与原受损生态环境及其生态系统服务等值或大体相当,且位于同一个流域或生态区域。具体对于长江水环境而言,替代修复项目应该处于长江大保护的整体框架之内,这不仅有利于资源的分配秩序,而且还有利于相应资金的监管。所以长江水污染案件中,替代性修复项目也应当不局限于污水治理项目,也可以是滩涂湿地、水资源、林木资源、渔业资源等项目。又因为水体流动性,其流经区域项目均可关联,长江系鱼虾类产场、仔稚幼鱼的索饵场、洄游鱼类生活场所,在违法排污关联度比较密切的上游地区,相关的长江资源修复项目也可纳入本案替代性修复项目。比如,南京某水务公司污染环境公益诉讼案中,替代性修复项目除案发地污水处理项目外,案发地关联上游地区设立专门基金用于引进国际先进的水务处理技术,集团对在国内的 7 家同类企业水处理工程进行职能监控,在南京国际水务中心设立向公众开放的水资源互动学习中心,开展江豚保护公益项目,面向学生设立水处理创新奖项,以及长江水体流经下游张家港、启动地区沿江污水处理等相关项目。

四是检察机关可作为替代性修复项目投资、履行、验收的督促者、协调者、确认者。鉴于生态环境是个复杂的有机整体,替代性修复工作涉及方方面面,并不能一蹴而就。为实现良好的环境修复效果,必须建立和完善替代性修复监督验收制度。其一,检察机关应当作为替代性修复项目履行的督促者。作为起诉方督促被告方依法完成法定修复义务是公益送制度设定应有之意。起诉方有主动性、积极性、有权利、有责任督促被告方依法依规履行替代性修复义务。其二,检察机关作为替代性修复项目履行、验收的协调者。检察机关以公权力维护公共利益,有能力协调各领域行业主管机关,严格把控替代性修复项目的行业标准与项目实效。因为替代性修复项目涉及土地审批、环境工程、环保监管、污水治理、财经政策等方面的知识,涵盖地方政府以及市区土地部门、环保机关、水务部门、财税部门等依法依规审批监管。且可邀请中立、客观的专业机构、高校专家监督本案替代性修复项目环境影响评价。总之,检察机关可协调多方力量对替代性修复方案落地进行行业及专业监督。其三,检察机关可作为替代性修复项目投资、验收确认者。检察机关代表国家维护公共利益,是公益诉讼起诉人、是替代性修复协议签订方、是法律监督机关。对替代性修复项目的投资、验收均设置了条件与标准,其后续验收确认也是责任所系。如南京某水务公司污染环境公益诉讼案中,检察机关作为起诉方设定替代性修复项目投资前均需经专家论证会进行论证,符合国家经济结构调整方向,能够实现绿色生产转型,具有公益性、环保性和先进性,并经南京市鼓楼区人民检察院、南京市玄武区人民法院和社会公众代表同意。项目相关合同或协议、付款凭证、成果报告在检察机关进行报备。各替代性修复项目实际投资额款项认定,以南京市鼓楼区人民检察院委托具有专业资质的第三方出具的竣工决算报告或投资专项审计报告作为参考依据,最终由南京鼓楼区人民检察院、南京市玄武区人民法院和社会公众代表共同确认。

行政行为"未引用具体法律条款"之判决研究

刘一迪*

摘　要：对于行政机关作出行政行为时仅说明了适用的法律法规，却未说明具体款项的"未引用"问题，实质上属于程序问题。但考虑到行政效率等相关因素，应参考指导案例41号的处理方式，允许行政机关补正法律依据并优先对此进行实质审查。若发现行政机关不能证明行政行为符合法律依据，直接以实体上的适法错误为理由撤销行政行为；若发现行政行为实体合法，则仅能在程序层面对此问题进行评价。原则上，应将未引用问题认定为"程序轻微违法"而对行政行为作出"确认违法"判决，但考虑到个案的法律依据、行政行为，以及当事人等因素存在差异，若具体案件中的未引用问题并未对基本程序造成实质性损害而构成违法，法院也可认定为"程序轻微瑕疵"而仅仅予以指正。

关键词：行政行为；司法审查；适用法律错误

一、问题的引出

行政机关在日常作出行政行为时，有时会出现只说明了适用的是哪个法律法规，但却并未说明具体是依据了该法律法规中的哪一个条款，或者未引用任何法律名称与规范条款的情况。这种情形出现的可能为：行政行为实质上真的欠缺法律依据，行政机关没有指明具体条款是因为在作出具体行政行为时便未找到。此种情况若构成重大且明显违法，则属于无效行政行为；若不构成，也因无法律法规依据而构成"适用法律法规错误"，属于可撤销的行政行为。即这种情况无论是在理论上还是实践中都是没有争议的。但若仅仅是形式上未明示法律依据的具体条款，一般是由于行政机关的疏忽、不规范导致的。

此种情况下的未引用应如何评价，学界中有着两种对立的观点。一种观点认为此问题属于撤销判决中的"适用法律法规错误"。最高院官方刊物在回复地方法院法官询问时表示："具体行政行为仅引用了法律、法规的名称，未引用具体条款，无法判断其究竟是依据哪些有关定性和处理的条款作出的，故属于没有适用应该适用的法律、法规规

---

*　苏州大学王健法学院硕士研究生。

范性质的错误。"[1] 胡建淼教授认为，行政决定书虽然标注了法规依据，但未标注具体条款，属于适用法律法规错误中的"引用法律法规错误"。[2] 另一种观点认为形式上的"未引用"问题属于说明理由的程序问题。何海波教授认为完全没有援引法律、笼统地援引法律、遗漏了相关法条属于对说明理由制度中说明法律依据理由的违反。[3] 在司法实践中，即使是指导案例 41 号出台之后，对此问题亦没有一个统一的认识，不同的法院对此问题有着不同的处理方式，存在着同案不同判的情况。故本文以此类形式上的未引用具体法律条款问题为研究对象，从司法实践中未引用乱象的梳理与研讨出发，分别明确未引用问题作为实体与程序问题时的情形，再通过探讨未引用作为程序问题时不同程度的程序瑕疵的不同处理方式，最终尝试为未引用问题的司法审查提出一个较为完善、细化的处理方案。

二、未引用问题判决乱象

实践中法院对于未引用问题的处理，相较于理论中的程序问题与法律适用问题的二分而言，情况更加多样复杂。最高法院从 2000 年至今对于未引用问题的处理在不同时期有着不同的观点，2014 年 12 月 25 日最高院将"宣懿成案"列为 41 号指导案例，标志着其对于同类型未引用问题处理态度的确定。将各地方法院对于未引用问题进行类型化后可以看出，"宣懿成案"的示范作用并不理想，对与其类型不同的未引用问题，由于没有指导案例的指引，在实践中的处理更是混乱。

（一）最高院未引用问题观点分析

1. 最高院观点变化

2000 年至今，最高院对于未引用问题明确表达观点的判决书一共有 6 份。在《最高人民法院公报》（以下简称公报）2000 年第 4 期上刊登的"兰州常德物资开发部不服兰州市人民政府收回土地使用权批复案"中，有关法院认为行政机关所作批复只笼统地提到有关规定，未引出适用的具体条文，违反了法定程序，行政行为最终仅由于此单一理由而被撤销；公报 2002 年第 3 期刊登的"路世伟不服靖远县人民政府行政决定案"中，有关法院认为"行政机关作出行政行为时没有说明作出的法律依据，属适用法律不当"。阅读判决书可知，此处的适用法律不当，直接导致了行政行为被撤销的法律后果，故并不是瑕疵意义上的不当，而可以看作适用法律错误的一种缓和表达；在公报 2002 年第 5 期上刊登的"罗伦富诉泸州市公安局交通警察支队三大队道路交通事故责任认定案"中，有关法院认为行政机关作出行政行为所依据的法律仅具体到了条，而该条分

---

① 本刊研究组：《对未引用法律条款的具体行政行为应如何判决？》，载《人民司法》1995 年第 7 期。
② 参见胡建淼：《行政诉讼法学》，法律出版社 2019 年版，第 457 页。
③ 参见何海波：《行政诉讼法（第二版）》，法律出版社 2016 年版，第 382 页。

为三款,行政机关适用的是哪个具体条款不清,属适用法律错误;2002年最高人民法院在"开封市豫东房地产实业公司与河南省开封市人民政府等撤销国有土地使用权证上诉案"的判决书中又将未引用问题明确定性为"形式上存在瑕疵",最终行政行为的效力并未因此问题的存在而受到影响;2014年最高院将"宣懿成等诉浙江省衢州市国土资源局收回国有土地使用权案"确定为指导案例之后,明确了若行政机关在诉讼中不能证明该具体行政行为符合法律的具体规定,应当视为该具体行政行为没有法律依据,适用法律错误;2017年最高院又在"李振生诉柘城县人民政府等土地行政确权决定及复议决定案"的判决书中将未引用问题再次归入瑕疵范畴,且明确在庭审前及庭审中行政机关依法对其所适用的法律进行了能够体现柘城县政府适用法律真实意思表示的说明,应视为瑕疵补正。

总结来看,第一,除最开始的兰州常德物资开发部案将未引用具体条款确定为违反法定程序,直接导致了撤销的裁判方式外,之后最高院再未将未引用问题划入程序的评价范畴。第二,以41号指导案例的确立作为分界线,在确立之前,最高院内部对于未引用的观点不统一,有时直接将其认定为适法错误进而加以撤销,有时又认为其属于形式上存在瑕疵,不对行政行为的效力产生影响。而41号指导案例确立之后最高院的观点,则需深入分析指导案例予以探寻。

2. 指导案例41号观点分析

根据最高人民法院发布的《关于案例指导工作的规定》第7条,最高人民法院发布的指导性案例,各级人民法院审判类似案例时应当参照。2014年"宣懿成案"由公报案例上升为指导案例是其有法效力的节点,同时也意味着对"未引用"相关问题的探讨应以该案例确立的规则为基础。

"宣懿成案"的基本案情为:原告宣懿成等18人系衢州府山中学教工宿舍楼的住户。衢州市发展计划委员会根据衢州分行的报告,经审查同意其在原有大楼东南侧扩建营业用房建设项目,衢州市规划局制订建设项目选址意见。衢州分行为扩大营业用房等,拟自行收购、拆除府山中学教工宿舍楼,改建为露天停车场。衢州市规划局又规划出衢州分行扩建营业用房建设用地平面红线图。后衢州市规划局发出建设用地规划许可证。被告衢州市国土资源局请示收回衢州府山中学教工宿舍楼住户的国有土地使用权,报衢州市人民政府审批同意。同月,衢州市国土局作出《收回国有土地使用权通知》(以下简称通知),并告知宣懿成等18人其正在使用的国有土地使用权将收回及诉权等内容。该《通知》说明了行政决定所依据的法律名称,但没有对所依据的具体法律条款予以说明。原告不服,所以提起行政诉讼。

最高院在指导案例中给出的裁判理由有三条。第一,被告在作出《通知》时仅说明了所依据的法律名称《中华人民共和国土地管理法》,但未引用具体法律依据。第二,被告在诉讼过程中补正了具体法律依据。在庭审过程中,被告辩称系依据《中华人民共和国土地管理法》第58条第1款第1、2项作出的被诉具体行政行为。第三,法院认为被告所举证据难以证明行政行为符合上述具体依据,主要证据不足;根据《中华人民共和国行政诉讼法》及其相关司法解释的规定，在行政诉讼中，被告对其作出的具体行政行为承担举证责任，如果在行政诉讼中被告不能证明其行政行为符合法律的具体规定，则应当视为该具体行政行为没有法律依据，适用法律错误。最终，最高院给出了该指导案例的裁判要点，即"行政机关作出具体行政行为时未引用具体法律条款，且在诉讼中不能证明该具体行政行为符合法律的具体规定，应当视为该具体行政行为没有法律依据，适用法律错误"。

经上述分析，可将最高院观点明确为以下三点。第一，关于依据补正，最高院的观点为允许行政机关诉中补正法律依据。关于补正的相关问题将在文章的第三部分详细的加以讨论。第二，实质审查优先，即对于未引用具体法律条款的问题，法院在作实质审查前，不对其形式违法进行直接定性。这是指导案例对于未引用问题确立的一项重要的规则，未引用问题从表面上看直接可归入说明理由相关的程序问题，但最高院的处理即优先进行实质审查。若在实体审查中行政机关不能证明其行政行为符合补正后的法律依据，说明其行政行为在实体上便存在问题，此时优先使用让法院更有撤销底气的实体理由将行政行为予以撤销，实际上是更好的选择。第三，若经实体审查后发现行政机关经补正仍不能证明行政行为符合该法律依据，即认定法律适用的主要证据不足，且应当视为该行政行为没有法律依据，认定适用法律错误。此处最高院的观点是在认定主要证据不足的基础上，同时也认定适用法律错误。站在行政诉讼法第70条并列独立的六种撤销的理由之间应严格界分的角度上看，两种审查依据不应交叉重合，仅应认定为主要证据不足。在理论上讲，既然作为六种相互独立的撤销理由，彼此之间应当逻辑清晰切割清楚。但若仅从满足实践需要以及权利救济的角度上看，只要能使当事人权利得到救济即可，无需纠结于在各个审查标准之间分界，如此看来最高院的观点不无道理。行政行为认定的事实与适用法律之间本就存在紧密联系。在法律适用的认定事实、检验认定的事实是否满足相关规范的事实构成、寻找相关法律规范、宣布法律结果四个环节中，事实就是整个法律适用的第一个环节，也是决定性的环节。事实认定错误会导致后续所有法律适用活动都发生错误。换言之，行政行为主要证据不足，同时很可能适用法律错误。如此考虑，在"事实不清、主要证据不足"之后缀上适用法律错误似乎无可厚非。笔者认为，从解决实践问题出发采纳最高院指导案例之观点未尝不可。

（二）各地方法院观点之类型化分析

分析指导案例41号可知，最高院确定了未引用问题处理时的实体审查优先的规则，并明确了若经实体审查行政机关不能证明行政行为符合法律依据的处理方式。笔者在考察各地方法院对于未引用问题的处理方式时，便按照是否遵守了实体审查优先的原则首先将案件分为两大类，再将符合该原则的案件按照行政机关是否能够证明其行为符合法律规定分为两类。对于那些经实体审查认为行政行为适用法律正确，即在实体上没有问题的案件，便应将未引用问题仍作为程序问题予以审查，这种情况下，最高院并未给出明确的观点指引，而在实践中也出现了"合法""未明确""瑕疵、予以指正"

"程序轻微违法"四种不同的处理方式。

1. 不符合实体审查优先原则

有些地方法院对于未引用问题未经实体审查,从形式上直接认定为"适用法律法规错误"或者"违反法定程序"。

(1)违反法定程序

由于我国尚未制定统一的行政程序法,关于未引用问题的相关规定主要散见于各种行政行为法中。例如新行政处罚法第44条规定:"行政机关在作出行政处罚决定之前,应当告知当事人拟作出的行政处罚内容及事实、理由、依据,并告知当事人依法享有的陈述、申辩、要求听证等权利。"第52条规定:"……行政处罚决定书应当载明当事人的违法行为,行政处罚的种类和依据……"行政许可法第38条第2款规定:"行政机关依法作出不予行政许可的书面决定的,应当说明理由。"除此之外,在治安管理处罚法、行政强制法等法律也有相关规定。① 在一些地方制定的行政程序规定中也可以看到说明理由制度的身影。② 以上说明在立法上较为明确地将未引用问题归入了程序领域。

但在司法实践中,对此种典型的程序问题的处理方式却大都不是将其认定为"违反法定程序"而撤销。在各级地方法院的判决中,笔者仅搜集到了一份认定未引用问题为"违反法定程序"的案例。在"李明严诉北京市密云区人民政府行政复议案"中,法院明确指出,"依据依法行政的基本原理,行政机关在作出对行政相对人不利的行政行为时,不但应引用具体的法律规范,而且应当引用到法律规范的具体条、款、项、目。本案中,穆家峪镇政府引用城乡规划法时并未引用到具体条款,应认定其违反了依法行政原理关于行政公文文书形式要素齐全的要求,可认定其存在形式上的程序违法",但即使明确了未引用问题属程序违法,其仍未成为撤销该案中行政行为的唯一理由。该案中行政机关实则存在告知、陈述申辩等其他更加重要的程序违法行为。③ 可以说法院是同时综合了几种行政程序违法行为之后,才以"违反法定程序"将行政行为撤销。对于未引用这一程序问题,实践中出现此种情况的原因大概为以下两点。第一,在法律规定方面,我国并未有统一的程序规定,分布在各领域的规定也仅点到了应说明理由,至于在多大程度上说明,并未有进一步规定的共性。且一些重点领域例如行政复议等,直接未以法律明文规定的形式体现说明理由制度。第二,考虑到未引用具体法律条款的行为并不意味着行政机关实质上的行政行为真的没有法律依据,未经实体审查之前并不能

---

① 《中华人民共和国治安管理处罚法》第96条规定:"公安机关作出治安管理处罚决定的,应当制作治安管理处罚决定书。决定书应当载明下列内容:……;(三)处罚的种类和依据;……。"《中华人民共和国行政强制法》第18条第5项规定:"行政机关实施行政强制措施应当遵守下列规定:……;当场告知当事人采取行政强制措施的理由、依据以及当事人依法享有的权利、救济途径;……。"第37条第2款规定:"强制执行决定应当以书面形式作出,并载明下列事项:……;(二)强制执行的理由和依据;……。"

② 例如,《湖南省行政程序规定》第62条第1款规定:"行政机关在行政执法过程中应当依法及时告知当事人、利害关系人相关的执法事实、理由、依据、法定权利和义务。"第78条规定:"行政执法决定文书应当充分说明决定的理由,说明理由包括证据采信理由、依据选择理由和决定裁量理由。行政执法决定文书不说明理由,仅简要记载当事人的行为事实和引用执法依据的,当事人有权要求行政机关予以说明。"《山东省行政程序规定》第9条、86条,《江苏省行政程序规定》第46条也有相关规定。

③ 参见北京市高级人民法院(2017)京行终3239号行政判决书。

得知此程序问题是否会对当事人实体权利造成影响，因此在这种情况下将其直接认定为"违反法定程序"后将行政行为予以撤销，行政机关很有可能要重做相同的行政行为，影响行政效率。故在行政诉讼中，司法权一般保持谦抑，法官不会轻易因这种程序违法而完全否定原行政行为的效力。

（2）适用法律法规错误

在"王营堂诉奎屯市住房和城乡规划建设局、奎屯市人民政府规划认定纠纷案"中，法院认为行政机关在《规划核实认定结果决定书》中仅写明了法律依据的名称，并未引用法律依据即《新疆维吾尔自治区实施城乡规划行政处罚和强制措施规定》的具体条款，适用法律法规存在明显错误。[①] 实践中类似的、未经实质审查从形式上便将未引用问题直接认定为"适用法律、法规错误"的案件不在少数。[②] 此种处理方式是将未引用问题在形式上等同于适法错误，将其单独作为违法事由，进而三段论得出结论。这样的做法，第一，混淆了程序违法与适用法律错误的区别。未引用问题本身应属程序问题，若对形式问题直接以实体标准作出裁判，并以此否定行政行为的法效力，在逻辑上无法自洽，法院不免有懈怠之嫌。第二，对行政争议的实质解决未必有益，若实际属于程序上的问题且对于实体结果并未造成影响，那么撤销后的结果便是行政机关再次作出相同的行政行为，此种撤销反而损害人民的信赖利益，影响法之安定性并妨碍行政效率。

总之对于未引用问题，无论是直接认定为"适用法律、法规错误"还是"违反法定程序"，都是不可取的，各地方法院应当落实最高院 41 号指导案例确立的实体审查优先原则。

2. 符合实体审查优先原则

法院在选择对于法律依据优先进行实质审查后，若发现行政机关无法证明行政行为符合法律规定，即实体上不合法，可以将其认定为适法错误，再加上指导案例的指导，这样的处理几乎没有疑问；但若实体审查后发现行政机关能够证明行政行为符合法律规定，即实体层面没有问题，此时在实践中就有多种处理方式，笔者将其总结为"合法""未明确""瑕疵""程序轻微违法"四类。

（1）行政行为实体违法

在"高州市分界镇学福村牛皮铺经济合作社等诉高州市人民政府等土地行政确权纠纷案"中，茂名市中级人民法院认为行政机关笼统适用规章的条文却没有指出具体适用条文中的哪一款、哪一项或哪一目，且在诉讼中也不能证明行政行为符合哪些具体情节规定，应视为被诉行政行为适用部门规章错误，并在判决书中将指导案例 41 号的裁判要点作为判决理由予以引述。[③] 在实践中，行政机关经实体审查后因行政机关不能

[①] 参见新疆维吾尔自治区高级人民法院(2018)新 40 行终 17 号行政判决书。

[②] 例如，"隆德县吉隆建材厂诉隆德县人民政府行政赔偿案"，参见宁夏回族自治区高级人民法院(2020)宁行申 154 号行政裁定书；"詹裕江诉芜湖县城乡规划建设委员会城市规划管理行政确认案"，参见安徽省高级人民法院(2020)皖行申 207 号行政裁定书。

[③] 参见广东省茂名市中级人民法院(2015)茂中法行初字第 79 号行政判决书。

证明行政行为符合法律规定而被认定为适法错误的案例还有很多。^① 有了最高院明确的案例指引以及前文对于最高院处理的正当性分析,笔者认为,此种情况下地方法院的处理是正当的。

（2）行政行为实体合法

法院经实体审查发现行政机关能够证明行政行为符合法律规定后,对于未引用的程序问题有着下面负面评价程度由低到高排列的四种不同的处理方式。

第一种负面评价最小的方式是直接认定为合法,即认为行政行为的未引用问题可以通过补正,完全恢复其合法性。在"张玉双诉牡丹江市西安区人民政府等土地行政批复及复议纠纷案"中,黑龙江省高院认为西安区政府作出的行政批复虽未引用具体法律条款,但在诉讼过程中温春镇政府、西安区政府均向法院提供了相应的法律规定,牡丹江市人民政府在行政复议中亦对具体的法律规定进行援引,已经对原行政行为进行了补正,符合统一性原则,故西安区政府作出的行政批复并无不当。^② 在"徐为永诉中国保险监督管理委员会上海监管局政府信息公开申请答复案"中,上海市高院虽未在判决书中明确写明"补正"一词,但法院认为对于未引用问题行政机关当庭陈述了作出被诉答复所适用的具体法律规定,可以认定为适用法律正确,实质上允许了行政机关的补正,并且认可了补正后行为的效力。^③

第二种处理方式为法院在判决书中提到了未引用问题,但未明确的进行负面评价。例如,在"珠海市顺旗房地产开发有限公司诉珠海市国土资源局土地行政管理案"中,珠海市中院认为"行政机关作出行政行为时未引用具体法律条款,但在诉讼中可以证明该行政行为符合法律规定的,不视为该行政行为缺乏法律依据,适用法律错误。"^④法院只说明了该行政行为不属于适法错误,对于应该如何评价并未明确说明,但此种情况实际隐含了对行政行为合法性的肯定。

第三种是法院在判决书中明确给出一定的负面评价,例如"不当""瑕疵""不妥"等。在"徐某诉南宁市自然资源局收回国有土地使用权案"中,法院认为行政机关虽然说明了依据的法律名称,但并未明确列明所引用法律的具体条款,确有不妥之处,应予指正。^⑤ 在"洪祖民诉泉州市自然资源和规划局及晋江市自然资源局、洪祖强改变原行政行为行政复议决定案"中,法院认为"实体处理结果并无不当。但是应予指出的是,被诉《行政复议决定书》并未引用具体的法律条款,有所不当。"^⑥此处对于"不当""瑕疵"的判定并未伤及行政行为法效力,仅仅是一种"指正"。法院此举一方面旨在认可行政瑕疵的补正,另一方面不同于前面的"合法""未明确",对于"未引用"行为作出了微弱的否

---

① 例如,山东省高级人民法院(2018)鲁行终 2259 号行政判决书;山西省高级人民法院(2018)晋行终 941 号行政判决书;西安铁路运输中级法院(2018)陕 71 行终 770 号行政判决书等。
② 参见黑龙江省高级人民法院(2018)黑行申 77 号行政判决书。
③ 参见上海市高级人民法院(2016)沪行申 194 号行政裁定书。
④ 参见广东省珠海市中级人民法院(2018)粤 04 行终 157 号行政判决书。
⑤ 参见广西壮族自治区高级人民法院(2019)桂行申 661 号行政裁定书。
⑥ 参见福建省泉州市中级人民法院(2021)闽 05 行终 3 号行政判决书。

定性评价。

第四种是法院将经补正、确认在实体层面合法的未引用问题评价为"程序轻微违法"，进而依据行政诉讼法第74条第2项的规定确认违法。在"向春风诉绥宁县公安局公安行政赔偿纠纷案"中，法院认为行政处罚决定书只引用了法律而没有引用具体条文，属于行政行为程序轻微违法，但对于原告权利不产生实际影响，最终确认其行政行为违法。① 另外笔者还搜集到了其他几个相似案例。② 2014年行政诉讼法的修改，将程序问题的处理在单一撤销处理方式的基础上又增加了程序轻微违法的情形。这使得法院对于程序违法问题，除了撤销，还增加了确认违法的选择。基于这一变化，许多法官开始尝试将未引用问题归入"程序轻微违法"，虽然与上面三种处理方式相比，此种类型案例数量最少，但也形成了处理未引用问题的新路径。

从司法实践中可以看出，法官对待经实体审查合法的"未引用"问题进行程序上的评价时，有的在承认补正的基础上直接将其认定为合法或仅仅予以指正，有的刻意回避，还有的虽允许补正但仍科以确认违法的法律后果。到底应如何评价实践中的"未引用"程序问题，到底有哪些处理方式可以适用于"未引用"问题，以及方式彼此之间的边界问题都值得我们思考。

三、"未引用"之程序问题处理

（一）补正

对于程序违法但实体内容正确的情况，面临着如何处理依法定程序行政与行政效率之间关系的问题。若严格依法定程序行政而一刀切地将行政行为撤销，那行政机关需重做内容相同的行为；但若只顾行政效率而直接将其认定为合法或者仅仅予以指正，不对行政机关附加任何不利后果，又与行政合法原则相抵触。而补正正是协调这两项原则之间的一项折中的方案。

1. 学界与立法中对于补正的态度

学界对于说明理由的补正有着不同的态度。反对者站在行政程序法定的角度，认为"从对司法制度的影响来看，这种有条件地判定相当于承认程序经济优先于行政程序法定，致使对相对人的权利保障被延后到法院，实际上并不利于相对人及时、有效地行使行政救济权利"③。但更多的学者还是作为支持者站在程序工具主义与行政效率的立场上对于补正制度予以一定的肯定，但考虑到仍需兼顾程序合法原则，大部分学者也都提出了补正的条件，例如应属于明显轻微瑕疵、④应为行政机关在作出行政决定时已

---

① 参见湖南省武冈市人民法院(2019)湘0581行初76号行政判决书。
② 参见湖南省高级人民法院(2019)湘行终815号行政判决书。
③ 何海波：《行政诉讼法（第二版）》，法律出版社2016年版，第382页。
④ 参见叶必丰：《行政行为原理》，商务印书馆2014年版，第261-262页。

经考虑的理由或相对一方并未因瑕疵存在而蒙受现实的不利,在补正后页仍应背负相应不利的法律后果。①

我国立法者曾有意确立补正的法律地位,在 1990 年的行政复议条例中,我国立法者曾有意加入"具体行政行为有程序上不足的,决定被申请人补正"的内容;在 1989 年版行政诉讼法起草时王汉斌副委员长作立法说明时也曾指出:"具体行政行为引用具体法律、法规条文有失误的,予以补正。"②现阶段我国虽尚未制定统一的程序法典,作为行政补救的主要法典之一的行政诉讼法也尚未正式承认补正这一补救形式,但各地方的行政程序规定已经普遍将说明理由纳入了可补正的范畴。率先规定补正制度的是2008 年颁布的《湖南省行政程序规定》,其中 164 条规定,"具有下列情形之一的,行政执法行为应当予以补正或者更正:(一) 未说明理由且事后补充说明理由,当事人、利害关系人没有异议的;……"在说明理由可补正的条件上,《江苏省行政程序规定》《宁夏回族自治区行政程序规定》有着相同的规定。《山东省行政程序规定》则将可补正的条件规定为"未说明理由,但是未对公民、法人和其他组织的合法权益产生不利影响的"。观察各地方行政程序立法可以发现,虽然具体条件有所差异,但是各地区行政程序规定普遍将说明理由纳入了可以补正的范畴,只是大部分地区规定仍不全面,例如我检索到的程序规定中,仅有西安市的对于补正的期限做了"补正应当在当事人提起行政复议或者行政诉讼的期限届满前作出"的明确规定。

综上,考虑到行政效率原则的要求,无论是学界的主流观点还是在各地的程序立法中,都将包含未引用问题在内的说明理由制度纳入了可补正的范畴,但考虑到程序法定原则,又应当对于补正在条件、期限、法律后果等方面加以限制,而现阶段无论是在学界还是在立法上,对于这三方面都尚未明确与统一。

2. "未引用"问题补正之条件与期限

综合各地方政府规章对于补正条件的规定,可将补正条件统一为:第一,对于行政机关对于其法律依据的补充说明,当事人、利害关系人没有异议;第二,行政机关未引用具体法律条款,仅是形式上瑕疵,实体上对当事人合法权益没有实质性影响。对于补正期限问题,虽然在我国有的地方行政程序规定明确允许了行政机关的诉中补正,但基于程序法定原则的考虑,允许行政机关在行政诉讼终结前补正而不加限制,不但会过分放纵行政机关、挫伤公民的诉讼热情,同时也会极大地浪费司法资源,应在期限问题上对于行政机关的补正予以更加严格的限制;但又考虑到有些情形下,利害关系人的申辩本身是行政机关发现程序违法的契机,绝对禁止在申请复议或起诉后补正,反倒不利于补正功能的发挥。中和两方因素考虑,我认为可以借鉴杨登峰教授的观点,将补正期限限定在行政诉讼的答辩期限届满之前。③

---

① 参见王天华:《行政诉讼的构造:日本行政诉讼法研究》,法律出版社 2010 年版,第 102 页。
② 参见王汉斌:《关于〈中华人民共和国行政诉讼法(草案)〉的说明》,1989 年 3 月 28 日在第七届全国人民代表大会第二次会议上的讲话。
③ 参见杨登峰:《程序违法行政行为的补正》,载《法学研究》2009 年第 6 期。

3."未引用"问题补正之法律后果

对于未引用问题，法院认可补正行为并非有意免除行政机关的援引义务，若因行政机关的事后补正行为便不对其科以任何不利的法律后果，不在司法审查中强调行政机关程序上的援引义务，行政机关在实践中会更加忽视这项要求，若当事人很大程度上需依赖事后补正的方式才能获知相关法律依据，代价过大，也严重损害了当事人的程序性权利。故即使考虑到行政效率等问题不能一刀切地适用撤销而不允许补正，也应在允许补正后使行政机关因为欠缺法律依据的说明而背负一定的不利处置。2014年行政诉讼法的修改，将程序问题的处理在单一撤销处理方式的基础上又增加了程序轻微违法时应确认违法的方式，便符合平衡上述矛盾的需要。① 此时需考虑的问题则为未引用具体法律条款是否属于确认违法判决的"行政行为程序轻微违法，但对原告权利不产生实际影响的"范畴。

要理解行政诉讼法第74条第1款第2项的规定，最重要的是厘清其逗号前后的逻辑关系。对于这一关系，学界有着不同的理解，章剑生教授认为要依该条作出确认违法的判决，需同时成就逗号前后的内容，②还有学者在此逻辑关系的基础上将"轻微违法"的判断标准进一步细化为"未损及程序性权利"；③胡建淼教授认为，"对原告权利不产生实际影响"是"行政行为程序轻微违法"的认定标准，法条前后是一种解释关系，正确的表达可以是"行政行为程序违法，但对原告权利不产生实际影响的"。④ 我更认可胡建淼教授的观点，对于补正后行政机关能够证明其行政行为符合法律依据的情况，说明实体上行政机关实际的适用法律正确，属于对原告权利不产生实际影响的，符合行政程序轻微违法范畴，可以适用确认违法判决。

综上所述，对于未引用程序问题，原则上应适用确认违法判决，此种处理方式一方面比撤销更顾及行政效率，另一方面相比确认合法以及仅予以指正来讲，确认了行政行为违法，保障了当事人的程序性权利。对于当事人来讲，胜诉的结果以及避免诉讼费用等实际利益可以让相对人的救济情绪得到满足，对于行政机关来讲，承担一定败诉后果可以提醒其遵循程序义务。这种消极后果也会迫使行政机关在以后的执法中更加谨小慎微，而不太可能更加"忘乎所以""变本加厉"。⑤

（二）指正

在司法实践中许多法院对待未引用程序问题会采用仅仅予以指正的处理方式，例如在判决书经常出现的"确有不妥之处""存在瑕疵""有所不当"等表述。这种情况下，

---

① 学者张亮在其文章中也明确提出"即使补正依据后的行政行为经审查适用法律正确，原则上依然可以确认违法。"参见张亮：《对行政行为未引用具体法律条款的司法审查——兼评指导案例41号》，载《政治与法律》2015年第9期。
② 参见章剑生：《再论对违反法定程序的司法审查——基于最高人民法院公布的判例（2009—2018）》，载《中外法学》2019年第3期。
③ 参见刘芳：《对〈行政诉讼法〉第74条第1款第2项的规范分析》，载《西部法学评论》2020年第3期。
④ 参见胡建淼：《行政诉讼法学》，法律出版社2019年版，第477页。
⑤ 参见余凌云：《对行政程序轻微瑕疵的司法反应》，载《贵州警官职业学院学报》2005年第4期。

法官们仅在判决理由中指出行为瑕疵之所在,但不否定行政行为的合法性,对行政行为效力也不产生任何负面影响。以上可以看出,这一救济方式对应的情况比程序轻微违法的情形更加轻微,法院在审判时不对其作违法的评价,即未达到程序违法的程度,故笔者将其称为程序轻微瑕疵。目前法官对于程序轻微瑕疵的认定大多也仅以未影响实体内容为前提,没有划清与行政程序轻微违法之间的界限。在这样的背景下,指正本身的存在是否具有正当性,"未引用"问题在什么情况下才可以由法官仅在判决书中予以指正等问题都值得进一步探究。

1. 指正存在的正当性

与虽未成为具体行政行为的统一补救方式,但已经普遍出现在地方立法中的"补正"不同,指正作为一种实践中已经在使用这一救济方式的矫正或救济方法,在我国法律、法规、规章中都不曾有过规定,在我国法学领域也少有研究,可以认为是我国人民法官的发明创造。此种救济方式虽然在规范性文件中未有规定,但其存在是有正当性的。

首先,出于法律后果多元化的需求,对于行政行为的评价与矫正,虽应遵循合法原则,但不可极端化、绝对化,应根据行政机关的不同法律责任尝试使用不同程度的矫正方式,对不同瑕疵形态赋予不同的法律后果才符合公正和科学的要求。其次,"指正"也并非极端程序工具主义的体现。从表面上看,对于行政行为的程序问题仅仅予以指正而不科以任何不利的法律后果,的确仅具有程序工具主义的外在特色。但其实指正与程序本位之间没有决然的对立性。程序与程序价值是两个不同的概念,程序作为程序价值的载体,虽然程序的价值要靠程序的开展来实现,但并不是所有的程序都能体现或实现程序的独立价值。行政程序分为基本程序与基本程序的辅助程序或组成要素。程序的独立价值往往要通过一个基本程序来实现,欠缺基本程序就无法实现该基本程序所保障的独立价值,但一个基本程序在开展过程中若欠缺某个辅助性程序或组成要素,或者有所不足,该基本程序所保障的独立价值未必就不能实现。只要程序瑕疵未危及到程序的独立内在价值,对它的宽容和迁就与极端程序工具主义便挂不上钩。[①] 最后,此种救济方式的出现也是基于实践的需要。我们国家对于程序问题仅有法官对其进行合法性审查以及相对应裁判方式的规定,对于程序的瑕疵程度比行政程序轻微违法更为轻微的程序问题法官应如何进行处理,现行法律并未规定。实践中法官对于这样的情况,创造了予以指正的救济方式。

2. 指正与确认违法的界分

指正的根本特征和前提应当是程序瑕疵尚不构成违法,故区分指正所对应的"程序轻微瑕疵"与确认违法对应的"程序轻微违法"的关键,便是判断是否构成违法。程序可分为基本程序与基本程序的辅助程序或组成要素两个层次。行政行为违反了法定的基本程序应属于违法,这没有问题;有问题的是,如果基本程序的辅助程序存在瑕疵或欠缺基本程序的某些组成要素,是否还属于程序违法。对于未引用问题来讲,根据正当程

---

① 参见杨登峰:《行政行为程序瑕疵的指正》,载《法学研究》2017 年第 1 期。

序原则要求，行政机关作出对相对人不利的行政行为时应说明法律依据等理由，说明理由要充分、具体、明确。在这里行政机关不是没有说明理由，而是说明理由不尽明确、充分，那这种瑕疵是否达到违法的程度呢？大致来讲，如果基本程序的辅助性程序或者组成要素所存在的瑕疵没有对基本程序造成实质性损害，基本程序的立法目的已经实现了，则该辅助性程序或者组成要素所存在的瑕疵就不构成违法；若没有说明具体引用的法律条款，虽未侵害申请人的实体权益，但当事人仅凭笼统的法律名称，完全无法判断实际的法律依据，而说明理由程序制度设计的目的之一便是有利于相对人了解行政决定，避免误解。这种情况虽未伤及说明理由的基本程序，但辅助性程序的瑕疵已经对说明理由的立法目的构成了实质性损害，此时行政行为在实际上便相当于未说明理由。也就是说，是否构成实质性损害，要在个案中根据案情、审时度势地进行权衡。笔者通过总结司法案例，认为法院在个案权衡中可以重点考虑以下因素：

法律条款本身因素。第一，在行政机关仅说明了引用的法律名称与哪一条，而未再详细说明条下的哪一款或项时，若该法条本身各款项之间界限清晰，而案设事实又相对清楚，此时便可以考虑当事人有能力判断行政行为实际所适用的具体款项，而行政机关并未因此种未引用瑕疵对于说明理由的立法目的造成实质性损害。例如在"杨建欣诉西安市公安局临潼分局治安行政处罚案"中，西安铁路运输法院认为公安临潼分局作出的案涉行政处罚决定书适用法律时仅具体到法律名称与条文，未引用到具体款项，应属适用法律存在瑕疵，但因对原告的处罚结果在被告所引用的《中华人民共和国治安管理处罚法》第43条下的对应款项明确，该瑕疵对原告合法权益不构成损害，该院仅予以指正。① 此处法院判断"对应款项明确"主要是因为治安管理处罚法第43条一共仅有两款，第2款为三种特殊情况下的加重处罚，②而案设事实很明显没有出现第2款中的特殊情形，故当事人判断出行政机关的依据为第1款的障碍不大。第二，在行政行为作出依据为条款数较少的规范性文件，且文件本身各条款之间事项管辖清晰时，行政机关仅引用规范性文件名称对于当事人对法律依据的判断也影响不大。

行政行为相关因素。有些行政行为在作出过程中已出现应当适用的法律条文，即已有行为或决定书之外的相关文书能辅助"展示"法律依据，只是在结果文书中未予载明，此种情况下说明理由程序的立法目的亦已实现，不构成违法。例如在"姚晓光诉杭州市公安局下城区分局天水派出所终止案件调查决定案"中，法院认为行政机关终止案件调查审批时援引的法律依据为《公安机关办理行政案件程序规定》第233条第1款第(4)项，但之后出具的《终止案件调查决定书》中援引的法条缺少了对"第(4)项"的表述，

---

① 参见西安铁路运输法院(2020)陕7102行初651号行政判决书。

② 《中华人民共和国治安管理处罚法》第43条第1款规定："殴打他人的，或者故意伤害他人身体的，处五日以上十日以下拘留，并处二百元以上五百元以下罚款；情节较轻的，处五日以下拘留或者五百元以下罚款。"第2款规定："有下列情形之一的，处十日以上十五日以下拘留，并处五百元以上一千元以下罚款：(一)结伙殴打、伤害他人的；(二)殴打、伤害残疾人、孕妇、不满十四周岁的人或者六十周岁以上的人的；(三)多次殴打、伤害他人或者一次殴打、伤害多人的。"

系其工作中存在的瑕疵,但不影响被诉具体行政行为的合法性,予以指正。[①]

　　当事人相关因素。考虑到不同当事人对于法律相关知识的掌握程度不同,同样的未引用问题对不同当事人的程序性权利的影响也就不同。因此,法院在司法实践中可具体考虑当事人对于法律知识的掌握程度,具体判断未引用问题对于当事人来讲是否会导致其无法了解行政行为的法律依据,造成误解。

结　语

　　法律依据既是实质合法性的效力来源,又是形式合法性的表现形式。对行政机关而言,依法作为并明确法定依据是其专业常识及义务,引用具体法律条款区别于"说明理由"中的其他因素,既是法院明确争议、高效调查的基础,又是行政相对人了解决定避免误解的前提。如果不在司法审查中强调程序上的援引义务,行政机关在实践中会更加忽视这项要求。除此之外,若行政机关在作出行政行为时未援引具体依据,则相对人在事后将更难以获知相关信息,如果都需通过事后救济去获取,代价将会很大。

　　但涉及"未引用"的案例在现实中频繁出现,若一律因程序违法而撤销,只会让行政机关纯粹重复行政行为,对结果毫无影响,仅就满足行政相对人的程序权利保障而言得不偿失。因此在对于未引用问题进行司法审查时,法院应在主张程序价值之前先进行全面的实质审查。嗣后,实体层面存在问题的,按照指导案例41号的处理方式,以适法错误为实体理由将行政行为予以撤销;若问题只存在于程序层面,原则上以"程序轻微违法"为由确认行政行为违法,但在考虑法律依据本身、行政行为以及当事人等相关因素后,认为此未引用问题并未对于基本程序造成实质性损害而构成违法,法院则可以视情况确认其为"程序轻微瑕疵",仅仅予以指正。如此,多元化的"未引用"问题处理方式既兼顾了行政效率与程序合法的要求,也能够改善实践中"未引用"问题混乱的局面。

---

① 　参见杭州市下城区人民法院(2013)杭下行初字第73号行政判决书。

第三部分

刑事案例

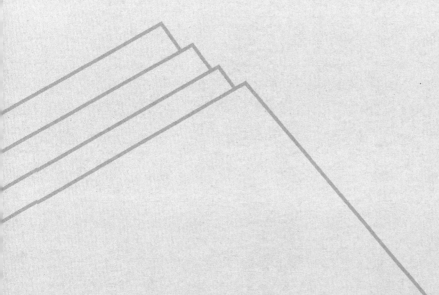

介入被害人因素型因果关系：
关联学说、类型描述、认定流程

马荣春　吕灵兮*

摘　要：刘某某案再现了刑法因果关系认定是一个复杂而重要的刑法理论与刑法实践问题。相比而言，"相当因果关系说"是解答介入被害人因素型因果关系的恰当学说。介入被害人因素型因果关系不应包括介入被害人特殊体质型因果关系，而介入被害人因素型因果关系可分为介入被害人无意识举动和有意识行为型因果关系、介入被害人的正常行为和异常行为型因果关系。而无论是哪种类型的介入被害人因素型因果关系的认定，都应遵循如下流程：第一步，"判断是否是实行行为"；第二步，"判断被害人介入行为时是否有意识"；第三步，"判断介入行为是否正常"；第四步，"判断异常介入行为对结果的作用力大小"。

关键词：介入被害人因素型因果关系；特殊体质；介入正常；介入异常

引　言

刑法中的因果关系，即刑法因果关系，是指危害行为与其规律性地引起某种危害结果的内在联系。这一概念以哲学因果关系为基础，其目的在于解决行为人是否应当对某种危害结果承担刑事责任的问题。[①] 刑法因果关系是结果犯或结果加重犯与某些故意犯罪既遂的必要条件，其对定罪量刑有着重要影响，因而有着重要的理论与实践意义。介入因素是刑法因果关系理论中与结果归属即因果关系认定直接相关的一个概念。通常情况下，结果归属即刑法因果关系认定并不存在特别疑问，但在存在介入因素的场合，如何判断结果归属即刑法因果关系认定便成了问题。而介入因素一直是因果关系理论研究的节点和核心，也是困扰司法实务的难题。因为在因果关系发展进程中，介入因素还可能加速或延缓因果关系的发展进程，甚至改变其发展以至于切断原来的

---

*　马荣春，南京航空航天大学法律系教授，法学博士；吕灵兮，扬州大学法学院硕士研究生，江苏瀛鑫律师事务所律师。
①　参见刘宪权主编：《刑法学（第四版）》，上海人民出版社 2016 年版，第 114 页。

因果关系。于其中，介入被害人因素型因果关系的认定就是一个复杂而重要的问题。

犯罪嫌疑人刘某某是一名货车司机，其在东海县润海机动车检测站参加车辆年检的过程中，因遵照该车辆检测站的流水作业规程和检测站工作人员的指挥进行倒车时，将私自进入检测站生产作业场所的被害人马某某撞成重伤。本案中，控辩双方最大的争议在于：嫌疑人刘某某是否要对被害人马某某的重伤结果负责？对此，东海县人民检察院认为，是嫌疑人刘某某的倒车行为将被害人马某某撞成重伤，其行为与结果之间具有直接的因果关系，应当对结果负责，故指控其构成过失致人重伤罪。刘某某及其辩护人则认为，本案中被害人马某某是一名销售车辆险的外来人员，其本不应出现在正在进行车辆检测的车辆检测站这种具有危险性的专门作业场所，其受伤是其私自闯入的行为，即"自陷风险"的行为所导致，犯罪嫌疑人刘某某开车的行为与被害人受伤的结果之间的因果关系因介入被害人自身的行为而中断，故其不应当对被害人马某某的重伤结果负责，最终其行为无罪。本案争议的焦点在于：被害人马某某的自身行为对刑法因果关系的认定及结果归属有无影响？易言之，在介入被害人自身行为后，本案结果能否仍旧归咎于行为人？这一问题可以概括为"介入被害人因素型因果关系的认定问题"，即介入被害人因素是否会中断原有的因果关系进程。

我国传统刑法理论所讨论的因果关系，是指危害行为与危害结果之间的引起与被引起的关系。其中，"引起者"是原因（危害行为），"被引起者"是结果（危害结果），而因果"关系"本身并不包括原因与结果，只包含二者之间的引起与被引起的关系。[①] 刑法因果关系问题之所以复杂，一是因为这一概念所对应的现象复杂，二是因为刑法因果关系理论复杂。而造成前述复杂性的原因又包括"介入被害人因素"。于是，刘某某案便构成本文讨论"介入被害人因素型因果关系"的一个经验素材。

一、介入被害人因素型因果关系的关联学说

在以往的刑法因果关系理论中，有些学说与介入被害人因素型因果关系形成直接的关联。

（一）"条件说"及其与介入被害人因素型因果关系的关联

条件说又称条件即原因说，即行为与结果之间存在"没有前者就没有后者"的条件关系时，前者就是后者的原因。[②] 其中，条件关系是指行为与结果之间的关系。条件关系所说的结果，只限于现实产生的结果。"条件说"的优点在于其在处理一般案件时具有确定性，缺点在于其容易导致处罚范围扩大，而德国的刑法理论将其近乎扩大到极

① 张明楷：《刑法学（第六版）》，法律出版社 2021 年版，第 223 页。
② 刘宪权主编：《刑法学（第四版）》，上海人民出版社 2016 年版，第 117 页。

致。因果关系中断说①、禁止溯及理论②,就是主张"条件说"的学者为了避免"条件说"不适当的结论而提出来的。"条件说"发展到后期便演绎出"合法则的条件说"。该说认为,因果关系并不是"没有该行为就不会发生该结果"的关系,只有根据科学知识,确定了前后现象之间是否具有一般的合法则关联后,才能进行个别的、具体的判断。③ "合法则的条件说"否定因果关系中断论,认可因果关系的断绝,故该说认为,行为导致有特殊体质的被害人伤亡的,具有因果关系。与条件关系公式相反,"合法则的条件说"是从正面肯定了某种行为造成了某种结果。采用"条件说"认定介入被害人因素型因果关系容易无限延长因果关系,从而容易扩大责任主体范围,刘某某案即是如此。而即便用"合法则的条件说"进行修正,但因倒车行为确实可以合法则地将人撞伤,就会从正面肯定倒车行为致人受伤的因果性,故在遵从科学规律的场合,也容易导致因果关系即"因果链"的无限延长,仅在特殊场合才可以得出适当结论。因此,"条件说"仅用来判断是否具有事实上的联系,因为如果连事实上的联系都没有,更遑论刑法因果关系。

(二)"原因说"及其与介入被害人因素型因果关系的关联

"原因说"又称"原因与条件区别说",也是为限制"条件说"的不适当结论而形成的学说。该说区分原因与条件,将结果的发生与许多条件相对应,从导致结果发生的条件中挑选出应当作为原因的条件,即作为结果发生的原因,其他条件则不认为其对于结果的发生具有原因力,而只称为单纯的条件。④ 因采用的标准不同,故"原因说"又衍生出必要原因说⑤、直接原因说⑥、最有力原因说⑦、决定原因说⑧。"原因说"的优点在于其在一定程度上缩小了因果关系的范围,其缺点在于多原因选一的困难和不现实,甚至还会导致因果关系认定的随意性。目前,"原因说"在大陆法系国家已经没有地位,故也不宜采用此说认定介入被害人因素型因果关系。正如在刘某某案中,"行为人倒车行为"与"被害人进入特定场所行为"谁是原因,谁是条件,结论会因人而异,因此也没有统一的标准去认定谁对谁错。

(三)"相当因果关系说"及其与介入被害人因素型因果关系的关联

"相当因果关系说"以条件关系的存在为前提,也是为限制"条件说"而产生的学说。

---

① 该说认为,在因果关系的进行中,有被害人或第三人的行为或自然因素介入时,因果关系就中断,那么该行为和结果之间就没有因果关系。换言之,介入的行为或事实因素支配因果关系时,原先的因果关系即行中断,介入行为或事实与结果之间继而发生因果关系。该说同样也饱受争议。
② 即如果自由且有意识的行为成为结果发生的条件,就禁止往前追溯原因,亦即先行条件不再是原因。
③ 张明楷:《刑法学(第六版)》,法律出版社2021年版,第226页。
④ 参见刘宪权主编:《刑法学(第四版)》,上海人民出版社2016年版,第118页。
⑤ 该说认为在引起结果发生的各种条件行为中,只有为结果发生所必要的、不可缺少的条件行为,才是刑法上的原因,其余是单纯条件。
⑥ 该说认为在引起结果发生的数个条件行为中,直接导致结果发生的条件行为是刑法上的原因,其余的为单纯条件。
⑦ 该说认为在引起结果发生的数个条件行为中,对于结果发生最有效力的条件行为是刑法上的原因,其余的为单纯条件。
⑧ 该说认为导致结果发生的决定性条件是刑法上的原因,其余的是单纯条件。

该说认为,根据一般人的社会生活经验,在通常情况下,某种行为产生某种结果被认为是相当的场合,就认定该行为和结果有因果关系,即在导致结果发生的各种条件中,根据一般社会经验,认为该行为足以发生结果时就具有因果关系。该说有两个特性:一是排除了"条件说"中的不相当情况,从而限定了刑法上因果关系的范围;二是以行为时一般人的认识为标准判断行为与结果之间是否具有相当性。① "相当因果关系说"的目的在于限制因果关系的范围,把有条件的不相当因素排除在因果关系之外,从而厘清刑法因果关系,但其存在两个重要缺陷。首先,"相当因果关系说"不能认定行为危险现实化(即虽然因果过程异常,但结果就是行为造成的)案件中的因果关系;其次,其对因果过程是否异常的判断,缺乏适当的具体标准。② 井田良教授认为,要将结果归属于行为,也不一定要求因果过程的通常性或相当性,在某些场合只要有一定程度的可能性就可以了。③ 山口厚教授亦认为"相当因果关系说"具有上述问题,其主张危险的现实化是判断的基准,而介入事情的预测可能性则只有在对危险的现实化判断中有意义时才加以考虑,即应以危险现实化判断取代相当性判断,而根据这种判断可将一些看似不具备通常性的因果关系通过危险现实化判断认定为存在因果关系。④ 国内很多学者也赞成此观点,将"行为危险现实化说"视为介入因素型因果关系判断的新视角。⑤

"相当因果关系说"符合"大数法则",其对介入被害人因素型因果关系的认定具有相对的可行性。而在刘某某案中,被害人进入检测站的行为属于"介入异常"而应自担风险,符合一般社会观念。

(四)"偶然因果关系说"及其与介入被害人因素型因果关系的关联

"偶然因果关系说"认为,当危害行为本身并不包含产生危害结果的根据,但在其发展过程中,偶然介入其他因素,由介入因素合乎规律地引起危害结果时,危害行为与危害结果之间就是偶然因果关系,介入因素与危害结果之间是必然因果关系。该学说还认为,不能将条件与原因绝对分开,条件是相对于根据而言的,条件和根据都是原因,只是处于不同的等级和层次而已。采用此说认定介入被害人因素型因果关系的场景十分受限,其无法对危害行为本身就具有导致结果发生的危险,而又介入了被害人自身因素也可以导致结果发生的行为时的情况作出评判。同时,采用该说也易得出介入被害人特殊体质会中断因果关系的错误结论。

(五)"重要说"及其与介入被害人因素型因果关系的关联

"重要说"在承认"条件说"所确定的条件关系的基础上,按照具体的构成要件意义

---

① 参见刘宪权主编:《刑法学(第四版)》,上海人民出版社 2016 年版,第 118 页。
② 参见张明楷:《刑法学(第六版)》,法律出版社 2021 年版,第 227 页。
③ [日]井田良:《讲义刑法学·总论(第 2 版)》,有斐阁 2018 年版,第 137 页。
④ 参见[日]山口厚:《刑法总论》,付立庆译,中国人民大学出版社 2011 年版,第 58 - 59 页。
⑤ 赵康:《被害人介入因素与因果关系认定——以日本刑法学说与判例为基础的展开》,载《中国检察官》2013 年第 8 期。

与目的以及构成要件理论的一般原理,确定结果归责的范围。① 其优点在于区分了因果的思考和归责的思考,其认为应根据"条件说"判断有无因果关系,根据具体的构成要件判断该因果关系是否有法的重要性,应否实行客观归责。其缺点在于仅将构成要件作为客观归责的标准,其也因此受到了客观归责理论的批判。"客观归责论的方法论"旨在以事实的条件关系的存在为前提,在进行事前的危险创设和事后的危险实现的判断的同时,通过事实的危险与规范的危险的类型化实现归责基准的体系化。② 可见,采用此说认定介入被害人因素型因果关系,除了无法在因果关系层面作出正确判断,也容易在归责层面出现冲突。

(六)"二层法律因果关系说"及其与介入被害人因素型因果关系的关联

"二层法律因果关系说"即"事实因果关系与法律因果关系说",将对因果关系的判断分为两步:首先,是用"条件说"进行事实因果关系判断;然后,以"近因原则"等标准认定是否具有法律因果关系。此说多用于英美法系国家。按照"近因说",与结果发生相接近的因素才能承担刑事责任。③ 这就意味着结果只能归属于所谓"近因",但"近因"的认定却没有明确的标准或规则,并且易受法律政策等因素的左右。④ 这又意味着按照"近因说"所进行的结果归属即因果关系认定难免具有"政策任性"。可以想见的是,通过"近因说"来解答介入因素所引起的结果归属即刑法因果关系认定问题,实际上采用的是一种"时空距离标准",而这一标准往往会遮蔽事物联系的因果真相。采用此说认定介入被害人因素型因果关系,必然得出中断因果关系的结论,故其不可取。

(七)"行为危险现实化说"及其与介入被害人因素型因果关系的关联

"行为危险现实化说"是介入因素判断的新视角,体现了日本司法实务中认定因果关系的新立场,即认定存在因果关系必须可以评价为实行行为的危险性已通过结果得以现实化,亦即行为的危险性是否向现实转化。山口厚教授主张以行为危险实化判断取代"相当因果关系说"中相当性的判断,肯定"行为危险实化说"的自身特点,在认定被害人介入因素时巧妙地解决了相当因果关系中对"相当性"的判断,以实行行为对结果的影响力来判断因果关系的存在与否,避免以一般理性人的立场考量相当性。⑤ 国内亦有学者主张运用该学说认定介入被害人因素型因果关系可解决实践中同案不同判的尴尬情况。⑥

① 张明楷:《刑法学(第六版)》,法律出版社 2021 年版,第 227 页。
② [日]中山敬一:《刑法总论》,成文堂 2015 年版,第 260 页。
③ 参见张明楷:《刑法学(第五版)》,法律出版社 2016 年版,第 178 页。
④ [美]H. L. A. 哈特、[美]托尼·奥诺尔:《法律中的因果关系》,张绍谦、孙战国译,中国政法大学出版社 2005 年版,第 84 页。
⑤ [日]山口厚:《刑法总论》,付立庆译,中国人民大学出版社 2011 年版,第 58－59 页。
⑥ 赵康:《被害人介入因素与因果关系认定——以日本刑法学说与判例为基础的展开》,载《中国检察官》2013 年第 8 期。

在刘某某案件中，公诉方持"条件说"扩大了刑法因果关系的范围，从而将犯罪嫌疑人纳入刑事责任主体范围；而辩护方则持"相当因果关系说"限缩了因果关系的范围，从而否定了犯罪嫌疑人的刑事责任主体地位。可见，介入被害人因素型因果关系的问题需要运用恰当的学说且采用恰当的步骤予以恰当的解答。

二、介入被害人因素型因果关系的类型描述

介入被害人因素具体是指在犯罪实行发生后，危害的结果发生之前，即法益遭受威胁的时候，被害人介入到因果关系发展进程，进而影响因果关系判断的情形。[①] 但是，介入被害人因素型因果关系需要予以真伪甄别和类型归纳。

（一）介入被害人特殊体质型因果关系的先予否定

目前，被害人的特殊体质是否属于介入因素理论界尚存争议。通说认为，行为人在实施基本犯罪行为后，介入了被害人自身特异体质（如心脏病、血友病等），导致被害人死亡或重伤的加重结果时，依旧具备刑法中客观构成要件的因果关系，即特异体质不中断因果关系。对此，有学者认为，被害人的特殊体质虽然不中断因果关系，但不排除其介入因素的本质；亦有学者认为，被害人的特殊体质并不是一种介入因素。张明楷教授就主张，因果关系总是在特定条件下的客观联系，故不能离开客观条件认定因果关系，被害人的特殊体质并不是介入因素，而是行为时已经存在的特定条件。因此，由于被害人存在某种疾病或属于特殊体质，行为人所实施的通常情形下不足以致人死亡的暴力，导致了被害人死亡的，也应当肯定其因果关系。至于行为人是否认识到或者是否应当预见被害人存在疾病或者具有特殊体质，只是有无故意、过失的问题，不影响因果关系的判断。[②] 本文不赞成被害人的特殊体质属于"介入因素"，从而不赞成即否定介入被害人特殊体质型因果关系，因为只有行为本身才具有刑法评价意义。而若将本属于"自然情况"的被害人的特殊体质也纳入"介入因素"，则无疑使得本已复杂的刑法因果关系变得更加复杂。由此，"介入被害人因素"应限缩为"介入被害人行为"。

（二）介入被害人无意识举动和有意识行为型因果关系

根据被害人在其行为介入时的意识状态，可以将其介入行为分为被害人的无意识举动介入和被害人的有意识行为介入。[③] 而被害人的无意识举动介入和被害人的有意识行为介入，又可进一步细分。

首先，根据被害人无意识状态的形成原因，可将被害人的无意识举动介入分为被害

---

① 徐岱：《论结果加重犯的因果关系——基于刑法理论与司法实践关系的反省》，载《法律科学（西北政法大学学报）》2018 年第 2 期。
② 张明楷：《刑法学（第六版）》，法律出版社 2021 年版，第 235 页。
③ 汪东升：《被害人行为介入情形下的因果关系判断》，载《中国刑事法杂志》2013 年第 8 期。

人自始无意识(无意识能力的被害人)的举动介入和行为人先行行为引发的被害人无意识的举动介入。① 因果关系发展过程之中介入被害人的无意识举动而发生危害结果的,应当肯定行为人行为与结果之间的因果关系。因为,如果被害人自始无意识,则行为人一直是主导者、掌控者,其应当对结果负责;如果行为人先有所行为,且致被害人失去意识后介入行为,因被害人的无意识状态是由行为人的先行行为所造成,故其也应对结果负责。换言之,当被害人的行为处于行为人的管辖中时,行为人需对结果负责。

其次,根据行为人先行行为对法益侵害的急迫性程度和影响力大小,可将被害人有意识的介入行为分为被害人的自主行为介入和被害人的被迫行为介入。被害人的自主行为介入是指被害人死亡或者重伤的结果虽然与行为的先前行为有关,但是危害结果的出现主要是由被害人在独立意志支配下的行为引发的,是没有任何紧迫危险逼近时被害人自我选择的结果。被害人的被迫行为介入是指被害人在行为人的紧迫危险行为之下不得不做出的符合一般人生活经验选择的避险行为,最终却导致了危害结果的发生。② 一般社会观念认为,被害人逃避伤害的行为属于本能反应,而合理判断行为人不法侵害与损害结果之间的因果关系,重在认定"紧迫性":若不法侵害行为对结果的发生具有强烈的紧迫性,则应当认定不法侵害行为与结果发生之间具有因果关系;反之,若不法侵害行为不具有紧迫性,则被害人的避险行为可能不具有因果关系。总之,被害人的自主介入行为不中断因果关系,而被害人的被迫介入行为中断因果关系。

(三) 介入被害人的正常行为和异常行为型因果关系

根据一般社会观念,我们可将被害人的介入行为分为正常行为介入和异常行为介入,此种分类为我们日常生活中最常见的分类。张明楷教授认为:(1) 如果被告人实施的行为导致被害人不得不或者几乎必然实施介入行为的,或者被害人实施的介入行为具有通常性的,即使该介入行为具有高度危险性,也应当肯定结果归属;(2) 如果被告人实施的行为导致被害人介入异常行为造成了结果,但考虑到被害人的心理恐惧或者精神紧张等情形,其介入行为仍然具有通常性时,应当肯定结果归属;(3) 如果虽然介入了被害人不适当或者异常的行为,但该异常行为属于被告人的管辖范围之内,仍然能够将结果归属于被告人的行为;(4) 如果虽然介入了被害人不适当行为并造成了结果,但该行为是依照处于优势地位的被告人的指示而实施的,应当将结果归属于被告人的行为,不过如果被告人并不处于优势地位,被害人自我冒险导致结果发生的,则不能将结果归属于被告人;(5) 如果被告人实施行为后,被害人介入的行为对所造成结果仅起轻微作用,应当肯定结果归属;如果介入了被害人对结果起决定作用的异常行为,则不能将结果归属于被告人的行为。③ 可见,介入被害人的行为可分为"正常介入"与"非正常介入":前者肯定结果对被介入行为的归属性,即其肯定被介入行为与结果之间的因

① 汪东升:《被害人行为介入情形下的因果关系判断》,载《中国刑事法杂志》2013 年第 8 期。
② 汪东升:《被害人行为介入情形下的因果关系判断》,载《中国刑事法杂志》2013 年第 8 期。
③ 张明楷:《刑法学(第六版)》,法律出版社 2021 年版,第 243－245 页。

果性；后者否定结果对被介入行为的归属性，即其否定被介入行为与结果之间的因果性。易言之，在介入被害人行为的场合，应一致地认为：如果被害人的行为属于"正常介入"，则应肯定结果对于加害人即行为人行为的归属，即应肯定加害人即行为人的行为与结果之间的因果性；如果被害人的行为属于"非正常介入"，则应否定结果对于加害人即行为人行为的归属，即应否定加害人即行为人的行为与结果之间的因果性。但不应在强调被害人的行为属于"异常"的同时，仍肯定结果对于加害人即行为人行为的归属，即仍肯定加害人即行为人的行为与结果之间的因果性，因为这将造成自相矛盾。由此要强调的是，所谓被害人行为的正常介入，意味着被害人的行为介入具有事物规律的必然性和事物价值的正当合理性。而这可视为被害人行为介入正常性的判断标准，且具有事物规律的必然性和事物价值的正当合理性，分别对应着判断标准的事实层面和价值层面。

三、介入被害人因素型因果关系的认定流程

在介入被害人因素型因果关系的认定问题上，本文主张"相当因果关系说"。对相当因果关系的判断实际上分为两个步骤：首先，是判断有无条件关系；其次，是在有条件关系的前提下判断介入被害人因素是否异常。张明楷教授认为，真正的条件关系是指实行行为与具体结果之间的条件关系，而非没有限定的条件关系。如果既贯彻"条件说"，又不重视实行行为性的要求，就会导致因果关系无边无际，产生很多匪夷所思的结论。[①] 由此，介入被害人因素型因果关系的认定应确定先行行为判断标准及被害人异常程度判断标准。笔者认为，在此基础上，对于介入被害人因素型因果关系的判断或认定，可形成相应的流程。

（一）第一步：先行行为之判断

介入被害人因素型因果关系认定的第一步是判断先行行为是否为实行行为。既然因果关系是实行行为与结果之间引起与被引起的关系，那么先行行为必须首先是实行行为，才有进一步判断能否将结果归属的必要。实行行为是刑法理论上最重要的概念之一。一般来说，刑法分则所规定的构成要件行为是实行行为。我国刑法理论的通说认为，犯罪的实行行为是指"刑法分则中具体犯罪构成客观方面的行为"。但这只是从形式上回答了什么是实行行为。对于实行行为这一概念，不能仅从形式上认定，还必须从实质上考察。犯罪的本质是侵犯法益，没有侵犯法益的行为当然不可能成为犯罪的实行行为，即使某种行为具有侵害法益的危险性，但如果危险程度极低，也不可能成为实行行为。[②] 有学者甚至认为，实行行为应当是一种行为本身具有导致结果发生危险

[①] 张明楷：《刑法学（第六版）》，法律出版社 2021 年版，第 225 页。
[②] 张明楷：《刑法学（第六版）》，法律出版社 2021 年版，第 188 页。

的类型性的行为。[①] 当先行行为已经是实行行为,则介入被害人因素型因果关系才获得理论契机。

(二) 第二步:被害人介入行为时的意识状态判断

介入被害人因素型因果关系认定的第二步,是判断被害人介入行为时有无意识。正如前文所述,根据被害人介入时行为的意识状态,可将被害人的介入行为区分为介入被害人无意识之举动和有意识之行为两种。介入被害人无意识之举动,应肯定刑法因果关系。在介入被害人有意识之行为中,若被害人系被动介入的,则应肯定因果关系;而被害人若系主动介入的,则中断因果关系。可见,仅需判断被害人介入时的意识状态即可结束对一部分因果关系的判断。易言之,如果被害人介入行为时无意识,则其介入举动不能中断因果关系,应当肯定先行行为与结果之间的因果关系;如果被害人介入行为时尚有意识,则进入下一步,即对其有意识行为是否异常的判断。

(三) 第三步:被害人行为是否异常的判断

介入被害人因素型因果关系认定的第三步,是判断被害人介入行为是否异常,亦即被害人有意识的介入行为系被迫介入还是主动介入。具言之,如果被害人的行为属于"正常介入",则应肯定结果对于加害人即行为人行为的归属,即应肯定加害人即行为人的行为与结果之间的因果性;如果被害人的行为属于"异常介入",则应否定结果对于加害人即行为人行为的归属,即应否定加害人即行为人的行为与结果之间的因果性。此时的"正常"和"异常",可以行为发生的概率高低加以评判,即如果发生概率高,即可视为正常。于是,如果介入的是被害人有意识的正常行为,判断到此结束,且应肯定刑法因果关系;如果介入的行为异常,则进入下一步判断。

(四) 第四步:介入因素作用力大小之判断

介入被害人因素型因果关系认定的第四步,是判断被害人异常行为对结果的作用力大小。判断作用力大小需将行为人的先行行为和被害人的介入行为作比较,综合考量以下四个要素:(1) 行为人的实行行为导致结果发生的危险性大小;(2) 介入因素异常性大小;(3) 介入因素对结果发生的作用力大小;(4) 介入因素是否属于行为人管辖。[②] 如果被害人异常行为对结果的作用力大,则中断因果关系;反之,则应肯定刑法因果关系。

以上认定介入被害人因素型因果关系的流程,可简括如下:

第一步:判断是否实行行为。如果不是实行行为,则判断终止,且否定刑法因果关系;如果是实行行为,进入第二步判断。

---

① [日]前田雅英:《刑法总论讲义》,东京大学出版社 2019 年版,第 83 页。
② 张明楷:《刑法学(第六版)》,法律出版社 2021 年版,第 241 页。

第二步：判断被害人介入行为时是否有意识。如果被害人没有意识，则否定刑法因果关系；如果被害人有意识，则进入第三步。

第三步：判断介入行为是否正常。如果介入行为正常，则肯定刑法因果关系；如果介入行为异常，则进入第四步。

第四步：判断异常介入行为对结果的作用力大小。作用力大者，则否定刑法因果关系；作用力小者，则肯定刑法因果关系。

结　语

回到刘某某案，如果认为刘某某的倒车行为因不具有"法益紧迫危险性的类型性"而不是实行行为，则否定刑法因果关系，即其无需对被害人重伤结果负责。如果因危险已现实化而认定刘某某的倒车行为是实行行为，则进入下一步即被害人介入行为时是否有意识的判断——被害人马某某的行为显然是有意识的行为，接着进入第三步即被害人行为是否异常的判断——被害人马某某作为一名无关人员进入具有危险性的专门作业场所的行为显然是异常的，最终进入第四步即作用力大小的判断——没有被害人马某某的出现，就不会有危害结果的发生，故其作用力是决定性的。本案的结论是：被害人马某某的异常介入导致指向刘某某的刑法因果关系中断，故刘某某最终不应承担过失致人重伤罪的刑事责任。

指导性案例的学理展开

——以最高人民法院指导案例 61 号为例

黄 何*

摘　要:自 2011 年 12 月 20 日最高人民法院发布第一批指导性案例以来,指导性案例已经成为司法机关办理具体案件的重要参照与指南。不过,指导性案例的重要意义远不止于此,其背后蕴含的丰富法学理论知识,值得深入探究。以最高人民法院发布的指导案例 61 号——"马乐利用未公开信息交易案"(简称"马乐案")为例,本指导案例虽然具体涉及的是刑法第一百八十条第四款规定的利用未公开信息交易罪援引法定刑的理解与运用,即刑法第一百八十条第四款规定的利用未公开信息交易罪援引法定刑的情形,应当是对第一款内幕交易、泄露内幕信息罪全部法定刑的引用,利用未公开信息交易罪应有"情节严重""情节特别严重"两种情形和两个量刑档次;但其实,援引法定刑的理解只是"马乐案"涉及的表象,本案背后更深层次的是关于罪刑法定原则、存疑有利于被告原则、刑法解释方法的理解与运用,裁判背后被遮蔽的相关立场、原则与方法值得我们进一步认真挖掘与研讨。

关键词:指导性案例;利用未公开信息交易罪;罪刑法定原则;存疑有利于被告原则;刑法解释

一、案例叙述

(一) 基本案情

2011 年 3 月 9 日至 2013 年 5 月 30 日期间,被告人马乐担任博时基金管理有限公司旗下的博时精选股票证券投资经理,全权负责投资基金投资股票市场,掌握了博时精选股票证券投资基金交易的标的股票、交易时间和交易数量等未公开信息。马乐在任职期间利用其掌控的上述未公开信息,从事与该信息相关的证券交易活动,操作自己控制的"金某""严某甲""严某乙"三个股票账户,通过临时购买的不记名神州行电话卡下

---

* 淮北师范大学法学院讲师,南京师范大学司法案例研究中心研究员,法学博士。

单,先于(1~5个交易日)、同期或稍晚于(1~2个交易日)其管理的"博时精选"基金账户买卖相同股票76只,累计成交金额10.5亿余元,非法获利18 833 374.74元。2013年7月17日,马乐主动到深圳市公安局投案,且到案之后能如实供述其所犯罪行,属自首;马乐认罪态度良好,违法所得能从扣押、冻结的财产中全额返还,判处的罚金亦能全额缴纳。

（二）裁判结果

广东省深圳市中级人民法院(2014)深中法刑二初字第27号刑事判决认为,被告人马乐的行为已构成利用未公开信息交易罪。但刑法中并未对利用未公开信息交易罪规定"情节特别严重"的情形,因此只能认定马乐的行为属于"情节严重"。马乐自首,依法可以从轻处罚;马乐认罪态度良好,违法所得能全额返还,罚金亦能全额缴纳,确有悔罪表现;另经深圳市福田区司法局社区矫正和安置帮教科调查评估,对马乐宣告缓刑对其所居住的社区没有重大不良影响,符合适用缓刑的条件。遂以利用未公开信息交易罪判处马乐有期徒刑三年,缓刑五年,并处罚金人民币1 884万元;违法所得人民币18 833 374.74元依法予以追缴,上缴国库。

宣判后,深圳市人民检察院提出抗诉认为,被告人马乐的行为应认定为犯罪情节特别严重,依照"情节特别严重"的量刑档次处罚。一审判决适用法律错误,量刑明显不当,应当依法改判。

广东省高级人民法院(2014)粤高法刑二终字第137号刑事裁定认为,刑法第一百八十条第四款规定,利用未公开信息交易,情节严重的,依照第一款的规定处罚,该条款并未对利用未公开信息交易罪规定有"情节特别严重"情形;而根据第一百八十条第一款的规定,情节严重的,处五年以下有期徒刑或者拘役,并处或者单处违法所得一倍以上五倍以下罚金,故马乐利用未公开信息交易,属于犯罪情节严重,应在该量刑幅度内判处刑罚。原审判决量刑适当,抗诉机关的抗诉理由不成立,不予采纳。遂裁定驳回抗诉,维持原判。

二审裁定生效后,广东省人民检察院提请最高人民检察院按照审判监督程序向最高人民法院提出抗诉。最高人民检察院抗诉提出,刑法第一百八十条第四款属于援引法定刑的情形,应当引用第一款处罚的全部规定;利用未公开信息交易罪与内幕交易、泄露内幕信息罪的违法与责任程度相当,法定刑亦应相当;马乐的行为应当认定为犯罪情节特别严重,对其适用缓刑明显不当。本案终审裁定以刑法第一百八十条第四款未对利用未公开信息交易罪规定有"情节特别严重"为由,降格评价马乐的犯罪行为,属于适用法律确有错误,导致量刑不当,应当依法纠正。

最高人民法院依法组成合议庭对该案直接进行再审,并公开开庭审理了本案。再审查明的事实与原审基本相同,原审认定被告人马乐非法获利数额为18 833 374.74元存在计算错误,实际为19 120 246.98元,依法应当予以更正。最高人民法院(2015)刑抗字第1号刑事判决认为,原审被告人马乐的行为已构成利用未公开信息交易罪。马乐利用未公开信息交易股票 76 只,累计成交额为 10.5 亿余元,非法获利 1 912 万余元,属于情节特别严重。鉴于马乐具有主动从境外回国投案自首法定从轻、减刑处罚情节;在未受控制的情况下,将股票兑成现金存在涉案三个账户中并主动向中国证券监督管理委员会说明情况,退还了全部违法所得,认罪悔罪态度好,赃款未挥霍,原判罚金刑得已全部履行等酌定从轻处罚情节,对马乐可予减轻处罚。第一审判决、第二审裁定认定事实清楚,证据确实、充分,定罪准确,但因对法律条文理解错误,导致量刑不当,应予纠正。依照《中华人民共和国刑法》第一百八十条第四款、第一款,第六十七条第一款,第五十二条,第五十三条,第六十四条,以及《最高人民法院关于适用〈中华人民共和国刑事诉讼法〉的解释》第三百八十九条第(三)项的规定,判决如下:一、维持广东省高级人民法院(2014)粤高法刑二终字第 137 号刑事裁定和深圳市中级人民法院(2014)深中法刑二初字第 27 号刑事判决中对原审被告人马乐的定罪部分;二、撤销广东省高级人民法院(2014)粤高法刑二终字第 137 号刑事裁定和深圳市中级人民法院(2014)深中法刑二初字第 27 号刑事判决中对原审被告人马乐的量刑及追缴违法所得部分;三、原审被告人马乐犯利用未公开信息交易罪,判处有期徒刑三年,并处罚金人民币 1 913 万元;四、违法所得人民币 19 120 246.98 元依法予以追缴,上缴国库。

（三）裁判理由

法院生效裁判认为,本案事实清楚,定罪准确,争议的焦点在于如何正确理解刑法第一百八十条第四款对于第一款的援引以及如何把握利用未公开信息交易罪"情节特别严重"的认定标准。

1. 对刑法第一百八十条第四款援引第一款量刑情节的理解和把握

刑法第一百八十条第一款对内幕交易、泄露内幕信息罪规定为:"证券、期货交易内幕信息的知情人员或者非法获取证券、期货交易内幕信息的人员,在涉及证券的发行,证券、期货交易或者其他对证券、期货交易价格有重大影响的信息尚未公开前,买入或者卖出该证券,或者从事与该内幕信息有关的期货交易,或者泄露该信息,或者明示、暗示他人从事上述交易活动,情节严重的,处五年以下有期徒刑或者拘役,并处或者单处违法所得一倍以上五倍以下罚金;情节特别严重的,处五年以上十年以下有期徒刑,并处违法所得一倍以上五倍以下罚金。"第四款对利用未公开信息交易罪规定为:"证券交易所、期货交易所、证券公司、期货经济公司、基金管理公司、商业银行、保险公司等金融机构的从业人员以及有关监管部门或者行业协会的工作人员,利用因职务便利获取的内幕信息以外的其他未公开的信息,违反规定,从事与该信息相关的证券、期货交易活动,或者明示、暗示他人从事相关交易活动,情节严重的,依照第一款的规定处罚。"

对于第四款中"情节严重的,依照第一款的规定处罚"应如何理解,在司法实践中存在不同的认识。一种观点认为,第四款中只规定了"情节严重"的情形,而未规定"情节特别严重"的情形,因此,这里的"情节严重的,依照第一款的规定处罚"只能是依照第一款中"情节严重"的量刑档次予以处罚;另一种观点认为,第四款中的"情节严重"只是入罪条款,即达到了情节严重以上的情形,依据第一款的规定处罚。至于具体处罚,应看符合第一款中的"情节严重"还是"情节特别严重"的情形,分别情况依法判处。情节严重的,"处五年以下有期徒刑";情节特别严重的,"处五年以上十年以下有期徒刑"。

最高人民法院认为,刑法第一百八十条第四款援引法定刑的情形,应当是对第一款全部法定刑的引用,即利用未公开信息交易罪应有"情节严重""情节特别严重"两种情形和两个量刑档次。这样理解的具体理由如下:

(1)符合刑法的立法目的。由于我国基金、证券、期货等领域中,利用未公开信息交易行为比较多发,行为人利用公众投入的巨额资金作后盾,以提前买入或者提前卖出的手段获得巨额非法利益,将风险与损失转嫁到其他投资者,不仅对其任职单位的财产利益造成损害,而且严重破坏了公开、公正、公平的证券市场原则,严重损害客户投资者或处于信息弱势的散户利益,严重损害金融行业信誉,影响投资者对金融机构的信任,进而对资产管理和基金、证券、期货市场的健康发展产生严重影响。为此,《中华人民共和国刑法修正案(七)》[后文或简称"《刑法修正案(七)》"]新增利用未公开信息交易罪,并将该罪与内幕交易、泄露内幕信息罪规定在同一法条中,说明两罪的违法与责任程度相当。利用未公开信息交易罪也应当适用"情节特别严重"。

(2)符合法条的文意。首先,刑法第一百八十条第四款中的"情节严重"是入罪条款。《最高人民检察院、公安部关于公安机关管辖的刑事案件立案追诉标准的规定(二)》,对利用未公开信息交易罪规定了追诉的情节标准,说明该罪需达到"情节严重"才能被追诉。利用未公开信息交易罪属情节犯,立法要明确其情节犯属性,就必须借助"情节严重"的表述,以避免"情节不严重"的行为入罪。其次,该款中"情节严重"并不兼具量刑条款的性质。刑法条文中大量存在"情节严重"兼具定罪条款及量刑条款性质的情形,但无一例外均在其后列明了具体的法定刑。刑法第一百八十条第四款中"情节严重"之后,并未列明具体的法定刑,而是参照内幕交易、泄露内幕信息罪的法定刑。因此,本款中的"情节严重"仅具有定罪条款的性质,而不具有量刑条款的性质。

(3)符合援引法定刑立法技术的理解。援引法定刑是指对某一犯罪并不规定独立的法定刑,而是援引其他犯罪的法定刑作为该犯罪的法定刑。刑法第一百八十条第四款援引法定刑的目的是避免法条文字表述重复,并不属于法律规定不明确的情形。

综上,刑法第一百八十条第四款虽然没有明确表述"情节特别严重",但是根据本条款设立的立法目的、法条文意及立法技术,应当包含"情节特别严重"的情形和量刑档次。

2.利用未公开信息交易罪"情节特别严重"的认定标准

目前虽然没有关于利用未公开信息交易罪"情节特别严重"认定标准的专门规定,但鉴于刑法规定利用未公开信息交易罪是参照内幕交易、泄露内幕信息罪的规定处罚,最高人民法院、最高人民检察院《关于办理内幕交易、泄露内幕信息刑事案件具体应用法律若干问题的解释》将成交额250万元以上、获利75万元以上等情形认定为内幕交易、泄露内幕信息罪"情节特别严重"的标准，利用未公开信息交易罪也应当遵循相同的标准。马乐利用未公开信息进行交易活动，累计成交额达10.5亿余元，非法获利达1912万余元，已远远超过上述标准，且在案发时属全国查获的该类犯罪数额最大者，参照最高人民法院、最高人民检察院《关于办理内幕交易、泄露内幕信息刑事案件具体应用法律若干问题的解释》，马乐的犯罪情节应当属于"情节特别严重"。

（四）裁判要点

刑法第一百八十条第四款规定的利用未公开信息交易罪援引法定刑的情形，应当是对第一款内幕交易、泄露内幕信息罪全部法定刑的引用，即利用未公开信息交易罪应有"情节严重""情节特别严重"两种情形和两个量刑档次。

二、裁判的背后

表面上看，"马乐案"涉及的争议焦点是如何理解刑法第一百八十条第四款规定的利用未公开信息交易罪中的"情节严重的，依照第一款的规定处罚"，即这里的"情节严重的，依照第一款的规定处罚"是否包含第一款规定中的"情节特别严重的，处五年以上十年以下有期徒刑，并处违法所得一倍以上五倍以下罚金"①；但其实，这一争议的背后却涉及的是如何理解罪刑法定原则、存疑有利于被告原则以及刑法解释方法运用这三个基础理论问题。

（一）罪刑法定原则

自18世纪贝卡里亚提出罪刑法定原则以来，毫无疑问，罪刑法定原则已然成为近代刑法的基石，我国当然也不例外。简单地说，罪刑法定原则就是"法无明文规定不为罪，法无明文规定不处罚"，其以保障人权、限制国家权力为价值偏一的旨趣。就此而言，理论并无太大争议。不过，关于如何理解罪刑法定原则的司法化，即如何在司法实践中贯彻罪刑法定主义，不论是在我国学界还是在实务界都存在不同看法。一种观点认为，我国刑法确立了罪刑法定原则，那么司法实践在适用刑法时，必须进行严格解释，即应当尽可能地依据刑法条文通常的字面含义解释法条，这样才能最大限度地避免法官权力滥用以及保障国民的预测可能性。邓子滨教授就曾指出："法律是行为指南，它应当是属于全体国民的。为增强国民的适法预见力，要尽量满足国民的朴素理解，不需

---

① 对此，一、二审法院与抗诉检察院明显持两种截然不同的观点。前者认为，第四款中只规定了"情节严重"的情形，而未规定"情节特别严重"的情形，因此，这里的"情节严重的，依照第一款的规定处罚"只能是依照第一款中"情节严重"的量刑档次予以处罚；而后者则认为，第四款中的"情节严重"只是入罪条款，即达到了情节严重以上的情形，依据第一款的规定处罚。至于具体处罚，应看符合第一款中的"情节严重"还是"情节特别严重"的情形，分别情况依法判处。情节严重的，"处五年以下有期徒刑"；情节特别严重的，"处五年以上十年以下有期徒刑"。

要太多来自司法官员的解释。"①但另有观点则认为,尽管刑法确立了罪刑法定原则以保障人权,但是刑法不仅具有人权保障机能,还具有法益保护机能,两者皆不可偏废。刑事司法应当充分挖掘法条用语可能具有的含义,以实现刑法的法益保护机能的要求。换言之,罪刑法定原则所要禁止的只是"法无明文规定的内容",为保护法益,某一解释只要符合用语可能具有的含义,哪怕超出了用语通常的字面含义,也没有违背罪刑法定原则。② 比如,张明楷教授就明确提出:"为了保障人权,不能超出刑法用语可能具有的含义得出解释结论,但在文义可能范围之内,为了保护法益,必须榨干法条含义,防止罪刑法定原则成为无力解释与懒得解释的借口。"③

"马乐案"争议即是罪刑法定原则理解之争的一个具象产物。即,如果认同"罪刑法定原则要求应当尽可能依据刑法条文通常的字面含义解释法条",那么毫无疑问,刑法第一百八十条第四款规定的利用未公开信息交易罪中的"情节严重的,依照第一款的规定处罚"当然不能包括第一款中"情节特别严重"的情形。因为就法条通常字面含义理解而言,在第一款分别规定了"情节严重"和"情节特别严重"两种情形下,第四款规定的"情节严重的,依照第一款的规定处罚"自然是指依照第一款中"情节严重"的规定处罚。而如果认同"罪刑法定原则并不禁止为保护法益在用语可能具有的含义内进行解释",那么,将"情节严重的,依照第一款的规定处罚"解释包含第一款中的"情节特别严重"的情形也并非不可。④ 正如,抗诉检察院所言,第四款中的"情节严重"只是入罪条款,即达到了"情节严重"以上的情形,依据第一款的规定处罚。至于具体处罚,应看符合第一款中的"情节严重"还是"情节特别严重"的情形,分别情况依法判处。换言之,如何理解罪刑法定原则是"马乐案"争议的一个根本所在。

(二) 存疑有利于被告原则

存疑有利于被告原则,也称有利被告原则,一般是指"对刑法条文的理解产生疑问或面临多种选择时,应该做出对被告人有利的决定"⑤。应当说,如果赞成这一原则,"马乐案"恐怕就不会产生争议,因为存在两种解释选择有利被告的解释即可。不过,存疑有利于被告原则是否能够适用于刑法解释以及究竟何为"存疑",不论是在我国刑法理论界,还是域外理论界都是存在较大争议的。一方面,相当数量的学者否认"法律解释遇到争议时应作有利被告的解释"。例如,德国刑法学者罗克辛教授就认为:"罪疑唯轻原则只与事实之认定有关,并不适用法律之解释。"⑥我国亦有学者从此解。有学者

---

① 邓子滨:《中国实质刑法观批判》,法律出版社 2009 年版,第 78 - 79 页。
② 需要特别说明的是,此处所指的没有违背罪刑法定原则,只是指没有违反罪刑法定原则的形式侧面,即"法无明文规定不为罪"。至于解释结论是否符合罪刑法定原则的实质正义则是另一个问题。
③ 张明楷:《罪刑法定与刑法解释》,北京大学出版社 2009 年版,前言第 3 页。
④ 当然,这里只是就文义理解上而言。至于结论是否合理还涉及存疑有利于被告原则以及刑法解释方法运用的问题,下文会有具体论述。
⑤ 陈兴良、周光权:《刑法学的现代展开》,中国人民大学出版社 2006 年版,第 69 页。
⑥ [德]克劳斯·罗克辛:《德国刑事诉讼法》,吴丽琪译,三民书局 1998 年版,第 145 页。

指出:"刑法要同时实现法益保护与自由保障两个机能,因此,判断解释结论是否合理,要看是否在法益保护与自由保障两方面求得均衡,是否在善良人的大宪章与犯罪人的大宪章之间寻得协调,而不可能在任何场合都作出有利于被告的解释。刑法解释方法虽不能说无穷无尽,但确实多种多样。人们在对某个法条进行解释时,可能同时使用多种方法,也可能在不同的场合使用不同的方法,而目的都是追求解释结论的合理性。因此,当各种解释方法得出不同的解释结论时,最终起决定性作用的是目的论解释,而不是有利于被告。"①还有学者提出:"刑法解释与适用的困惑和争议时时、处处存在,如果以客观上不再存在争议作为解释清楚的标准,那么任何刑法都是解释不清的,这会导致所有条文都作出有利于被告人的解释。这显然难以被人接受。"②甚至有学者认为:"如果采用存疑有利于被告的观点,可能会导致任何条文都不能适用于被告人,从而使整个刑法体系趋于崩溃的后果。"③另一方面,即便在赞成这一原则的学者中,对于如何确立"存疑"也存在重大争议。尽管传统观点认为,存疑有利于被告原则中的"存疑"是指对某一刑法条文或者用语存在多种文义解读的疑问,④但是已有越来越多的学者认为,仅有多种文义并不足以触发存疑有利于被告原则,存疑有利于被告原则中的"存疑"应当是指在利用各种解释方法之后都无法确定立法者真实意图的情形。例如,有学者论述指出:对于法律存疑,并非是适用法律出现疑问,即马上以该原则作出有利于被告的结论。因为,法律并不禁止法官在其找到法律意义时对法律作出解释并且适用之。法律存在"疑问"时亦是如此。在法律规定不甚明确的情况下,法官应当首先借助一般的解释方法,从中找到法的真正意义。如果此时疑问仍然存在,法官就必须作出有利于被告的解释。⑤

由此可见,"马乐案"争议的另一个根源所在则是如何理解和运用存疑有利于被告原则。即如果肯定这一原则,并且对"存疑"作传统理解,毫无疑问,一、二审法院的观点更为妥当。但如果否定这一原则,或者虽然肯定这一原则但强调对"存疑"作严格的限定——穷尽解释方法后仍无法确定立法者意图,那么,一、二审法院的观点就没有绝对的说服力,抗诉检察院的观点可能更为合理。⑥

---

① 张明楷:《"存疑时有利于被告"原则的适用界限》,载《吉林大学社会科学学报》2002年第1期。

② 吴爽:《再论存疑有利于被告原则的适用界限》,载赵秉志主编:《刑法论丛》第3卷,法律出版社2010年版,第206页。

③ 陈忠林:《刑法的解释及其界限》,载赵秉志、张军主编:《刑法解释问题研究》,中国人民公安大学出版社2003年版,第50-51页。

④ 参见陶龙生:《论罪刑法定原则》,载蔡墩铭主编:《刑法总则论文选辑》(上),五南图书出版公司1984年版,第128页。

⑤ 参见[法]卡斯东·斯特法尼等:《法国刑法总论精义》,罗结珍译,中国政法大学出版社1998年版,第139-140页。

⑥ 之所以还不能妄下结论,是因为这还涉及文义的多种理解,能否通过其他解释方法予以明确的问题。不过在"马乐案"中,并不适用存疑有利于被告原则,因为通过体系解释、历史解释、比较解释以及目的解释,立法意图是明确的,下文将会有具体论述。

（三）刑法解释方法的运用

在对文本解释存在不同理解时,应当采取何种解释方法予以明确? 对此,我国刑法理论通说一般将刑法解释方法分为:文义解释、体系解释、历史解释、比较解释、目的解释与合宪性解释。① 并且认为,在文义解释不能明确刑法条文或者用语的含义时,可以通过后几种解释方法予以明确。不过,关于体系解释、历史解释等几种解释方法应当如何运用,特别是相互之间是否存在一定的位阶关系以及存在怎样的位阶关系,学界并未达成共识。有观点认为:为保障解释的客观性,避免法官主观性解释,几种解释方法大体存在文义解释→体系解释→历史解释→比较解释→目的解释→合宪性解释这一逻辑位阶,即文义明确的依照文义解释;存在多种文义时,先依法律体系上关系,联系相关法条含义阐明文义;如果仍然不明确,可以根据制定时的历史资料以及借助国外立法与判例作为参照;如果以上解释方法仍然存在争议,就应当根据刑法规范的目的进行最后的决定,当然最终的解释结论不能违背宪法。② 也有观点认为:体系解释、历史解释、比较解释等解释并不具有决定性,目的是全部法律的创造者,每条法律规则的产生都源于一个目的。故而,目的解释具有决定性。目的解释的决定性在于,对于一个法条可以作出两种以上的解释结论时,只能采纳符合法条目的的解释结论。③ 还有观点认为,各种解释方法之间并没有一个确定的次序,"文义解释处于解释的起点位置,但这不意味着文义解释是决定性的;目的解释在何种情况下是最高准则,不可一概而论"④。各种解释方法之间的关系错综复杂,难以进行简单的概括和归纳;不同解释方法各有优劣,不存在哪一种解释方法完全优于其他方法的情形,也没有任何一种能够完全排除另外一种解释结论。⑤

应当说,"马乐案"之争议也正是刑法解释方法运用之争。一、二审法院裁判理由的核心如下:利用未公开信息交易罪是情节犯,而情节犯中,"情节严重"和"情节特别严重"是并列关系。如果把"情节严重"理解为包含"情节严重"和"情节特别严重"两种,会出现语义的混乱。显然,一、二审在解释方法运用上更强调刑法解释的位阶性,侧重体系解释优先。⑥

---

① 参见苏彩霞:《刑法解释方法的位阶与运用》,载《中国法学》2008 年第 5 期。
② 参见陈兴良主编:《刑法方法论研究》,清华大学出版社 2006 年版,第 187－205 页。
③ 参见张明楷:《刑法分则的解释原理(第 2 版)》,中国人民大学出版社 2011 年版,第 45－46 页。
④ 周光权:《刑法解释方法位阶性的质疑》,载《法学研究》2014 年第 5 期。
⑤ 参见温登平:《刑法解释方法位阶关系否定论》,载陈金钊主编:《法律方法》第 13 卷,山东人民出版社 2013 年版,第 366 页。
⑥ 当然,体系解释是否一定要求同一用语在同一刑法中的含义必须是一致的,也并不绝对。有学者就指出:"体系解释的重要规则之一是同一性规则,即同一用语在同一部刑法典中应当具有完全相同的含义。维护相同用语含义的一致性以避免概念混淆是保障刑法整体协调性的基本要求。但是,体系解释服务于一种语境的建立,在这种语境下不同位置的法律文本具有不同的意义,这也是体系解释的一个特性。换言之,如果在对某一相同概念作出完全相同的解释会导致刑法整体不协调时,又必须承认刑法用语的相对性,即不得不对同一概念作出不同的解释。这两者并不矛盾,都是体系解释的结果。"叶良芳、申屠晓莉:《论理解释对文理解释的校验功能——"两高"指导性案例马乐利用未公开信息交易案评释》,载《中国刑事法杂志》2018 年第 1 期。本文赞成这一观点。其实,按照体系解释的后一个特性,即便是强调体系解释优先,也并不必然得出"情节严重"不能包含"情节特别严重"的情形。(对此,下文将会具体涉及,此处便不再展开。)不过,按照体系解释的同一性要求,一、二审法院的判断确实也是体系解释的一个结果。

而抗诉检察院的抗诉核心是:利用未公开信息交易罪与内幕交易、泄露内幕信息罪的违法与责任程度相当,法定刑亦应相当。显然,抗诉检察院在解释方法上更加侧重目的解释优先。概言之,刑法解释方法应如何运用亦是"马乐案"争议的一个根本所在。

三、学理展开

如前所述,"马乐案"争议的背后实则是有关罪刑法定原则、存疑有利于被告原则以及刑法解释方法运用之争。那么,对此,"马乐案"裁判的立场为何? 我们从中又能得到何种启示? 下面将具体展开论述。

(一) 裁判立场

对于"马乐案"涉及的争议,最高人民法院最终裁判认为,刑法第一百八十条第四款援引法定刑的情形,应当是对第一款全部法定刑的引用,即利用未公开信息交易罪应有"情节严重""情节特别严重"两种情形和两个量刑档次。并且,最高人民法院亦从立法目的、法条文意以及援引法定刑的立法技术三个方面进行了裁判说理。由裁判结果与裁判理由不难得知,在如何理解罪刑法定原则、存疑有利于被告原则以及刑法解释方法运用这三个理论问题上,最高人民法院表明了以下立场:

其一,承认相对的罪刑法定原则,即认为罪刑法定原则并不禁止司法者在用语可能具有的含义内进行解释,只要没有超出用语可能具有的含义的解释形式上并不违反罪刑法定原则。这一点具体可以从裁判理由关于符合法条文意的论证得以窥见。裁判理由指出:首先,利用未公开信息交易罪属情节犯,立法要明确其情节犯属性,就必须借助"情节严重"的表述,以避免"情节不严重"的行为入罪。其次,该款中"情节严重"并不兼具量刑条款的性质。刑法条文中大量存在"情节严重"兼具定罪条款及量刑条款性质的情形,但无一例外均在其后列明了具体的法定刑。刑法第一百八十条第四款中"情节严重"之后,并未列明具体的法定刑,而是参照内幕交易、泄露内幕信息罪的法定刑。因此,本款中的"情节严重"仅具有定罪条款的性质,而不具有量刑条款的性质。换言之,裁判认为,尽管将"情节严重"理解为包括"情节特别严重"与通常理解不一,但也不能算是超出了"情节严重,依照第一款的规定处罚"这一可能的文义范畴。即只要符合条文可能的含义,便不算违反罪刑法定原则。

其二,肯定存疑有利于被告原则适用于刑法解释,但如果存在的疑问能够通过解释的方法予以明确,便不适用。裁判理由关于援引法定刑立法技术的论证,即"关于援引法定刑是指对某一犯罪并不规定独立的法定刑,而是援引其他犯罪的法定刑作为该犯罪的法定刑。刑法第一百八十条第四款援引法定刑的目的是避免法条文字表述重复,并不属于法律规定不明确的情形",便表明了这一立场。

其三,在刑法解释方法中,更加推崇目的解释的位重,即认为目的解释具有决定性。这一点由裁判理由第一条便是符合立法目的论述就可得知——"由于我国基金、证券、期货等领域中,利用未公开信息交易行为比较多发,行为人利用公众投入的巨额资金作后盾,以提前买入或者提前卖出的手段获得巨额非法利益,将风险与损失转嫁到其他投资者,不仅对其任职单位的财产利益造成损害,而且严重破坏了公开、公正、公平的证券市场原则,严重损害客户投资者或处于信息弱势的散户利益,严重损害金融行业信誉,影响投资者对金融机构的信任,进而对资产管理和基金、证券、期货市场的健康发展产生严重影响。为此,《刑法修正案(七)》新增利用未公开信息交易罪,并将该罪与内幕交易、泄露内幕信息罪规定在同一法条中,说明两罪的违法与责任程度相当。利用未公开信息交易罪也应当适用'情节特别严重'。"

(二)学理评述

应如何认识最高人民法院的这一裁判立场?又或者说这一裁判立场对我们有何启示?我们以为,可以从得与失两个方面对"马乐案"的裁判进行评述。"马乐案"裁判关于罪刑法定原则、存疑有利于被告原则以及刑法解释方法运用上的基本立场是可取的。不过,在刑法解释方法的运用上,在文义解释出现争议时,为保障解释结论尽可能客观公正,还应当充分发挥体系解释、历史解释、比较解释等对解释结论的补强功能。在此,裁判存在不足。

1. 裁判所得

首先,刑法兼具人权保障与法益保护机能,相对的罪刑法定原则更为合理。不可否认,罪刑法定原则是早期刑事古典学派的法学家们为了阻止司法权的滥用,绝对保障人权而提出的。就此而言,无疑依据刑法条文通常的字面含义解释法条,似乎更符合罪刑法定之精神。其实,早在罪刑法定原则提出之时,贝卡里亚就曾明确主张:"刑事法官根本没有解释法律的权利,因为他们不是立法者。如果允许刑事法官解释刑事法律,就等于放弃了堤坝,让位给'汹涌的歧见'。法官在处理任何案件时,都只能进行三段式的逻辑推理,大前提是一般法律,小前提是行为是否符合法律,结论是自由或者刑罚。"[①]但是,这种偏向绝对的罪刑法定恐怕并不合理。一方面,虽然刑法大都是用日常语言表述的,但用语在法条里所具有的法学意义,可能与通常的理解有所不同。[②] 正如卡尔·拉伦茨所言:"法律文字是以日常语言或借助日常语言而发展出来的术语写成的,但这些用语除了数字、姓名及特定技术性用语外都具有意义的选择空间,因此有多种不同的说明可能。"[③]换言之,依照用语通常的理解适用法条也可能会误解法律,侵犯人权。另一方面,与其他成文法一样,刑法也是正义的文字表述。刑法不仅要面对国家保护犯罪人,也要面对犯罪人保护国家,[④]刑法的适用要始终在法益保护和自由保障之间寻得平

---

① [意]贝卡里亚:《论犯罪与刑罚》,黄风译,中国大百科全书出版社1993年版,第13页。
② 参见[德]汉斯·海因里希·耶赛克、[德]托马斯·魏根特:《德国刑法教科书(总论)》,徐久生译,中国法制出版社2001年版,第190页。
③ [德]卡尔·拉伦茨:《法学方法论》,陈爱娥译,商务印书馆2003年版,第85页。
④ 参见[德]拉德布鲁赫:《法学导论》,米健、朱林译,中国大百科全书出版社1997年版,第96页。

衡与协调。① 如果既定的法律的字面含义不能实现法益保护的需要,那么则必须借助法律用语可能具有的含义以实现正义,这也是刑法法益保护机能的需要。正如有学者所言:"保障人权和保护社会是刑法所不可偏废的两项机能。那种将刑法立法条文机械、僵化地理解为一般语言学上的纯粹字句的主张,是完全脱离人类法律实践的理想主义、教条主义,因为刑法解释绝对不是纯粹的查字(词)典活动。完全局限于字面解释势必窒息刑法的生命力,无法适应复杂的刑事司法实践,会极大地损害刑法的社会保护机能。"②概言之,无疑相对的罪刑法定原则更符合司法需要,最高人民法院的这一立场是合理的。

其次,存疑有利于被告原则适用于刑法解释,但只有在立法意图存疑时方可适用。存疑有利于被告原则是否适用于刑法解释? 应当说肯定说更为合理。一方面,从刑事诉讼法的规定看,刑事诉讼法规定了无罪推定原则,刑法自然也应确立存疑有利于被告原则。因为,尽管刑事诉讼法与刑法一个是程序法,一个是实体法,前者解决的是犯罪事实的认定,后者解决的是刑法的适用问题,两者有所区别。但是,问题不同,立场却应相同。正如有学者所言:"两者的价值追求与基本理念应该是完全一致的。……而事实的认定也好,刑法的适用也罢,最终都是服务于同样的目的,即保护法益与保障人权。……相应地,解决案件事实存在疑问的规则,也应该同样适用于解决刑法适用时存在的疑问。"③另一方面,从罪刑法定主义背后的尊重人权思想来看,存疑有利于被告原则也应当适用于刑法解释。具体而言,虽然罪刑法定具体表现为"一个人的行为要构成犯罪,以及可以处以如何的刑罚,都必须有法律的规定"④,不过,决定罪刑法定形成的思想基础却是民主主义与尊重人权主义。前者要求国家的重大事务应由人民自己决定,各种法律应由人民自己制定;后者则要求人权必须得到尊重与保障。⑤ 毫无疑问,在刑法适用存在疑问时,为尊重与保障人权,有利于被告自然是当然的选择。而关于何为存疑,我们也以为,那种不管立法意图,认为只要存在多种文义解释便为存疑的理解确实难言妥当。尽管语言的含义不能说是必然模糊、多义的,但是用语存在模糊性与多义性的情况并不少见。又或者说,模糊性与多义性是语言本就难以避免的天性。正如有学者所说:"真正明确的,不需要解释、也根本不能解释的只是数字概念(18 岁)。"⑥而如果不问立法意图,只要文义存在多种解释时就认定为存疑,有利于被告,这必然会导致刑法的法益保护机能严重受损。试想,一个"无法无天"的社会一定不是人类想要的,但是一个"不安全"的社会又岂是人类的苦苦追求? 换言之,刑法解释应当适用存疑有利于被告原则,但只有在立法意图难以明确,即存疑时方可适用。最高人民法院的这一

---

① 参见张明楷:《"存疑时有利于被告"原则的适用界限》,载《吉林大学社会科学学报》2002 年第 1 期。
② 陈志军:《论刑法扩张解释的根据与限度》,载《政治与法律》2005 年第 6 期。
③ 邱兴隆:《有利被告论探究——以实体刑法为视角》,载《中国法学》2004 年第 6 期。
④ 黄荣坚:《基础刑法学》,中国人民大学出版社 2009 年版,第 126 页。
⑤ 参见张明楷:《罪刑法定与刑法解释》,北京大学出版社 2009 年版,前言第 3 页。
⑥ H. Welzel, Das deutsche Strafrecht. Eine systematische Darstellung, 11. Aufl., Walter de Gruyter & Co., 1969, S. 23. 转引自张明楷:《刑法学(第五版)》,法律出版社 2016 年版,第 53 页。

立场是妥当的。

最后，在各种解释方法中，目的解释应当具有更高的位阶性。在文义解释出现争议时，诸如体系解释、历史解释、比较解释、目的解释与合宪性解释等几种论理解释方法究竟应当如何运用，是否它们之间存在一个位阶关系确实是一个一直困扰理论与实务的问题。对此，最高人民法院认为目的解释具有决定性。这一观点，我们是基本赞成的。① 原因在于，一方面，解释生来就是对目的的表述。比如，公园门前树立了"禁止车辆进入公园"的标志。不过，这里禁止的车辆具体包括什么？救护车是否禁止？自行车是否禁止？玩具车又是否禁止？……可能不同的人会有不同的理解。而一旦有人试图解释这里的车辆具体包括什么时，事实上他就是在表述"禁止车辆进入公园"这一规范的目的。例如，如果甲说，救护车肯定不在禁止之列，那么他就在表述"禁止车辆进入公园"并不禁止对他人人身进行救助这一规范目的；而如果乙说，玩具车肯定不在禁止之列，那么他就在表述"禁止车辆进入公园"只是为了防止车辆对公园内的人可能造成人身安全威胁这一规范目的；而如果丙说，自行车肯定不在禁止之列，那么他就在表述"禁止车辆进入公园"只是为了防止机动车辆这类对人身安全威胁较大车辆对公园内的行人可能造成威胁这一规范目的。另一方面，目的是全部法律的创造者，刑法是国家为了达到特定目的而制定的，刑法的每个条文尤其是规定具体犯罪与法定刑的分则性条文的产生都源于一个具体目的，自然刑法解释的最高使命便是探究刑法目的。② 换言之，目的解释也就具有了决定性。正如有学者所言，法是为了人而存在，法的任务是为人的目的服务，"法律是根据人们欲实现某些可欲的结果的意志而有意识地制定的"③。因此，"进行刑法解释时，结局必须考虑刑法是为了实现何种目的，必须由目的论解释来最终决定"④。"只有目的论的解释方法可以直接追求所有解释之本来目的，从根本上讲，其他的解释方法只不过是人们接近法律意义的特殊途径。"⑤德国著名法学家考夫曼教授也曾指出："在法学方法中，主要的不是形式逻辑的方法，而是一种'目的论的'方法。"⑥概言之，原则上，在文义解释出现争议时，目的解释具有决定性，最高人民法院的这一立场是毋庸置疑的。

2. 裁判所失

在刑法解释方法的运用中，不可否认，目的解释对于文本理解之争具有最为重要的厘清价值。但是，我们也应当看到，目的解释本身也有其不可避免的缺陷，即"主观性"。

① 之所以说基本赞成，是因为尽管目的解释具有决定性，但是为确保立法目的界定妥当，仍然应当考虑体系解释、历史解释、比较解释等方法。这一点将在裁判所失部分作具体阐释。
② 参见张明楷：《刑法分则的解释原理（第2版）》，中国人民大学出版社2011年版，第83页。
③ ［美］E. 博登海默：《法理学：法律哲学与法律方法》，邓正来译，中国政法大学出版社2004年修订版，第119页。
④ 张明楷：《刑法的基本立场》，中国法制出版社2002年版，第129页。
⑤ ［德］汉斯·海因里希·耶赛克、［德］托马斯·魏根特：《德国刑法教科书（总论）》，徐久生译，中国法制出版社2001年版，第193页。
⑥ ［德］阿图尔·考夫曼：《类推与"事物本质"——兼论类型理论》，吴从周译，台北学林文化事业有限公司1999年版，第39页。

考夫曼教授就曾指出:"'从哪里获得目的的评价'是耶林的目的法学的唯一致命的弱点。"[①]虽然,考夫曼教授的这一评价有些言过其实——大体而言,刑法各个条文的目的是可以通过文本本身以及生活环境客观获得的。但确实值得警醒的是,为避免目的解释可能的恣意性或者说主观性,有必要充分发挥体系解释、历史解释、比较解释等对目的解释的补强功能。

在"马乐案"的裁判中,其实,就最高人民法院通过目的解释获得的结论,有学者对此表示了反对。学者指出:从社会危害性轻重角度分析,利用未公开信息交易罪与内幕交易、泄漏内幕信息罪危害程度并不相当。其一,尽管《刑法修正案(七)》增设利用未公开信息交易罪,并且将其与原有的内幕交易、泄漏内幕信息罪配置在同一个条文中,但这并不表示两者危害程度一致。其二,两罪的本质差别在于两罪所对应的信息内容上,内幕信息主要是围绕上市公司本身的信息,如公司的重组计划、公司高管人员的变动、公司的重大合同、公司的盈利情况等对该公司证券、期货的市场价格有重大影响、按照有关规定应及时向社会公开但尚未公开的信息。而其他未公开信息则主要是所在资产管理机构准备将客户资金投资购买哪只证券、期货的投资交易信息,一般属于单位内部的商业经营秘密,法律并未要求此类信息应当公开,不属于内幕信息的范围。相比而言,前者对于证券、期货市场价格的影响非常直接且巨大,其他未公开信息的价格影响性相对较为间接且不如内幕信息显著。[②] 姑且不论学者的这一目的解释是否合理,[③]但这至少说明仅通过目的解释获得的结论确实可能存在"主观性"的问题。对此,应当通过体系解释、历史解释、比较解释等方法补强目的解释。

事实上,从体系解释、历史解释、比较解释的方法上可以进一步得出,"马乐案"裁判的结论是更为合理的。

其一,从体系解释出发,将刑法第一百八十条第四款中的"情节严重"认定为入罪条款包含"情节特别严重"有迹可循。如前所述,同一性规则固然是体系解释的一个结果,但是保持解释结论的协调同样也是体系解释的内在逻辑。而从刑法其他类似条文看,将"情节严重"解释为包含"情节特别严重"能够得以印证。首先,我国刑法中与刑法第一百八十条第四款规定相同的,还有刑法第二百八十五条第三款提供侵入、非法控制计算机信息系统的程序、工具罪。而对于该罪中"情节严重的,依照前款的规定处罚"的理解,不仅最高人民法院通过的司法解释确立了其包含前款中"情节特别严重"的情形,并且理论界对此也无异议。其次,类似于刑法第一百八十条第四款援引法定刑规定的,我国刑法中有第一百六十八条第二款"国有事业单位的工作人员有前款行为的,致使国家利益遭受重大损失的,依照前款的规定处罚"之规定。而对于这里能否适用前款中"致

---

① ［德］阿图尔·考夫曼、［德］温弗里德·哈斯默尔主编:《当代法哲学和法律理论导论》,郑永流译,法律出版社2002年版,第166-167页。
② 参见刘宪权:《论利用未公开信息交易罪法定刑的设置及适用》,载《现代法学》2016年第5期。
③ 本文以为这一论证恐怕难言合理。尽管其他未公开信息与内幕信息确实有所区别,但正如周光权教授所言:"其通过信息的未公开性和价格影响性获利的本质相同,均严重破坏金融管理秩序,损害公众投资利益。"周光权:《马乐案中的法律适用与判决评述》,载《中国法律评论》2016年第2期。

使国家利益遭受特别重大损失的"规定,最高人民法院与最高人民检察院关于罪名的统一设置给出了答案,即刑法第一百六十八条罪名为"国有公司、企业、事业单位人员失职罪""国有公司、企业、事业单位人员滥用职权罪"。概言之,从更为广义的体系解释来看,将刑法第一百八十条第四款规定的援引法定刑理解为援引前款的全部法定刑规定是妥当的。

其二,从历史解释出发,历史参考资料表明了刑法第一百八十条第四款援引法定刑指的是援引前款全部的法定刑。刑法第一百八十条第四款利用未公开信息交易罪是2009年2月28日由全国人民代表大会常务委员会颁布的《中华人民共和国刑法修正案(七)》新增加的。尽管在这一立法的草案、审议等过程中,并未涉及对"情节严重的,依照第一款的规定处罚"的说明。但是,从"新华网""中国人大网"等官方网站当时的相关报道可以得知,立法所指的"情节严重的,依照第一款的规定处罚"是包括第一款中"情节特别严重"之情形的。2008年8月25日在提请全国人大常委会首次审议《刑法修正案(七)》草案时,新华网就第一时间发布了快讯:《刑法修正案(七)》草案增加条款,严惩证券、期货交易中的老鼠仓行为,最高可处五年以上十年以下有期徒刑、并处违法所得一倍以上五倍以下罚金。该快讯随后刊登于"中国人大网"。当天"新华网"在详细阐释《刑法修正案(七)》草案时,再次重申了该犯罪最高可处十年有期徒刑,第二天中国人大网同样进行了转载。在《刑法修正案(七)》草案三审表决通过后,"新华网"再次发布消息:《刑法修正案(七)》明确规定,我国严惩金融行业人员老鼠仓行为,最高可处十年有期徒刑。对此,该消息次日在"中国人大网"又被转载。[①] 由此可见,利用未公开信息交易罪中的"情节严重的,依照第一款的规定处罚"自始就是指代依照第一款的全部规定处罚。

其三,从比较解释出发,域外不区分利用内幕信息与其他未公开信息交易的刑事立法事实也佐证了利用未公开信息交易罪中的"情节严重的,依照第一款的规定处罚"包括第一款中的"情节特别严重"之情形。据有关学者研究表明,在美国、英国、德国等资本市场发达的国家,立法上就通常不区分内幕信息和内幕信息之外的其他未公开信息,对利用这类信息交易的行为一般都作为内幕交易或证券欺诈犯罪予以统一规定。例如,美国通过的1993年《证券法》第17条、第24条、1934年《证券交易法》第10条(b)款、第32条(a)款、1988年《内幕交易与证券欺诈执行法》、美国证券交易委员会(SEC)根据1934年《证券交易法》授权制定的10b-5规则和14e-3规则等规定,将证券市场上不实陈述、欺诈或欺骗、利用实质性未公开的收购信息买卖公司股份等行为,都界定为内幕交易或者证券欺诈行为,最高可处对个人不超过500万美元(对单位不超过2000万美元)、不超过20年监禁的刑事处罚。[②] 又如,在德国,德国1994年制定了《证券交易法》,根据该法第30条、38条,德国将老鼠仓行为与其他内幕交易行为都作为内幕

---

① 参见李耀杰:《利用未公开信息信息交易罪的"情节特别严重"之辩——兼评马乐基金老鼠仓案》,载《法律适用》2015年第3期。

② 参见孙谦:《援引法定刑的刑法解释——以马乐利用未公开信息交易案为例》,载《法学研究》2016年第1期。

交易罪,老鼠仓所利用的证券交易信息,也属于内幕信息的一种。① 可见,将利用未公开信息交易罪中的"情节严重的,依照第一款的规定处罚"解释包括第一款中的"情节特别严重"之情形也是符合域外立法共识的。

概言之,如果最高人民法院能够更为充分的运用其他解释方法,应当说,"马乐案"裁判的结果会更加完美。就此而言,最高人民法院在"马乐案"中展现出的刑法解释方法的运用是有所遗憾的。

结　语

"马乐案"作为第一个由三级检察机关接力抗诉的经济犯罪案件、第一个由最高人民检察院向最高人民法院仅就刑法法条适用问题提起抗诉的案件、第一个由最高人民法院开庭审理且最高人民检察院派员出庭履行职务的刑事抗诉案件,其无疑创造了我国刑事司法史上的几个之最。应当说,盛名之下,该指导案例的背后也确实蕴含着丰富的理论智识。裁判所彰显的关于罪刑法定原则、存疑有利于被告原则以及刑法解释方法的立场、方法、运用等无疑对于我们认识、研究刑法理论具有重大推动意义。以"马乐案"的学理展开为契机,深入、系统的对指导性案例进行学理研究,这或许是实现司法实践与法律理论良性循环的一条重要途径,也是实现案例法治的必经之路。

---

① 参见李耀杰:《利用未公开信息信息交易罪的"情节特别严重"之辩——兼评马乐基金老鼠仓案》,载《法律适用》2015 年第 3 期。

不法给付的区别保护：
从"法际衔接"到被害人教义学

霍介涛　鲍尤作　马光远*

摘　要：目前,学界与业界对不法给付的刑法规制存在理论与实践障碍。现有的教义学路径是以"法际衔接"的立场为基础,从不同视角出发,对"财物"概念进行解读。"法际衔接"视角下的法秩序统一说与我国立法文本、司法实践及高罪量模式不相符合;与我国立法及实践更加契合的违法相对论不能直接回答不法给付是否属于刑法上的财物;二者的折中形态则因为强调立场缓和而难以给出明确的教义方案。从根本上反省"法际衔接"的路径,其最终生产出的学说是用以判断物品究竟是否属于刑法上的"财物",例如由此立场而衍生出的关于财物的学说——法律财产说、经济财产说及法律·经济财产说,均是在"物的视角"下对"财物"的概念进行界定。但我国的刑法条文及司法解释实际上拒绝这一分类模式。这是因为"物的视角"并不能提供永远符合法感情的教义体系,故最终仍需转换视角,从被害人教义学对"行为人—被害人"的关系视角出发,以被害人的值得保护性为根据,对不法给付作出基本的类型划分——值得保护性下降与否,继而判断其是否值得刑法保护。

关键词：不法给付;"法际衔接";法秩序统一;违法相对论;被害人教义学

【案例一】甲以嫖娼为目的于扬州市 A 区 418 会所进行消费。诸多证据表明,418 会所并无"特殊服务",但其工作人员王某明知甲有嫖娼目的,还故意向其暗示会所能够提供"特殊服务",从而诱导其消费,致甲财产损失。后扬州市 A 区检察机关以诈骗罪对王某提起公诉。

此案在刑法理论上被置于"不法给付"或曰"不法原因给付"的课题下进行研讨。不法给付是基于违反强制性法律法规或公序良俗的原因而为的给付。刑法对此类财物是否给予保护构成理论疑难,行为人侵占不法给付物是否构成财产犯罪存在争议。其理论基础包括法秩序统一与违法相对论之辩,也具体体现于对我国刑法中"财物"的各种解释或学说。此外,司法解释对该问题并未采取体系性的、一致性的裁判逻辑,更是导

---

* 霍介涛,江苏省连云港市东海县人民检察院党组书记、检察长;鲍尤作,江苏省连云港市东海县人民检察院党组成员;马光远,海南大学法学院博士研究生。

致司法实践难以对不法给付给予统一的裁判视角。有鉴于此,本文试图更换理论视野,以违法相对论和被害人教义学为视角,推翻"一刀切"的教义建构,并对不法给付财物进行类型化,继而分别论证其值得保护性与否。

一、刑法规制不法给付的解释路径

对刑法是否保护不法给付,理论界给出了不同的解释路径,其基础理论既有违法相对论与法秩序统一的立场之辩,也涉及有关"财物"的不同学说。

(一)"法际衔接"视域

由于不法给付的概念界定需要以前置法为根据,刑法是否保护不法的判断在很大程度上取决于刑法与前置法的规范指引或概念使用是否一致,而这在理论上可归入刑法与前置法的"法际衔接",尤其体现于违法相对论与法秩序统一的立场与方法论之辩。就当下的理论实际来看,两个立场的对立已经并不绝对,因为大多数学者均不同程度地采用折中学说。因此,要获得有价值的进展,应先厘清该问题域下的诸多概念后的立场及方法论的运用,包括:"法秩序统一""违法一元论""违法判断统一性""缓和的违法一元论""违法相对论""违法多元论""违法判断相对性""缓和违法相对论";附带的方法论概念包括"违法从属性""违法相对性""相对从属说""绝对从属说""可罚的违法性"等等。

上述概念中,或因翻译导致用语不同,或因理论产地(德国与日本)导致用语不同,但在我国刑法学语境下,考据概念的细微流变反而是平添烦恼,并无必要。正如结构主义反对考据,而只在当下体系中进行意义分析。本文也主张,一些学术词汇已经在本土语境下形成固定含义,则不必再作概念解构与重构。问题的关键是找出概念使用的基本共识,以确立对话的基础。暂且抛开折中派的主张,本文将基本的立场和方法论对立简明概括如下:(1)违法一元论认同法秩序统一理念,其主张违法判断需要顾及全体法秩序,因为所有法秩序都共同地源自宪法;(2)违法相对论则主张,因部门法各有其任务,前置法上的违法并不必然意味着刑法上的违法,反之亦然。另一组衍生而来的对立:(1)依据违法一元论,可推导出"违法从属性说",其认为前置法与刑法的概念使用应当具有一致性;(2)依据违法相对论,可推导出"违法相对性说",其认为前置法与刑法的概念使用不必一致。

在不法给付问题上,前述立场对立会导致判断结论的差别。如果采违法一元论的立场,那么刑法与前置法对同一行为的规范指引应当具有一致性。例如,在案例一中,根据民法通说,不法给付足以排除给付人(甲)的返还请求权,包括物权返还请求权和占有返还请求权。这是因为,当民法已然对该给付行为作出"不予保护"的判断,否定了甲具有返还请求权,刑法作为保障法,在法秩序统一的立场上,理应与前置法的判断保持一致。而如果采用违法相对论的立场,那么刑法与前置法对同一行为的判断实际上可采用不同立场。此时即便民法在规范指引上禁止行为人享有返还请求权，刑法也可以基于其自主的部门法功能，认定王某的行为属于刑法上的财产犯罪。此争议只涉及法秩序统一与违法相对论立场及方法的第一层对立，与概念使用的一致性无直接关联。

（二）"财物"的教义分歧

在"法际衔接"的立场下，刑法上关于"财物"的各类教义同样影响对该问题的解释。"财物"的内涵决定了案例一中甲的行为究竟该如何评价。

其一，"经济财产说"以物品的经济价值为根据界定"财物"的范围。其认为，刑法中的"财物"应该和"财产"作同一理解，原则上应为有经济价值的物，而如果对财物作更宽的理解，其甚至可以包括"主观情感价值的物"。[①] 根据这一立场，财物的判断并不涉及法律是否对之进行保护，而是根据市场上是否认可该物品具有等价物的地位，例如，《最高人民法院关于审理抢劫、抢夺刑事案件适用法律若干问题的意见》（法发〔2005〕8 号）第七条系关于抢劫特定财物行为的定性的规定。根据该条规定，以毒品、假币、淫秽物品等违禁品为对象，实施抢劫的，以抢劫罪定罪；抢劫的违禁品数量作为量刑情节予以考虑。抢劫违禁品后又以违禁品实施其他犯罪的，应以抢劫罪与具体实施的其他犯罪实行数罪并罚。通常认为，抢劫罪位于刑法第五章侵犯财产罪，其侵害的法益既包括人身法益，也包括财产法益，[②]但其主要法益或主要客体被认为是财产权。这一司法解释认可违禁品的财物性质，否则难以解释客观上不存在财物的抢劫罪如何成立。实际上，以不法给付不具有返还请求权而主张不法给付不成为财产犯罪的对象并不是严密的推理，因为该民法通说只能说明给付者个人的民事权利受损，却不能论证抢回财物的行为是否犯罪。这一论证实际上是假定，原给付者必须成为该财产犯罪的受害者，且不存在没有受害者的财产犯罪。

其二，法律财产说认为一切财产犯罪都是侵害财产上的权利。其同时认为，刑法上的财产犯罪是为保护民事上的权利。[③] 法律财产说不认为犯罪成立要以经济上的实际损害为前提，而是将法律权利的受损作为判断财产犯罪的前提。我国同样存在刑法条文及司法解释似乎与法律财产说的教义逻辑暗合。例如，《中华人民共和国刑法》第二百三十八条非法拘禁罪的第三款规定，为索取债务非法扣押、拘禁他人的，依照前两款的规定处罚。换言之，当行为人以自身债权为目标，以非法拘禁为手段，向其本人进行直接讨要或以"绑架"的方式向其家人讨要，均只构成非法拘禁罪。虽然行为在形式上符合抢劫罪或敲诈勒索罪的构成要件，但因其具有债权基础，故而有出罪的效果。这一条文逻辑是，行为人所"抢劫"或"绑架"而获得的财物是其本人具有权利基础的财产，所以在法律财产说的逻辑下，行为人不成立财产犯罪。又如，《最高人民法院关于审理抢劫、抢夺刑事案件适用法律若干问题的意见》第七条规定，抢劫赌资、犯罪所得的赃款赃

---

① 参见付立庆：《再论刑法中的财产概念：梳理与回应》，载《政治与法律》2021年第8期。
② 参见张明楷：《刑法学（第六版）》，法律出版社2021年版，第1269页。
③ 参见张明楷：《刑法学（第六版）》，法律出版社2021年版，第1220页。

物的,以抢劫罪定罪,但行为人仅以其所输赌资或所赢赌债为抢劫对象,一般不以抢劫罪定罪处罚。构成其他犯罪的,依照刑法的相关规定处罚。由于抢劫罪的主要客体系财产权,该司法解释的内在逻辑是,"被害人"的财物是从行为人处非法得来,虽有经济价值,却无法律权利,受法律保护的程度有限。

前述由"财物"引申出的教义实际上是以违法相对论或法秩序统一为理论基础。因此,与学术界倾向于折中法秩序统一及违法相对论的立场相同,财物的教义同样倾向于采取折中方案:从两种学说的内涵来看,二者均存在一定缺陷,故有脱胎于经济财产说与法律财产说的折中学说——法律·经济财产说。但二者与我国的立法、司法解释对不法给付的态度均有不甚吻合之处,难以绝对化地选取单一立场。因此,对不法给付问题的评析应穿透教义本身,而直接关注"法际衔接"的基本立场。

二、"法际衔接"的路径批判

"法际衔接"的折中学说难以为不法给付问题提供有效指引;本土立法模式所导向的违法相对论也无法提供体系性的答案。

(一)"法际衔接"的折中无法提供确切的判断标准

现有教义对"不法给付"裁判逻辑的论证存在以下几处漏洞。

其一,"不法给付"的内涵被人为地等同于民法概念。例如,有学者将民法典第一百五十三条视为不法给付的条文依据。[①] 但这一思路不仅限制了"不法"的类型,也有借民事法上的通说减少论证负担的嫌疑。日本民法第七百零八条规定:"因不法原因而给付的行为人,不得请求返还。但是,不法原因仅存在于受领人一方的时候,不在此限。"[②]从法政策的角度来看,在私法上认可不法给付之物的财产权归属于任何一方,都会导致法律变相承认不法交易的财产变动。或者说,对双方财产权能的否定意味着私法以"惩罚性"后果阻吓潜在的不法交易,是基于利益衡量的立法安排。我国民法学界的通说同样认可私法的惩罚性后果。但是,如果"不法"之范围还包括行政法等强行法,那么仅仅从财产权能安排的角度解释不法给付就会欠缺说服力。

其二,法秩序统一、违法相对论的理念性声明无法为该问题贡献有效方案。虽然民法上的不法给付会导致给付之人与受领之人均丧失对财物的正当权限,但并不能直接推导出刑法对行为人的不法占有不予保护。刑法与民法的社会功能存在较大差别:刑法除了要实现报应正义与预防正义,还是对犯罪的反应;民法在财产关系上则需要确认私主体的权能。以不法给付来说,民法需要评判的是不法给付物最终的财产归属;刑法

[①]　参见贾济东、胡扬:《民法上的不法原因给付物,能否作为刑法上的财产进行保护》,载《人民法院报》2021 年 8 月 5 日。

[②]　参见陈少青:《侵占不法原因给付物的法律规制——以刑民评价冲突的消解为切入点》,载《法律科学(西北政法大学学报)》2021 年第 3 期。

则需要评估其对行为的评价最终是否有利于实现报应及预防。因此，部门法功能上的不同很可能导致其在不同层面上对同一财物的状况作出不同评价。同样地，完全采取违法相对论也容易造成法秩序之间的不协调。缓和的违法一元论或缓和的违法相对论都是笼统的立场表达，无法提供方法论指导。

（二）罪量要素导向违法相对论立场

在德国，法秩序的统一性是被要求认可的，并且以承认违法判断统一性为法学理论的前提；日本一方面既承认法秩序的统一性要求，另一方面又以违法判断具有相对性为有力主张。① 德日在"法际衔接"上的立场反映了纯粹法秩序统一与违法相对论的局限性。本文认为，德日两国尤其是日本对该立场的纠结本质上是因为各国对"罪量要素"的处理方案不同。

无论哪一法域，其共性是刑法要处理的是严重的违法行为。虽然与中国相比，德、日两国有大量的轻微犯罪立法，但即便是实体上将"偷一张纸"视为犯罪，其司法体制也会在程序上以"漏斗型"②的程序法机制对一般违法行为进行逐步筛选，最终剔除不值得刑罚处罚的违法行为。以法秩序统一为例，德国理论与实务界更倾向于认可法秩序统一，且并不热衷于对其进行缓和或折中，这是因为德国理论界并不在实体上解决违法和犯罪的界限。其罪量门槛问题完全交由程序法处理。通过赋予公诉机关的裁量权，德国检察机关能够剔除大量普通违法行为。而日本则选择开发出"可罚的违法性"理论，要求构成要件具有相当的"质量"。因此，在实体上，日本刑法理论更在意普通违法与犯罪的罪量界限，也就更热衷于缓和法秩序统一，而违法相对论也就顺理成章地成为有力主张。

与德国、日本相比，在罪量问题上，中国刑法无论是立法文本还是司法实践都具有自身的特殊性。在立法文本上，我国刑法第十三条在文本上规定有但书条款。据此，我国刑法上的"犯罪"必须是具有严重社会危害性的违法行为。我国与德国、日本在罪量门槛上的差别可以从多方面的制度安排上予以说明：第一，我国自由刑的起刑点极高，是1个月起步，而德国、日本等国家或地区则以1日为自由刑的起点；第二，《中华人民共和国治安管理处罚法》规定了行政法下最高7日的拘留，是刑法之外的"自由刑"；第三，我国的刑事诉讼法采取起诉法定主义，而非德国、日本的起诉便宜主义，即只要行为达到罪量门槛，检察机关并无剔除违法行为的自由裁量权。此外，在司法实践中，我国的最高司法机关通常会以司法解释或部门规定的方式，统一刑事审判中的罪量门槛，从而起到限制司法机关裁量权，以最大限度实现同案同判。由此可见，即便仅考虑罪量，我国刑事法的实体与程序框架都导向刑事评价与民事评价的相对性。

① 参见[日]京藤哲久：《法秩序的统一性与违法判断的相对性》，王释锋译，甄贞校，载《苏州大学学报（法学版）》2020年第1期。
② 参见王华伟：《轻微犯分流出罪的比较考察与制度选择》，载《环球法律评论》2019年第1期。

（三）违法相对论立场下的不法给付问题

除了罪量上的法域差别，我国刑法与前置法在诸多具体制度上都无法保持一致性的判断。例如，按照彻底的法秩序统一立场，违反前者法的行为必然同时违反刑法。但《中华人民共和国民法典》在相当条款上沿袭了《中华人民共和国侵权责任法》对严格责任的规定。如果强调法秩序相统一，就难以解释，为何在行为人无刑法意义上的罪过的情况下违反前置法。因此，至少可以确定，法秩序相统一不可能要求刑事判断从属于前置法判断。又如，在《中华人民共和国刑法修正案（八）》之后，网络犯罪、数据犯罪等刑事立法远远走在了前置法之前，即刑法罪名中的罪状规定难以从前置法中汲取可靠的标准，而只能自主确定。再如，法定犯中，如果认为刑法的判断必须与前置法保持一致，那么在诸多案例中均会得出违背法感情的结论，因为前置法对小前提的界定往往是基于特定的管理目的，而这会导致刑法以前置法概念为依据构建大小前提时，违背刑事惩罚的目的。[①]

违法相对论的内涵是，出于各自的规范目的，各部门法对行为的判断自有其独立标准。虽然我国学者多倾向于在出罪意义上发挥前置法的作用，即认为行为在前置法上合法则必然不会违反刑法。[②] 但该论断在特定情形下同样违背法感情。例如，甲单位因体制原因买车受限，只能将新买的车登记于司机名下，并长期雇佣该司机开车。后司机开车逃跑，将该汽车据为己有。如果单位提起民事诉讼反而会败诉，但却不妨碍刑法突破民法的判断，进而产生民法上合法、刑法上违法的情形。[③] 又如，甲委托保姆乙照看3岁孩子丙，并签订委托合同，但该合同有效力瑕疵。后丙于玩耍时衣服挂在高处，有坠落的危险。此时乙有义务排除危险源，但若乙自认合同无效，而不予救助，可谓在民法上合法，同时在刑法上违法。

具体至不法给付问题，如果认可违法相对论的基础性作用，那么财物是否属于前置法上的不法给付并不会实质性影响刑法罪与非罪的判断。此时，"不法给付"的修饰词对刑法的判断来说是无意义的。不过，这同样不能推导出不法给付值得刑法保护的命题，因为"前置法不保护返还请求权"的判断对刑法来说无实质意义，不等于说刑法必须承认该物品属于财物。就此而言，无论是德国、日本更青睐的法秩序统一亦或两种立场的各种折中形态，对刑法是否保护不法给付的疑问均无说服力，试图以"法际衔接"解决该问题的路径选择本就是错误的。

三、被害人教义学的解释力

法条与司法解释在不法给付问题上并未提供统一教义，也意味着行为人视角下建

---

① 例如，"赵春华案"中，公安部《枪支管理规定》对"枪支"的界定只具有行政管理意义，却无法解释为刑法意义上的"枪支"，否则会造成刑事惩罚的泛滥。
② 参见周光权：《法秩序统一性原理的实践展开》，载《法治社会》2021年第4期。
③ 参见刘建宏：《刑法学讲演录（第二卷）》，法律出版社2010年版，第6页。

立囊括刑法第二百三十八条及相关司法解释的理论努力是不成功的。

(一)"物的视角"解释力有限

刑法第二百三十八条第三款及《关于审理抢劫刑事案件适用法律若干问题的指导意见》《最高人民法院关于审理抢劫刑事案件适用法律若干问题的指导意见》所体现出的并不是将行为归入不法给付"应当"或"不应当"构成财产犯罪之对象的回答，而是在不同情境下采取更灵活的应对。"法际衔接"视域下的各种学说都属于"物"的视角，即根据民法是否承认物品的财物属性、刑法是否承认民法的判断，建构"财物"概念的作用范围。但此种分析视角却未必会生产出永远符合法感情的教义体系，因为其归类过于简单，只有属于或不属于财物的选项。换言之，在物的视角下，若采取折中立场，则无法提供明确的教义；若采取违法一元论(法律财产说)或违法相对论(经济财产说)，则容易将问题简单化，有"按下葫芦起了瓢"的副作用。例如，电影《落叶归根》中，一段情节反映了两种立场在处理个案时的不妥当：劫匪甲抢劫一公交车的乘客，后感动于乘客乙为人仗义，就当着所有受害者的面，把劫得的赃款送给乙。结果甲一走，乘客们又从乙处把财物抢(取)回来。无论按照哪种立场解读该情境均不合理：其一，如果认为乙对赃款的占有受到法律保护，那么作为"曾经的受害者"，乘客们的权益难以得到维护；其二，如果认为不法给付不受法律保护，虽然乘客们的利益得到了保障，却也在政策上鼓励了"黑吃黑"，所有人均可以抢劫毒品、枪支、盗赃物。由此看来，"物的视角"下，就不法给付而言，刑法教义系统总要提供两瓶毒药，而司法机关不得不喝下一瓶。因此，必须转变问题视角才能够得出更贴合法感情的教义体系。

(二)被害人教义学的关系视角

被害人教义学被视为"行为人—被害人"的关系视角。被害人教义学由被害人学(Viktimologie)和教义学(Dogmatik)的融合产生，其解释力更多地作用于关系犯。[1] 传统的行为人教义学是以行为人为视角，对各类犯罪作出合理解释。被害人教义学初期仅被用以解释诈骗罪等少数几个财产犯罪的构成要件。虽也被德国学者如许乃曼视为具有整体意义的教义学潜力，但若将其整体化，从刑事政策的角度来看，被害人教义学导向的后果是不可欲的。如罗克辛所批评的，它将会取消对轻信人的刑法保护，变成"一种通过惩罚被害人来打击犯罪人的斗争"[2]。但是，至少在有限的"沟通型"财产犯罪中，被害人教义学注重"行为人—被害人"关系的思维方式能够提供潜在的、具有解释力的教义体系。

就不法给付而言，被害人教义学的思维模式具有如下优势：不法给付是否值得刑法保护要从特定情境下行为人与被害人的关系出发，被害人值得保护性是否下降取决于

---

[1]　参见车浩：《被害人教义学在德国：源流、发展与局限》，载《政治与法律》2017 年第 10 期。

[2]　Vgl Roxin, Strafrecht AT, 2006, §14, Rn. 21.

具体的行为人。以刑法第二百三十八条第三款及《关于审理抢劫刑事案件适用法律若干问题的指导意见》《最高人民法院关于审理抢劫刑事案件适用法律若干问题的指导意见》对不法给付态度为基础,可以发现,是否保护不法给付物品是否值得刑法保护。而其"值得保护性"的判断并非基于物,而是基于其与特定行为人。在刑法第二百三十八条第三款的情境下,如乙非法占有甲的钻戒,此时甲为索取钻戒而非法拘禁乙,并以强制手段取走其身上的财物,虽然行为在形式上符合抢劫罪的构成要件,但从甲(行为人)与乙("被害人")的关系来看,甲对乙具有权利基础,乙的"值得保护性"下降,故不宜将其行为评价为抢劫罪。但是,只有甲抢劫其钻戒不必承担抢劫罪的责任,因为在"行为人—被害人"的框架下,只有甲抢劫乙时,乙的值得保护性下降。而如果只分析"物"(钻戒)的属性则很容易得出任何人抢劫该钻戒均构成或不构成抢劫罪的结论。在另一情境下,行为人抢劫与己无关的违禁品,在"行为人—被害人"的分析框架下,被害人的"值得保护性"并未下降,因为行为人既无权利基础,也无索取该笔财物的合理根据,所以构成抢劫罪。当行为人抢劫自己输掉的赌资,此时"被害人"的值得保护性下降,因为其不当攫取了本属于行为人的财物。但是,此结论也并不意味着任何人均可以抢劫"被害人"赢的赌资。如此,则可以避免"物的视角"所带来的形式化结论。回到案例一,该笔财物是在非法交易的目的下支付给王某,属于不法给付。此时,不宜直接认定不法给付应当或不应当值得刑法保护,而应分析甲与王某在该次不法给付中的权利关系。在"行为人—被害人"的框架下,甲以嫖娼为目的支付"嫖资",而王某利用甲的不法目的获得该笔"嫖资"。此时,王某的行为在形式上符合诈骗罪的构成要件,但甲既未侵夺王某的财物,王某对甲也无其他权利基础,故不宜认为甲的值得保护性降低,而应认为王某构成诈骗罪。

结　语

不法给付的保护边界是刑法学界争议不断而难以清楚界定的。法律财产说、经济财产说及其折中学说都不能提供确切的、符合法感情的教义,这与其理论基础——违法一元论相对照违法二元论或各自的缓和、折中形态难以提供明确的教义共识有关。本文试图改变仅仅分析不法给付之财物本身的路径,而是在承认不法给付物品具有经济价值的基础上,以被害人教义学的有益思想为基础,从"行为人—被害人"的关系上分析不法给付是否值得刑法保护。在被害人值得保护时,刑法需照常惩罚行为人;而在"被害人"不值得保护时,刑法可以抽身而出。不过,本文的尝试尚不充分,尤其是在"值得保护性"的判断上,尚欠缺精雕细琢。

刑事犯罪证据架构难点及建议
——来自宿迁地区1000件案件的实证研究

刘兆东　康俯上 *

摘　要:刑事犯罪的证据架构历来属于法律界的难点,在研究架构体系时,大多亦从纯理论的方向出发,或者是结合个案进行探讨,而对于实践中大批量的案件疏于整理并提炼。本文尝试从案例实证这个角度展开,查找刑事犯罪指控体系中证据架构理论与实践结合时存在的问题,提出相应的分析和建议。

关键词:刑事犯罪;证据架构;实证研究;证据规则

一、刑事犯罪指控体系的基本证据架构与实践状况

(一)基本架构

刑事犯罪指控体系的基本证据架构理论是指遵从"以审判为中心"的理念,以刑诉法规定的八类证据①为基础,对证据进行系统地分析论证,并根据案件的具体庭审情境将各类证据进行排列组合,实现庭审举证环节中公诉机关举证计划的质效并举,从而推动刑事犯罪指控体系的构建与完善。其主要特征包括:

第一,针对性。这里是指在庭前制作出庭预案时,对提起公诉的证据进行分类整理,并依照指控的犯罪事实进行区分举证,确保证明的案件事实得到依托。

第二,有效性。这是指证据在指控体系中,要与待证事实紧密联系,能够确保指控内容的真实性、客观性,达到公诉人想达到的指控效果和质量。

第三,体系化。这是指在指控过程中,要对八类证据按照案件庭审进展进行分类系统式举证,不必拘泥于客观证据在前、主观证据在后,或者主观证据在前、客观证据在后的两种机械形式,而是按与案件事实的紧密程度、证据证明力大小来进行组合举证。在

---

* 　刘兆东,江苏省宿迁市人民检察院党组成员、副检察长;康俯上,江苏省宿迁市人民检察院第一检察部检察官助理。
① 　该证据是指检察机关案件承办人员审查后认为已达到证据的起诉标准,并依法起诉到法院的证据。

此,实体法限定了待检验的假设、待证明的主张,并限定了规制案件准备方式以及证据使用和可采性的正式规则。[①]

(二)宿迁地区的实践状况

笔者选取的1 000件案件均是宿迁地区近三年办案的案例,也是在员额检察官制度施行以后的案件,该1 000件案件办案质量总体良好,指控被采纳(作出有罪判决)比例达到100%。但也有部分指控事实被否定、部分罪名被改变、部分量刑建议被降格处理的情形,其中,主要因为指控的证据体系不牢固、证据种类较单薄、技术支撑不力等等。下面将这1 000件案件进行具体分析:

1. 八大证据种类齐全

1 000件公诉案件,共有7 837份证据,其中,勘验、检查、辨认、侦查实验等笔录1 533份;鉴定意见1 114份;物证608份;书证19 900份;证人证言18 980份;被害人陈述815份;犯罪嫌疑人、被告人供述和辩解8 919份;视听资料、电子数据547份,其中音(视)频证据296份,电子数据证据278份。(见表10)

表10　八大证据数量

检察院（所）	案件数（件）	勘验、检查、辨认、侦查实验等笔录（份）	鉴定意见（份）	物证（份）	书证（份）	证人证言（份）	被害人陈述（份）	犯罪嫌疑人、被告人供述和辩解（份）	视听资料、电子数据（份）	
									音(视)频	电子数据
市院	50	65	159	42	1 302	723	4	367	38	42
沭阳	200	337	204	134	3 945	4 411	171	1 973	52	66
泗阳	200	296	194	127	3 622	3 078	178	1 244	55	47
泗洪	200	258	212	123	3 897	3 546	162	1 869	49	41
宿豫	150	186	143	67	3 014	2 089	116	1 461	42	28
宿城	200	391	202	115	4 120	5 133	184	2 005	60	54
总数	1 000	1 533	1 114	608	19 900	18 980	815	8 919	296	278

2. 不同证据种类数量及质量的逐一分析

笔者将根据刑诉法第四十八条规定的八类证据,按照宿迁地区的情况进行分类分析。

(1)物证。

物证数量中,市院办理的一审案件多为重大刑事犯罪案件,如故意杀人、故意伤害、抢劫致人死亡、贩卖毒品案件等,该类案件中基本有物证在案。从证据的优先性来说,

---

① 参见［美］特伦斯·安德森、［美］戴维·舒姆、［英］威廉·特文宁:《证据分析》,张保生等译,中国人民大学出版社2012年版,第63页。

存在物证的证据可视为最佳证据，其实直接证据、原始证据、第一手证据，是指"在具体情形下不存在更好的证据时，它是证明争议事实的最有效的证据"①。而在五个县（区）院中，物证占各县案件总数量比分别为 67％、63.5％、61.5％、44.7％、57.5％。由于案件中不存在物证，或者物证已经灭失，如盗窃电动车案件中，电动车或电瓶大多已经被卖掉，所以不存在物证。（见图 16）

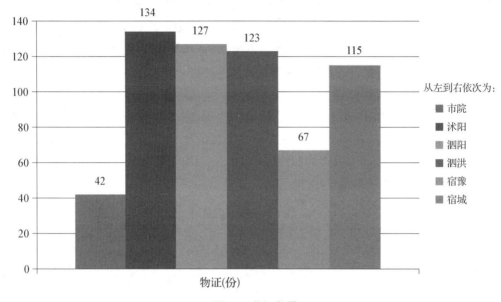

从左到右依次为：
■ 市院
■ 沭阳
■ 泗阳
■ 泗洪
□ 宿豫
■ 宿城

物证（份）

图 16　物证数量

（2）书证。

书证，系指一切具有可读性之思想内容的文件书面。② 在调查中我们发现，书证数量是八类证据中最多的，作为单个证据，其占证据总数的 37.9％（见图 17）。这是因为案件中存在大量需要以书证予以证明的事实，如发破案经过、银行流水账、扣押清单等。

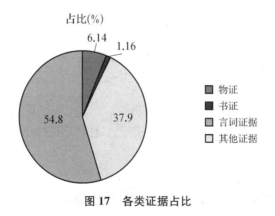

占比（%）

■ 物证
■ 书证
▨ 言词证据
□ 其他证据

图 17　各类证据占比

---

① 沈志先主编：《刑事证据规则研究（第 2 版）》，法律出版社 2014 年版，第 121 页。
② 参见林钰雄：《刑事诉讼法》，中国人民大学出版社 2005 年版，第 408－409 页。

（3）证人证言；被害人陈述；犯罪嫌疑人、被告人供述和辩解。

这三类证据合称为"言词证据"，其占证据总数的 54.8%（见图 17），也就是说，即使在"以审判为中心"的新司法制度改革模式下，言词证据在举证过程中使用到的份数是超过一半的。但在上述证据种类中，证人证言大多是在庭外作出的书面证言，而非证人到庭进行当庭作证。也就是说，这些作为传闻证据，从信息来源角度来说，与传来证据一样属于派生材料或者说是第二手材料。[①] 具而言之，这类证据的证明力与其他传闻证据一样，存在着内部证明力强弱的问题。

（4）鉴定意见。

常见的鉴定意见主要分为三类：一是对人的鉴定，包括对尸体、毒物、伤口、法庭科学 DNA、骨龄、指纹及精神类疾病的鉴定；二是对物的鉴定，包括对物品的价值、毒品克数和纯度等的鉴定；三是对文书的鉴定，包括对笔迹、印证、票据等的鉴定。上述鉴定在公诉机关起诉书中是必备项，且在出庭指控中常常予以使用。如上述数据所示，除泗阳、宿豫以外，其他院的鉴定意见份数均超过了案件数，其中市院的鉴定意见份数是案件数的 3.18 倍。

（5）勘验、检查、辨认、侦查实验等笔录。

勘验、检查、辨认、侦查实验等笔录主要包括对作案现场、被抛弃物证、被告人藏匿作案工具或藏身的现场进行的勘验，而检查主要包括人身检查、物品检查等，辨认主要包括对人、物的辨认。其中，勘验系透过人之感官知觉，而对犯罪相关之人、地、物等证据与犯罪情形之调查方法。[②] 而侦查实验在案件办理过程中运用得较少，在 1 533 份现场勘验、检查等笔录中，用到侦查实验的仅 1 份。

（6）视听资料、电子数据。

视听资料和电子数据是指上述数据中音（视）频和电子数据。采集的 1 000 件案件中，音（视）频和电子数据总共为 574 份，仅占总数的 1.09%。但随着微信、淘宝、支付宝及交友软件等新类型沟通交易方式的兴起，以及监控视频、侦查机关"天网行动"的实际运用，在实际案件中使用到该类证据呈明显增长的趋势。

3. 证据体系的整合特点

（1）言词证据多。

由上述数据可以得知，宿迁地区刑事犯罪指控体系中，言词证据占整个证据体系的一半多。其中，被告人供述又占上述三类证据的三成多。相对比司法体制改革以前来说，随着从"侦查中心主义"转变到"以审判为中心"的司法路径持续深入推进，上述三类证据虽有所减少，但仍是公诉人出庭指控犯罪的主要倚仗。如在毒品犯罪案件中，特别是容留他人吸毒犯罪，因为案发时间相对较长，相关当事人流动较大，作案工具（冰壶、吸管、冰毒等）易于制作、拆解、抛弃，因此基本上是依靠口供对口供、证言对证言来指控

---

① 参见沈志先主编：《刑事证据规则研究》，法律出版社 2014 年版，第 101 页。
② 参见林钰雄：《刑事诉讼法》，中国人民大学出版社 2005 年版，第 403 页。

被告人犯罪事实的。

（2）客观证据少。

一是在证明犯罪事实的客观证据中，虽然书证在所有类别证据中数量是最多的，达到 19 900 份。但是，通过检索发现，能够与证明案件事实有关的书证份数仅占四成，剩余六成的书证多为程序性文书，如刑事拘留、批准逮捕、提取清单、情况说明等书证。二是客观证据中，物证的收集和提取一直是个难题，如有的物证随着时间推移自然灭失，案发后就很难被提取到，还有的物证因被告人抛弃、藏匿，甚至故意毁坏而灭失。在上述图示中，只有市院起诉一审公诉案件中物证数量是超过案件数量的，各县（区）院中进入指控体系的物证全部没有超过案件数量。

（3）视听资料和电子数据虽有所增加，但是与需求比还偏少。

一方面，该类证据的增加主要由于人们交流方式的便捷化而产生，这类证据具有直观性，能够直接证明案件事实的发生和结果。如在贩卖毒品案件中，对网上聊天记录，支付宝交易记录，微信、微博、手机短信等内容进行提取，便很容易证明被告人贩卖毒品的犯罪事实。又如在交通肇事案件中，对案发时道路监控录像和被告人行车轨迹的提取，均能够清晰地证明犯罪事实。另一方面，这类证据相比较其他客观证据来说，有很大的优势证明力度，但往往更易灭失或丢失，不容易被提取到；同时，对这类证据公诉人是乐于见到的，但常常难得到。当然，虽然需求很大，但在具体个案中，该类证据被提取的有效性往往被辩护方所质疑，使得控方陷入认知优势陷阱中，如快播案中对所提取的电子数据认定问题，就成为控方致命的证据体系缺陷。这是因为科学研究不能将一个命题证实到绝对确定的程度，因为证伪的可能性总是存在的。[①]

二、刑事犯罪证据架构难点分析

（一）传统依赖口供办案的理念有所改变，但以言词证据优先使用的习惯仍存在

言词证据本身的易变性、可更改性等特点，会造成指控体系不牢固。

一是案件承办人员在审查案件时，对于书证证明的内容、书证与证人证言之间的对应关系、证据之间存在相互印证的点不能准确把握和利用，有的对证言、被害人陈述中出现的具体身份、特殊物品、特定地点等内容，能够与其他证据进行印证或存在细节冲突的内容不能很好地仔细甄别、区分，致使举证时受到辩方的质疑和否认。换言之，举证方常常需要作出不止一个推论，这种情况下就存在一个证据链，证据链中的每一链接

---

① 参见［美］爱德华·J.伊姆温克尔里德：《科学证据的秘密与审查》，王进喜等译，中国人民大学出版社 2020 年版，第 87 页。

都可能具有"否定性的相反可能性",这样证据性事实的证明力就将不断削弱。① 如在某诈骗案件中,针对一起诈骗的时间和地点,由于银行流水显示的交易时间和证人证言之间存在不一致的地方,且被告人也对银行流水的打款时间予以否认,致使控辩双方各执一词,最后一审判决以该起犯罪事实存疑不予认定。

二是从逻辑上分析,被告人在不同时间对同一事实的表述应当不会完全一致。而在司法实践中,承办人在使用被告人供述进行举证时,往往面临多份供述基本一致,供述中所问问题不断重复的证据。这些证据,尤其是完全一致的笔录不仅难以和同步讯问录像相互印证,也给被告人在庭审时当庭翻供的空间。同时该种笔录通常无法通过情况说明予以解释,庭审中常常被辩方质疑,甚至被告人当庭认为是被侦查机关刑讯逼供或诱供所讲,给整个庭审指控带来一定的困难。如贩毒类案件中,在检察机关承办人提审时,犯罪嫌疑人、被告人大多翻供,辩解称其在侦查机关所做供述是不真实的,是侦查人员刑讯逼供或诱供所致。

三是大量案件因为言词证据变化不起诉,无法进入指控程序。据统计,因言词证据变化不起诉的案件占不起诉案件的 62.6%。此外,有的因为言词证据发生变化导致指控不力,甚至改变案件事实。如某受贿案中,因为某一出庭证人证言在庭审时发生变化,且针对该证人的同步录音、录像不全,致使其原先的证言得不到其他证据印证,而该证人变化后的证言与被告人供述能够相互印证,致使该案中一笔涉及 10 万元的受贿事实被审判机关否定。

（二）新类型证据的获取标准高,过程长,造成侦查成本高,在指控体系中的作用未能充分发挥

其重点是手机中存储的微信聊天记录、支付宝收付款记录等证据的获取。其主要表现在三个方面:

一是提取数据不及时,导致原始的证据材料因为保存时间有限等原因而无法被重新调取,造成指控体系留有辩解空间。在这些案件提取到的 574 份视听资料、电子数据中,除去同步录音录像的 397 份,剩余的 177 份中能够有效地直接证明犯罪事实的证据仅有 92 份,占该类证据的 16%。其中,对手机中的数据仅仅是对手机串号进行提取,对手机内存储内容没有进行分析,仅是提取刻录光盘移送了事。如在某故意伤害案件中,侦查机关仅对提取的被害人手机进行简单取证,因检察机关承办人发现该手机中有一对案件事实有直接关联的视频通话没有提取,遂要求侦查机关重新取证,但由于案件移送检察机关后,侦查机关将该手机返还给被害人,相关数据被删除,以致无法进行数据恢复,致使案件证据体系存在较大漏洞。这里,该论证属于事实生成型论证,其取决于三个因素:它所依赖的基础性证据;它使用的概括;以及最成问题的是,它通过结合基

---

① 参见[英]威廉·特文宁:《证据理论:边沁与威格摩尔》,吴洪淇、杜国栋译,中国人民大学出版社 2015 年版,第 51 页。

础性证据和概括所产生的对新事实的推论。[①] 而本案中，基础性证据的缺失使得新事实难以被推出，案件陷入一定的僵局之中。

二是视听资料、电子数据的转化不及时，或转化后核实不及时。刑事办案实务中，侦查机关在依法取得相关视频、录音录像等资料后，往往认为该取证行为已经完毕，不需要予以转化。如没有从监控录像中截图并附在侦查卷宗汇总作为证据使用，或没有将微信聊天内容、所发音频的内容进行整理排版、打印并整理成文字材料等。还有的侦查人员已将上述证据内容予以转化，但没有及时将该转化后的证据交由相关当事人予以核实印证，致使证据的证明力减弱。

三是视频证据被忽视，对该类证据的内容关联性不予以重视，致使前后关联的其他重要证据的调取被忽略。检察人员面对侦查机关移送的视听资料、电子数据，因对计算机技术中的一些专业术语和数据不了解，且面对海量数据时存在畏难情绪，没有及时分析该类证据所证明的案件事实，也没有就该部分内容通过继续补充调取证据、进一步讯问被告人、询问被害人和证人等手段来准确确定案件事实。如在通过被告人所使用的手机信息中发现案件关联事实时，既没有向被告人核实其犯罪行为，也没有进一步要求侦查机关核实相关手机号码、聊天软件等，从而未提取到与案件事实关联的证据，致使这些数据在案件庭审中处于休眠状态。因此，对于证据的关联性及证明力，如果我们无法通过直接感知某一事实的方式知晓，而只能依靠拥有某种特殊知识或者技能的证人加以判断，这样的证据就是专家证据。[②]

（三）对科学证据的审查能力不强，问题发现难，解决也较麻烦，导致指控体系有较多质量隐患

尤其在命案中，鉴定类问题常常是显而不现，但在关键证据的使用过程中，却往往能"一举定乾坤"。由此可见，鉴定意见对命案的事实认定有直接重大的关系，而非专业人士很难从鉴定意见中发现证据中适用的关键点。例如，司法实务中对骨龄鉴定的认定存在一定困难，当骨龄鉴定结论与其他文证材料发生矛盾时，特别是与户籍证明、出生证明等文证发生矛盾时，该如何认定被告人的年龄则成为一个难题。目前，对年龄的司法鉴定主要采用骨龄测试法，而骨龄因种族、地区、性别以及个人的发育、营养状况不同而有所差异。骨龄测试法只能确定出一个年龄范围，不能精确计算出实际年龄，存在一定的差错率。据相关资料调查统计，骨龄鉴定结果准确率约为 60%，另 30% 大于实际年龄，10% 小于实际年龄。在司法实践中，往往对涉及年龄认定的证据，采用综合分析法，即将出生证明、疫苗接种证明、户籍学籍资料、当地派出所证明、居委会（村委会）证明、证人证言等进行综合比较判断，并将骨龄鉴定意见作为主要印证，完善认定刑事

---

① 参见［美］亚历克斯·斯坦：《证据法的根基》，樊传明等译，中国人民大学出版社 2018 年版，第 114 页。

② 参见［美］伯纳德·罗伯逊、G. A. 维尼奥：《证据解释——庭审过程中科学证据的评价》，王元凤译，中国政法大学出版社 2015 年版，第 269 页。

责任年龄的证据支撑使用。如"某抢劫案"中,甄某某作为案件主犯,量刑可能为死刑,但其年龄是否大于 18 周岁却是本案认定的焦点问题。被告人自述称其无户籍,属猴,是 1992 年生,年龄在案发时为 25 周岁,平常用其他人的身份证。经侦查发现其没有户籍、学籍、出生证明等书证来证明其真实年龄,且证人证言大多称其年龄在 24～25 岁,而第一次骨龄鉴定意见中其骨龄符合大于 17.5 周岁。上述证据之间存在矛盾,而且最高检《关于"骨龄鉴定"能否作为确定刑事责任年龄证据使用的批复》中也未指出当骨龄鉴定意见与户籍材料等证据出现矛盾时的采信原则,通过进一步补充证人证言,均能证实甄某某年龄超过 18 周岁,但具体年龄段则存在不一致之处。其中,有 4 人证实其年龄在 24～25 岁;1 人证实其年龄在 21～22 岁;1 人证实其为 27 岁;1 人证实其年龄在 28～29 岁。同时要求鉴定人对鉴定意见作出补充解释,根据鉴定意见和补充说明,证实甄某某年龄应大于 17.5 岁,也就是说甄某某年龄应在 17.5～18 岁和 18 岁以上两个区间范围内。但该区间证实被告人在未成年和成年之间,对其量刑有关键性影响。即如若其年龄≥18 周岁,则根据其在本案中所处的地位和所起的作用,可以判处死刑;若其年龄＜18 周岁,则最高只能判处无期徒刑。因此,鉴定意见成为本案认定其能否判处死刑的唯一关键性因素,但本案中的该份鉴定意见又显得"暧昧不定",致使案件的审查起诉陷入了一定的困境。当然,纵使采纳鉴定意见,亦必须于其审查理由中表明曾就鉴定意见进行自主的证据评价,[1]而非一概予以采纳,或一概予以否决。

（四）单一罪名的证据指控体系研究与应用不力,针对性不强,影响证据指控体系的构建,致使庭审质效不高

承办人在出庭指控时,对单个证据的合法性分析较透彻,但对单个证据之间、单个证据在类证据中的证明力、单个证据在全部案件证据体系中的证明力,以及某一类证据在证据体系中的证明力往往没有进行深入归纳分析,很难形成强大而高效的指控体系,在庭审中处于被动应付的状态,成为一名"被动式"司法者。如某贩卖毒品案件中,第一次庭审时指控被告人贩卖冰毒 6.4 克,后因其下线供述发生变化,导致认定的冰毒数量出现变化,不得不向法院变更起诉,将被告人贩卖的冰毒数量认定为 12.5 克。

（五）大数据体系尚处于起步阶段,功效有待提高

在如何运用大数据进行办案的问题上,宿迁地区检察机关仍在积极探索。其中,对大数据如何应用于案件指控体系过程中,仍然存在诸多困难。同时,对大数据如何提取并进行挖掘,提取后的大数据如何进行可视化分析,运用的方式方法有哪些,等等,都没有相应的解决方案。如某非法买卖枪支案件中,由于新司法解释颁布后,对枪支比动能的认定需要进行综合判断。根据《枪支致伤力的法庭科学鉴定判据》中计算未造成人员伤亡的非制式枪支比动能的公式:$e_0 = E_0/A$;$E_0 = 1/2mv_0^2$;$A = 1/4\pi d^2$。经过公式推

---

① 参见林钰雄:《刑事诉讼法》,中国人民大学出版社 2005 年版,第 395 页。

导,可以得出:$e_0=2/\pi \cdot m/d^2 \cdot v_0^2$。由此,可以得出枪口比动能与鉴定时使用的弹丸质量、弹丸的最大直径和弹丸的枪口速度三个因素有关。因此,对全国其他地区涉枪类案件判决中相关比动能的认定方式就需要进行了解,而这就要依托大数据来进行数据抓取和判断。在该案庭审中,案件也是因为对其他地区的判例了解不多,检察人员和审判人员对该案的量刑存在很大分歧。而根据最高人民法院、最高人民检察院发布的《关于涉以压缩气体为动力的枪支、气枪铅弹刑事案件定罪量刑问题的批复》(法释〔2018〕8号)第一项规定"一、对于非法制造、买卖、运输、邮寄、储存、持有、私藏、走私以压缩气体为动力且枪口比动能较低的枪支的行为,在决定是否追究刑事责任以及如何裁量刑罚时,不仅应当考虑涉案枪支的数量,而且应当充分考虑涉案枪支的外观、材质、发射物、购买场所和渠道、价格、用途、致伤力大小、是否易于通过改制提升致伤力,以及行为人的主观认知、动机目的、一贯表现、违法所得、是否规避调查等情节,综合评估社会危害性,坚持主客观相统一,确保罪责刑相适应",即判断该罪的刑事责任不唯数量、比动能论,而应当进行综合判断。

三、检察人员应对证据架构问题的建议

证据架构问题有些是理念上的,有些是习惯上的,在司法办案过程中,检察人员如何面对这些实际问题呢?笔者有如下建议。

(一)加大对言词证据的审查,特别是对内容存有矛盾、细节有瑕疵的证据进行分析和判断

一是员额检察官在对犯罪嫌疑人、被告人历次供述和辩解进行审查时,要加强对口供内容与其他证据的对比印证,从中找出证据矛盾点或逻辑存在不一致的地方,并针对这些矛盾之处要求侦查机关予以补强和完善,对通过补充侦查仍未予以解决的,要坚决予以排除。

二是在审查被害人陈述或证人证言时,要善于对陈述、证言中出现的具体身份、特殊物品和地点等内容进行分析比较,如侦查机关未组织指认、辨认或提交鉴定的,要及时开展相关补充侦查工作,确保证据链条完整,也排除认定案件事实的合理怀疑。

三是承办人应树立全面的证据体系理念,强化证据之间印证关系的排查和关联性的检查,及时发现证据之间存在的不一致之处,对于涉及的案发时间、地点、人、金额、物品等特定要素进行认真研判,确定证据出现矛盾是客观条件所限,还是侦查人员的主观原因所致,并及时要求侦查人员进一步完善取证、固证工作。当然,对于矛盾证据、证据之间存在矛盾的,应当进一步挖掘案件细节,从其他证据寻求有力的印证,达到排除证据矛盾的目的。

（二）主动对接新时代对客观数据的要求

一是在侦查机关进行调取相关客观数据时,检察机关可以派员介入引导侦查。要求侦查机关在调取监控录像、聊天音(视)频时,充分考虑案发时的环境,充分考虑摄制和录制的角度、是否存有盲区及相关盲区是否有其他设备予以补充等情形,并及时进行固证,防止随着时间推移数据无法被提取。此外,在调取数据过程中,要充分考虑到硬盘、内存数据是否存在丢失、损坏等情况,在取证时应当谨慎、规范地操作,以防后期审查起诉时证据无法得到恢复,从而影响举证效果。

二是要求侦查机关将原始的视听资料、电子数据移送检察机关后,且要一并提交相关提取记录、情况说明等文书,以证明该证据的转化过程、截取来源、位置和转化的部分等情形。同时要具体说明该转化的部分与其他证据之间的关联性、证明的问题等。

三是检察人员对移送的视听资料、电子数据要及时进行分析,对于能够证明案件事实的部分,要就该部分内容的完善与侦查人员及时进行沟通,确保取证、固证效果最大化。在获得相关证据后,应当充分结合其他种类证据使用,尽量增加证据之间的关联度,加强同一类证据的证明力,以减少指控体系中证据间的矛盾。

（三）强化对鉴定意见的专业化分析和指导

一是要求鉴定机构树立证据意识,不能仅就鉴定而鉴定,对具体的鉴定过程、方法、意见都要进行详细的说明,对采取多种鉴定方法的还要进行一一说明,不能删繁就简,因为上述内容都要经过法庭的调查和质证,而不是仅出具一个结论性意见。在上述涉及的甄某某抢劫一案中,第一次骨龄鉴定就仅仅是一个结论,后通过委托公安部进行重新鉴定,在第二份鉴定意见中,通过对骨龄鉴定的照片、方法、方式等进行详细的说明后,证实甄某某的年龄大于20周岁以上,从而为庭审中公诉人的有力指控打下坚实的基础。

二是就鉴定意见中出现的专业术语和专业性问题,要及时与鉴定人员进行沟通,解决该问题,必要时可以要求鉴定机构出具情况说明或申请鉴定人员出庭,甚至可以邀请专家证人进行论证。

三是要正确分析鉴定意见与其他案件证据之间的印证关系。倘若鉴定意见的内容与其他证据之间存有矛盾,且该矛盾通过补强也没有解决或排除,那么要慎重仔细地分析鉴定意见,而不应盲目认为鉴定意见属于客观性证据,进而将鉴定意见作为唯一性证据加以使用,从而导致案件事实的错误认定。

（四）深入学习、践行大数据分析理论

首先,对刑事指控系统中涉及的案例、判决、证据建立数据模型,然后进行数据挖掘,以获得大量的原始数据。其次,通过大数据分析软件,学会对获得的数据进行操作分析,从而产生可视化报告,以便于检察人员分析,从而对案件起诉后的判决量刑进行预判。

性侵未成年人案件强制报告后
管辖不明案件处置之镜鉴

沈晓明　李　琦*

摘　要：2020 年 5 月，侵害未成年人强制报告制度在国家层面得到确认；同年 10 月，《中华人民共和国未成年人保护法》修订将该项制度上升到法律层面。实践中，保障强制报告的落实和刚性，对全面综合保护未成年人意义重大。性侵害未成年人案件犯罪地暂时无法查清，致使管辖不明无法立案，接受强制报告的检察机关可以监督本地侦查机关先行立案调查，及时固定证据，后依据查证情况交有管辖权的侦查机关办理。办理跨地域性侵害未成年人案件，可以依托检察一体化办案机制，协助有管辖权的检察机关做好侦查监督及未成年人综合保护救助等工作。

关键词：性侵幼女；强制报告；管辖不明；检察一体化

一、问题的引出

【基本案情】2021 年 2 月 1 日，小凤（化名，女，12 周岁，住 A 省某县，户籍地 B 省某县）被其养母带至 B 省某县一医院引产。经检查，医院妇产科医生发现小凤已经怀孕 7 个月，怀疑其遭受性侵害，根据强制报告制度要求，该名医生立即向 B 省某县检察机关报告。检察机关接到线索后，及时将线索移送给 B 省某县公安机关。B 省某县公安机关及时进行初查，认为该案符合立案条件，且犯罪行为发生在 A 省某县可能性较大，而 A 省某县公安机关则认为现有证据无法排除在其他地方发生犯罪的可能。因认定管辖权事实不清、证据不足，两地公安机关均以管辖权不明为由不进行立案侦查。B 省某县检察机关审查初查材料后坚持最有利于未成年人原则，督促该县公安机关立案调查，并协助 A 省某县检察机关开展犯罪预防、综合救助等工作。B 省某县公安机关根据小凤怀孕时间查实其被侵害期间未离开 A 省，且 DNA 比对证实嫌疑人系小凤养父近亲属，故该局将相关材料移送 A 省某县公安机关。A 省某县公安机关核实移送材料后随即

---

* 沈晓明，江苏省宿迁市人民检察院第七检察部副主任，一级检察官；李琦，江苏省宿迁市泗洪县人民检察院第四检察部检察官助理。

开展针对性调查,通过证人谈话,证实小凤引产后曾告知其嫂子是张某(小凤的二伯父)致其怀孕。2021 年 5 月 6 日,侦查机关将张某传唤至公安局,后通过 DNA 比对最终确定犯罪嫌疑人。最终查实,2020 年 7 月份,被害人小凤在 A 省某县多次被张某性侵,后怀孕。2021 年 6 月 28 日,张某被 A 省某县检察机关以涉嫌强奸罪起诉至法院,并于同年 8 月 19 日被判处有期徒刑 11 年。其间,B 省某县检察机关持续跟进案件进展情况,并在征求被害人及其法定代理人意见后,为其在户籍地 B 省某县解决了就学、生活保障等问题。

案件办理中,对无法确定管辖权的跨区域性侵未成年人案件如何处理存在争议。第一种意见认为,应当待协商或指定管辖后再立案。《中华人民共和国刑事诉讼法》《公安机关办理刑事案件程序规定》对管辖权规定得很明确,公安机关立案的条件必须是经审查,认为有犯罪事实需要追究刑事责任,且属于自己管辖的。对于管辖权不明的案件,司法实践中应当待协商或指定管辖,而不能突破现有法律的规定。

第二种意见认为,可以监督强制报告线索接受地即 B 省某县公安机关先行立案调查。性侵未成年人案件中,基于案件性质、被害对象、造成后果等方面的特殊性,从最有利于未成年人原则出发,在出现管辖不明或对管辖存在争议时,接受强制报告线索的公安机关应当先立案侦查。经过侦查后明确管辖的,应当及时移送有管辖权的公安机关。

二、强制报告接受地侦查机关先行立案调查具有必要性和可行性

强制报告制度从国家层面上升到法律制度层面彰显了强制报告制度的重要意义,特别是在性侵害未成年人案件办理中,因该类案件证据构造特殊、证据审查困难、被害群体特殊,如果得不到及时处置,将严重影响未成年人身心健康。这项制度有利于及时发现线索,保护未成年人免受侵害,得到及时全面的综合保护。司法实践中,公安机关及时立案侦查,有助于全面收集固定证据,保护被害人的合法权益。根据强制报告制度设置的初衷及司法实践,笔者倾向第二种意见处理小凤被性侵案。

(一)符合我国保护未成年人应当坚持的原则和处理涉未成年人事项的要求

《联合国儿童权利公约》[①]规定了儿童最大利益原则。什么是"儿童最大利益",2013 年联合国第 62 届儿童权利公约委员会通过了"儿童将他或她的最大利益列为一种首要考虑"的第 14 号一般性意见,该文件是目前对儿童最大利益原则阐释的官方文件。文件中强调,儿童最大利益的概念包含三个层面:一项是实质性权利,即当审视各

---

① 《联合国儿童权利公约》第三条规定:"关于儿童的一切行动,不论是由公私社会福利机构、法院、行政当局或立法机构执行,均应以儿童的最大利益为一种首要考虑。"

不同层面的利益时，儿童有权将他或她的最大利益列为一种首要的评判和考虑，且每当涉及某一儿童、一组明确或不明确指定的儿童，或一般儿童的决定时，都得保障这项权利；一项基本的解释性法律原则，即若一项法律条款可作出一种以上的解释，则应选择最有效实现儿童最大利益的解释；一项行事规则，即每当要作出一项将会影响到某一具体儿童、一组明确或不明确指定的儿童，或一般儿童的决定时，该决定进程就必须包括对此决定可对所涉儿童带来影响的评判。而"首要考虑"则表明，当儿童利益与其他权利相冲突时，应当将儿童最大利益作为优先考虑对象，儿童权利拥有高度优先权。① 修订的《中华人民共和国未成年人保护法》②规定了最有利于未成年人原则，"最有利于未成年人原则"是儿童最大利益原则的本土化表达，作为国际社会普遍认同的未成年人权利保护的指导性纲领，两个原则均要求在处理涉未成年人事务中，须将未成年人利益放在首位，给予未成年人特殊、优先保护。所谓特殊、优先保护就是针对未成年人发布特殊政策、实施特殊措施、进行特殊保护；在遇到紧急情况或者突发情况时，应当优先考虑未成年人的利益，优先提供帮助或救助。故针对跨省管辖不明性侵未成年人的案件，如果由强制报告接受地的公安机关先行立案调查，则可以及时固定性侵案件的证据、做好被害人的安置帮扶、医治救助等工作，最大限度地保护未成年人利益，尽可能减少对未成年人的伤害。

（二）符合我国刑事诉讼法中处理管辖不明或管辖争议的管辖便利原则

刑事诉讼法关于管辖规定了职能管辖、级别管辖、地域管辖、专门管辖几种形式，规定在遇到管辖不明或争议的时候，应当坚持管辖便利原则。从地域管辖中的犯罪地管辖到由最初受理机关的优先、移送管辖、指定管辖，都是管辖便利原则的体现，管辖便利是贯穿处理管辖权争议的基本原则和理念。管辖便利原则其中的"便利"要求案件管辖便于公权力机关收集证据，调查事实、处理案件，也便于当事人及其他诉讼参与人参加诉讼。管辖便利原则还要求，即使适用指定管辖，也应当在可选范围内，选择符合诉讼效率，办案最为方便的地区。③ 指定管辖也不例外，对管辖不明确或者有争议的刑事案件，可以由有关公安机关协商，协商不成的，由共同的上级公安机关指定管辖。将案件指定到办案较为方便的地区管辖，不仅可以保障司法公正，对于部分特殊案件的依法顺利办理也具有重要意义。但指定管辖是案发后才通过个案指定的方式确定案件管辖，时间的滞后性很容易导致当事人权益被侵害的可能性增加。如，对管辖不明确或者有争议的性侵未成年人案件，尤其是跨省案件，如果不能及时在法律允许的范围内确定管

---

① 参见联合国儿童权利委员会第 14 号一般性意见：儿童将他或她的最大利益列为一种首要考虑的权利第 3 条第 1 款。

② 《中华人民共和国未成年人保护法》第四条规定，保护未成年人，应当坚持最有利于未成年人的原则。处理未成年人事项，应当符合下列要求：（一）给予未成年人特殊、优先保护；（二）尊重未成年人人格尊严；（三）保护未成年人隐私权和个人信息；（四）适应未成年人身心健康发展的规律和特点；（五）听取未成年人的意见；（六）保护和教育相结合。

③ 参见李和杰、张兵：《我国刑事诉讼指定管辖制度完善研究》，载《黑龙江省政法管理干部学院学报》2022 年第 1 期。

辖权,势必导致被害人诉讼权利行使的不便,降低司法保护质效,影响诉讼进程。所以,实践中由接受案件线索的公安机关先行立案,不仅不违背管辖便利初衷,还可以提高办案效率,实现对未成年人的特殊保护。本案中,管辖跨域地涉及 A、B 两个省,在管辖暂时不明,案件复杂的情况下,沟通、协商成本高,时间长,如此将导致性侵害案件中被害人诉讼权利得不到及时保障。因通过前期初查,根据被害人怀孕时间,可以推定其受孕时间系暑假,现有证据无法查明其暑假期间活动轨迹,且被害人是在 B 省某县实施引产并由该地亲属照料,无法排除犯罪发生地在 B 省某县的可能性。故从防止被害人再次遭受侵害、防止关键证据灭失等角度出发,可以督促 B 省某县公安机关先行立案,采取必要的保护措施。

（三）符合性侵害案件办理的处置原则,有利于及时固定证据

2013 年 10 月 24 日,最高人民法院、最高人民检察院、公安部、司法部发布的《关于依法惩治性侵害未成年人犯罪的意见》第十条规定:"公安机关接到未成年人被性侵害的报案、控告、举报,应当及时受理,迅速进行审查。经审查,符合立案条件的,应当立即立案侦查。"公安机关发现可能有未成年人被性侵害或者接报相关线索的,无论案件是否属于本单位管辖,都应当及时采取制止违法犯罪行为、保护被害人、保护现场等紧急措施,必要时,应当通报有关部门对被害人予以临时安置、救助。司法解释明确了在不具有管辖权的情况下可以实施上述行为,那么在管辖不明的情况下,由接受强制报告的侦查机关先行调查符合性侵案件的处理原则。此外,性侵未成年人案件因被害对象的特殊性,往往案发不及时、客观证据少,导致犯罪事实的证明和认定存在困难。因此,及时调取固定证据尤为关键。而根据法律规定,在立案之前,公安机关限于审查案件线索,调查取证手段受限,只有在立案之后公安机关才能开展收集、讯问、取证等活动。由收到线索的公安机关初步审查后,对涉嫌犯罪的先行立案侦查,不仅可以为公安机关第一时间进行现场勘验、调取相关监控视频、提取生物检测标本等活动创造条件,同时,也有助于检察机关及时介入调查,围绕被害人智力发育状况、是否涉及监护侵害、特殊职责人员性侵等方向提出意见和建议,利于全面收集、固定证据,破解侵害未成年人犯罪案件发现难、取证难、指控难等问题。本案中,检察机关督促 B 省某县公安机关先行立案调查,并提出及时提取引产胎儿检测样本、调查是否涉及监护侵害等意见建议,使得证据得以及时固定。最终 B 省某县公安机关通过 DNA 比对等手段,确定了被害人系在 A 省某地被侵害,并将案件和证据材料移送 A 省某地侦查、起诉、审判。后该案被告人被以强奸罪适用情节恶劣判处有期徒刑 11 年。

（四）有利于实现未成年被害人全面综合司法保护

《关于依法惩治性侵害未成年人犯罪的意见》第四条规定:"对于未成年人实施性侵害未成年人犯罪的,应当坚持双向保护原则,在依法保护未成年被害人的合法权益时,也要依法保护未成年犯罪嫌疑人、未成年被告人的合法权益。""双向保护"是开展未成

年人全面综合司法保护以及处理性侵未成年人犯罪的一项原则。2018年10月,最高人民检察院向教育部制发"一号检察建议",建议进一步健全完善预防性侵害未成年人的制度机制,要求加强对校园预防性侵害制度落实情况的监督。"一号检察建议"制发后,最高检和地方各级检察机关以监督落实"一号检察建议"为牵引,联合相关部门建立侵害未成年人案件强制报告等制度,促使教育行政部门和学校加强校园安全建设、预防校园性侵犯罪。检察机关也充分发挥法律监督职能,依托社会支持机制,开展性侵案件被害人家庭教育指导、司法救助、精神救助等,构建了性侵案件被害人保护大格局。[①]上面说的强制报告制度便是一项综合性的未成年人保护制度。从制度功能角度看,首先,这项制度是保护未成年人免受侵害的预防机制。其次,强制报告制度是未成年人全面综合保护的启动机制。最后,强制报告制度是实现监护监督的有效途径。[②] 性侵未成年人案件,特别是监护侵害、特殊职责人员侵害进而造成被害人怀孕引产、辍学等后果的案件,被害人在遭受身体创伤的同时,往往还会出现抑郁症、厌学、社交焦虑障碍等心理问题,面临身体和心理的双重"煎熬"。如果不及时进行立案侦查,并对被害人进行妥善安置,势必会增加被害方上访、信访等社会不安定因素及舆情风险,影响社会治理效果。由接受线索的公安机关及时开展线索审查和立案侦查,并同步开展救助等工作,有利于未成年被害人全面综合司法保护。本案中,我们综合考虑未成年被害人情况后认为:被害人系在校学生,年仅12周岁,怀孕7个月进行引产,受到近亲属侵害,同时案发后其养父意外去世、养母忙于生计无法对其进行有效监护,因此,案件如果得不到及时处置,被害人身心健康将受到危害,不仅面临监护缺失的风险,其学习和生活也将无法保障。

三、性侵未成年人案件强制报告后管辖不明案件办理的路径探析

强制报告制度在办理性侵害未成年人案件中具有重要的意义,但实践中,性侵未成年人案件的犯罪行为地、犯罪结果地、被害人住所地经常不一致,导致被害人强制报告地与犯罪地不一致情况较为常见,也带来性侵害未成年人案件跨区域办理难题。笔者认为,可以从以下几个方面处理性侵害未成年人案件强制报告后管辖不明案件。

（一）检察机关接受强制报告线索,应当及时规范移送职能单位处置

根据2020年5月最高人民检察院联合国家监察委员会、教育部等九部委共同发布的《关于建立侵害未成年人案件强制报告制度的意见(试行)》,检察机关具有监督强制报告制度落实的职责,在接受相关主体的强制报告线索后,检察机关应当按照操作流程和注意要点,及时将线索移送相关职能单位处理。如,对涉嫌犯罪的线索,检察机关应

---

① 参见向燕:《未成年被害人保护制度的中国特色及改革方向》,载《青少年犯罪问题》2021年第5期。
② 参见庄永廉等:《侵害未成年人强制报告制度的功能及推进》,载《人民检察》2021年第7期。

当及时移送公安机关,并指导第一时间介入案件,为案件侦查取证工作提供意见建议;指导线索发现单位注意保存相关证据材料,如引导医院在诊疗时注意提取怀孕引产胚胎、人身检查病例等关键证据,防止证据灭失,确保案件今后能够依法及时有效查处;及时跟进案件进展情况,树立双向保护意识,针对未成年被害人正遭受健康威胁、生活困难、心理疾病、需要重新入学等问题,及时将线索移交民政、教育等部门,同步做好安置矫治工作。

（二）性侵未成年人强制报告后管辖不明的,可以督促强制报告地侦查机关先行立案调查取证

《公安机关办理刑事案件程序规定》第十五条第一款规定:"刑事案件由犯罪地的公安机关管辖。如果由犯罪嫌疑人居住地的公安机关管辖更为适宜的,可以由犯罪嫌疑人居住地的公安机关管辖。"第二十二条第一款规定:"对管辖不明确或者有争议的刑事案件,可以由有关公安机关协商。协商不成的,由共同的上级公安机关指定管辖。"实践中,强制报告案件往往存在报告地与犯罪地不一致问题,特别涉及性侵害案件,因人员流动性大、言词证据不稳定、客观证据较少,公安机关协商不一致或协商时间较长,不能及时立案,会导致部分证据灭失,不利于案件侦办和未成年人权益保护。检察机关遇到强制报告后管辖不明的性侵害案件,可以坚持最有利于未成年人原则,通过"要求不立案理由说明书"督促报告单位所在地的公安机关先行立案侦查,在查明犯罪地后督促公安机关及时移送有管辖权的公安机关继续侦办。

（三）依托检察一体化工作机制做好性侵案件未成年人全面综合保护工作

惩罚犯罪的刑罚越是迅速和及时,就越是公正和有益。为尽快处理结案,达到适用刑罚的特别预防与一般预防相结合的积极效果,办理涉及未成年人案件要求一体化办案。"未检一体化"包括未检机构职能一体化、未成年人司法一体化和社会支持一体化,相较于成年人,未成年人检察工作更具综合性,社会化属性更强。① 因为,除了通过诉讼方式来维护未成年人权益外,未成年人保护还涉及教育、民政、社会组织等多元领域,涵盖未成年人法律监督、帮教矫治、犯罪预防等多项工作,未成年人检察工作更需要强调一体化协作。作为未成年人综合司法保护工作的一环,涉及跨省的性侵害未成年人刑事案件,检察机关可以在办案、救助、预防等方面开展协助,积聚资源优势,形成挽救合力。

一是促进部门联动,汇聚保护力量。检察机关应当和教育、民政等未成年人保护部门加强沟通交流,通过建立联席会议制度、明确强制报告工作联系人、加强工作衔接和信息共享形成保护合力。各相关部门要建立定期会商机制,通报侵害未成年人案件办

---

① 参见张寒玉、王英:《未成年人检察问题研究》,中国检察出版社 2017 年版,第 284 页。

理情况,研判分析侵害未成年人案件的形势和成因等,对旅馆等行业实行重点监督管理,常态化开展强制报告制度落实的教育引导和督促整改。司法机关接到报案后,应当立即协调相关部门,同步开展未成年被害人救助、安置和身心康复等工作,将各方资源和力量有效整合,畅通工作衔接机制。

二是搭建专业平台,畅通联系渠道。检察机关可以牵头联合教育、民政等有关责任部门建立专门的强制报告举报平台,包括未成年人司法社会服务云平台、App 小程序、网站、热线电话等,强化信息共享,拓宽线索发现渠道。各有关责任部门要依托联席会议制度构建侵害未成年人案件线索快速反应机制,依托线上、线下多元平台,提供侵害未成年人案件线索的举报、转处、反馈以及法治宣传等服务,对收到的线索确保快捷受案、及时查处及同步监督。同时,各地"未保办"应当争取地方党委政府支持,推动强制报告工作纳入网格化管理,利用网格员开展强制报告制度宣传、线索调查核实、未成年被害人综合救助等工作。

三是完善救助手段,提升保护质效。未成年人保护工作是一项系统工程,强制报告制度除了要与司法制度做好衔接外,还有许多待完善之处。实践中,司法机关和教育、民政等有关责任部门要严格执行相关制度,完善未成年人保护配套机制,持续做好未成年被害人安置保护的"后半篇文章"。对因案件陷入困境的未成年被害人,司法机关和民政、妇联等部门应当强化协作联动,各自充分履职,开展被害人司法救助、心理辅导、身体康复、生活安置等工作。

(四)建立强制报告倒查和奖惩机制,确保提升强制报告制度的运行实效

实践中,侵害未成年人犯罪案件一般都面临发现难、取证难等问题,部分未成年人在遭受性侵后,监护人等未能及时发现,进而导致其多次遭受侵害或怀孕等恶劣后果。即使在得知未成年人被性侵后,部分医院、教师等人员也未能按照有关强制报告制度的要求严格履行报告义务,导致未成年人未能及时得到保护救助,身心遭受创伤。强制报告制度的确立,有利于破解侵害未成年人案件发现难、报案不及时等导致的打击不力问题,对维护未成年人合法权益,督促相关主体切实履职,提升未成年人保护社会治理水平,具有十分重要的意义。然而实践中,强制报告主体责任意识不强,或者对未履行报告义务的责任主体没有监督追责措施,使得强制报告制度形同虚设。因而,为确保未成年人权益得到及时维护,应当将监督追责作为推动强制报告制度落实的重要环节。

一是建立强制报告倒查机制。公安机关、检察机关在办理侵害未成年人案件过程中,应当同步开展强制报告落实情况倒查工作,建立倒查台账,确保每案必查。对已进入立案或审查起诉环节的侵害未成年人案件,公安机关或检察机关要查清相关责任单位和人员是否履行了强制报告义务,是否存在应当报告而未报告的问题。针对发现的应当报告而未报告的情形,公安机关、检察机关应当及时将线索移送相关主管机关、监察机关,相关主管机关、监察机关将处理结果及时予以反馈。

二是完善强制报告举报奖励机制。实践中,司法机关和民政、教育等部门可以通过

会签文件的形式,建立举报奖励制度,明确强制报告的线索范围和举报线索的奖励条件、奖励标准、奖励程序等。比如,规定举报人获得奖励应当具备一定条件,即举报的线索应是司法机关尚未掌握的,且举报内容能够清晰反映案件的重要信息,经公安机关查证属实并立案的;细化奖励标准,根据举报的线索价值、性质、影响等因素综合确定具体的奖励金额等;规范奖励程序,明确奖励的审批决定、发放、领取主体和时限等。

三是完善强制报告追责机制。各报告主体和职能部门可以制发文件,细化对相关线索应当报告而未报告的追责机制。比如,设定责任梯次,将报告主体应当报告而未报告的情形,根据情节严重程度分为一般后果、严重后果、特别严重后果,分别进行追责。根据报告义务主体的不同身份,依据行政处罚法、公职人员政务处分法等法律规定,结合行为严重程度依法追责。规定追责的流程、处理时限、反馈等事项,明确检察机关可通过检察建议等形式,对相关责任部门责任意识不强、制度落实不力等问题进行监督。

（五）广泛开展强制报告政策宣传和法治教育,加强源头预防

一是提升报告主体的责任意识。检察机关要及时向强制报告涉及的单位和部门送达强制报告制度有关文件,并结合典型案例进行解读,在思想认识、工作制度、协作机制、执行力度等方面进行充分研讨,必要时也可以牵头民政、卫健等部门组织医生、教师等代表开展制度专项培训,加强相关部门、人员甚至社会大众对侵害未成年人行为报告的意识。相关行政主管部门应当破除"自扫门前雪,少管别人事"陈旧观念,做好强制报告制度在系统内部的传达、强调和引导工作,定期组织开展学习培训,将强制报告纳入考核指标,引导相关部门和个人充分掌握和正确执行制度要求。

二是扩大制度宣传覆盖面。司法机关、教育、民政等未成年人保护部门要形成宣传协作意识,共同开展强制报告制度的学习,将强制报告的精神传达到每一个行政主管部门、每一个报告义务主体,确保大家知晓相关规定,实现全覆盖、常态化。聚焦侵害未成年人案件多发、高发的场所,组织小旅馆校外辅导机构等领域及人员的学习培训,保证无宣传死角,确保知晓率达100%,并组织知晓强制报告及相关法律法规的相关规定学习,通过以案释法、定期排查安全隐患等形式,提升司法威慑力,强化履职意识。

三是创新制度宣传方式。除了传统的"送法进校园"外,还可以采取"互联网＋"等形式,确保强制报告制度宣传无死角。如制作微信小程序或依托已有的线索举报程序,增设强制报告模块,日常推广微信的同时宣传强制报告功能,接受线索举报;可以通过发放宣传手册、动漫播放、进社区普法、张贴主题海报等形式,介绍强制报告制度、强制报告义务主体和不报告的后果等,组织形式多样的宣传活动。

"租车后质押"类犯罪司法认定的困境和反思

——以十四个典型案例为分析和研究对象

钱 鹏 宣 刚 *

摘 要:行为人租赁汽车后又将其质押骗取借款的犯罪行为,包含数个行为和犯意变化,往往导致忽略考察犯意、不区分手段和事后处置行为将财产转移作为财产损失、诈骗与合同诈骗界限不清等认定困境。通过十四个典型案例的反思,"租车后质押"类犯罪认定应坚持犯意和实行行为的同步考察,经济活动的实质要件和合同的形式要件并举区分合同诈骗罪与诈骗罪,以共谋共犯的基本立场认定共犯或下游犯罪。

关键词:诈骗罪;合同诈骗罪;司法认定;刑民交叉

一、问题的引出:"租车后质押"类犯罪的定性争议

租赁车辆后将车辆进行质押以此骗取借款,是近年来一种较为常见的特殊诈骗类犯罪,陈兴良教授称之为"两头骗",即用前行为骗来的机动车作为后行为骗取借款的道具。根据现有研究来看,一方面,学界对此类"租车后质押"行为应如何定性与处理提出了不同的观点和见解;另一方面,从司法实践裁判结果来看,对行为的定性和裁判结果差异颇大。因此,本文以十四个典型案例为分析和研究对象,进而梳理"租车后质押"类犯罪司法认定的困境并反思,希冀对此类案件的司法实践有所裨益。

案例一:A以自己名义,以1万元人民币的价格到上海某有限责任公司签订书面协议,租赁价值10万元的武汉牌汽车一辆。第二天,A又制作了假车辆登记证书、行驶证后,以5万元的价格将该汽车质押给B。该5万元被A用于归还个人借款、生活及挥霍。

对于A的行为,存在多种分歧意见:

(1)前租车行为构成诈骗,后行为是处置赃物行为,不构成犯罪。诈骗金额为车辆

---

* 钱鹏,江苏省溧阳市人民检察院副检察长;宣刚,安徽科技学院人文学院教授,法学博士。

价值 10 万元。

（2）前租车行为是手段行为，不构成犯罪，后行为构成诈骗。诈骗金额为获得质押的 5 万元。

（3）前后行为均构成诈骗犯罪，应数罪并罚，诈骗金额为车辆价值和质押之和，即 15 万元。

（4）前后行为均构成诈骗犯罪，属于连续犯，不数罪并罚，按一罪处理，诈骗金额为车辆价值和质押之和，即 15 万元。

（5）前后行为均构成诈骗犯罪，属于牵连犯，按一罪处理（一重），诈骗金额为车辆价值，即 10 万元。

（一）犯意的产生时间：前后两个行为的区别问题

案例二：A 制作了假身份证后以他人名义，以 1 万元人民币的价格到上海某有限责任公司签订书面协议，租赁价值 10 万元的武汉牌汽车一辆。第二天，A 又制作了假车辆登记证书、行驶证后，以 5 万元的价格将该汽车质押给 B。该 5 万元被 A 用于归还个人借款、生活及挥霍。

案例三：A 以自己名义，以 1 万元人民币的价格到上海某有限责任公司签订书面协议，租赁价值 10 万元的武汉牌汽车一辆。一个月后，因生活拮据，A 又制作了假车辆登记证书、行驶证后，以 5 万元人民币的价格将该汽车质押给 B。该 5 万元被 A 用于归还个人借款、生活及挥霍。

以上两个案件的案情大体相同，都是 A 以租车的名义租得车辆后，将租赁的车辆进行质押向他人借款，区别在于，案例二是制作了假身份证后进行租车，案例三是以自己的名义进行租车，但是存在以租车和将租赁的车辆进行质押向他人借款这两个行为。对于 A 的行为存在分歧意见，主流观点如下（此处不论述诈骗罪或者合同诈骗罪）：

（1）案例二中，前租车行为构成诈骗，犯罪故意产生于租车之前。

（2）案例三中，前租车行为不构成诈骗，租车时候无证据证明其有犯罪故意，后质押行为构成诈骗，犯罪故意产生于质押时。

（二）汽车或财物的去向：被害人的确定问题

案例四：A 以自己名义，以 1 万元人民币的价格到上海某有限责任公司签订书面协议，租赁价值 10 万元的武汉牌汽车一辆。第二天，A 又制作了假车辆登记证书、行驶证后，以 5 万元的价格将该汽车质押给 B。该 5 万元被 A 用于归还个人借款、生活及挥霍。案发后，A 退还给租赁公司、B 各 5 万元人民币。

案例五：A 以自己名义，以 1 万元人民币的价格到上海某有限责任公司签订书面协议，租赁价值 10 万元的武汉牌汽车一辆。第二天，A 又制作假车辆登记证书、行驶证，以 5 万元的价格将该汽车质押给 B。该 5 万元被 A 用于归还个人借款、生活及挥霍。案发后，该上海公司通过全球定位系统（GPS），将车找回，A 未退还给 B 人民币。

案例六:A以自己名义,以1万元人民币的价格到上海某有限责任公司签订书面协议,租赁价值10万元的武汉牌汽车一辆。第二天,A又制作了假车辆登记证书、行驶证后,以5万元的价格将该汽车质押给B。该5万元被A用于归还个人借款、生活及挥霍。案发后,A没有退还人民币给B,该车被B以2万元的价格再次质押给他人。

案例七:A以自己名义,以1万元人民币的价格到上海某有限责任公司签订书面协议,租赁价值10万元的武汉牌汽车一辆。第二天,A又制作了假车辆登记证书、行驶证后,以5万元的价格将该汽车质押给B。该5万元被A用于归还个人借款、生活及挥霍。案发后,A没有退还人民币给B,该车被B藏匿,拒不交出,声称需要该上海公司交钱来赎回。

案例八:A以自己名义,以1万元人民币的价格到上海某有限责任公司签订书面协议,租赁价值10万元的武汉牌汽车一辆。第二天,A又制作了假车辆登记证书、行驶证后,以5万元的价格将该汽车质押给B。该5万元被A用于归还个人借款、生活及挥霍。案发后,A没有退还人民币给B,该车被B藏匿,拒不交出,声称需要上海公司交钱来赎回,后该上海公司自己出资5万元从B处赎回该车。

以上案例四到案例八的案情大体相同,都是A以租车的名义租得车辆,然后将租赁的车辆进行质押向他人借款,区别在于,车辆最后的占有状态不同,但是对于被害人的认定存在多种分歧意见,主流观点如下:

(1)案例四中,上海公司是被害人,因为A已经退还人民币给B,B没有任何损失,上海公司仍有损失。

(2)案例五中,上海公司不是被害人,因为车辆已经找回,没有经济损失;B是被害人。

(3)案例六中,上海公司与B均是被害人,因为车辆与质押的5万元均未追回。

(4)案例七中,上海公司是被害人,因为车辆未追回;B因为有车辆在手,未有经济损失。

(5)案例八中,上海公司是被害人,因为车辆是其自己花钱追回的;B未有经济损失,不是被害人。

(三)同案犯的参与:共同犯罪的认定问题

案例九:A与C经预谋后,让C以自己名义、以1万元人民币的价格到上海某有限责任公司签订书面协议,租赁价值10万元的武汉牌汽车一辆,后C将车交给A,并获得好处费1000元。第二天,A又制作了假车辆登记证书、行驶证后,以5万元的价格将该汽车质押给B。该5万元被A用于归还个人借款、生活及挥霍。

案例十:A未与C预谋,只是让C以自己名义、以1万元人民币的价格到上海某有限责任公司签订书面协议,租赁价值10万元的武汉牌汽车一辆,后C将车交给A,并获得好处费1000元。第二天,A又制假车辆登记证书、行驶证后,以5万元的价格将该汽车质押给B。该5万元被A用于归还个人借款、生活及挥霍。

案例十一:A 以 1 万元人民币的价格到上海某有限责任公司签订书面协议,租赁价值 10 万元的武汉牌汽车一辆。第二天,A 与 C 经预谋后,又制作了假车辆登记证书、行驶证(登记车主为 C)后,C 以 5 万元的价格将该汽车质押给 B。后 C 将钱交给 A,并获得好处费 1 000 元。

案例十二:A 以 1 万元人民币的价格到上海某有限责任公司签订书面协议,租赁价值 10 万元的武汉牌汽车一辆。第二天,A 又制作了假车辆登记证书、行驶证(登记车主为 C)后,A 与 C 未经预谋,C 虽看到了以自己名义的假登记证书,但应贪图好处费,仍然按照 A 的指示,C 以 5 万元的价格将该汽车质押给 B。后 C 将钱交给 A,并获得好处费 1 000 元。

以上案例九到案例十二的案情大体相同,都是 A 以租车的名义租得车辆,后将租赁的车辆进行质押向他人借款,区别在于,有同案犯 C 的参与,参与阶段分别在租车阶段、质押阶段,有的是预谋,有的是无预谋。对于同案犯 C 的行为存在多种分歧意见,主流观点如下:

(1)案例九中,A 与 C 经预谋,构成共同犯罪。

(2)案例十中,A 与 C 未经预谋,不构成共同犯罪,只是作为工具在犯罪中起作用。

(3)案例十一中,A 与 C 经预谋,构成共同犯罪。

(4)案例十二中,A 与 C 虽未经预谋,但仍构成共同犯罪。C 主观上应当知道该车登记证书是假的,不属于自己的车辆,仍然去质押。

(四)一般与特殊:诈骗罪与合同诈骗罪的区别问题

案例十三:A 以自己名义,以 1 万元人民币的价格到上海某有限责任公司签订书面协议,租赁价值 10 万元的武汉牌汽车一辆。第二天,A 又制作了假车辆登记证书、行驶证后,以 5 万元的价格将该汽车质押给 B。该 5 万元被 A 用于归还个人借款、生活及挥霍。

案例十四:A 以自己名义,以 1 万元人民币的价格与其朋友签订书面协议,租赁价值 10 万元的武汉牌汽车一辆。第二天,A 又制作了假车辆登记证书、行驶证后,以 5 万元的价格将该汽车质押给 B。该 5 万元被 A 用于归还个人借款、生活及挥霍。

以上案例十三和案例十四的案情大体相同,都是 A 先以租车的名义取得车辆,然后将租赁的车辆进行质押向他人借款,区别在于,一个是向上海某有限责任公司租车,一个是向私人租车。对于 A 的行为构成诈骗罪还是合同诈骗罪,存在分歧意见。

二、"租车后质押"类犯罪的认定困境

(一)刑事诈骗与民事欺诈犯意区分困难

先不判断行为人在租车时的主观故意,租车公司和质押权人的确都受到了欺骗,租车公司受到的欺骗是为租车而交付,质押权人受到的欺骗是以车辆质押而借款。行为

人在租车环节已经隐瞒了租车的目的,没有履行租赁合同中的真实意思,在租车时候已经构成诈骗,符合诈骗类犯罪的特征。在质押车辆时,行为人隐瞒了自己并非该车所有权人、无处分权的情况,获取现金的行为是占有车辆后的一种变现行为。如盗窃罪中,行为人窃得手机后,谎称是自己的手机,并用自己身份证登记、在手机中输入自己的虚假信息后而变卖获取现金。在租车后获得车辆已经构成犯罪的情况下,质押行为不宜认定为犯罪。

车辆质押,即为通常所说的债务人为借款而将车辆交付给债权人并获得现金,并约定到期债务人不还款,债权人有权处置车辆。根据《中华人民共和国物权法》的规定,机动车物权的设立、变更、转让和消灭采取的是登记对抗主义,虽然并非以登记为对抗要件,但物权法也规定未经登记,不得对抗善意第三人。因此,本案中,虽然债权人受到了一定的欺诈,但是借贷关系还是真实存在的。虽然在被告人不能归还借款的情况下,债权人能否优先受偿存在疑问,但是债务人和债权人的民事法律关系是客观存在的。① 且质押权人在借款时,并非绝对的善意第三人,在借款时,质押权人应当充分、审慎、完全地要求借款人提供车辆登记证书以外的证明,如保险单、销售发票以及其他的车辆权属、查封抵押、违章按揭等情况。因此,案例一中,租车行为已构成诈骗,后行为是处置赃物行为,不构成犯罪。诈骗金额为车辆的价值,即10万元。

(二)往往处分财产即认定诈骗

成立诈骗犯罪要求行为人欺骗后、被害人陷入错误认识并处分财产。在租赁车辆后质押的案件中,租赁公司与质押权人均有处分财产的行为,一个是处分车辆,一个是处分现金,引起了手段行为、目的行为、连续行为的争议,也引起了租赁车辆和质押车辆的两个行为是构成牵连犯、吸收犯、连续犯的不同理解。应该区分手段行为与事后处置。

第一,租赁车辆与质押车辆虽具有事实上的联系,但并不具有刑法意义上的手段与目的的牵连,行为人实际想取得的并非是车辆变现款项或者其他针对债权人获得的钱款,其想实际取得的是车辆。事后取得钱款,是非法占有的车辆这一赃物的处置,因此不构成牵连犯。第二,根据社会一般交易习惯,车辆的价值一般均高于质押所得钱款,两者侵犯的财产价值并非完全同等,但租赁车辆与质押车辆并非为实施犯罪的同一过程,两个行为并非存在附随、发展、依托的关系,不具备刑法意义上吸收包容的关系。第三,连续犯是基于同一或概括的故意,连续实施相同的数个行为,触犯同一罪名的犯罪。② 租赁车辆与质押车辆虽然是两个行为,但是并不具备刑法意义上独立的犯罪行为,两个行为看似具有连续性,但从客观行为的性质、方式、环境、结果来判断,行为人完全可以在租赁后自行隔断质押行为;行为人主观故意也非进行连续犯罪的故意,实质上

---

① 参见陈兴良:《合同诈骗罪的特殊类型之"两头骗":定性与处理》,载《政治与法律》2016年第4期。
② 参见张明楷:《刑法学(第五版)》,法律出版社2016年版,第478页。

还是仅仅针对车辆本身的犯罪故意,质押车辆是其犯罪后处置赃物的方式之一。

(三)受到经济损失就认定为被害人,不区分财产损失与财产转移

财产损失是诈骗罪法益侵害的具体体现,当然,只有在符合诈骗罪构成的其他要件齐备的条件下,需要对财产损失进行判断。但是,并非所有的违背主观意愿、由欺骗引起的财产转移都属于"财产损失"。诈骗罪保护的是财产,不是单纯地保护如何处分财产,即所谓的财产处分自由。[①]"财产损失"的判断应当具有一个客观性的判断,不应以纯粹的"主观感受"为尺度,否则违法性判断就会充斥着流动性,[②]特别是在租赁车辆后质押的情况下,因车辆的归属、质押车辆取得借款的归还等情况出现,诈骗罪的成立处在一种因人而异的状况之中。

第一,质押车辆行为属于财产转移行为。对于车辆的质押,实际上是一种市场交易行为,车辆成为债权人与债务人达成借贷交易的工具,车辆与质押款的相互交付,不过是对价的市场交换关系,对此是不存在认识错误的。存在认识错误的仅仅是对于车辆并非债务人所有的具有处分权的车辆,因此质押车辆与交付借款是市场交易中的一种财产转移行为。

第二,伪造汽车登记证书行为属于民事欺诈行为。《中华人民共和国民法通则》规定,存在欺诈或胁迫签订的合同无效,但需要实质判断当事人在一般情况下有无能力证明或判断对方的欺诈行为。基于法秩序统一性原理,在刑事司法上就不能无视民事立场和公司法律制度。[③]伪造汽车登记证书,伪造的是该车辆的来源,隐瞒的是车辆的赃物性质而达成质押,具有民事欺骗性质,但并不具有诈骗罪所要求的对财物价值本身的真实信息的欺骗,也并不具备诈骗罪要求的通过欺骗方法无对价的取得他人财物的根本特征。[④]

第三,应当准确认定被害人。如所有权人从盗窃犯处骗取被盗财物的,则不存在财产损失,盗窃犯更不是被害人,因为盗窃犯的利益不能与所有权人的利益相对抗。在租赁车辆和质押车辆过程中,租赁人和债权人均存在经济损失,按前文所述,债权人的损失属于财产转移,租赁公司的损失属于财产损失。在案例四到案例八中的五种不同情形中,租赁公司与债权人 B 存在单独或者均有经济损失,如果仅以受到经济损失即认定为被害人,会因退赃或者车辆占有状态的缘由,相同案情出现多种判决,不符合司法

[①] 参见蔡桂生:《论诈骗罪中财产损失的认定及排除——以捐助、补助诈骗案件为中心》,载《政治与法律》2014 年第 9 期。

[②] 参见付立庆:《财产损失要件在诈骗认定中的功能及其判断》,载《中国法学》2019 年第 4 期。

[③] 参见陈兴良:《刑民交叉案件的刑法适用》,载《法律科学(西北政法大学学报)》2019 年第 2 期。

[④] 在本文中,举例的仅为行为人伪造一辆汽车的车辆登记证书、行驶证行为,在司法实践中,行为人往往多次作案,伪造多本车辆登记证书、行驶证。《最高人民法院、最高人民检察院关于办理与盗窃、抢劫、诈骗、抢夺机动车相关刑事案件具体应用法律若干问题的解释》第二条规定:伪造、变造、买卖机动车行驶证、登记证书,累计三本以上的,依照刑法第二百八十条第一款的规定,以伪造、变造、买卖国家机关证件罪定罪,处三年以下有期徒刑、拘役、管制或者剥夺政治权利。因此,在区分轻微的行政违法行为和刑事犯罪行为的前提下,对于伪造多本车辆登记证书、行驶证的行为(一般为三本以上),可以被害人为汽车租赁公司的诈骗罪和伪造国家机关证件罪进行数罪并罚。

逻辑。对于债权人 B 的经济损失，本文更倾向于民事法律关系予以调整；对于租赁公司的车辆的财产损失，本文认为租赁公司是唯一的被害人。如私力救济取回，并不影响犯罪的成立，属于事后救济行为；如出现车辆的不同占有情况，不管是属于谁占有，均不影响被害人的身份认定，也不影响车辆作为赃物的性质认定。

三、"租车后质押"类犯罪认定的实践思考

（一）注重犯意和实行行为的同步考察

诈骗犯罪以犯罪故意产生为起点，以犯罪行为完成为终点。犯罪构成要件在实际犯罪中发生作用而决定犯罪成立的逻辑顺序是这样的：符合犯罪主体条件的人，在其犯罪心理态度的支配下，实施一定的犯罪行为，危害一定的客体即社会主义的某种社会关系。[①] 犯罪主观方面的核心是行为人对自己行为性质的认识状况和控制状况，是犯罪主体的认识能力和控制能力的具体化。如果不能认定行为人的认识能力，就不能说明行为人是否"明知""应当预见"自己的行为会发生危害社会的结果；如果不能认定行为人的控制能力，就不能认定哪些结果和客观条件是行为人能够控制的，哪些是行为人不能够控制的。如在本文列举的案例中，证明行为人主观故意的证据并不充分，但除案例三是在租赁汽车一段时间后质押，其余案例均为行为人在租赁汽车后的第二天，即伪造登记证书进行车辆质押，其犯罪的故意应当认定为租赁车辆时，而不是租赁车辆后的第二天或者质押车辆时。对于案例三，因证明行为人在租赁车辆时候即有犯罪故意的相关证据不足，这属于证据规格问题，因此，更宜于认定行为人的犯罪故意是在租赁车辆后、制作假证时，被害人为债权人，质押车辆行为构成诈骗。

犯罪客观方面的核心是行为人在客观上作用于犯罪对象的条件，犯罪客体的核心不是刑法所保护的为犯罪行为所侵犯的社会关系，而是犯罪行为所（欲）影响或者改变的犯罪对象的特征。[②] 犯罪客观方面是犯罪主观方面的现实化、客观化。犯罪行为完成即既遂，行为人实施了其所追求犯罪结果的犯罪行为；特别是诈骗类犯罪，犯罪既遂的标准即被害人失去了财物的控制或者行为人控制了财物。案例一中，租赁公司交付车辆，行为人现实的占有了车辆，犯罪行为已经完成，犯罪已经既遂。在犯罪既遂后，处置赃物的行为，无论是是变卖、赠送或者其他方式，都不影响赃物的实际价值，也不影响诈骗罪的认定。对于诈骗金额，应当以车辆的实际价值认定，不应以车辆变卖的赃款数额认定。

---

① 参见赵秉志、吴振兴主编：《刑法学通论》，高等教育出版社 1993 年版，第 84 页。
② 参见陈银珠：《论犯罪构成要件的逻辑顺序——以程序法与实体法的功能区分为视角》，载《法律科学（西北政法大学学报）》2012 年第 3 期。

（二）区别诈骗与合同诈骗以"合同"为形式要件，以经济活动为实质要件

诈骗与合同诈骗均采用了虚构事实、隐瞒真相的欺骗手段，均侵犯了他人的财产权，造成了财产损失。但二者在司法实践中还存在明显区别。合同诈骗罪明显之处在于以下几点：

一是行为人是否签订了具备各项要素的合同，如合同必须对价款、交易方式、双方权利义务等明确规定，并不必须为书面合同，符合形式要件的口头合同，也可以认定为"合同"。不能将合同限定为书面合同。二是该合同具有实质的、可履行性的合同关系。按照社会一般理念，合同必须存在可履行性，如签订"直接当上某国总统"的合同，对一般人而言，即不具备可履行性；或者"约定地球毁灭后交付违约金的合同""买卖枪支或毒品的合同""包养小三"的合同，因违反了公序良俗、法律法规也不具备实质性。三是行为人是否实施了与合同内容相关的经济活动。该合同必须受市场经济活动所调整，属于经济活动，如婚姻、抚养等身份关系的合同也不属于合同诈骗中的合同。特别值得注意的是，合同双方也需要属于市场经济主体，如果并非在市场活动中的商品交换行为也就不属于市场经济调整。四是诈骗行为是否在合同的签订、履行过程之中。如果并非在签订、履行合同中的诈骗行为，该行为实质与合同并无关系，也就是说，犯罪行为并不是与市场交易相关的经济行为，该行为就不具备合同诈骗的实体要件。五是被害人是否基于合同的原因处分财产，或者合同仅仅是行为人诈骗的手段、取得信任的方式。合同诈骗中的合同不仅是具备形式要件的合同，也需要具有规范市场行为的性质。如果该合同是行为人用以虚构其经济实力、博取信任的工具，或者基于合同之外的方式诈骗，则不构成合同诈骗。六是诈骗行为是否实质上扰乱了市场经济秩序。合同诈骗不仅侵害了他人的财产权，也同时扰乱了社会主义市场经济秩序和合同管理秩序。如发生在生活领域的消费合同，以房屋、车辆为抵押的借贷合同，并非市场意义上的"交易"行为，并不属于合同诈骗。普通诈骗中也存在交易行为，但这种交易行为并未扰乱市场秩序，只是单一地侵害了他人的财产权。

案例十三和案例十四中，判断构成普通诈骗还是合同诈骗的理由并非是否签订了书面合同，也并非交易方式是有限责任公司还是个人，而是根据之前论述的以"合同"为形式要件，以经济活动为实体要件。因此，本文更倾向于案例十三构成合同诈骗，案例十四构成普通诈骗。

（三）共同犯罪应以犯意联络为支撑，以共同犯意为基础

犯意表示是一种犯罪意思的单纯流露，犯意联络是各个行为人在共同犯意基础上进行彼此的信息传递与主观念意联系。共谋不仅仅是二人以上相互的意思联络，更是共同犯罪人实施意思联络的外在行为的表现。共谋而未实行者对共谋而实行者而言，或诱发其犯意，或坚定其犯意，或为其出谋划策，其共谋行为对实行行为所造成的危害结果具有原因力。因此，与行为人一起预谋租赁车子后质押的C，不管有无参与后期质

押行为,均已和行为人 A 构成共同犯罪。但如案例十,C 与行为人不仅缺乏共同犯意,更缺乏犯意联络,仅仅是帮助租赁车辆,是一种中立的、工具性的帮助行为,不应认定构成犯罪。

　　共同犯罪行为不仅包括实行行为,还包括帮助行为。实行帮助行为,一般指提供工具、帮助望风等共同参与行为;其他帮助行为一般指非共同实施的"犯罪行为",比如说坚定信念、策划方案、事后销赃等行为。从司法实践来看,认定构成共同犯罪的一般为实行帮助行为,如盗窃时帮助配钥匙、递工具、望风、拿东西等行为。对于其他帮助行为是否构成犯罪,还需具体考量侵害法益的紧迫性,是否违反义务,是否制造了不被法益所允许的危险等。案例十一、案例十二中,行为人在租赁车辆时均未与 A 共谋,在租赁车辆完毕后,出现了 C 参与共谋质押车辆行为和未共谋、帮助质押车辆行为,对此应区别对待。案例十一中,犯罪已经既遂,C 在犯罪既遂后参与的质押行为,更宜认定为犯罪后掩饰、隐瞒犯罪所得行为,虽有犯意联络,但无共同犯意基础,应单独构罪。案例十二中,犯罪已经既遂,既无犯意联络,也无共同犯意基础,其行为区别于明知要在眼前杀人帮助买凶器或传递凶器,属于一种其他帮助行为,如明知他人要去聚众赌博或开设赌场而接送赌客的行为。但 C 的行为仍具备侵害法益的紧迫性、现实性,行为人本身也有义务阻止(明知非属于自己的车辆、假冒登记证书后去变现具有刑法可责性),也自我制造了不被法益所允许的危险,本文也倾向于认定为犯罪后掩饰、隐瞒犯罪所得行为,应单独定罪。

结　语

　　根据前述,本文对案例总结如下:

　　案例一、案例二:A 前租车行为构成合同诈骗罪,后质押行为是处置赃物行为,不构成犯罪。诈骗金额为车辆价值 10 万元。

　　案例三:A 前租车行为不构成犯罪,后质押行为非市场交易行为,构成诈骗罪。诈骗金额为 5 万元。

　　案例四至案例八:A 前租车行为构成合同诈骗罪,后质押行为是处置赃物行为,不构成犯罪。诈骗金额为车辆价值 10 万元。车辆为涉案赃物,应当依法扣押或追回。租车公司找回车辆或受到赔偿,只是被害人的损失问题,不影响犯罪认定和犯罪金额。

　　案例九:A 与 C 的前租车行为构成合同诈骗罪,后质押行为是处置赃物行为,不构成犯罪。

　　案例十:A 前租车行为构成合同诈骗罪,后质押行为中 C 无主观故意,不构成犯罪。

　　案例十一、案例十二:A 前租车行为构成合同诈骗罪。后质押行为中,C 应当明知车辆为赃物,构成掩饰隐瞒犯罪所得、犯罪所得收益罪。

　　案例十三:同案例一。

案例十四:A 前租车行为非市场交易行为,A 构成诈骗罪,后质押行为是处置赃物行为,不构成犯罪。诈骗金额为车辆的价值即人民币 10 万元。

综上,通过对以上十四个案例进行分析,本文认为在租赁汽车后再质押的特殊诈骗类犯罪中,不应当存在前后两个行为均构成犯罪的情形,只有一个行为可能构成犯罪;不应当存在多个被害人的情形,只有一个人可能成为被害人;也不应当存在犯罪金额累计的情形。被害人的财产损失可以由刑事判决依法返还,其他人员的经济损失更宜通过民事法律关系进行调整。

"感情投资"型受贿犯罪的
司法案例研究

高 飞 王 婵*

  摘 要：司法实践中认定"感情投资"型受贿犯罪应严格限定司法解释规定的条件，以避免"为他人谋取利益"构成要件要素被实质消解。"感情投资"行为构成受贿罪应满足双方具备上下级关系或者行政管理关系，收受、索取财产性利益3万元以上和"可能影响职权行使"等条件。"感情投资"行为与人情往来的区分应结合职权和利益之间的关联程度、受财与职务行为的因果关系、馈赠财物价值大小等因素来综合判断。

  关键词：感情投资；受贿罪；刑法；司法案例

  在中国人情社会的背景下，互赠礼物、联络感情是无可厚非的，但"感情投资"是行贿方基于利益需求而对拥有相应管理职权的国家工作人员所进行的单向投资行为。这种超出人情往来意义的长期投资行为与双方利益变动密切相关，本质上就是国家公职人员权力寻租和利益诉求方变相行贿的形式。2016年颁布的《最高人民法院、最高人民检察院关于办理贪污贿赂刑事案件适用法律若干问题的解释》（以下简称《贪污贿赂解释》）第十三条第二款将"感情投资"行为加以限定后直接规定为受贿罪中"为他人谋取利益"的认定情形之一。本文旨在充分论证"感情投资"行为的刑法规制路径，对实务中"感情投资"型受贿犯罪的认定现状进行分析，以期规范司法裁判规则。

一、"感情投资"行为的刑法规制路径及司法现状

（一）"感情投资"行为的刑法规制路径

  大多数"感情投资"的司法案例中，行贿人多以正常的人情往来为由辩称不构成受贿罪。但法院在认定过程中，一般以双方是否明知财物给付是建立在权钱交易基础之

---

  * 高飞，南京市玄武区人民法院法官；王婵，南京市玄武区人民法院法官助理。

上为判断依据的。整理若干已决案件①可以看出，若收取财物后，请托人提出具体利益诉求，公职人员接受并为其谋利的，双方的权钱交易就已达成协议，这种情况下理应成立受贿罪，并将先前的"感情投资"一并计入受贿数额。②这实质上就是受贿罪的一般情形，以受贿罪定罪处罚并不存在理论上的障碍。而实务中棘手且存在较大争议的是行贿人只是单纯对国家工作人员的职权进行"投资"，并不提出具体的请托事项，这种行为从表面上看只是一种单纯的"送礼"行为。对此，理论中存在三种不同的刑法规制路径：

第一，直接删除"为他人谋取利益"构成要件要素，这是多数学者所提倡的。③但是，"为他人谋取利益"是我国刑法针对被动收受型受贿罪作出的特色规定，是担保职务行为不可收买性这一法益遭受侵害的联结要素，④具有存在的必要性和合理性，直接删除并不合适。

第二，单独增设"收受礼金罪"，为国家工作人员违反规定收取数额较大的财物和财产性利益行为单独配置法定刑。这种入罪路径可以有效避免"为他人谋取利益"构成要件要素给"感情投资"行为带来的认定难题。但是，又有学者认为，单纯收受财物仅存在侵犯职务公正性的抽象危险，⑤这与受贿罪实害犯的犯罪构成要件设定有着本质区别。若设置新罪后，其与现有受贿罪的边界则难以划清。此外，设立入罪门槛较低的收受礼金罪会造成该罪的处罚范围过于宽泛，这不仅有违刑法的谦抑性原则，⑥也容易使其沦为国家工作人员侥幸减轻刑事处罚的兜底性条款。

第三，通过司法解释将没有具体请托事项的"感情投资"行为纳入受贿罪的处罚范围之内。本文赞成该规制途径，因为这种方式成本较小，既不会破坏现有贿赂罪名体系的协调性，且司法解释的空间大，兼具灵活性。所以，这也是现阶段实务界所采取的规制路径。

（二）"感情投资"行为的司法认定现状

《贪污贿赂解释》施行至今已有5年多时间，为分析该解释第十三条第二款在司法实践中的运行现状，本文采取案例研究法，以类案整理与个案分析相结合，探究"感情投

① 张某受贿案，案号：湖北省襄阳市保康县人民法院（2013）鄂保康刑初字第54号；崔占禹受贿案，案号：山东省莱州市人民法院（2014）莱州刑初字第311号；李某某受贿案，案号：四川省攀枝花市西区人民法院（2014）攀西刑初字第169号；严某受贿案，案号：江苏省泰兴市人民法院（2017）苏1283刑初751号；王某受贿案，案号：江苏省泰州市姜堰区人民法院（2019）苏1204刑初293号；潘某受贿案，案号：江苏省洪泽县人民法院（2020）苏0813刑初140号。
② 参见中华人民共和国最高人民法院刑事审判一、二、三、四、五庭主编：《刑事审判参考（总第59集）》，法律出版社2007年版，第52页。
③ 程慎生、张琦：《也谈"为他人谋取利益"不应作为受贿罪的构成要件之一——以"前理解"为视角》，载《公民与法（法学版）》2010年第4期；严轮：《浅议取消受贿罪之"为他人谋取利益"要件》，载孙应征主编：《新型贿赂犯罪疑难问题研究与司法适用》，中国检察出版社2013年版，第550页；王志祥、柯明：《受贿罪中的"为他人谋取利益"要素应当删除——以非法收受礼金行为应否入罪为切入点的思考》，载《法治研究》2016年第1期。
④ 参见付立庆：《受贿罪中"为他人谋取利益"的体系地位：混合违法要素说的提倡》，载《法学家》2017年第3期。
⑤ 参见郝艳兵：《收受礼金行为犯罪化之辩》，载《兰州学刊》2016年第4期。
⑥ 参见王群：《公职人员收受礼金入刑的冷思考》，载《理论与改革》2015年第2期。

资"行为的司法认定现状。截至 2021 年 11 月 27 日,在中国裁判文书网上以"为他人谋取利益""感情投资"为关键词,以"受贿罪"为四级刑事事由,共获取 409 份刑事裁判文书,本文随机选取 2012 年至 2021 年期间的 140 份裁判文书作为研究对象。(见表 11)其中,适用一审程序的有 89 件,二审程序的有 47 件,再审程序的有 4 件。(见图 18)

表 11　140 份"感情投资"型受贿罪刑事判决书样本年份分布

裁判年份(年)	数量(份)	占比(%)
2012—2013	16	11.43
2014—2015	19	13.57
2016—2017	38	27.14
2018—2019	41	29.28
2020—2021	26	18.57

注:本表在数据占比统计中,由于四舍五入引起所有项目加总不等于 100%,特此说明。

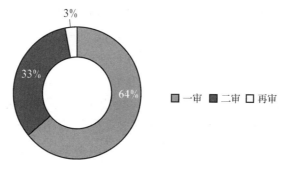

图 18　140 份"感情投资"型受贿罪案件的审理程序

对 140 份"感情投资"型受贿犯罪刑事裁判文书进行具体分析,发现实务中对《贪污贿赂解释》第十三条第二款的解释适用仍较为混乱,体现在以下三个方面:其一,"可能影响职权行使"的界限范围模糊,裁判理由基本采用文义解释的方式,部分裁判文书固化适用司法解释的痕迹较为明显;[①]其二,对于被告人"维系感情""正常交往"等辩称理由,裁判文书说理部分往往一笔带过,仅罗列案件事实,论证思维较为单一、混乱;[②]其三,入罪思想较为明显,对于与人情往来的界限不明晰。[③]

[①] 王泉波受贿案,案号:山东省临朐县人民法院(2020)鲁 0724 刑初 477 号;董玮受贿案,案号:甘肃省兰州市城关区人民法院(2020)甘 0102 刑初 1119 号;沈志彬受贿案,案号:湖北省随州市曾都区人民法院(2019)鄂 1303 刑初 303 号;尹德凯受贿案,案号:山东省淄博市临淄区人民法院(2017)鲁 0305 刑初 320 号等。

[②] 何德昌受贿案,案号:广东省怀集县人民法院(2021)粤 1224 刑初 29 号;徐健受贿案,案号:福建省宁德市人民法院(2020)闽 09 刑初 49 号;罗正诚受贿案,案号:湖北省郧西县人民法院(2018)鄂 0322 刑初 14 号等等。

[③] 蔡永泉受贿案,案号:四川省南充市顺庆区人民法院(2019)川 1302 刑初 576 号;刘运龙受贿案,案号:贵州省天柱县人民法院(2019)黔 2627 刑初 63 号;杨雪鸿受贿案,案号:四川省眉山市中级人民法院(2017)川 14 刑初 17 号;宋美华受贿案,案号:安徽省庐江县人民法院(2017)皖 0124 刑初 148 号等等。

二、"感情投资"型受贿犯罪司法解释的具体分析

(一)"感情投资"型受贿犯罪司法解释的逻辑思路和结构

《贪污贿赂解释》第十三条第二款采用推定的方式确定了"感情投资"行为的判定规则,并且对收取礼金的主体关系范围、礼金的数额等方面都作出了具体规定。厘清"感情投资"行为规定的逻辑结构是合理解释该条款适用规则的前提,因此,本文将这些限定条件划分为三个层次。第一层次为客观要素的限制,包括收受财物人与行送财物人之间的关系,即具有上下级关系或者具有行政管理关系。除此之外,还需要财产性利益的金额达到 3 万元以上。第二层次为受贿罪保护法益被侵犯的风险判断。基于一般公众的社会经验和认知常识,在上述具有特定利益关系的行贿、受贿双方之间,发生 3 万元以上利益输送是足以影响职权公正行使的,也就是具有侵犯受贿罪保护法益的现实风险,这也是司法解释规定的立足点。第三层次为刑事司法推定规则,根据双方关系、利益输送这两个客观要素的确认以及对具体风险的评估,推定出"感情投资"情形具备"为他人谋取利益"构成要件要素,而无需证明受贿人是否有许诺谋利或者实际为他人谋利的行为。

(二)司法解释规定中具体要素的判断

1. 受贿、行贿双方关系的范围。

受贿、行贿双方应具有上下级关系或者行政管理关系。司法解释限定主体范围的目的在于强调两者之间存在经济往来与国家工作人员的相应职权、地位有着直接关系。[①] 从实质解释的角度看,"上下级关系"不仅包括公务员行政体制中的隶属关系、领导与被领导关系,以及其他在同一行政层级体系内的制约关系,还应当包括具有实质意义上的上下级制约关系,[②]如某单位领导与不属领导主管的下级部门的国家工作人员之间也存在上下级关系。"行政管理关系"主要是指国家工作人员基于法律法规和相关规定,在行使职权过程中与行政相对人发生的监督关系。[③] 该条款中的"被管理人员"也即行政相对人的范围很宽泛,包括我国公民、法人或者其他组织以及在我国境内的外国人、无国籍人、外国组织等。可以说,在我国目前的行政管理体系中,只要相对人与国家工作人员职权有着直接利益关联,就能够成为"被管理人员"。可见,虽然司法解释在某种程度上限缩了"感情投资"行为构成受贿罪的范围,但实质解释的方式极大淡化了

① 参见王永浩:《论"感情投资"型受贿的刑法规制路径》,载江溯主编:《刑事法评论:刑法的科技化》,北京大学出版社 2020 年版,第 605－606 页。
② 参见叶良芳:《"为他人谋取利益"的一种实用主义诠释——〈关于办理贪污贿赂刑事案件适用法律若干问题的解释〉第 13 条评析》,载《浙江社会科学》2016 年第 8 期。
③ 参见谢杰:《贪污贿赂犯罪治理的制度优化与规则补充——基于对最新司法解释的法律与经济双面向反思》,载《政治与法律》2016 年第 6 期。

限制性规定的作用。因此，司法实践中在适用该条款时，应理性对待主体范围的扩张效果。

制约与管理是两种不同的权力配置方式，①前者强调权力主体之间的分工和职能分配，对应于司法解释中的"上下级关系"，后者强调的是权力部门对公共事务的管理，则与"行政管理关系"对应。正是行政权力的分化配置使得利益输送成为需求。同时，权力归根结底是人与人之间的关系，以及因此而产生的人与物之间的关系。② 权力的职能化和社会化滋生了权钱交易以及"感情投资"等腐败行为。因此，在解释时不仅要考虑受贿罪的保护法益和刑法设置该条款的目的，还应当考察行政权力体系本身的架构。

为防止限制条件在司法认定中陷入形式化泥潭，应将"上下级关系"严格限定在以下几种情况：（1）同一行政机关中上级对下级的领导、隶属关系；（2）非同一行政机关内但存在纵向领导、管理、监督关系，包括行为人虽然不直接领导，但基于职权范围内的权力能够派生出对于其他国家工作人员有行为约束力的情况；（3）不同级行政机关之间的监督关系。因为从字面意义上看，"上下级"强调的不仅包括单向度（垂直纵向）的法律关系，还旨在指出上级职权与下级利益之间具有直接制约关系，也即上级有为下级谋取利益的权力。因此，当然不包括平行横向行政机关之间的分工配合乃至监督关系。并且，单位内不同部门之间的国家工作人员以及上下级单位之间没有职务隶属、制约关系的国家工作人员之间也不属于这里的"上下级关系"。"行政管理关系"是指国家工作人员与行政相对人之间的监督制约关系，两者之间不存在绝对的命令与服从关系，但是应受到法律、法规、规章有明确规定的限制。③ "行政管理关系"的范围难以通过列举方式穷尽，但在判断时应以国家工作人员职权与行政相对人利益之间存在实质性关联为标准。

2. 手段行为的类型。

从《中华人民共和国刑法》第三百八十五条对受贿罪的表述以及司法解释的规定来看，索取型受贿罪不要求谋利构成要件要素就应当构成犯罪。《贪污贿赂解释》第十三条第二款明确手段行为包括索取或者收受，国家工作人员违反规定收受不正当财物的行为当然属于"感情投资"型受贿罪的客观行为方式。但司法解释增加索取这一行为类型，似乎指明索取型受贿罪也需要"为他人谋取利益"作为其构成要件要素。

针对该规定，本文认为至少有三种解释路径。其一，"为他人谋取利益"构成要件要素不是索取型受贿罪的必要构成要件要素，《贪污贿赂解释》的规定错误，应取消"感情投资"型受贿罪中的"索取"情形。其二，《贪污贿赂解释》该条款将"感情投资"行为纳入谋利构成要件要素的客观表现形式时，有意强调国家工作人员索取利害关系人财物当

① 参见陈国权、周鲁耀：《制约与监督：两种不同的权力逻辑》，载《浙江大学学报（人文社会科学版）》2013年第6期。
② 参见彭辅顺、谭志君：《贿赂犯罪的权力分析》，载《山东警察学院学报》2005年第3期。
③ 参见王成栋：《行政法律关系基本理论问题研究》，载《政法论坛》2001年第6期。

然也属于"感情投资"型受贿罪,而并不是说明"为他人谋取利益"是索取型受贿罪的构成要件要素。① 因此,这是一种提示性规定,只是司法解释者为了表述简易而导致的立法技术问题,其在法理上并不存在纰漏。其三,索取他人钱财的,是否满足"为他人谋取利益"的规定不影响受贿罪的成立,因此,谋利构成要件要素对索取型受贿罪不是必需的。但若索取他人财物并且具有为他人谋利意图的,当然也符合受贿罪之构成要件,因此,《贪污贿赂解释》的规定隐含揭示了这一逻辑。本文赞同第三种解释方式,虽然三种观点看似大同小异,都是以谋利构成要件要素仅是收受型受贿罪的必要构成要件要素为基本立场的,但三者有着实质差异。第一种观点从根本上否定了司法解释规定的逻辑性,认为应当直接删除;而第二种观点和第三种观点都是在予以保留的前提下寻求恰当的解释路径,前者认为虽符合法理,但属于司法解释技术的漏洞,后者则认为该条款既没有改变受贿罪谋利构成要件要素的配置规则,又明确了索取利害关系人财物行为的性质,是更为合理的。

3. 3 万元以上的财产性利益。

财产性利益需达到 3 万元以上,这一量化标准是为了方便实践中的具体认定,不仅充分考虑了与一般违法违纪规定的衔接,还有效地区分了受贿犯罪与正常人情往来之间的界限。② 但应注意两个问题:

第一,3 万元的数额与《贪污贿赂解释》第一条所规定的立案标准相一致,这是受贿罪的基本数额标准,符合该罪构成要件要素与法定刑设置匹配的基本原理。但是,单纯收受礼金行为的违法性明显轻于典型的受贿行为,一律以该数额处罚是否有违罪刑相适应的基本原则? 司法解释在此规定的"感情投资"行为处置规则表面上是在解释"为他人谋取利益"构成要件要素的含义,实质是对收受型受贿罪行为方式的规定,因此,将财物价值定在 3 万元是符合刑法规定协调性要求的。至于违法性较低以及罪刑不均衡的问题,完全可以在司法适用中的量刑上作出区别。

第二,财物 3 万元是否应累计计算? 本文主张,价值 3 万元以上应不限于单次索取或者收取的数额,可以累计计算。理由主要在于:与受贿罪数额累计一样,可以严密惩治贪腐犯罪的法网,若索要、收取不同行贿人累计 3 万元以下财物的行为不构成犯罪,国家工作人员则可以通过"蚂蚁搬家"的方式大肆敛财。但该观点可能遭到以下质疑。其一,若将多次收受数额累计在 3 万元的情形也包含在这一基本数额要求中,会极大消解该条款中的限制性条件,使得"感情投资"型受贿罪的范围无限扩张。其二,3 万元的条件与"可能影响职权行使"是紧密关联的,将所有累计计算的情形都包括在内不能与该条款中的其他限制条件形成联动关系。因此,财物价值 3 万元可以包括累计计算的情形,但限于国家工作人员针对同一行贿人单次或多次收受数额的累计。其三,不累计计算也不会带来处罚漏洞。因为除了刑法非难这一手段外,国家工作人员违法索取、收

① 参见罗开卷、陈庆安:《感情投资型索取、收受财物行为之入罪要件论》,载《上海政法学院学报(法治论丛)》2020 年第 5 期。
② 参见万春等:《办理贪污贿赂刑事案件要准确把握法律适用标准(下)》,载《检察日报》2016 年 5 月 24 日。

取财物的行为还会有违反党纪等处罚方式，也不会导致处罚的空白。

针对上述疑问，在此提出几点解释：其一，"感情投资"行为的处罚范围并不仅仅是以数额来限定的，而更多的是依据双方之间的利害制约关系，与受贿罪数额累积计算一样适用可以保持解释的统一性；其二，"可能影响职权行使"是对利害关系与数额的再次补充，只有累计计算才能从整体上判断受贿罪法益侵害的情况；其三，法规法纪的惩罚目的、效果明显不同于刑罚方式，且与"感情投资"行为的社会危害性不相匹配。

4. "可能影响职权行使"的具体危险

"可能影响职权行使"是根据双方存在实质制约关系以及 3 万元以上利益输送等客观事实而推定的侵犯受贿罪法益的具体风险。具体而言，在实务认定中，仍要从两者利益关系紧密程度来判断。若制约性关系越紧密，对国家工作人员职权的影响力也就越大，反之则相反。也即，应从双方关系与利益衡量的角度，站在一般人的理性立场，结合具体的客观事实，根据行送财物与谋取利益之间是否能建立起常态的联系来进行综合判断。① 纯粹的感情投资不能以犯罪处罚，只有与国家工作人员职权有着具体关联的"投资"才有动用刑法手段的必要。有学者指出，《贪污贿赂解释》的规定是以没有请托事项为前提的，若行贿方提出了具体诉求事项，则当然根据司法解释的规定直接认定为具有谋利的主观意图。② 本文认为，该观点具有合理性，但从是否对国家工作人员职务施加影响的限制性规定来看，其实质上是对"上下级关系和行政管理关系"的再次强调。一般而言，具备了主体性条件，确定两者之间存在利益关联，社会公众就有理由相信，"感情投资"行为能够影响国家工作人员的职权行使，从而损害职务行为的公正性。因此，特殊的利害关系和一定标准的财产性利益不仅说明了不法利益输送以及职务不正当行使的可能，这实质上也是从另一侧面说明了今后可能有具体请托事项的暗含要求。③

三、"感情投资"型受贿罪的主观故意与目的

受贿罪的罪过形式，学界一般认为是直接故意，间接故意和过失都不能构成受贿罪。④ 因为受贿罪本质是以权换利的行为，行为人若明知索取或收受财物与为他人谋取利益之间存在交换关系，而有意接受他人给予的财物的，其主观心态就只可能表现为直接故意。就算国家工作人员在接受财物时可能是被动的，但一旦决定接受贿赂，其意志因素也必定是希望侵害职务行为不可收买性和公正性结果的发生。

---

① 参见孙国祥：《承诺"为他人谋取利益"的解读与司法认定》，载孙应征主编：《新型贿赂犯罪疑难问题研究与司法适用》，中国检察出版社 2013 年版，第 273 页。

② 参见陈兴良：《为他人谋取利益的性质与认定——以两高贪污贿赂司法解释为中心》，载《法学评论》2016 年第 4 期。

③ 参见张伟：《受贿罪构成要件涵摄下的"为他人谋取利益"》，载《现代法学》2018 年第 3 期。

④ 参见王作富主编：《刑法分则实务研究（下）》，中国方正出版社 2010 年版，第 1762 页。

本文认为,"感情投资"行为构成受贿罪的主观方面包括直接故意和间接故意。决意收受财物的直接故意情形不存在争议;若国家工作人员只是被动地接受行贿方给予的财物,例如在红白喜事中国家工作人员一般很难认识到自己是在为他人谋取利益或者其有具体的请托事项。因此,在这种情形下受贿人的主观罪过形式就是间接故意。

在实务中,"感情投资"行为的主观故意难以认定。例如,被告人姜某时任青浦公安局局长期间,多次收受他人礼金等,非法所得共计 13 500 元。其中,其于 1998 年和 1999 年春节前的一天分别收受相关基层派出所的"慰问金"1 800 元和 2 500 元。判决书中指出基层派出所送钱给姜某时只是为了进行一般的联络感情,并没有提出利益诉求也没有特定的目的,不具有权钱交易的性质。① 是否仅因贿赂过程中请托事项不明而排除国家工作人员的犯罪故意和谋利目的? 本文认为,公职人员超越人情往来界限而接受他人财物的,不能仅因为请托事项不明就排除其犯罪性,应当从行为人是否有为他人谋取利益的主观意图以及受贿罪的概括故意等角度来具体分析。

在构成要件符合性的判断中,本文将"为他人谋取利益"定位为主观超过要件要素,也即对于构成受贿罪来说,只要具有为他人谋取利益的意图即可,而不要求实际上存在与之相对应的客观事实。具体到上述案件,姜某在公安局的职权与下级单位的利益之间有直接牵连关系,可以据此推定其具有谋利意图。然后,在有责性阶段判断国家工作人员是否有主观故意,即判断在明知对方与自身职务有密切关联的前提下,是否对损害公职行为不可收买性和公正性危害结果有希望或者放任的意志因素。因此,满足利害关系紧密程度等一系列客观条件后,只需要国家工作人员在客观上有符合受贿犯罪数额标准的受财行为就能判断。即使没有相应的供述,财产性利益流转的客观事实与谋取利益规定也能有效联结,继而追溯性地印证行为人主观上有受贿故意。②

此外,既然存在间接故意的情形,也就延伸出另外一个问题:若将"为他人谋取利益"定位为超过受贿罪主观故意的目的,那么如何处理其与"感情投资"型受贿罪间接故意之间的关系? 有观点认为,目的犯只能由直接故意构成。因为犯罪目的是指犯罪人主观上通过实施犯罪行为达到某种危害结果的希望或追求,③对不法结果的态度表现就只能为直接故意。本文不赞同该种观点。一方面,犯罪故意和犯罪目的的内容不同,并且两者在犯罪构成体系中处于不同的判断层次。作为责任要素的故意需要对构成要件要素的行为、结果以及各种附随情状都有认识,而作为短缩二行为犯中的特定目的而言,并不需要行为人认识到所有客观行为情状。可见,目的的内容并不是犯罪故意所能包涵的,所以目的的心态并不能决定故意的类型。另一方面,从心理事实角度看,行为

---

① 参见陈兴良等:《人民法院刑事指导案例裁判要旨通纂(下卷)》,北京大学出版社 2013 年版,第 1145 - 1147 页。
② 参见刘宪权、谢杰:《贿赂犯罪刑法理论与实务》,上海人民出版社 2012 年版,第 59 页。
③ 参见彭文华:《目的理论的体系性梳理——兼谈主观超过要素之否定》,载《法学评论》2012 年第 5 期。

人所放任的结果与所追求的目的不统一时可以毫不冲突地存在于行为人的主观心理中。[①] 并且，从间接故意的表现形式来看，行为人完全可以为了实现特定犯罪目的而放任结果发生，这证明了间接故意犯罪中也可能存在目的。由此，在"感情投资"的情形下，国家工作人员索取、收受利害关系人价值 3 万元以上财物时，就具有"为他人谋取利益"的主观目的，同时，行为人对职权不可收买性和公正性的危害结果是持有放任态度的。

四、"感情投资"型受贿罪与人情往来的界分

收取他人礼金的情形中，"谋利"与受财行为完全错开，往往很难被证明权钱之间存在明确的对价关系。因此，在司法实践认定中存在争议。

首先，目前很多学者提出了区分两者的标准，包括双方关系、往来财物的价值、馈赠财物的时机与方式等。主要理由在于：一般而言，馈赠存在于双方具有长期友情交往的基础上，而大多数贿赂发生在具有利害制约关系的双方之间；馈赠是人情的象征，所以，其价值大小应符合礼节习俗，超出常规的巨额馈赠，难免有贿赂之嫌。如果是正常的人情往来，一般没有特别掩饰的必要，而秘密馈赠认定为贿赂的可能性则较大。上述判断标准对于区分受贿行为与正常人情往来的界限有积极作用，但都不是绝对的，所以也并不能据此从根本上划清两者的范围。

其次，《贪污贿赂解释》直接将"感情投资"行为作为谋利构成要件要素的客观表现形式，所以，在重新审视两者区分标准时仍应回到"为他人谋取利益"构成要件要素设置的目的上，从其内涵出发来解决实务问题。谋利构成要件要素属于主观的违法要素，因此，在判断行为人是否有主观意图时，应确立若干客观考察因素。"感情投资"行为实质上是将贿赂与职权分离开，所以区分标准应以收受财物行为与职务行为之间有关联性和对价性为核心来确定。在此，本文提出以下三个判断因素：

其一，双方有隶属、管理关系，客观制约性意味着国家工作人员有为他人谋取利益的客观可能，这是利益输送存在的前提；其二，存在客观因果关系，国家工作人员收受与其利益关联的财物，若其不能充分有效证明其合法性则应推定受财与职务行为之间存在因果关系；其三，收受行为与职务行为之间有对价性，这应当从职务行为的影响力来判断，一般情况下职权能为对方谋取的利益越大，其对价也就越高，通过礼金价值就可以推断收受行为与职务行为之间是否有对价关系。

结合案例具体分析，例如，朱某某在担任盘县教育局财务审计股股长期间，于 2011 年至 2013 年节假日期间先后四次收受其侄子王某的现金共计 8 万元人民币。[②] 在认定是否构成受贿罪时，朱某某辩称王某与其是亲戚关系，送的 8 万元是过年费，属于礼尚

---

① 参见张明楷：《刑法学（第五版）》，法律出版社 2016 年版，第 301 页。
② 参见贵州省六盘水市中级人民法院(2014)黔六中刑三终字第 45 号。

往来。但我们应撇开双方亲属关系的表象来看是否存在权钱交易的本质。虽然朱某某与王某是亲戚，但朱某某在职期间主要负责协调全县教育经费的管理和使用，落实对下级转移支付资金、中小学危房改造等工作，因此与王某所在的贵州泰龙建筑加固公司所承接的校安工程有着密切的利益关联，朱某某所拥有的职权能够对校安工程顺利完成起到很大的配合、支持作用，并且，其在明知王某对其有利益诉求的情况下收受8万元价值较大的财物，可以推断收受行为与职权行为之间存在对价关系，也即8万元财物属于贿赂，而不是所谓的礼尚往来。可见，在案件的具体判断中，主要看"感情投资"行为所指向的利益需求是否与国家工作人员之间的职权有直接、密切关联。

最后，《贪污贿赂解释》将公职人员索取、收受利害关系人财物且可能影响职权行使的行为视为承诺"为他人谋取利益"，这是一种司法推定，这种推定方式应建立在诸多客观要素基础之上。司法实务中关于"感情投资"行为的情形纷繁复杂，所以在划定罪与非罪的界限时，不仅要考虑"为他人谋取利益"内涵所衍生的区分标准，还要综合把握前文所提及的往来财物价值大小、馈赠缘由、方式等因素。若双方仅系基于人情世故社交规范意义上的往来，任何一方在礼金上的收支，从整体和长期来看都是平衡的，[1]就可以否定利益关系，排除贿赂犯罪的构成要件。

---

① 参见车浩：《贿赂犯罪中"感情投资"与"人情往来"的教义学形塑》，载《法学评论》2019年第4期。

成年后再次实施毒品犯罪不构成毒品再犯

——从"神某某贩卖毒品案"谈起

杨 林 张丹丹[*]

摘 要:未成年犯罪封存制度旨在从实体上保护未成年人权利,被封存的记录不能随意使用,亦不能作为认定其在成年后再次实施毒品犯罪构成毒品再犯的依据。未成年人成年后再次实施毒品犯罪并非当然具有严重的人身危险性,与从重惩治毒品再犯的违法性基础存在冲突。根据体系解释,对未成年司法保护应一以贯之,其不构成累犯,成年后不构成暴力犯罪再犯。依据举重以明轻原则,未成年人在成年后再次实施毒品犯罪亦不构成毒品再犯。综上,因走私、贩卖、运输、制造、非法持有毒品被判过刑的未成年人,成年后再次实施上述犯罪的,不构成毒品再犯。

关键词:未成年人;毒品再犯;贩卖毒品罪

我国对毒品犯罪一贯坚持从严打击的刑事政策,高复发率、年轻化是毒品犯罪的显著特征。从中国裁判文书网上,以"毒品""再犯"为关键词搜索,发现全国 2019 年毒品犯罪案件有 209 608 件,其中毒品再犯案件有 18 438 件;2020 年毒品犯罪案件有 171 871 件,其中毒品再犯案件有 14 668 件。毒品再犯占毒品犯罪的比例较稳定,约为 8.5%。因此,《中华人民共和国刑法》第三百五十六条规定,因走私、贩卖、运输、制造、非法持有毒品罪被判过刑,又犯本节规定之罪的,从重处罚。通过设立毒品犯罪再犯制度强化毒品犯罪打击的力度。

然而,未成年人在刑法中具有特殊的主体地位,对未成年人坚持从宽的处罚立场,是国家亲权主义的要求,也是刑法人性光辉的体现。显然,对未成年人犯罪坚持宽大的立场是国际社会的共识,我国对未成年人犯罪坚持教育。同时,《中华人民共和国刑法修正案(八)》明确规定,未成年人不构成累犯。鉴于此,对于未成年人在成年后再次实施毒品犯罪是否适用刑法第三百五十六条规定,能否构成毒品再犯,在实践与理论中都存在诸多争议。

---

* 杨林,江苏省扬州市中级人民法院研究室主任、四级高级法官;张丹丹,江苏省扬州市中级人民法院法官助理。

一、问题的提出

【案例一】2020 年 8 月 2 日凌晨,被告人神某某(2000 年 9 月 8 日生)为单某某等人购买冰毒与被告人夏某某取得联系后,赶至与被告人夏某某约定的本市新城镇马坝村王东桥桥南处,以人民币 1 200 元的价格购买冰毒(甲基苯丙胺)约 1 克后交给单某某等人。同时被告人神某某从被告人夏某某处获取冰毒(甲基苯丙胺)约 0.2 克作为好处,后用于自己吸食。经查,被告人神某某曾因犯贩卖毒品罪,于 2016 年 8 月 11 日被安徽省天长市人民法院判处有期徒刑二年,并处罚金人民币 2 000 元。一审法院认为,被告人神某某、夏某某明知是毒品仍予以贩卖,其行为均已构成贩卖毒品罪,依法均应当予以惩处。被告人神某某曾因故意犯罪被判处有期徒刑,刑罚执行完毕后,在五年以内再犯应当判处有期徒刑以上刑罚之罪,是累犯;被告人神某某曾因犯贩卖毒品罪被判刑,又犯贩卖毒品罪,依法应当从重处罚。被告人神某某、夏某某归案后如实供述自己的罪行,且自愿接受处罚,依法可以从轻处罚。据此判决:一、被告人神某某犯贩卖毒品罪,判处有期徒刑七个月,并处罚金人民币 1 000 元;二、被告人夏某某犯贩卖毒品罪,判处有期徒刑六个月,并处罚金人民币 1 000 元。判决生效后,检察机关抗诉认为原审被告人神某某不构成毒品再犯。经再审审查,法院判定原审被告人神某某第一次贩卖毒品时不满十八周岁,依照《中华人民共和国刑事诉讼法》(2018 年修正)第二百八十六条的规定,犯罪的时候不满十八周岁,被判处五年有期徒刑以下刑罚的,应当对相关犯罪记录予以封存。对于罪犯在未成年时的贩卖毒品行为是否认定为毒品再犯,我国刑法、刑事诉讼法虽未作出明确规定,但基于对未成年人的特殊保护原则,可以参照适用未成年人相关犯罪记录予以封存的规定。因此,原判适用《中华人民共和国刑法》第三百五十六条认定原审被告人神某某构成毒品再犯,系适用法律具有瑕疵,依法应予纠正。①

【案例二】被告人李某某,男,1973 年 11 月 28 日出生。1992 年 2 月 15 日因犯运输毒品罪被判处死刑,缓刑两年执行,剥夺政治权利终身,经减刑于 2006 年 10 月 20 日释放,2010 年 4 月 2 日因涉嫌贩卖、运输毒品罪被逮捕。一、二审法院均认为李某某构成毒品再犯,并以被告人李某某犯贩卖、运输毒品罪,判处死刑,剥夺政治权利终身,并处没收个人全部财产。最高人民法院经复核认为李某某系毒品再犯,裁定核准维持第一审对被告人李某某以贩卖、运输毒品罪判处死刑,剥夺政治权利终身,并处没收个人全部财产的刑事裁定。

可见,对于未成年人成年后再次实施毒品犯罪是否构成毒品再犯是本案主要争议焦点。由于历史和现实的原因,我国对毒品犯罪一直持从严打击的方针。毒品再犯制

---

① 参见江苏省扬州市中级人民法院(2021)苏 10 刑抗 3 号刑事判决书。

度就是从严打击方针的具体体现。① 毒品犯罪具有高复发性、特殊危害性，在刑事立法上确立毒品再犯从重处罚的规定有其历史背景和现实迫切需求。② 因此，1990 年《全国人民代表大会常务委员会关于禁毒的决定》规定，因走私、贩卖、运输、制造、非法持有毒品罪被判过刑，又犯本决定规定之罪的，从重处罚。后刑法第三百五十六条纳入后规定毒品再犯制度。对因毒品犯罪被科以刑罚的犯罪分子再次实施毒品犯罪，显示了毒品再犯分子人身危险性高，改造难度大，此时适用毒品再犯制度对其从重处罚，是对前次刑罚不足的补救。刑法第三百五十六条的规定并未明确将未成年人排除出毒品再犯适用主体范围。因此，未成年人能否构成毒品再犯在实践中存在分歧意见。同时，在理论上，学者们也众说纷纭。有学者认为，毒品再犯制度是刑法总则累犯制度的特别规定，毒品再犯制度是特别累犯的一种，从刑法体系解释的角度出发，毒品再犯当然适用累犯制度的相关规定，未成年人不能构成毒品再犯。③ 有学者认为，未成年人免除犯罪前科报告义务和犯罪前科封存并不等于犯罪前科消灭。同时，已满十四周岁未满十六周岁的未成年人就需要对贩卖毒品罪负刑事责任。在毒品犯罪"从严打击"和对未成年人"从宽处理"刑事政策的竞合，但对未成年人"从宽处罚"的刑事政策应当优先于对毒品犯罪"从严打击"的刑事政策适用。因此，未成年人犯罪可以成立毒品犯罪再犯。④ 还有学者认为，未成年人能否构成毒品再犯，要具体问题具体分析。只有当未成年人实施刑法第三百五十六条规定的毒品犯罪，且前罪和后罪均被判处五年以上有期徒刑的，才应认定为毒品再犯。前罪或者后罪若有一个被判处五年有期徒刑以下刑罚的，就不应构成毒品再犯。⑤

笔者认为，从未成年人犯罪封存制度、毒品再犯惩治目的与刑法体系解释上看，因毒品犯罪被判处刑罚的未成年人，在成年后再次实施毒品犯罪的，不构成毒品再犯。

二、封存的犯罪记录不能作为认定其成年后成立毒品再犯的依据

未成年人犯罪记录封存制度旨在将未成年人犯轻罪的记录予以封存，不得向他人提供，只有在特殊情形下才能适用，与认定未成年人成年后再次实施毒品犯罪，构成毒品再犯存在矛盾。

（一）未成年犯罪封存制度的实质性意义

意大利刑法学家贝卡利亚所倡导的标签理论认为，"对人类心灵发生较大影响的，不是刑罚的强烈性，而是刑罚的延续性"⑥。这说明犯罪记录让犯罪人受到歧视，而难

---

① 参见何荣功：《未成年人不构成毒品犯罪再犯》，载《检察日报》2016 年 1 月 13 日。
② 参见袁登明：《毒品再犯制度适用问题研究》，载《法律适用》2014 年第 9 期。
③ 参见刘宪权、周舟：《特殊群体从宽处罚规定司法适用分析》，载《华东政法大学学报》2011 年第 6 期。
④ 参见高蕴嵘：《未成年人可以构成毒品犯罪再犯》，载《检察日报》2016 年 2 月 27 日。
⑤ 参见何荣功：《未成年人不应构成毒品犯罪再犯》，载《检察日报》2016 年 1 月 13 日。
⑥ ［意］贝卡利亚：《论犯罪与刑罚》，黄风译，中国法制出版社 2005 年版，第 54 页。

以重新融入社会。为更好地保障未成年人权益,2012 年刑事诉讼法修正案确立了未成年人犯罪记录封存制度。

《中华人民共和国刑事诉讼法》(2012 年修正)第二百七十五条规定,犯罪的时候不满十八周岁,被判处五年有期徒刑以下刑罚的,应当对相关犯罪记录予以封存。犯罪记录被封存的,不得向任何单位和个人提供,但司法机关为办案需要或者有关单位根据国家规定进行查询的除外。依法进行查询的单位,应当对被封存的犯罪记录的情况予以保密。湖北省高级人民法院出台的《未成年人犯罪记录封存实施办法(试行)》第十条规定,犯罪记录被封存的,不得向任何单位和个人提供,但司法机关为办理案件需要或者有关单位根据国家规定进行查询的除外。本办法所称"办案需要",是指司法机关为办理刑事案件和未成年人犯罪记录对认定事实可能产生影响的其他案件,需要查询未成年人犯罪记录的。可见,对于未成年犯罪封存制度来说,犯罪封存是原则,只有在特殊情况下才能公开。而这个"特殊情况"仅限定为"为办案需要",即为案件办理需要,具体是指出于从未成年犯罪嫌疑人、被告人的犯罪记录中获取线索、有关定罪量刑信息、[①]需要追究漏罪、对其进行有针对性的教育以帮助其顺利回归社会这三种目的,且必须杜绝查询是为了其后的成年人诉讼中加以运用以及其他有损未成年人利益的目的。[②]

(二)未成年犯罪封存制度对未成年成年后再次实施毒品犯罪的影响

司法公正是司法的根本价值追求,在法律价值体系中处于基本价值地位,司法效率等其他价值在司法价值体系中应处于何种位阶关系最终是以公正价值作为衡量标准的。[③] 具体来说,公平强调两方面内容,包括公平强调实体正义和程序正义,其对应的即为对诉讼当事人实体权利保护与程序保护两方面。实体权利保护强调的是对当事人权利义务的保护,程序权利保护强调的是对当事人平等参与诉讼的权利的保护。从未成年人犯罪记录封存制度实质上看,其对未成年人的保护属于实体权利保护,而并非仅为程序保护。

一方面,犯罪记录封存制度不仅在于对犯罪记录的封存,同时也消除犯罪对未成年入伍、就业等方面的影响,使得即使曾经犯罪的未成年人,其在入伍、就业、升学等方面都能受到与其他人平等的保护,且不受其他限制,从而保护未成年人实体权利。同时,对未成年人犯罪记录查询及用途有明确规定。对未成年人犯罪记录只有在"为办案需要"或"根据国家规定"情况下才能查询。但查询并不等于随意利用,查询后需要严格保密且不得随意泄露,特别是不得作为损害行为人利益使用,以实现对当事人全方面的保护。

另一方面,《最高人民法院 最高人民检察院 公安部 司法部关于未成年人犯罪记录封存的实施办法》规定,对未成年人实施新罪或者发现漏罪需要数罪并罚时才能解

① 参见孙茂利:《新刑事诉讼法释义与公安实务指南》,中国人民公安大学出版社 2012 年版,第 550 页。
② 参见胡红军、王彪:《未成年人毒品犯罪记录不能作为毒品再犯的依据》,载《人民司法》2014 年第 12 期。
③ 参见陈文曲、郑宁:《论我国民事强制律师代理制度之确立》,载《学海》2008 年第 6 期。

封。经分析发现,在实施新罪或发现漏罪后,经过数罪并罚后犯罪人不符合犯罪记录封存制度规定的轻型犯罪条件,则不封存;如果符合,则应该封存。这恰是对犯罪封存记录属于实体性保护的强调,而并非仅针对新罪或漏罪的规定。因为,在发现有新罪、漏罪的特殊情况下对两罪进行重新处理,此时,已经封存的犯罪记录并不是仅仅被解封,而是对综合判断后产生的新的犯罪记录进行考察是否符合犯罪记录封存的要求,具体是对两起犯罪事实进行综合考量后决定是否对当事人实体权利进行限制。换言之,即使对犯罪不封存,并非因为重新犯罪或存在两个以上罪名,而是出于对数罪并罚的考虑,是实质上的处理封存的事实,而并非程序上单纯考量是否解封。

可见,未成年犯罪封存制度的实体性保护特征,从制度实施上排除了犯罪记录对其再犯罪进行利用的可能性。再言之,如果未成年人犯罪记录被封存后又被当作认定毒品再犯的依据加以利用,作为其犯罪定罪量刑的根据,则可能出现在再犯罪裁判文书中公开表述或隐性指示未成年人曾经的犯罪事实,造成犯罪记录被公开的尴尬,则失去了对未成年人犯罪记录封存的意义与必要。因此,在毒品再犯情况中,未成年人犯罪记录封存不能被使用,认定未成年人成年后再次实施毒品犯罪构成毒品再犯的基础不存在。若对已经封存的犯罪记录进行运用,从而认定再犯的身份,则意味着犯罪封存制度存于不稳定的状态,随时可能被推翻,这是对未成人权利保护的不充分。

三、未成年人成年后再次实施毒品犯罪并非具有严重人身危险性

对毒品再犯进行从重处罚的原因在于行为人具有严重的人身危险性,认定未成年人成年后再次实施毒品犯罪构成毒品再犯是对人身危险性的刑法判断,但严重的人身危险性并非其主要特征。

(一)毒品再犯的违法性在于行为人严重的人身危险性

根据《中华人民共和国刑法》第五条规定,刑罚的轻重,应当与犯罪分子所犯罪行和承担的刑事责任相适应。这是罪责刑相适用原则的要求,认定犯罪、明确刑罚要达到罪、责、刑三者的和谐,任何只关注犯罪分子的罪行,只关注犯罪分子的刑事责任,只注重对犯罪分子处以刑罚,都是有失偏颇的。行为人所需要承担的刑罚应当与犯罪行为社会危害性和行为人主观恶性与人身危险性相适应,坚持重罪重罚、轻罪轻罚,罪刑相当、罚当其罪。行为的社会危害性程度与行为人的人身危险性相对应,可以说,行为社会危害性严重亦反映出行为人人身危险性严重。

通常来说,"人身危险性"的内涵主要有三方面:一是从犯罪意识上看,犯罪人具有再犯可能性,即根据行为人案前、案中、案后情况测定其具有再犯可能性,[①]具体是指对犯罪意识的再次体现;二是从犯罪手段上看,初犯可能性与再犯可能性的综合,这亦受

---

① 参见邱兴隆、许章润:《刑罚学》,中国政法大学出版社1999年版,第259页。

到域外分化性联想理论的影响,①具体是指学习、改进、优化、运用犯罪手段等;三是从社会危害性上看,犯罪主体具有潜在威胁与再犯可能性,②包括犯罪行为人对社会的影响,以及是否可能实施其他犯罪的可能性。这是毒品再犯处罚的基础,即对毒品再犯从重处罚,既反映出毒品再犯行为的社会危害性严重,也反映出毒品再犯行为人人身危险性严重,而后者是主要立足点。

(二)未成年人成年后再次实施毒品犯罪并非具有严重人身危险性

虽然按照刑法第三百五十六条的字面解释,对毒品再犯从重处罚包括成年人与未成年人。但未成年人成年后再次实施毒品犯罪并非具有严重人身危险性,主要基于两方面考虑:

其一,从犯罪可能性上看,对毒品犯罪而言,犯罪手段隐蔽,其暴利性极易吸引认知状态不太成熟的未成年人。另外,除了未成年人生理和心理特点之外,家庭、学校、社会、不良传媒等社会政治、经济、文化、道德方面的因素与青少年犯罪多发密切相关。③而这些因素的影响可能从行为人未成年时期延续至成年之后的一段时间。另外,毒品犯罪规定在刑法第六章妨害社会管理秩序罪的第七节当中,其犯罪客体侵犯的是社会秩序,并非严重危及人身安全的暴力犯罪,其受社会环境、交往环境的影响较大,属于"易被传染"的犯罪。对未成年人来说,其受到不良影响,可能走上毒品犯罪之路,但其脱离不良社会环境后,很有可能被挽救。因此,成年后再次实施毒品犯罪极易受到客观因素的影响,并非完全反映其主观上具有严重人身危险性。

其二,从犯罪手段上看,构成毒品再犯可能涉及走私、贩卖、运输、制造或持有等多种行为。且毒品再犯制度的前罪主要是走私、贩卖、运输、制造以及持有毒品罪。其中制造毒品罪具有较强的"技能性",走私、贩卖、运输毒品罪具有较强的"经验性",多次实施前者犯罪需要掌握特定的"技术",具有特殊性;而实施后者犯罪仅仅需要掌握如何避免犯罪行为不被发现,如何隐蔽地完成交易过程,这些"经验"不仅是毒品犯罪"特有"的,也可能被其他任何犯罪所用。换言之,在毒品犯罪中使用的犯罪手段并非完全可以作为其他犯罪的手段,构成毒品犯罪的并非可能构成其他犯罪,行为人潜在威胁与人身危险性并非严重。因此,单纯认定未成年人构成毒品再犯,对其予以从重处罚,而对其多次实施其他犯罪不予从重处罚,不具有正当性。

其三,从犯罪主体身份上看,曾犯毒品犯罪的未成年人大多系失学、辍学的行为人。一方面,受其客观生理条件限制,他们大多实施持有、运输等手段隐蔽或小额毒品犯罪。其成年后再次实施毒品犯罪时,因技术手段、能力等限制,犯罪手段可能简单粗暴。另一方面,当前我国正处于社会转型期,各种道德观念和价值的对立和冲突产生了"失范

① 参见陈兴良:《刑法哲学》,中国政法大学出版社1997年版,第186页。
② 参见张明楷:《刑法学》,法律出版社1997年版,第51页。
③ 参见姚建龙:《青少年犯罪与司法论要》,中国政法大学出版社2014版,第17页。

状态"。① 由于智力发育不健全、社会经验不丰富等原因，未成年人在对个人行为的认识和控制能力上与成年人有明显差异。同时，未成年人实施毒品犯罪更具有侥幸心理，且毒品犯罪的暴利性对未成年人诱惑更大。可见，未成年人多次实施毒品犯罪并非具有较强技术手段与专业能力，无法反映未成年人具有严重的主观恶性。

可见，与成年人相比，未成年人是一类特殊群体，在生理及心理的发育上仍不成熟，需要国家以实现未成年人利益最大化和有利于其未来的发展为基础来制定各项法律。② 在未成年人犯罪处罚时，应当秉承的理念是：未成年人与成年人之间存在实质性的差异，在刑事司法上对未成年人实行区别对待和有别于成年人的特殊规则。③ 成年人构成毒品再犯，反映出其具有严重人身危险性，但并不当然推导出未成年人再次实施毒品犯罪即具有严重人身危险性。单纯以刑法第三百五十六条认定为未成年人成年后再次实施毒品犯罪可以成立毒品再犯的"有力法律依据"，与刑事立法基础存在冲突。

四、认定未成年人成年后构成毒品犯罪与体系解释逻辑不符

对刑法第三百五十六条的理解，既需要符合伦理解释、立法精神，更需要从理解上、从条文内部结构关系、条与条之间联系上进行体系解释。从体系解释上看，未成年人成年后再次实施毒品犯罪成立毒品再犯不符合法律逻辑。

（一）体系解释对毒品再犯的影响

任何法律规定都不是孤立存在的，法律条文与条文之间存在着千丝万缕的关系，这就使刑法体系解释存在疑义。体系解释是为了融贯条文与其他条文的逻辑关系，可以避免解释本身违反其他条文的现象，并确保那些可能支持其他条文的融贯理由不被忽视。④ 因此，对于毒品再犯制度，需要运用整体化思维将其置于刑法大系统中进行考虑，以便作出契合法律目的的实质解释。同时，毒品再犯被规定在分则当中，毫无疑问其在适用过程中应当与刑法总则的规定保持一致，并受刑法总则规定的约束。另外，毒品再犯需要符合刑事政策要求。而在未成年人成年后是否构成毒品再犯问题上，还需同时符合有关未成年人犯罪的刑事政策。

（二）体系解释对未成年人成年后是否成立毒品再犯的影响

依据刑法体系解释，毒品犯罪"从重从严处罚"和未成年人犯罪"从轻从宽处罚"的刑事政策相悖，主要基于以下三方面考虑：

---

① 参见赵秉志、廖万里：《论未成年人犯罪前科应予消灭：一个社会学角度的分析》，载《法学论坛》2008 年第 1 期。
② 参见赵秉志主编：《刑事法治发展研究报告（2012—2013 年卷）》，中国人民公安大学出版社 2014 年版，第561 页。
③ 参见胡江、邹梦瑶：《我国未成年人毒品再犯问题之检视》，载《公安学刊（浙江警察学院学报）》2018 年第 1 期。
④ 参见［瑞典］亚历山大·佩策尼克：《论法律与理性》，陈曦译，中国政法大学出版社 2015 年版，第 357 - 358 页。

第一，就毒品犯罪本身而言，我国毒品犯罪刑事政策与毒品犯罪形势密切关联，与国际禁毒工作保持联动，总体趋严、"严刑禁毒"特征明显。[①] 从事实层面上看，毒品犯罪不属于暴力犯罪，其社会危害性可能不比故意杀人、故意伤害致人死亡、抢劫等暴力型犯罪更甚。对未成年人成年后再次实施故意杀人、故意伤害致人死亡、抢劫等暴力型犯罪并未规定为相应的再犯。若承认未成年人成年后再次实施毒品犯罪构成毒品再犯，则可能出现行为人实施社会危害性严重的犯罪并未从重处罚，反而实施社会危害性较之较轻的毒品犯罪需要从重处罚的情形，导致刑罚不均衡。

第二，就毒品再犯性质来看，其属于累犯的特别规定，其与总则累犯的规定属于指导与被指导的关系。[②] 与累犯相比，其对行为人犯罪时间的要求较低，填补了累犯制度不能评价的部分犯罪空白。根据毒品再犯定位、目的，若未成年人成年后因未成年时期犯罪不能构成累犯，但可以构成毒品再犯，则可能导致毒品再犯的价值与累犯制度价值相悖的情况。根据举重以明轻的原则，未成年人成年后实施犯罪不构成规定较为严格的累犯，自然也不构成规定较为松散的毒品再犯。换言之，根据当然解释，在规定未成年人不构成累犯时，即当然排除其构成毒品再犯。同时，这不仅适用于未成年人本身，也适用于未成年人成年后存在该种类型的情形。

第三，"毫不动摇地坚持依法从严惩处毒品犯罪"的零容忍态度，从防卫社会和报应犯罪的角度考察，并无不妥。[③] 这也是我国对毒品犯罪打击的基本刑事政策。这集中反映在刑罚处罚上，目前刑法规定存在毒品犯罪整体的刑罚量和最终处理的犯罪分子的数量方面均高于其他犯罪的趋势。然而，就未成年人犯罪规定上看，刑法第十七条第四款规定，"对依照前三款规定追究刑事责任的不满十八周岁的人，应当从轻或者减轻处罚"。这体现了对未成年人犯罪从宽处罚的刑事政策。同时，对未成年人犯罪采取宽大立场是国际社会的共识，如《联合国少年司法最低限度标准规则》规定，少年司法制度应强调少年的幸福，并应确保对少年犯作出的任何反应均应与罪犯违法行为情况相称。我国亦加入有关国际公约，并对未成年人犯罪作出特别规定。如《中华人民共和国未成年人犯罪法》规定，对犯罪的未成年人追究刑事责任，实行教育、感化、挽救方针，坚持教育为主、惩罚为辅的原则。在未成年人实施了刑法第三百五十六条规定的犯罪行为时，便发生了"从严打击"和"从宽处理"刑事政策的竞合。在这种情况下，何者优先考虑和适用，成为解决未成年人成年后再次实施毒品犯罪能否构成毒品再犯的关键之一。虽然对毒品犯罪适用从严处罚的刑事责任，对毒品再犯从重处罚，但其规定仍在总则有关刑事责任年龄规定的涵射范围之内，对未成年人犯罪从宽处罚应当是一以贯之的，并非存在分阶段或分情况的。但若承认未成年人成年后构成毒品再犯，对其进行从重处罚，则导致对未成年人犯罪从宽处罚刑事政策形同虚设。

① 参见胡江、于浩洋：《新中国70年来毒品犯罪刑事政策的变迁与完善——从"打击"走向"治理"》，载《广西社会科学》2019年第11期。
② 参见焦阳：《论毒品犯罪累犯与再犯规定的协调》，载《成都理工大学学报（社会科学版）》2016年第3期。
③ 参见王思维：《论未成年人不应构成毒品再犯》，载《青少年犯罪问题》2017年第4期。

因而，毒品再犯制度需与刑法总则、暴力犯罪、累犯制度的精神一致。根据体系解释，综合考虑毒品犯罪与暴力犯罪社会危害性程度、毒品再犯与累犯制度关系、未成年人犯罪特殊规定等因素，未成年人成年后再次实施毒品犯罪不应构成毒品再犯。

结　语

法治的文明化过程就是一个国家刑罚权不断走向宽容和人道的过程。[①] 未成年犯罪封存制度的设立是在于从刑法上免除未成年人前科报告义务，主要依靠非刑罚处罚方式矫正未成年人犯罪行为，而非直接采用刑罚处罚方式。在"爱幼"思想以及"教育为主、惩罚为辅"原则的影响下，从未成年犯罪封存制度效果、毒品再犯惩治目的以及刑法体系解释上看，未成年人成年后再次实施毒品犯罪的不应认定为构成毒品再犯。本文案例中，神某某 2016 年 8 月 11 日犯贩卖毒品罪被判处有期徒刑二年，未满十八周岁，系未成年人。2020 年 8 月 2 日神某某成年后，再次实施贩卖毒品行为，构成贩卖毒品罪，被判处有期徒刑七个月。两罪均为轻罪，数罪并罚后不属于不符合犯罪记录封存制度规定的轻型犯罪条件。因此，神某某成年后再次实施毒品犯罪不成立毒品再犯，且其在未成年人时期的犯罪记录应予封存，不应在裁判文书中予以表述，以实现对其的有效保护。

---

① 参见孙万怀：《刑事政策合法性的历史》，法律出版社 2016 年版，第 227 页。

非典型性强奸案无罪辩护路径探究

梁春年*

摘　要：非典型性强奸案中被害人往往无明显反抗，这使得违反被害人意志判断更加难以把握。对于此类案件无罪辩护，我们需要综合全案的证据进行分析，寻找被害人陈述中的漏洞，从多个角度对相关事实提出合理怀疑，以实现疑罪从无的辩护思路。

关键词：非典型性强奸；违背妇女意志；证明标准

强奸罪作为一种传统性犯罪，常常伴随暴力、胁迫或其他方式压制被害人的反抗。所谓非典型性强奸罪就是行为人不使用暴力或者使用的暴力程度低，被害人无明显反抗的类型。通说认为，违背妇女意志是强奸罪的本质特征，但在非典型性强奸案件中，由于被害人无明显反抗，客观表征阙如，导致被害人意志违反性的判断就出现模糊地带，呈现游移性与恣意性特征，[①]常出现类案不同判的现象。笔者作为一名执业多年的刑辩律师，曾经办过一个非典型性强奸案，经过笔者的不懈努力，当事人最终被认定为无罪。笔者作为辩护人与公诉人之间的核心分歧就是在仅有受害人、另一涉案人员（检察机关未对该涉案人员提起公诉）以及笔者当事人的陈述和供述，且所述内容不能互相印证的情况下，犯罪嫌疑人是否可以定罪。本文将围绕案件的整体辩护思路，对非典型性强奸罪的无罪辩护路径进行探讨。

一、非典型性强奸罪证明标准的争议焦点及分析

自 1979 年《中华人民共和国刑法》颁布以来，除对嫖宿幼女行为的定性进行过两次调整外，我国对于强奸罪的规定基本上没有任何变化。理论界对强奸罪的认识，长期以来都是参照 1984 年 4 月 26 日，最高人民法院、最高人民检察院、公安部印发的《关于当前办理强奸案件中具体应用法律的若干问题的解答》（以下简称《强奸案问题解答》）。在我国社会结构和性观念已发生巨大转变的背景下，刑法学界的主流对强奸罪核心特

---

* 江苏典业律师事务所业务主任、刑辩部主任。

[①] 参见周光营、胡廷霞、王丽娟：《非典型性强奸罪司法认定之实践考察与理论转向》，载《法律适用》2020 年第 12 期。

征和认定规则的认知仍"近四十年如一日",最高司法机关亦迟迟不出台新的司法解释,基层司法机关只能自行解释强奸罪的核心特征并创制自认为合理的认定规则。然而,这却导致强奸罪的司法出现乱象。

一是"手段非法性"特征标准。这一观点认为只要证明性行为伴随暴力、胁迫或其他手段,就视为符合刑法关于强奸罪状的描述,无须再对被害人主观态度进行证明,而暴力手段或反抗情节则被认为是认定强奸罪手段的关键证据,甚至可以作为成立"以其他手段强奸"的依据。司法实践中固化以"手段非法性"为核心特征的证明标准,只要在存在暴力、抵抗行为的案件中,侦查、公诉、审判机关认为行为人显然存在"手段的非法性"。因此,在证据收集与审查中,只要能够证明性行为伴随暴力、胁迫或其他手段,就可以满足《中华人民共和国刑法》第二百三十六条的罪状描述,而无须进一步证明被告人和被害人的主观态度。这种观点认为暴力或抵抗是认定强奸罪手段的关键证据,甚至可以作为成立"以其他手段强奸妇女"的依据。而现实中暴力和抵抗因素并非核心要素,且二者之间在证据上亦无必然联系。

二是"被害人主观上的否定"特征标准。部分案件存在以被害人在发生性行为后的行为来推断其主观态度的做法。及时报案、公开犯罪事实往往被视为被害人主观否定的依据,据此认定强奸罪成立。特别是及时报案,已成为认定受害人性自愿心理状态的核心要素,特别是在 24 小时内报案。笔者通过查阅、比对近几年强奸罪裁判文书内容,发现大量判决显示,及时报案成为强奸类案件判决中认定强奸罪成立的重要依据。

三是"犯罪分子主观意志"特征标准。此观点以被告人躲避公安机关的行为推定其主观上应当知道发生的性行为"违背被害人意志"。另一观点认为被告人应当认识到其行为会对被害人形成精神强制,但依然同被害人发生性关系,因此成立强奸罪。[①]

四是"嫌疑人辩解否定"特征标准。否定依据较为杂乱,但大体上可以分为以下几类:(1)以暴力、抵抗为否定依据,如客观上有暴力或抵抗的痕迹;(2)以及时报案、公开犯罪事实为否定依据,如被害人在案发后及时告知亲友、邻居自己被强奸的事实,并且第一时间报案;(3)以现场冲突为否定依据,如有证人证明听见案发时犯罪现场有争吵、哭喊声,就可以否定被告人的辩解;(4)以被告人躲避公安机关为否定依据,如被告人在被害人报警后逃走的事实可以否定被告人的辩解。

这四种判断标准虽然差异巨大,但都存在一个共同点:以客观行为推断主观意志。非典型性强奸罪具有私密性的特点,这使得在多数情况下,案件的主要证据仅为被害人的陈述与被告人的供述。辩护人如果仅凭借被告人否认强奸的供述作无罪辩护的依据,就明显乏力。这启示我们在进行无罪辩护时应当着眼于案件的全局,综合全案证据分析客观行为,对未违背妇女意志作出有利的论证。

---

① 参见田刚:《强奸罪司法认定面临的问题及其对策》,载《法商研究》2020 年第 2 期。

二、个案剖析

2019年7月24日晚,邵某(男)至高某(女)经营的KTV消费,在此期间高某安排黄某(女)陪酒陪唱。随后,邵某在付款结账时与高某商议嫖娼事宜,约定邵某出资300元,高某负责将黄某带到其住处供其嫖宿。7月25日凌晨0时45分,高某将黄某带至邵某住处后离开。在黄某洗澡过程中邵某进入浴室欲抚摸黄某胸部,被黄某拒绝。其后,黄某到邵某卧室吹头发时,邵某又欲上前抚摸黄某胸部和下体,并强行脱去其上衣和内裤。黄某自称其有明显反抗,但因力量小没有反抗成功。邵某强行插入与黄某发生性关系,但因黄某一直不停哭闹,最后邵某放弃性行为。当日1时40分由高某将黄某接走。

7月25日上午,邵某向高某索要300元嫖资,高某欲通过微信将300元返还给邵某,邵某因微信未实名认证无法收取。7月26日夜,高某又将黄某带至邵某住处,高某、邵某二人一同洗澡,进而发生性关系,黄某在二人洗澡期间独自离开。后因黄某独自一人坐在桥边,而被路人误以为有轻生行为。在路人报警后,公安机关后经联系其男友将其带走。当日下午黄某和其男友到派出所报案,导致案发。

另有黄某陈述一份:其进卧室吹头发,邵某摸她胸部和下体,将其推倒在床上,强行脱了其上衣和内裤,因力气小无法反抗,在脱衣服特别是内裤时有反抗;后邵某强行与其发生性关系,黄某便哭闹,最后邵某从其身上下来,其穿好衣服要走,邵某堵住门不让走。

随后公安机关认为邵某、高某二人构成强奸罪的共同犯罪进行立案侦查,并由检察机关起诉。最终,法院要求检察机关撤回公诉。

本案中前述四个焦点问题都有体现。一是从被害人陈述可以看出,行为人有暴力行为,但该暴力行为不具有明显特征,未能导致受害人有明显伤痕以及衣物撕毁的外在表现特征,仅有受害人单方叙述且不能与行为人的辩解相互印证,矛盾点较多。受害人的陈述是否能达到证明有暴力、胁迫或其他手段的标准,具有确定行为人的行为不法,从而定罪有待商榷。二是被害人主观上否定的行为。被害人在本案中对性自愿进行了否认,表示自己有反抗但未成功。但其行为与其陈述又存在多处疑点。如未及时报案、事后还继续与行为人交往、隔日继续到案发现场洗澡等反常行为都与自己的陈述相矛盾。特别是报案时间点更有待考量,在路人误以为其要"轻生"报警后,民警第一时间询问其"轻生"或遇到何事想不开时,其完全可以报警,而不会等到其前男友将其接回家后下午才到派出所对强奸行为进行报警,行为不合常理。三是犯罪分子或行为人主观意志。实际上行为人自称其系嫖娼的行为,其向笔者的当事人支付了300元作为嫖资,其主观意志不具有违法性。虽然其在事发后有躲避的行为,但该行为可能是基于嫖娼行为被发现的害怕,也有可能是基于正常人的心态被公安盯上先躲一躲找人问问情况的心理。不论何种心态,行为人的躲避行为不能简单推定为其系因犯罪而躲避侦查的行为。四是对嫌疑人辩解否定的混乱（包含对受害人自愿辩解的否定）。本案中检察机关在审查起诉时采信了行为人的辩解，认为其系嫖娼的主观意志而非强奸的主观故意，并没有采纳受害人的陈述，故而对行为人不予起诉。从受害人陈述来看，受害人有反抗，行为人的行为既遂，即便行为人是出于嫖娼的意志，但在过程中如有拒绝和反抗从而不愿意与其发生性关系，其行为也可以认定为强奸。显然，在对嫌疑人辩解进行审查时在没有其他证据与受害人陈述相印证的情况下，只能依据证据规则采纳行为人的陈述，证据采信规则明显有区别。

三、无罪辩护的路径思考

《中华人民共和国刑事诉讼法》第二百条规定的有罪证明标准是"案件事实清楚，证据确实、充分"。这一标准在理论上被概括为"客观真实"，其具体标准的一般理解如下：第一，据以定案的证据均已查证属实；第二，案件事实均有必要的证据予以证明；第三，证据之间、证据与案件事实之间的矛盾得到合理的排除；第四，对案件事实的证明结论是唯一的，排除了其他的可能性。只有以上四点必须同时具备，才能认为是达到了案件事实清楚，证据确实、充分的标准。[①] 而进行无罪辩护显然不需要将这四点全盘否定，仅需要论证其中一环存在疑问，依据疑罪从无原则，即可达成无罪辩护的目的。

（一）对被害人陈述真实性进行质疑

在刑事诉讼中，一般由检察机关进行有罪的举证证明，辩护人和被告人只要能提出合理的怀疑，就足以推翻检察机关的论证。被害人的陈述往往经不住推敲。因为人都具有趋利性，往往会为了个人利益只陈述对自己有利的事实，甚至是歪曲部分事实。本案中，黄某陈述在邵某脱其内裤时有反抗，在邵某强行插入后因尿急导致酒醒，便哭闹，最后邵某从其身上下来。这里存在三个无法自圆其说的矛盾：第一，黄某说自己醉酒，但通过调取的其在案发前下楼梯的视频，可以明显看出其行走正常，并没有醉酒表现；第二，黄某说自己醉酒，但是到邵某家中去了之后并没有因醉酒而卧床休息或者失去意识，反倒是意识清醒，先去洗澡，再吹头发，并不能看出其因醉酒而失去控制自己行为的能力；第三，黄某陈述在邵某脱其衣服时自己有反抗，但是邵某身上却无任何因反抗而留下的痕迹，同时如若黄某进行了反抗，其贴身衣物应当会被拉拽、撕破，然而公安机关在侦查过程中未提取到这些证据；第四，被害人说自己在邵某强行插入后因尿急导致酒醒，但事后其并没有去卫生间的行为。

当然在对被害人陈述真实性进行质疑时，要注意待证事实与证明对象的关系问题，要积极围绕案件争议焦点进行论证。本案中"醉酒""反抗"都是关键事实，前者能决定黄某在当时意识是否清醒，能否作出真实意思的表达；后者关系是否违背黄某意志。笔

---

① 参见锁正杰：《证明标准理论及其法律规定》，载《人民检察》2003 年第 5 期。

者承认仅仅凭借被害人没有反抗，不足以证成未违背妇女意志的观点，因此还需要结合本案的其他细节进行分析。

同时，我们应该深入思考"违背妇女意志"的定位学理界存在的争议。首先需要明确："违背妇女意志"是否属于强奸罪的构成要件？如果是构成要件，那么它属于哪一类犯罪构成要件？有学者指出其并不属于强奸罪成立的构成要件，"违背妇女意志既不是强奸罪的客观要件，也不是强奸罪的主观要件。刑法理论界和司法实践中之所以把违背妇女意志作为强奸罪的客观要件，是因为人们对强奸罪认识的偏差"。[①]

（二）被害人的事后行为能反映其真实意思

任何蛛丝马迹总是藏在细节中，作为律师要善于利用事后细节推导不同结论。事后黄某不符合常理的行为证明没有发生强奸。第一，黄某在案发后第二天又和高某同去邵某家中洗澡，完全不符合常人心理，如果女性真的认为自己被强奸的话，其对强奸者会有一种憎恨，甚至恐惧的情绪，即使因各种原因未报警的话，也不可能像无事发生一样第二天又到强奸者家中去洗澡，还不锁洗澡间的门，强奸者随时能进入；第二，正常的被害人对案发现场的心理恐惧不可能第二天就消除，而本案中黄某的行为表现出她对案发现场并无任何心理恐惧；第三，在第二天去邵某家之前还和邵某一起吃夜宵、主动点菜和喝酒，并未及时报警。由此可见，其对邵某没有任何恐惧心理，说明前一天并未受到强迫、威胁。通过对所谓被害者这些不合常理的情况进行分析，可以得出的结论是在第一天并没有强奸案发生，黄某与邵某发生性关系未违背其意志。

在推理论证过程中，我们总是会假设一个理性人作为对比的标杆，由此推断被害人的行为是否反常。在刑事辩护中我们要学会去分析被害人的心理痕迹，来判断事后行为的合理性，特别是陈述、行为方式等。何谓被害人心理痕迹？被害人心理痕迹是指受犯罪行为直接或间接损害引起的情绪反映和引起犯罪行为侵害的心理与行为倾向。[②]它由犯罪行为直接侵害引起，与犯罪行为紧密相连。当犯罪行为发生时，被害人通过感知器官形成与之对应的心理活动，并通过自身的行为（动或静）在犯罪现场予以呈现。本案中被害人二次进入犯罪现场的行为举止明显不合常理，这种前后行为如果明显违背常理的，那么必然存在一个结论是错误的。

（三）孤证不能定罪

根据《中华人民共和国刑事诉讼法》第五十五条的规定，对一切案件的判处都要重证据，重调查研究，不轻信口供。只有被告人供述，没有其他证据的，不能认定被告人有罪和处以刑罚；没有被告人供述，证据确实、充分的，可以认定被告人有罪和处以刑罚。本案除了被害人陈述之外，无任何证据能够证明邵某和被害人发生过性关系：邵某在公

---

① 谢慧：《违背妇女意志不应该作为强奸罪的构成要件》，载《政治与法律》2007年第4期。
② 参见王颖：《被害人在侦查阶段的心理探析》，载《云南警官学院学报》2009年第2期。

安机关的多次供述中一直没有承认其有插入的行为;公安机关提取的现场检材,经过鉴定并不存在被害人的痕迹,反而有高某与邵某的痕迹;被害人虽然陈述有插入,自己已有反抗,却无法得到任何证据如邵某身上可能存在的因反抗而导致的抓伤、血痕、衣服被撕扯等来证实。因此从现有证据无法排除邵某并没有强奸的合理怀疑。在我国打击犯罪有余、保障人权不足的司法现状下,"孤证不能定案"成为一项"原则"无疑有着积极的意义。"孤证不能定案"与证据补强规则,无论从字面理解,还是究其本源、察其本质,两者都具有高度的同一性。因此,有必要参考国外的成功经验,结合我国的司法实践,进一步将"孤证不能定案"原则具体化、法律化并增强其可操作性。

(四)切断共犯成立的因果链

本案中,笔者是高某的辩护律师。退一步说,即使认为邵某构成强奸罪,但只要笔者能否定二者成立共同犯罪,那么也能达到无罪辩护的目的。根据刑法第二十五条的规定,共同犯罪是指二人以上共同故意犯罪。从客观表现来看,邵某和高某成立共同犯罪的纽带是邵某在第一天给高某的300元。因此对于300元性质的认定,关系二人是否成立共同犯罪,不能仅凭邵某的说辞。在辩护意见中,辩护人详细分析了这300元性质的可能性,切断了二者成立共犯的因果链。对于这300元的性质,邵某和高某的说法存在冲突。在公安机关的讯问中,邵某承认这300元是嫖资,是请高某帮其找小姐的费用。但是在与笔者会见高某的过程中,高某提出邵某的确给了她300元,但是并没有明确说是嫖资。面对事实存疑的情况,笔者提出这300元可能存在三个可能性:一是邵某出的嫖资,请高某介绍卖淫女,但是由于当天没有发生性关系,所以才产生退费情况,也直接证明第一天晚上双方没有发生性关系;二是嫖宿高某的费用,案发当晚邵某有可能想嫖宿的人是高某,因为第二天晚上高某和黄某同去邵某住处,第二天,邵某也确实与高某发生了性关系,而非和黄某发生性关系;三是邵某给高某的其他费用或情人之间的费用,毕竟两人关系亲密,并非萍水相逢。因此对于这300元同时存在三种合理的解释,从最有利于被告人的原则出发,显然不能仅凭此事实就认定二者成立共同犯罪。

笔者在实践中发现,在有些案件中,行为人之间的意思联络并不明显。很多共同犯罪都可以从客观事实出发,提出合理怀疑,从而质疑成立共犯的可能性。刑辩律师在做无罪辩护时要充分考虑各种可能的角度,以争取当事人利益的最大化。

(五)关于被害人品性证据的关联性问题

本案另查明,在报案后黄某同男友分开后,一人在路边被自称其老乡的人搭讪,并带回住处,当晚黄某便同搭讪的老乡发生性关系并怀孕。这一事实能表明黄某对性行为持开放心态,并非保守女性。这涉及对黄某品行的认定。关于品行证据规则我国法律目前还没有明确规定,但可以参考域外经验。普通法上关于性犯罪中不贞洁的品格证据是否具有可采性,发生过明显的变化。传统的普通法认为被指控强奸罪的被告人可以提出品格证据证明被害人具有不贞洁的品格,以此作为间接证据证明所谓的强奸并不存在,性行为是经过被害人同意的。这一规则背后的理论基础是不贞洁的妇女比没有过性行为的妇女更容易同意性行为。[①] 但是显然这样的理论基础更多只是依靠经验推定。随着女权主义运动的兴起与发展,这一规则受到了挑战,如美国《联邦证据规则》第 412 条,对在性犯罪案件中,被害人的性行为或者性癖性证据的可采性作出规定。原则上禁止提供用以证明被害人从事过其他性行为的证据,或者提供用以证明被害人的性癖性的证据。[②] 这一条款在学理上称为"强奸盾牌条款",根据该条款在强奸案件中,禁止被告人提出有关被害人的性品格证据。该条款之所以如此规定,是因为其目的主要在于保护被害人的隐私权,防止被害人面对律师和被告人对品格的质问遭受二次伤害。[③] 然而有原则必有例外,如果品格证据对被告人有利,那么能够作为证据采纳。

从域外经验来看,不采信品格证据是原则,其法理基础是对女性隐私权的保护。但笔者认为,鉴于非典型性强奸案的特殊性,不必完全移植西方的理论模式。非典型性强奸由于被害人没有反抗,本身就难以直观地认定是否违背妇女意志。不可否认的是,对于是否同意性行为,只有当事人自己内心知道,其他人只能通过客观表现来推测当事人的主观心理。关于性方面品格证据反映了一个人对性行为的开放程度,体现其与陌生人发生性关系的接受程度。如果其认为涉及隐私,完全可以不公开审理,而不必完全不采信。

因此,综合全案来看,本案仅有被害人陈述,无犯罪嫌疑人的有罪供述,而且被害人陈述无法得到其他证据的印证,作为辩护人,我们应当提出充足的疑点来质疑被害人陈述的真实性,全面削弱被害人陈述的证明力,就案件现有证据构建出新的有说服力的结果。最终笔者的无罪辩护得到了法院的认可,促使法院要求检察机关退回案件。

结　语

笔者作为一名具有从事刑事侦查及刑事辩护十余年工作经验的现职律师,在这不算短暂的执业时间里,深刻领会到每一起案件有每一起案件的特殊性。辩护人在辩护时要先确立辩护思路,在传统的证据认定基础上重点关注个案的细节、证据链的完整性、行为场景心理是否符合个案的起因、可否就案件现有证据构建出新的有说服力的结果(不是臆想的),如果能做到这几点,那么在办理非典型性强奸罪辩护案件时也能称得上是一名专业的刑辩律师了。

---

① 参见易延友:《英美法上品格证据的运用规则及其基本原理》,载《清华法学》2007 年第 2 期。
② 参见王进喜:《美国〈联邦证据规则〉条解 2011 年重塑版》,中国法制出版社 2012 年版,第 111 页。
③ 参见陈邦达:《性侵害未成年人案件之证明难点与破解方法》,载《青少年犯罪问题》2020 年第 4 期。

刑事责令退赔与民事债权竞合的处理路径

——基于民事诉权行使的类型化思考

寇建东　周远哲*

摘　要:《中华人民共和国民法典》虽未单独设立债权篇,但将债权分置于多个篇目,刑事涉案财产处置与民事债权竞合处理仍为需要研究解决的重要问题。而依从司法实际,当前刑事责令退赔普遍存在难以执行、范围过窄等弊端,引发了被害人向犯罪行为关联债务人主张债权的民事诉讼增长。但由于立法的尚付阙如,裁判标准的仍旧缺位,导致被害人就关联债务人提起民事诉讼的准入与责任分担、关联债务人和已退赔犯罪行为人的追偿权行使、民事债权与责令退赔标的重合的执行位序等问题日渐凸显。为了走出泥淖,本文通过转换权利救济的视角,将刑事责令退赔关联债务诉讼归为基于退赔损失不能提起的索赔之诉、基于代履行退赔义务提起的追偿之诉、基于被执行财产同一提起的执行异议之诉三种样态,并在确定以责令退赔不到位为准诉条件,兼顾责任类型与实际损失定责规则的基础上,构思了刑事责令退赔与民事债权竞合的类型化处理模式,希冀以此统一裁判标准,实现受损利益的有效救济。

关键词:刑事责令退赔;民事债权;竞合;诉权行使

根据《最高人民法院关于适用刑法第六十四条有关问题的批复》,应予责令退赔的犯罪行为人非法占有、处置的财产,被害人再行民事诉讼请求返还的,人民法院不予受理。此批复阻却了被害人就刑事责令退赔损失对犯罪行为人的民事诉权行使。但能否就此认定被害人对犯罪行为关联债务人亦丧失了民事诉权? 对此,存在诸多争议。因此,为了寻求更多救济,被害人逐渐趋于对犯罪行为关联债务人行使债权请求权,从而引出了被害人就关联债务人提起民事诉讼的准入与责任分担、关联债务人和已退赔犯罪行为人的追偿权行使、民事债权与责令退赔标的重合的执行位序等问题。因此,"最需要法律赋予和保护的权利,往往发生在最难以实施司法保护的情景当中"。① 当前立法的尚付阙如与裁判标准的依旧缺位,致使刑事责令退赔与民事债权竞合处理已深陷泥淖。由此,本文即以债权人的民事诉权行使为视角,构思了刑事责

---

* 　寇建东,江苏省盐城市中级人民法院研究室四级主任科员;周远哲,上海华东政法大学法学学士。
① 　[美]尼尔·K. 考默萨:《法律的限度——法治、权利的供给与需求》,申卫星、王琦译,商务印书馆2007年版,第187页。

令退赔与民事债权竞合的类型化处理模式,希冀以此统一裁判标准,实现受损利益的有效救济。

一、触发思考:非典型个案引出的问题

【案例一】李某向何某借款 60 万元,高某为保证人。后李某因犯集资诈骗罪,被责令退出违法所得,发还何某等被害人。因李某未退赔相关款项,高某未承担保证责任,何某提起民事诉讼,要求李某和高某承担连带还款责任。[①]

【案例二】张某利用在证券公司工作之便,借助公司终端操作平台,私自变卖吴某所持股票,因公司未能谨慎审查张某身份及授权合法性,导致股票卖出款全部汇至张某名下,张某经判决定罪,并责令退赔。后吴某诉至法院要求证券公司及张某就被盗卖股票价值承担连带责任。[②]

【案例三】葛某到期未还所借周某的 277 万元,周某提起民事诉讼。经法院调解,葛某同意偿还周某 277 万元。后葛某因犯集资诈骗罪,其向周某所借 277 万元被责令退赔。而在执行责令退赔判决时,周某已就先前民事调解书申请执行。[③]

上述案件,面临的处理困境:(1)责令退赔所指向的原债存在担保保证、共同侵权等行为时,被害人可否就关联债务人再行提起民事诉讼,如准诉,责任如何分担;(2)先行诉讼已确定的民事债权与责令退赔涉及同一行为,如何执行。虽然三则案例仅为债权人就责令退赔关联债务提起诉讼存在的部分难题,但足以体现在法无明文规定时,司法实践的无所适从与尴尬境遇。当然,立法的滞后性易导致权力与权利之间的错落,责令退赔与民事债权交叉处理所面临的刑民关系协调困扰,体现出了刑罚强制与权利救济之间的价值博弈。犹如庞德所言,"我们主要是通过把我们所称的法律权利赋予主张各种利益的人来保障这些利益的"[④],任何经过法律规范调整的利益都应以确认"权利"为前提。当然,在多数情况下,利益个体所关心的并非仅限于权利被承认,而是期待通过权利配置,去实现私益的真正救济。

二、实证透视:刑事责令退赔与民事债权竞合的现状考察

笔者以"责令退赔"为关键词,以"民事案由""民事一审"为筛选条件,在"中国裁判文书网"搜索到裁判文书 4 440 份,随机抽取 600 份样本进行分析,总结出了刑事责令退赔与民事债权竞合的司法样态。

---

① 参见江苏省东台市人民法院(2017)苏 0981 民初 1848 号民事判决书。
② 参见最高人民法院(2011)民提字第 320 号民事判决书。
③ 参见山东省莱芜市莱城区人民法院(2012)莱城民初字第 2633 号民事调解书;山东省莱芜市中级人民法院(2014)莱中刑二初字第 1 号刑事判决书。
④ [美]罗斯科·庞德:《通过法律的社会控制》,沈宗灵译,楼邦彦校,商务印书馆 2017 年版,第 47 页。

（一）责令退赔损失不能易诱发民事诉讼的增长

理想状态下的责令退赔应实现对被害人受损利益的完整救济。而实践中，责令退赔判决的难以履行与范围过窄，导致了责令退赔对私益救济的较为乏力。如 600 件案件中，因未获足额退赔提起的民事诉讼案件达 544 件，占比达 90.7%。同时，由裁判文书中对责令退赔的具体表述可知，未在刑事判决主文责令退赔的 53 件，仅有 25 件将利息等后期损失列入退赔范围。（见表 12）由于被责令退赔犯罪行为人往往缺乏履行能力，且除附带民事诉讼外，刑事诉讼未设定被害人实质参与主张利益之程序，被害人也无对刑事裁判的异议、上诉权；加之根据理性经济人原理，[①]犯罪行为人会以最有利于减轻罪责的方式论辩事实，综合造成了通过责令退赔救济被害人受损利益的现实困难。

表 12　原告提起民事诉讼的事由统计

案件数量及类型		具体事由	案件数（件）	合计（件）
600 件民事诉讼案件	未获得足额退赔	责令退赔未履行	181	544
		责令退赔未履行且诉求利息等后期损失	245	
		诉求利息等后期损失	65	
		判决主文中未责令退赔	53	
	代履行责令退赔义务后追偿	关联债务人向犯罪行为人追偿	25	34
		履行退赔义务的犯罪行为人向其他犯罪行为人追偿	9	
	提起执行异议之诉	犯罪行为人被执行财产存在其他民事债权需执行	9	22
		先行民事诉讼确定的民事债权需执行，且与责令退赔涉及同一行为	13	

（二）诉讼准入标准不一会造成"类案不同判"之窘境

当前，被害人不可再就相同损失对已责令退赔犯罪行为人提起民事诉讼，已被实践所认同。而对关联债务人提起诉讼是否应予准许，则存在较大分歧：一是非准入诉讼案件数仍占较大比重（见表 13），因未获得足额退赔提起民事诉讼被裁定驳回起诉的案件有 185 件，占比达 37.8%；二是不准许诉讼的裁判标准存在差异。一种为不属民事诉讼范围，其依据又分为参照《适用刑诉法司法解释》第一百三十九条、《最高人民法院关于适用刑法第六十四条有关问题的批复》以及《中华人民共和国刑法》第六十四条三种情况。另一种为重复起

---

① 　亚当·斯密在《道德情操论》中指出："毫无疑问，每个人生来都首先和主要关心自己。"参见［英］亚当·斯密：《道德情操论》，蒋自强等译，商务印书馆 1997 年版，第 101 - 102 页。

诉,以违反"一事不再理"原则为基础,认为被害人受损利益已经刑事程序处理,被害人对关联债务人即不再享有诉权。刑事责令退赔与民事债权竞合的民事诉讼处理涉及不特定多数人的权利实现,但诉讼准入标准的缺位,会使得司法裁判成为再次冲突的导火线。

表 13　因未获得足额退赔提起民事诉讼受理情况及裁判理由统计

处理方式	案件数（件）	理由		案件数（件）
驳回起诉	185 件	不属民事诉讼范围	根据《适用刑诉法司法解释》第 139 条,不可就被告人非法占有、处置财产造成的损害提起附带民事诉讼之规定。	109
			根据《刑法第六十四条批复》,责令退赔后,不可就被告人再行提起民事诉讼。	72
			根据《中华人民共和国刑法》第六十四条,被害人受损害财产返还应经刑事程序予以返还,不属民事诉讼范围。	51
		违反"一事不再理"原则,属于重复起诉		57
予以受理	306	与犯罪行为存在关联债权		306

注:一个案件涉及多种理由的,进行了重复统计。

(三)责令退赔作为"免责事由"不利于压降犯罪再发率

就法律效果而言,责令退赔主要强调对犯罪行为的打击与制裁,具有以犯罪行为人为中心的专属性;而民事责任则注重对侵害行为的矫正与受害人的补偿,归责原则的多元化,决定了其所涉主体的多样性。但现实情况是,民事诉讼对责令退赔的过度依赖,形成了"一人受刑,他人免责"的倾向性处理,如与犯罪行为存在关联债权的 306 件被准入诉讼案件中,未支持诉求的案件有 179 件,占比 58.5%,其中,以"已责令退赔""以合法形式掩盖刑事犯罪目的而认定合同无效"为由不予支持的达 107 件。从防范违法犯罪的角度,犯罪行为人的一力担责,易造成犯罪行为关联债务人民事作为时,对违法行为防范意识的弱化及注意义务的降低,提升了犯罪行为的再发可能性。

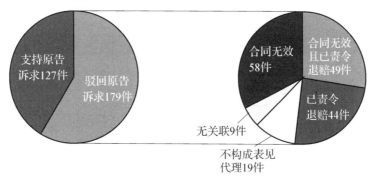

注:支持诉求的案件为对涉责令退赔相关债权诉求支持或是部分支持的案件。

图 19　准入诉讼案件的处理情况统计

三、归纳总结：刑事责令退赔与民事债权竞合的诉讼类型

只有当法官遵循类型化思考时，才能期待他得到"与生活接近"的裁判。[①] 对刑事责令退赔与民事债权竞合的民事诉讼类型划分，应当确定清晰、可操作的标准，并可以此引出问题的解决方案。在实证校验过程中，笔者发现权利人提起民事诉讼事由的差异，一定程度上影响了具体案件的裁判思路。

（一）基于退赔损失不能提起的索赔之诉

上文所述，除责令退赔无法履行外，因多数退赔无法涵盖被害人的全部损失，以致被害人提起民事诉求超过退赔范围现象普遍。其具体表现为对财产被非法占有、处置所产生的后期损失，一般为利息的索赔。同时，鉴于"未在判决主文中责令退赔"为被害人损失被忽视且因未列入判项而无法予以执行的情况，亦属退赔未涵盖受损利益的情形。[②] 从而对退赔损失不能便有了诉讼内容区分：对责令退赔损失提起的诉讼、对责令退赔之外损失提起的诉讼及二者兼具的结合之诉。同时，由于犯罪手段的复杂性与隐蔽性，犯罪行为人、被害人之外的第三人易成为违法犯罪的"辅助者"，第三人与被害人之间即会形成共同侵权、保证担保等特定债权债务关系。由此，本类型下的被诉对象包括了关联债务人和犯罪行为人。

（二）基于代履行退赔义务提起的追偿之诉

根据《中华人民共和国民法总则》第一百七十八条以及 2021 年 1 月 1 日起施行的《中华人民共和国民法典》第一百七十八条第二款规定，连带责任人对超过自己份额部分的责任承担，可向其他连带责任人追偿。民法领域下代履行连带责任后的追偿应予认可，而对责令退赔的代履行可否追偿，因牵涉刑民交叉问题，存在认定疑难。由对样本中 32 件相关案件的调研，代履行退赔义务后的追偿一般存在两种情况：一种是负有连带责任的关联债务人偿还被害人损失后，向犯罪行为人追偿；另一种是共同犯罪中，部分人员退赔后，向未退赔同案人追偿。相对于前一诉讼类型来讲，虽然代履行退赔义务后的追偿案件出现频率并不高，但考虑到其所牵涉的权利义务关系，后期可能多发，故仍有探讨的必要。

（三）基于被执行财产同一提起的执行异议之诉

前期，责令退赔的可执行性一直为责令退赔相关问题研讨的焦点，而随之《中华人民共和国民事诉讼法》第二百三十一条将"刑事判决、裁定中的财产部分"纳入执行范

---

① 参见［德］卡尔·拉伦茨：《法学方法论》，陈爱娥译，商务印书馆 2003 年版，第 15 页。
② 实践中还存在刑事判决后又发现新的被害人利益受损的情况，但其属漏罪的处理，故未纳入本类型。

围,并结合《最高人民法院关于人民法院执行工作若干问题的规定(试行)》第二条"法律规定由人民法院执行的其他法律文书"这一兜底条款,明确了责令退赔判决应属法院执行的范围。但与此同时,也带来了刑民责任执行交叉的难题。样本中的执行异议之诉,系在执行责令退赔判项时,应被执行的犯罪行为人财产存在其他民事债权需要执行所引起。其具体体现为:一是被责令退赔的内容,已由先行民事诉讼确定债权,责令退赔与民事债权执行均因同一行为引起;二是犯罪行为人应被执行财产,还存在其他民事债权应予执行。可见,解决责令退赔与民事债权须执行财产同一问题,关键在于对执行顺序的合理设定。

四、前提铺就:民事诉讼准入的理性证成及其限度

刑法的公法特性决定了被害人受损利益无法进入到权利救济的核心地带,因此,与其在公权力救济的边缘徘徊,不如畅通民事诉讼以祛除私益救济的"盲点"。但鉴于责令退赔与民事债权的目的性与适法性差异,责令退赔与民事债权共存时的民事诉权行使仍需保持适当限度,以避免权利运用的泛化。

(一)刑民规范协同实现法秩序的需求性

法秩序是法律规范作用于社会生活的体现,司法作为实施法律的现实手段,必然影响法秩序的实现。部门法之间因立法目的、价值取向的差异,导致了刑法、民法、行政法规范调整对象的不同:刑法以惩治犯罪为目的,民法以权利保障为核心,行政法则以规范权力运行为内容。[①] 各部门法的各司其职与协同运作,造就了法秩序实现的基础。就责令退赔所体现的法秩序而言,刑法规范的惩罚性特征,致使其无法专注于社会关系的修复,更会产生一种回避或是不适感,此时便需要民法规范的介入调节,以保证法秩序的完整性。由此,责令退赔后,对民事债权的再行诉讼,是属于"重复评价",还是刑事裁判的"评价不充分"? 答案自然是后者。可见,从保护完整法秩序的角度,在权利人对刑事责令退赔关联债务提起民事诉讼时,若法院仍以"一事不再理"为由驳回起诉,显然与依靠部门法规范的协调衔接实现完整法秩序相悖离。

(二)通过民事诉讼确认法律关系的必要性

在证据标准方面,刑事诉讼一般采用客观真实证明标准,民事诉讼则采用高度盖然性证明标准。[②] 刑事审判坚持主客观统一的严谨性,使其无法对纷繁复杂的民事法律关系有效甄别;而民事审判对民事法律关系处理的专业性,以及对债权人利益保护的优越性,则成为了认定犯罪行为人、关联债务人、债权人之间民事行为效力的最佳途径。

---

① 参见袁彬:《刑法与相关部门法的关系模式及其反思》,载《中南大学学报(社会科学版)》2015年第1期。
② 参见李以游:《刑事诉讼中责令退赔问题的几点思考》,载《河北法学》2014年第11期。

同时,确认民事法律关系是权利实现的前提,依从责令退赔与民事债权交叉的实际,犯罪行为引发的民事债权,一般通过协议约定或共同作为形成,其效力认定则存在涉罪无效或终结、涉罪不当然无效两种争议。而因意思表示、合理信赖、诚实信用等民事法理的繁杂,若仅凭犯罪行为人构罪而直接对当事人之间的债权债务关系作出无效论断,显然不符合"固定诉求＋认定事实＋适用法律"的民事法律关系确认思路。因此,对犯罪行为所引发的债权债务关系认定,应当通过民事诉讼结合当事人真实意思表示、合理信赖利益保护及交易秩序维护等方面综合考量。

(三)以责令退赔不到位为可诉要件的合理性

任何权利都应在一定的边界范围内行使,民事诉权概莫能外。在债权人享有民事诉权并争取有利裁判的同时,应最大限度避免滥诉等后发性困局。一方面,债权人应享有诉的利益。诉的利益指与他人发生民事纠葛时,需运用民事诉讼进行救济的必要性和实效性。[①] 债权人提出的诉求应属于应当享有、真实存在且被法律认可的正当利益,否则不应纳入受案范围。具体到个案,债权人诉求的内容应当属于责令退赔无法满足的利益,且该诉求应与犯罪行为存在关联。另一方面,应杜绝司法资源的浪费。在判决退赔之前,若刑、民诉讼同时进行,会带来判断相同事实的重复劳动以及刑、民裁判就同一事实认定误差所造成的司法公信力降低。在判决退赔之后,刑、民裁判的同时执行,则易导致刑、民裁判的执行冲突,更会降低债权人权益的实现效率。由此,对责令退赔与民事债权交叉形态下的民事诉讼准入,应设定合适条件,具体表现为责令退赔不到位,即要求退赔未有结果时,债权人不应再提起民事诉讼。在内容方面,责令退赔不到位包括未涵盖全部损失、责令退赔履行不能、代履行退赔的追偿等。

(四)兼顾责任类型与实际损失定责的客观性

由"权利—义务—责任"的民事责任构建逻辑,对责令退赔关联债务的处理,自然摆脱不了民事责任的负担问题。而由民法总则第一百七十七条、第一百七十八条对按份责任、连带责任两种责任原则的明确,加之过错责任、无过错责任、公平责任的民事责任归责原则,[②]最终形成了以按份责任、连带责任为主,公平责任为补充的民事责任类型。同时,在刑民交叉领域,债权人不应因双重诉讼而多获利益。因此,债权人已经责令退赔获取的利益,如再通过民事途径重复获得,固然不可,从而对债务人的责任分配,应以实际损失为要件,并确保债务人责任负担与债权人未获补偿利益的相适应。总体而言,对责令退赔后债务人民事责任的确定,应在摒除已获赔利益的基础上,根据责任类型对实际损失担责。

---

① 参见王晓、任文松:《民事诉权滥用的法律规制》,载《现代法学》2015 年第 5 期。
② 参见刘士国:《论民法总则之民事责任规定》,载《法学家》2016 年第 5 期。

五、刑事责令退赔与民事债权竞合的民事诉讼处理模式

"法律的目的是对受法律支配的一切人公正地运用法律,借以保护和救济无辜者。"[1]立足上文,刑事责令退赔关联债务具有可诉性,但需以责令退赔不到位为准入条件,且应兼顾责任类型与实际损失进行定责。同时,基于诉讼样态的差异,我们对个案裁判路径进行分类思考。

(一)基于退赔损失不能提起索赔之诉的处理

1. 依从诉讼标的和诉讼对象的准入区分。具体实践中,对财产被侵害产生的后期损失与未在判决主文中责令退赔的确定并不困难,但对责令退赔无法履行仍缺少统一的界定标准。最高院曾以不能弥补损失为结论,也有学者以没有财产可供赔偿为条件,[2]但规定的模糊性引发了适用的随意性。事实上,由于责令退赔判决依赖于法院的强制执行,从而对责令退赔无法履行的界定应依据执行程序进行:刑事财产执行分为中止、终结执行两种情况,由于中止执行并未形成最终结果,易使债权人权利长期处于不确定状态;而终结执行则以无财产可供执行为条件,认定过程的严苛性与穷尽救济手段的彻底性,[3]从而将终结执行作为责令退赔无法履行的界定标准,确保具体可行。另外,结合诉讼对象差异,在就责令退赔损失提起诉讼时,因对犯罪行为人提起民事诉讼的禁止性约束,债权人仅在责令退赔终结执行时就关联债务人提起的诉讼,方可准许;在就责令退赔之外损失提起诉讼时,基于保障民事权益的完整救济,债权人就犯罪行为人或(和)关联债务人提起的诉讼,均应准许。

2. 对已退赔与未退赔损失的责任认定差异。首先,在对已退赔损失提起的诉讼中,在兼顾责任类型与实际损失的基础上,如关联债务人与犯罪行为人属连带责任,关联债务人的责任范围则应为债权人已获赔数额之外的受损利益,即关联债务人担责数额=应担责总额-已退赔数额。如关联债务人与犯罪行为人属按份或公平责任,在排除债权人已获赔损失后,各关联债务人应在各自份额内担责,即各关联债务人担责数额=(应担责总额-已退赔数额)×各负比例。另外,在执行阶段,为避免执行冲突,责令退赔判项应不再执行,犯罪行为人的责任承担,可以债务人代履行退赔义务后追偿的情形处理。其次,在对未退赔损失提起的诉讼中,由于责令退赔未在判决主文列明属司法操作不规范的情况,应通过统一理念与完善刑事判项予以解决;[4]而利息等后期损失,因其系与犯罪行为相关的损失,则应以犯罪行为引发的如共同侵权、担保保证等基

---

① [英]约翰·洛克:《哲人哲语·人权》,郑雨译,吉林出版集团股份有限公司2018年版,第142页。
② 参见江必新:《最高人民法院刑事诉讼法司法解释理解与适用(上)》,人民法院出版社2015年版,第431页。
③ 《最高人民法院关于严格规范终结本次执行程序的规定(试行)》中,对终结本次执行案件设定了具体条件及操作办法。
④ 《最高人民法院关于适用刑法第六十四条有关问题的批复》已明确"追缴或者责令退赔的具体内容,应当在判决主文中写明"。

础法律关系处理。此时,债务人担责范围的确定应参照一般民事债权的责任承担,即具有连带责任的关联债务人与犯罪行为人对责令退赔之外的全部损失担责;承担按份或是公平责任的,在比例范围内担责。最后,在对已退赔损失与未退赔损失提起的结合之诉中,为实现纠纷的整体处理,在符合责令退赔不到位的条件时,诉讼对象不应再作为条件之一,即保证对犯罪行为人或(和)关联债务人诉讼的可诉性。而对于债务人的责任承担,应分别依从对已退赔损失之诉与对未退赔损失之诉各自定责规则综合确定。

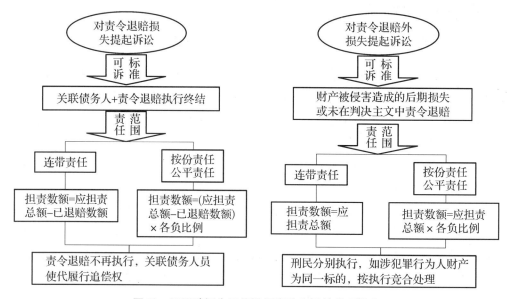

图 20　因退赔损失不能提起索赔之诉的处理模式

(二)基于代履行退赔义务提起追偿之诉的处理

1. 特定条件下的追偿诉讼准许。对关联债务人之间的追偿,根据责任自负原则,并参照返还不当得利法理,连带责任主体承担相应责任后,可向有过错方追偿,并无障碍。而承担按份或公平责任的关联债务人,由于按份、公平责任的内部求偿权在民事法律规范中并无规定,从而在民事司法领域一般不予支持。但一切纠葛皆因犯罪而起,相对于犯罪行为人而言,关联债务人实际上亦为犯罪侵害的对象,因此,为体现对犯罪的惩戒,遵循公平公正与利益衡平原则,亦应准许承担按份或公平责任的关联债务人向犯罪行为人的追偿。就负有退赔义务主体之间的追偿,由于退赔所产生的被害人谅解、减轻量刑等后果及于未退赔的犯罪行为人,如不允许追偿则易使未退赔犯罪行为人逃脱罪责,违背了"不能从犯罪中获利"的原则。同时,允许追偿也更能促使犯罪行为人主动退赔,切实实现权利的及时救济。当然,鉴于实践中存在部分履行与全部履行应退赔款项之分,为了便于司法操作,且考虑到部分履行未能对被害人受损利益实现完整救济,则有退赔义务主体之间的追偿,应在退赔义务完全履行完毕后方可进行。

2. 被追偿犯罪行为人的责任范围。由前述,负有连带、按份或公平责任的关联债务人均就未实际退赔以外的债权人受损利益担责。而参照民事连带责任的过错追偿原则，犯罪行为人因犯罪行为导致债务，其过错范围应延伸至债务的各个方面。关联债务人向被害人履行义务后，犯罪行为人作为"受益人"，应就关联债务人承担的未退赔款项与退赔未涵盖的利益损失予以返还。就负有退赔义务主体之间的追偿，由于共同犯罪中各犯罪行为人均应对退赔款项总额承担退赔责任，与民事共同侵权连带责任具有相对一致性，因此，部分犯罪行为人退赔后，可依据共同侵权连带责任予以追偿。当然，对其过错责任的认定，可参照侵权责任法第十四条，以"各自责任大小"的方式进行。另外，经向刑事法官了解，对履行退赔与未履行退赔的犯罪行为人在量刑幅度上存在多与少的差异。由此，对共同犯罪行为人之间的责任比例，可考量其主观过错程度、对所造成损害的原因力大小以及因退赔所获量刑的"受惠"程度确定。

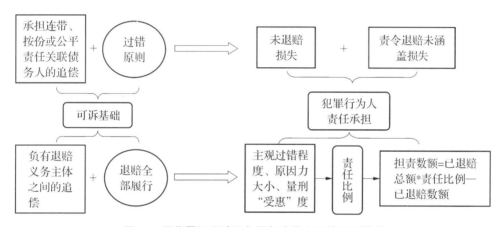

图 21　因代履行退赔义务提起追偿之诉的处理模式

（三）基于被执行财产同一提起执行异议之诉的处理

执行竞合，是指在强制执行过程中，先后出现内容不同的执行依据，均须执行被执行人的同一财产。[①] 对该问题的解决，存在"先刑后民""先民后刑"之争。

1. 同一行为情形下的民事债权优先执行。就先行民事裁判的效力而言，一方面，刑事诉讼终结前基于债权债务关系形成的民事裁判，在程序与实体上具有合法性。另一方面，后期的刑事裁判将先行诉讼债权纳入犯罪事实，并不必然导致债权债务关系无效，如民间借贷纠纷中，借款一方构罪而民间借贷合同并非无效的规定。[②] 因此，先行民事裁判在未经审判监督程序撤销前，具有法律效力。而对于执行顺序的合理设定，被执行人不应因同一行为重复承担法律责任，故先行民事诉讼确认的债权被纳入责令退赔时，仅应执行一个裁判。另根据民法总则第一百八十七条，民事主体因同一行为应承

---

① 参见杨与龄：《强制执行法论》，中国政法大学出版社 2002 年版，第 270 页。
② 最高人民法院《关于审理民间借贷案件适用法律若干问题的规定》第十二条："借款人或出借人借贷行为涉嫌犯罪，或者已经生效的判决认定构成犯罪，当事人提起民事诉讼的，民间借贷合同并不当然无效。"

担民事、行政、刑事责任的，应以不影响民事责任的承担为前提；民事主体的财产应优先用于承担民事责任。可见，民法总则已经明确了在同一行为同时满足不同领域法律规范责任构成要件的情况下，民事责任优先于其他责任的执行规则。即责令退赔与民事债权涉及同一行为时，应优先执行民事债权，且民事责任与责令退赔责任重合部分，责令退赔则不再执行。此举亦可通过鼓励被害人主动行使债权而产生助力发现和查明犯罪事实的功效。

2. 责令退赔先于其他民事债权的执行。《最高人民法院关于刑事裁判涉财产部分执行的若干规定》第十三条规定："被执行人在执行中同时承担刑事责任、民事责任，其财产不足以支付的，按照下列顺序执行：（一）人身损害赔偿中的医疗费用；（二）退赔被害人的损失；（三）其他民事债务；（四）罚金；（五）没收财产。债权人对执行标的依法享有优先受偿权，其主张优先受偿的，人民法院应当在前款第（一）项规定的医疗费用受偿后，予以支持。"其中，"其他民事债务"位于"责令退赔"之后，指明了非被执行人犯罪行为所产生民事责任的执行位序，即除医疗费用、优先受偿债权等特定项目外，责令退赔的执行应优先于其他民事债权。由此，上文所述的犯罪行为人对责令退赔之外损失承担民事责任时，如民事债权与责令退赔需要同时执行，则应优先执行责令退赔判决。

图22　被执行财产同一时的刑民责任执行顺序

六、余论：研讨的局限性思考

随着私益保护的日受重视，被害人受损之利益由公权力救济不能到私权利救济完善的路径正在形成。本文的局限性在于：一是限于样本取材，可能未穷尽所有刑事责令退赔与民事债权竞合的民事诉讼类型；二是对民事诉讼处理模式的部分方面进行了构建，实践中仍存在更多需要完善的内容。但正如德沃金所言"法律是一种不断完善的实践"[①]，刑事责令退赔与民事债权竞合的民事诉讼处理模式建构，复杂且艰巨，需要更多探索以促使其不断健全。

① ［美］R. 德沃金：《法律帝国》，李常青译，中国大百科全书出版社1996年版，第40页。

非法集资类案件刑民交叉案例的区分标准探析

魏传治　魏自力 *

摘　要：前些年非法吸收公众存款和集资诈骗案件呈现高发态势，成为国家打击的重点。从监管层面看，我们应处理好引导民间融资和打击非法集资犯罪的辩证关系，严格区分民营企业在经营中的正当融资行为与非法集资犯罪。在保护民营企业的大气候和解决民营企业融资难、融资贵的形势下，尤其需要我们准确认定融资活动的刑事法律风险界限。为了保护民营经济的健康发展，这就要求司法机关在处理刑民交叉案例时必须严格区分，防止在打击非法集资的过程中"误伤"正当的民间融资活动。从规制路径上检视非法集资犯罪的司法适用问题，防止刑事手段过分地介入民间融资活动。

关键词：非法集资；刑民交叉；区分标准；民营企业保护

司法实践中，刑事案件中刑民交叉案例一直是困扰着实务工作者的一个难题，尤其在涉众型集资类案件中体现得较为普遍，处理不好有可能导致涉法涉诉上访，使得刑法追诉犯罪，保护公民财产合法权益的功能弱化；更为严重的是这类案件处理不好会导致公民对司法的信任丧失，贬损了司法的权威。然而，对于有些基本类似的犯罪行为，司法机关作出了前后不同的定性：有的定性为非法吸收公众存款犯罪，有的定性为集资诈骗犯罪，有的干脆对案情不加以区分，同时认定非法吸收公众存款和集资诈骗犯罪数罪并罚。同时各地在处理刑民交叉案例上一直存在分歧意见，给犯罪嫌疑人、被告人以及被害人和社会公众造成了不小的疑惑，执法公信力被打了折扣。学界对刑民交叉的界定可谓五花八门，有宽泛型的，如"现实生活中的某些案件所涉及的法律关系错综复杂，常常出现在民事和刑事上相互交叉或牵连、相互影响的案件，此即刑民交叉案件"[①]。因此，认真思考刑民交叉案例，研究其原因和对策，对于刑法功能的恢复，司法权威的增强，意义尤为重大。本文以某县近年来办结的部分集资类案件为样本，对集资类案件中易出现的刑民交叉案例进行整理和分析，并提出有针对性的措施和建议，为广大法律工作者更好地把握法律精髓进行实务操作提供参考。

---

* 　魏传治，江苏省泗洪县人民检察院第三检察部主任；魏自力，江苏省泗洪县人民法院法官。
① 　江伟、范跃如：《刑民交叉案件处理机制研究》，载《法商研究》2005 年第 4 期。

一、非法集资类犯罪案例的概况和特征

有关资料显示，某县人民检察院仅在一年期间就受理审查非法吸收公众存款、集资诈骗案件34件，涉及人数有37人。犯罪嫌疑人往往采用虚构投资项目、设立虚假经济实体或者隐瞒经济实体等方式、以高额利息回报利诱被害人出借资金，获取公众资金后，犯罪嫌疑人再将该资金以更高利息放贷给他人，从中赚取利息差，牟取非法利益。同时，在非法集资的过程中伴有大肆挥霍集资款的行为，导致集资款无法返还。

非法集资犯罪活动不仅严重损害了群众利益，影响社会稳定，还扰乱了社会金融管理秩序，影响金融市场的健康发展。非法集资犯罪活动具有以下七个特征：

（1）民间融资渠道不畅，为非法集资提供土壤。一方面，金融机构完全掌控了信贷资金的进口（存款）和出口（放款），但对放款对象却又厚此薄彼。另一方面，民间资本非常充盈，由于这些资金生利空间较小，从而导致民间融资与合法借贷存在广泛空间。因此有人认为："要真正化解民间借贷的风险，必须以开放的姿态，放开民间金融，打破主流金融机构的垄断。"[①]

（2）涉案金额巨大、社会危害严重。如"石某某集资诈骗案"，涉案金额高达人民币19.5亿元，最低的赵某某非法吸收公众存款案涉案金额也有450万元人民币；被害人多则数百人，少则数十人，包括离退休职工、在职公务人员、下岗人员、个体户、农民、教师等群体，覆盖面极广；非法集资崩盘之后，受害人损失惨重，尤以下岗工人和农民受到的影响最为严重，已经危及基本生产生活的持续。

（3）涉案人员多、地域广、数额大、时间长。集资诈骗和非法吸收公众存款案件涉案情节复杂、时间跨度长、跨区域广、涉及人员众多，涉案金额少则上百万元，多则上千万元，有的甚至超过亿元，导致取证难度较大。如某县人民检察院办理的犯罪嫌疑人"刘某戈、刘某衡涉嫌集资诈骗案"，涉案金额高达1 600余万元，受害人近300人，两名犯罪嫌疑人均系甘肃人，犯罪时间长达十个月且犯罪地点遍布省内外，公安机关经过跨省侦查和取证，最终分别在北京和天津将两名犯罪嫌疑人抓获。

（4）犯罪手段多样、行为隐蔽性强。犯罪嫌疑人利用群众投资渠道狭窄的情况以及致富心切的心理，虚构事实、隐瞒真相，以高额回报为诱饵，骗取群众资金，其手段多样不断翻新。部分嫌疑人前期为了取得投资人的信任，并以此招揽更多的投资人，往往会守诺按期回报，到后期资金链断裂，出现巨额资金无法回收的局面导致案发。这期间往往已过去很长一段时间，犯罪行为不易被及时发现。

（5）案件侦破及涉案资金追缴难度大。一方面由于非法集资犯罪嫌疑人之间呈金字塔状关系上下联动，导致取证较为困难。同时，犯罪嫌疑人在获取非法集资款后，要么将非法所得投资于低附加值、高风险行业，以求高额回报，用来维持巨额还款利息，要

---

① 马光远：《加大金融开放 化解民间借贷风险》，载《新京报》2011年10月2日。

么直接将巨额集资款用以奢侈消费。案发后除了极少数人外,绝大多数人的集资款都无法获得兑付。如上述石某某集资诈骗案涉案金额 19 亿余元,用于公司项目的仅 5 500 万元,其余资金用于个人挥霍及偿还借款本息,造成 3.5 亿元亏空。

(6)犯罪主体难以界定。某县人民检察院在办理的此类案件中就有 12 件存在着个人犯罪与单位犯罪交织的情况。犯罪嫌疑人多以所办企业缺少资金为由借款,如以个人名义借款,就以单位作担保;以单位名义借款,则个人作担保。且各单位均提供账户供犯罪嫌疑人收付资金,导致个人犯罪与单位犯罪交织,难以细分。如该院办理的犯罪嫌疑人朱某涉嫌非法吸收公众存款案,朱某以在本地开办某钢材有限公司生产经营为名,许诺 1%～5% 的月利息,有时以单位名义向外借款,有时以个人名义向外借款,所吸收资金有的的确用于企业生产经营,但也有部分资金用于个人挥霍和支付。

(7)犯罪手段具有较强的欺骗性。有的公司,营业执照、税务登记、司法公证等证件样样俱全,有的甚至以金融机构名义,误导群众的判断,骗取群众的信任,为其实施犯罪披上"合法"的外衣。如某县人民检察院办理的犯罪嫌疑人"王某非法吸收公众存款案"中,王某以办养猪场缺少资金为由来吸引公众资金,并大肆宣传政府对其产业的支持,渲染投资的"无风险性和高回报率",众多受害人在高额回报的诱惑下拿出自己的积蓄,甚至借钱投资。据统计,诸如此类案件中的集资款或是被非法集资者用于生产经营、投资转贷,或是被其挥霍一空。如某县一乡镇因非法集资者购买的豪车云集,被网民戏称为"宝马乡"。司法机关很难追回涉案款项,犯罪嫌疑人虽受到法律的严厉制裁,但已无全额赔付能力。

二、非法集资类案件刑民交叉案例的区分标准

当前形势下,仍要继续坚持贯彻落实宽严相济刑事政策,突出打击重点,防止"民事行为刑事化"处理,认真把握好法律政策标准,严格区分非法集资活动中罪与非罪,从有利于企业生存发展和保护生产力的角度,根据非法集资活动的具体情况实行区别对待。既要坚决依法惩处非法集资活动,又要防止把经济、金融纠纷当作犯罪处理。要加强公安机关、检察机关、审判机关和党政部门的联系沟通,争取共同把握好法律政策界限,综合运用经济、行政、法律等手段,有效化解各类经济纠纷,慎重动用刑罚手段。"即使行为侵害或威胁了他人的生活利益,也不是必须直接动用刑法。……可以说,只有在其他社会统治手段不充分时,或者其他社会统治手段(如私刑)过于强烈,有代之以刑罚的必要时,才可以动用刑法。"[①]对于罪与非罪界限一时难以划清的案件,要从有利于促进企业生存发展、有利于保障员工生计、有利于维护社会和谐稳定的高度,依法妥善处理。对一些有影响、争议大的案件,应当加强审判、公安、检察机关的沟通,通过协调取得共识后推进案件审理进程。

---

① ［日］平野龙一:《刑法总论Ⅰ》,有斐阁 1972 年版,第 47 页;转引自陈兴良:《刑法的价值构造》,中国人民大学出版社 1998 年版,第 353 页。

（一）从犯罪的定义上界定

"非法集资"并非严谨的法律概念，依据《中华人民共和国刑法》的规定，"非法集资"行为主要涉及的罪名为"非法吸收公众存款罪"。其是指行为人违反国家金融管理法规非法吸收公众存款或变相吸收公众存款，资金主要用于生产经营及相关活动、行为人有还款意愿，扰乱金融秩序的行为。《中华人民共和国刑法》第一百七十六条规定："非法吸收公众存款或者变相吸收公众存款，扰乱金融秩序的，处三年以下有期徒刑或者拘役，并处或者单处罚金；数额巨大或者有其他严重情节的，处三年以上十年以下有期徒刑，并处罚金；数额特别巨大或者有其他特别严重情节的，处十年以上有期徒刑，并处罚金。单位犯前款罪的，对单位判处罚金，并对其直接负责的主管人员和其他直接责任人员，依照前款的规定处罚。有前两款行为，在提起公诉前积极退赃退赔，减少损害结果发生的，可以从轻或者减轻处罚。"民间借贷是指企业与自然人之间和非金融企业之间合法的债权债务关系，只要双方当事人意思表示真实即可认定有效。司法实践和理论研究中，刑民交叉案件不是一个正式的、统一的法学概念。"所谓刑民交叉案件，又称刑民交织、刑民互涉案件，是指既涉及刑事法律关系，又涉及民事法律关系，且相互之间存在交叉、牵连影响的案件。"①

（二）从犯罪的法律特征中区别

"非法吸收公众存款罪"有如下特征：

第一，犯罪主体是未经中国人民银行批准从事金融服务的企业或自然人，违法从事只有金融机构才能从事的吸收存款业务。依据《中华人民共和国商业银行法》第八十一条的规定：未经国务院银行业监督管理机构批准，擅自设立商业银行，或者非法吸收公众存款、变相吸收公众存款，构成犯罪的，依法追究刑事责任；并由国务院银行业监督管理机构予以取缔。

第二，行为人面向不特定的对象即"公众"吸收资金。"公众"是指不特定的对象，具有广泛性、不确定性和公开性的特点，而不应包括向诸如家人、亲友、本单位职工或国家机关等有特定关系的对象吸收资金。民间借贷的法律特征如下：（1）民间借贷是一种民事法律行为。借贷双方通过签订书面借贷协议或达成口头协议形成特定的债权债务关系，从而产生相应的权利和义务。债权债务关系是我国民事法律关系的重要组成部分，这种关系一旦形成便受法律的保护。（2）民间借贷是出借人和借款人的合约行为。借贷双方是否形成借贷关系以及借贷数额、借贷标的、借贷期限等取决于借贷双方的书面或口头协议。只要协议内容合法，都是允许的，受到法律的保护。（3）民间借贷关系成立的前提是借贷物的实际支付。借贷双方间是否形成借贷关系，除对借款标的、数额、偿还期限等内容意思表示一致外，还要求出借人将货币或其他有价证券交付给借款人，这样借贷关系才算正式成立。（4）民间借贷的标的物必须是属于出借人个人所有

---

① 何帆：《刑民交叉案件审理的基本思路》，中国法制出版社 2007 年版，第 25 - 26 页。

或拥有支配权的财产。不属于出借人或出借人没有支配权的财产形成的借贷关系无效,不受法律的保护。(5)民间借贷可以有偿,也可以无偿,是否有偿由借贷双方约定。只有事先在书面或口头协议中约定有偿的,出借人才能要求借款人在还本时支付利息。(6)民间借贷是指自然人之间、自然人与从事非金融业务的法人、其他组织之间借贷人民币、港币、澳元、台币、外币及国库券等有价证券的行为。(7)经政府有关部门批准设立的典当行、小额贷款公司、农村资金互助合作社等机构发放贷款的,属于民间借贷,但法律、司法解释对其有特别规定的,应当按照特别规定处理。

(三)从法律认定方面存在的分歧

第一,我国目前没有对高利贷行为的专门法律解释,有案例把因高利贷行为造成严重社会影响的行为根据《中华人民共和国刑法》第二百二十五条规定,定性为非法经营罪。高利贷行为也符合非法经营罪的构成要件,但是非法经营罪的社会危害性远远不及高利贷的社会危害性,对高利放贷行为以非法经营罪予以处罚,客观上对犯罪行为人并没有达到罪刑相适应的惩罚力度。高利贷的社会危害之大,已完全符合犯罪的本质特征,足以值得用刑法来规制这一行为。目前,只有新颁布的《中华人民共和国民法典》第六百八十条对自然人之间借款合同利息进行了规制,主要是禁止高利放贷以及对支付利息没有约定或者约定不明确的法律后果。

第二,非法集资类犯罪的定性问题。根据2022年3月1日施行的《最高人民法院关于审理非法集资刑事案件具体应用法律若干问题的解释》(以下简称《集资解释》)规定,向社会公众(包括单位和个人)吸收资金的行为,同时具备下列四个条件的才构成"非法吸收公众存款或者变相吸收公众存款",即:(1)未经有关部门依法许可或者借用合法经营的形式吸收资金;(2)通过网络、媒体、推介会、传单、手机信息等途径向社会公开宣传;(3)承诺在一定期限内以货币、实物、股权等方式还本付息或者给付回报;(4)向社会公众即社会不特定对象吸收资金。"该四个特征可以简单概括为非法性、公开性、利诱性和社会性。"[①]对于未向社会公开宣传,仅在亲友内部针对特定对象吸收资金,不属于非法吸收或者变相吸收公众存款。从侵犯的法益上讲,其未侵犯金融管理秩序,是否构成犯罪存在争议。

第三,罪名认定困难。刑事实体法规定的具体内容,是刑事司法证明的基本对象,并在一定程度上决定具体罪名的证明方证据类型等。因而,刑事实体法若规定过于原则或表达不够到位,必然导致司法认定过程中具体证据采信标准不一的状况。一是相关概念不明确。如非法吸收公众存款案件中"公众"的概念难以界定,特定的人和不特定的人之间界限模糊,使其与民间借贷难以区分;再如刑法所规定的集资诈骗罪与诈骗罪,其罪状表述几乎难以界分。这种立法方式,不仅导致司法机关在实体认证方面的争议,而且造成办案人员在证据采信方面的认知差别。有的侦查人员重视调取构成犯罪

---

① 刘为波:《非法集资特征的理解与认定》,载《中国审判》2011年第2期。

的证据,轻视调取构成何种犯罪的证据。二是主观故意认定困难。实践中有犯罪嫌疑人在逃,并且事先共谋的过程不清楚,使得无法确定事先是否有非法占有的故意。这两方面因素导致该类犯罪罪名认定困难。

三、如何正确处理非法集资类案件刑民交叉案例

司法实践中,造成刑民界限不清的主要原因是公检法三机关个别执法(司法)者对于非法吸收公众存款罪构成的本质特征的理解存在偏差,脱离立法本意机械地执行有关司法文件的规定。笔者建议,可通过公、检、法三机关联合制定规范性文件,如可以出台"会议纪要"等形式,进一步强化各级公安局、检察院、法院办案人员对相关问题的理解和把握,进一步厘清刑民界域,提高审查案件性质的能力。

(一)民间借贷的责任主体和性质认定

司法机关在处理民间借贷纠纷案件时,必须正确理解和适用《中华人民共和国民法典》等法律和相关司法解释的规定,严格审查当事人的真实意思表示和相关案件事实,正确认定合同性质以及责任主体。一是在婚姻关系存续期间,夫妻一方以个人名义向他人借款所形成的债务,原则上应当认定为夫妻共同债务,由夫妻双方共同承担偿还责任。但如果夫妻一方能够证明出借人与借款人明确约定为个人债务的、夫妻对婚姻关系存续期间所得的财产约定归各自所有且出借人知道该约定的、出借人知道或者应当知道所借款项并非用于家庭生产经营或共同生活的,则可以认定该项债务为夫妻一方的个人债务。二是涉及共同借款人的借贷纠纷,出借人仅起诉部分借款人的,人民法院应当向原告释明是否追加其他借款人为共同被告,出借人坚持不追加的,可以准许。三是当事人之间以借贷为目的签订房屋买卖合同作为担保的,人民法院应当认定双方名为房屋买卖实为民间借贷关系。出借人以房屋买卖关系提起诉讼,请求履行房屋买卖合同并办理房屋过户登记手续的,人民法院应当向其释明按照民间借贷关系变更诉讼请求;出借人坚持不予变更的,人民法院应当判决驳回其诉讼请求。

(二)准确区分案例中罪与非罪的界限

司法机关在处理民间借贷纠纷案件中,发现当事人涉嫌集资诈骗或非法吸收公众存款犯罪的,必须严格依照《最高人民法院关于在审理经济纠纷案件中涉及经济犯罪嫌疑若干问题的规定》的有关规定,根据具体情况分别处理。一是人民法院在审理民间借贷纠纷案件过程中发现当事人涉嫌集资诈骗或非法吸收公众存款犯罪的,应当向侦查机关移送犯罪线索、材料,侦查机关立案侦查的,应当裁定中止民间借贷纠纷案件的审理;侦查机关不予立案侦查的,继续审理民间借贷纠纷。民间借贷纠纷案件审结后发现涉嫌犯罪且侦查机关已经立案侦查的,应当中止执行,等待刑事犯罪案件侦查与追赃结果。二是借款人涉嫌集资诈骗或非法吸收公众存款等犯罪被侦查机关立案侦查,出借

人起诉保证人要求承担保证责任的,人民法院应当不予受理。三是借款人的借款行为已经被人民法院生效判决认定构成集资诈骗或非法吸收公众存款等犯罪行为,出借人起诉保证人要求承担保证责任的,人民法院应认定该保证合同无效。四是借款人涉嫌非法吸收公众存款犯罪,公安机关起诉到检察机关进入公诉程序,借款人全部归还债权人的欠款或者归还大部分欠款,剩余部分制订还款计划并得到债权人的谅解的,依法可以作相对不起诉处理。

(三)认真贯彻宽严相济的刑事司法政策

2019年1月30日颁行的《最高人民法院、最高人民检察院、公安部关于办理非法集资刑事案件若干问题的意见》第六条专门规定:"办理非法集资刑事案件,应当贯彻宽严相济刑事政策,依法合理把握追究刑事责任的范围,综合运用刑事手段和行政手段处置和化解风险,做到惩处少数、教育挽救大多数。要根据行为人的客观行为、主观恶性、犯罪情节及其地位、作用、层级、职务等情况,综合判断行为人的责任轻重和刑事追究的必要性,按照区别对待原则分类处理涉案人员,做到罚当其罪、罪责刑相适应。重点惩处非法集资犯罪活动的组织者、领导者和管理人员,包括单位犯罪中的上级单位(总公司、母公司)的核心层、管理层和骨干人员,下属单位(分公司、子公司)的管理层和骨干人员,以及其他发挥主要作用的人员。对于涉案人员积极配合调查、主动退赃退赔、真诚认罪悔罪的,可以依法从轻处罚;其中情节轻微的,可以免除处罚;情节显著轻微、危害不大的,不作为犯罪处理。"据此,对于非法集资案件仅聚焦和偏重于刑事打击的司法观念,并不符合宽严相济刑事政策的辩证要求。因此,在司法实践中,司法工作人员要转变盲目信赖刑罚威慑力、一味注重刑法手段的执法惯性,确立刑事打击和保障融资并重的刑事规制理念。一方面,对民间融资的刑事规制模式,应立足于风险本位的立场,以遏制高风险、危害最大的融资活动为基点,重点打击不具有资本风险经营能力、采用欺诈手段进行的集资活动,以最大限度地降低民间融资领域的风险程度,以保障民间融资的合法有序进行。另一方面,不能基于民间融资领域出现了大量的违规活动,就简单地将所有不合规的融资都纳入刑法的打击范围。对双方当事人均无害,仅违反现有金融管理制度的案件,没有必要纳入刑法的规制范围,可以交由行政法律规制。

四、处理非法集资类案件刑民交叉案例的对策

一是加强对自然人之间借款合同利息的规制。民法典第六百八十条从法律高度对高利放贷行为进行了规制,司法实践中民间借贷和金融借款中所涉及的高利放贷案件有了明确的法律依据,不仅有利于打击各类非法放贷的乱象,还能进一步遏制"套路贷""校园贷"等刑事犯罪的发生,从而减少非法吸收公众存款罪和集资诈骗罪的发案率。

二是建立健全相关部门协调沟通机制。非法集资类案件涉及侦查、起诉、审理等环节,与社会和谐稳定密切相关,需要审判机关、公安机关、检察机关与当地党政等部门建

立联动机制：首先，要在坚持职能分工的前提下，建立信息共享和专业研讨平台，统一协调相关案件的法律适用；其次，健全案件移送机制，理顺案件移送程序；最后，充分发挥"处非办"等机构的职能作用，与当地政府相关机构形成联动，争取防线前移，尽量将案件化解在萌芽状态，慎重动用刑罚手段解决非法集资问题。

三是根据集资犯罪的本质特征，准确把握具体案件的定性。非法集资的核心内涵和本质特征在于未经依法许可，以高息为诱饵，向社会公众即社会不特定对象募集资金。实践中，对于行为人以生产经营所需的固定规模吸取资金用于生产经营活动的，可不以非法吸收公众存款罪处理。

四是围绕集资犯罪构成要件，严格区分刑、民界限。刑法对非法吸收公众存款罪、集资诈骗罪等所作的法律规定是对相关集资犯罪构成要件的高度概括。《集资解释》第一条所规定的"非法性、公开性、利诱性、社会性"四大特征，是判定非法集资犯罪的具体标准。《集资解释》第三条所规定的定罪数额和人数要求，是在集资行为人同时符合第一条规定的"四大特征"的前提下，所必须具备的定罪标准。司法人员在实践中不应脱离刑法规定的犯罪构成要件，将《集资解释》第一条和第三条割裂开来，仅以具体集资的人数或者数额作为区分民间借贷与非法集资犯罪的界限，机械地理解和执行刑事立案标准。

五是坚持主客观相统一原则，准确界定"不特定对象""亲友"。对不特定对象的认定，要根据主客观相统一的原则整体加以把握。对涉及"亲友"的案件，应当针对案件具体情况分别对待，如果行为人先期仅向亲友"借款"，没有扩大，后来再转为向不特定对象集资，该亲友的"借款"可不认定为犯罪数额。如系通过亲友向社会公众集资，或者被告人主观上产生了非法集资的目的后，在向社会不特定对象集资的同时，亦向亲友集资，则亲友的集资数额不应从犯罪数额中剔除。

六是注重查实资金的来源及去向，合理界定"资金用于生产经营活动"。资金的来源、用途和去向，是判定行为人是否向社会不特定对象吸收资金、主观上有无非法占有目的的主要依据之一。办案机关应当特别注重对行为人所吸收资金来源、用途和去向的调查取证。资金用于生产经营活动，是指将募集的资金用于企业因生产经营活动所需的正常合理支出。对于将募集资金用于购车、购房等情形，是否属于"资金用于生产经营"，不宜一概而论。

七是金融部门和市场监督部门应加强监管，这对于预防和减少非法集资类犯罪具有非常关键的作用。其要明确完善市场监督、银监等部门的监管职能和责任追究，建章立制、查漏补缺；针对非法集资类案件的犯罪特点，建立监管信息网络，定期采集有关数据，加强信息分析研判，发现异常的要及时、准确获取预警情报信息，力争将非法集资活动消灭在萌芽状态；对已经构成犯罪的活动要及时通报司法部门，并协助司法部门尽快破案。公检法机关、银行、市场监督等相关部门应加强信息沟通、案件移送、联合调查等协作机制，加强对非法集资活动信息的收集和研判工作，分析、研究犯罪发展的新动向。

八是谨防民事行为刑事化处理。坚持贯彻落实宽严相济刑事政策，突出打击重点，防止"民事行为刑事化"处理。认真把握好法律政策界限，严格区分非法集资活动中罪与非罪,从有利于保护民营企业生存发展和保护生产力的角度,根据非法集资活动的具体情况实行区别对待,既要坚决依法惩处非法集资活动,又要防止把经济、金融纠纷当作犯罪处理。要加强公安机关、检察机关、审判机关和党政部门的联系沟通,争取共同把握好法律政策界限,综合运用经济、行政、法律等手段,有效化解各类经济纠纷,慎重动用刑罚手段。只有当行为人非法吸收公众存款用于货币、资本经营(如发放贷款)时,才能认定为扰乱金融秩序,才以犯罪论处。[①] 对罪与非罪界限一时难以划清的案件,要从有利于促进民营企业生存发展、有利于保障员工生计、有利于维护社会和谐稳定的高度,依法妥善处理。对一些有影响、争议大的案件,应当加强审判、公安、检察机关的沟通,通过协调取得共识后推进案件审理进程,确保民营企业的合法权益得到保护。

九是形成打击合力,遏制非法集资类犯罪。公检法机关在打击非法集资犯罪活动中,要严格执法(司法)、密切配合,通过召开协调会等形式统一认识,促成打击合力。公安机关应当做好前期侦查工作,通过情报工作引导预警、防范、控制、侦查工作;在搜集罪证的同时,着重优先扣押、冻结、查封涉案款物,尽力挽回经济损失。检察机关可提前介入侦查活动,指导公安机关调查取证;在审查起诉环节可以抽调精兵强将组成专案审查小组的形式,集中优势资源办理案件,注重落实案件细节、定罪量刑情节等;审判机关在审理案件时要加强与检察机关的沟通,集中审理、判决非法集资犯罪案件,可邀请公共媒体采访、人大代表、社会群众旁听庭审;对于案件已经作为民事诉讼案件处理,但是确实涉嫌非法集资犯罪应予追诉的,应当将案件移送公安机关立案侦查。

十是建立健全司法干预机制。首先,人民法院应加强对当事人诉讼活动的能动干预,例如,提前到立案阶段进行诉讼风险告知、释明权利义务、主动建议当事人选择或变更救济渠道等。其次,建立立案、审判和执行信息共享和协同工作机制,可通过建立协调小组,以碰头会等形式审查、协商、协调民刑交叉问题,避免刑事审判和民事审判之间的矛盾和冲突。最后,鉴于集资类案件具有较强的专业性和复杂性等特点,建议有条件的法院设立金融审判庭或者金融审判合议庭,实行专业化审理模式,以确保民营企业的合法权益得到正确保障。

综上所述,司法工作者在解决非法集资类案件刑民交叉案例时,应灵活把握,在考虑案件诸多因素时能动司法。根据全国工商联的调查结果显示,我国90%以上的民营企业无法从银行获得贷款,微型企业的融资状态更为窘迫。习近平总书记在民营企业座谈会上的讲话时强调:"对一些民营企业历史上曾经有过的一些不规范行为,要以发展的眼光看问题,按照罪刑法定、疑罪从无的原则处理,让企业家卸下思想包袱,轻装前进。"[②]对于这些问题,要根据实际情况加以解决,为民营企业发展营造良好环境。在法律适用和取舍中,必须考虑社会现实,认真甄别和纠正一批侵害企业产权的错案冤案,追求社会效果和法律效果的统一,切实维护企业的合法权益和社会和谐稳定。

---

① 参见张明楷:《刑法学(第五版)》,法律出版社2016年版,第780页。
② 习近平:《在民营企业座谈会上的讲话》,载《人民日报》2018年11月2日。

后 记

在南京师范大学出版社的大力支持下,由江苏省法学会案例法学研究会编写的《案例法治:基础理论与类案研究》一书即将付梓出版。作为省内第一部聚焦案例理论研究与实践问题的专题性文集,尽管这一成果还显稚嫩,但我们仍有着非同一般的喜悦与期待。

2021年春天,江苏省法学会批准成立以南京师范大学法学院为依托单位的江苏省法学会案例法学研究会,研究会于当年年底成功举办了成立仪式暨2021年首届学术年会。中国法学会案例法学研究会会长、最高人民法院审判委员会原副部级专职委员、二级大法官胡云腾教授亲自与会给予指导,并发表了《论案例法治体系的构建》的主旨演讲;江苏省政协副主席、江苏省法学会会长周继业同志发表了重要讲话并对研究会今后的工作提出明确的要求;时任南京师范大学校长、党委副书记陈国祥教授代表学校发表了热情洋溢的致辞并对研究会工作提出了殷切的期望;华东政法大学教授、上海市法学会案例法学研究会会长孙万怀教授代表兄弟省市研究会发表了题为《案例之于理论的意义》的主题演讲。来自省内高等院校、科研院所与实务部门的专家、学者300多人,通过线上与线下相结合的方式,聚焦"案例法治基础理论""民商事与行政案例研究""刑事案例研究"等主题,进行了坦诚、热烈、充分且非常具有学术含量的理论研讨与实践交锋。这本文集就是江苏省法学会案例法学研究会学习与落实习近平法治思想所取得成果的部分展示。

习近平法治思想创造性地阐述人民是历史的创造者的原理,确立坚持人民至上的法治价值准则,从而对马克思主义法治理论在21世纪的发展作出了原创性的理论贡献。① 习近平法治思想作为马克思主义法治理论中国化的最新成果,构成了新时代中国特色社会主义思想的重要内容,"是中国式法治现代化的指导思想。中国特色社会主义法治理论是关于法治、特别是中国特色社会主义法治的科学认知,是对我国社会主义法治实践的经验总结和理论表达,是中国特色社会主义理论体系的重要组成部分",② 是我们全面依法治国的根本遵循和行动指南,具有鲜明的时代特征与鲜活的实践品格。习近平法治思想中的案例法治论述对我们认识与理论案例法治的价值具有重要的指导

---

① 参见公丕祥:《习近平法治思想的哲学基础》,载《法律科学》2022年第3期,第3页。
② 张文显:《论中国式法治现代化新道路》,载《中国法学》2022年第1期,第11页。

意义。

党的十八大以来，习近平总书记高度重视案件的公正处理问题，充分肯定案例对于法治建设的价值与意义。习近平指出，"公平正义是司法的灵魂和生命"。① 司法的任务，就是要"努力让人民群众在每一个司法案件中感受到公平正义"。② 因此，确立个案公平正义的目标与追求，让人民群众在每一个个案中感受到公平正义，就构成了习近平案例法治论述的重要组成部分，也成为习近平法治思想中司法公平正义观的核心要求。习近平指出："如果不努力让人民群众在每一个司法案件中都感受到公平正义，人民群众就不会相信政法机关，从而也不会相信党和政府。"③好的案例就是法治发展状况的直观表达，为此，习近平指出，"一个案例胜过一沓文件"。④ 近年来，司法个案适用所阐释的"法不应当向不法低头"正当防卫案，⑤就是个案正义推动制度正义的典型个案，它比"一沓文件"更具有说服力、影响力与司法引领力。像重视好的案例的积极作用与价值一样，习近平高度重视错案带来的危害与影响。在 2014 年 1 月 7 日召开的中央政法工作会议上，习近平深刻指出，我们"要懂得'100－1＝0'的道理"。⑥ 因为司法的万分之一失误，对当事人来说就是百分之百的伤害。对此，习近平指出："一个错案的负面影响，足以摧毁九十九个公正裁判积累起来的良好形象。执法司法中万分之一的失误，对当事人就是百分之百的伤害。"⑦习近平还引用英国哲学家培根的名言来生动阐释这个道理。培根曾经说过："一次不公正的裁判，其恶果甚至超过十次犯罪。因为犯罪虽是无视法律——好比污染了水流，而不公正的审判则毁坏法律——好比污染了水源。"⑧因此，习近平指出："司法体制改革成效如何，说一千道一万，要由人民来评判，归根到底要看司法公信力是不是提高了，……把解决了多少问题，人民群众对问题解决的满意度作为评判改革成效的标准。"⑨对于法学理论研究工作者、法律实践工作者而言，推动个案公平正义，强化案例法治研究，是贯彻习近平法治思想的重要任务与时代使命。

学者指出："如果说法治社会是一条长河，那么人民法院每年审理的上千万件案例，

---

① 习近平：《坚定不移走中国特色社会主义法治道路　为全面建设社会主义现代化国家提供有力法治保障》，载《求是》2021 年第 5 期，第 13 页。

② 习近平：《坚定不移走中国特色社会主义法治道路　为全面建设社会主义现代化国家提供有力法治保障》，载《求是》2021 年第 5 期，第 13 页。

③ 习近平：《严格执法，公正司法》，载中共中央文献研究室编：《十八大以来重要文献选编》（上），中央文献出版社 2014 年版，第 718 页。

④ 参见胡云腾：《开创中国特色的案例法学》，载胡云腾主编：《中国案例研究》2021 年第 1 辑，法律出版社 2021 年版，第 1 页。

⑤ 参见 2018 年最高人民检察院第 12 批指导性案例（于海明正当防卫案）；2020 年 9 月，最高人民法院、最高人民检察院、公安部联合出台《关于依法适用正当防卫制度的指导意见》。

⑥ 习近平：《在中央政法工作会议上的讲话》，载中共中央文献研究室编：《习近平关于全面依法治国论述摘编》，中央文献出版社 2015 年版，第 96 页。

⑦ 习近平：《在中央政法工作会议上的讲话》，载中共中央文献研究室编：《习近平关于全面依法治国论述摘编》，中央文献出版社 2015 年版，第 97 页。

⑧ 参见习近平：《严格执法，公正司法》，载中共中央文献研究室编：《十八大以来重要文献选编》（上），中央文献出版社 2014 年版，第 718 页。另可参见［英］弗兰西斯·培根：《培根论说文集》，水天同译，商务印书馆 1983 年版。

⑨ 习近平：《深化司法体制改革》，载《习近平谈治国理政》（第 2 卷），外文出版社 2017 年版，第 131 页。

就是铺垫这条大河的河床,对案例的研究就是淘出最具价值的金子;如果说法治社会是一维长空,那么案例则像散落的星辰,对案例的研究就是找出那些发亮的星星;如果说法治社会是一条大路,那么案例就是公民和法人长途跋涉的脚印,对案例的研究就是追寻指引前行的启迪;如果说法治社会是一台大戏,那么案例就是精彩纷呈的剧情,对案例的研究就是分享演职员们的智慧、欢乐与悲伤。"[1]近年来,司法个案适用所阐释的"法不应当向不法低头"正当防卫案,[2]张文中诈骗、单位行贿、挪用资金案的再审宣告无罪案[3]等,就是案例法治与最终实现司法公正的最佳样本,也是落实习近平法治思想的最好类案。为此,无论是对于法学研究而言,还是对法律研究来说,其中一个重要的富矿、金矿,就是实践中的案例、类案。这些案例值得我们理论研究工作者、实务法律专业工作者用心、用力去挖掘、去遴选、去解析、去总结与提升。对此,江苏省法学会案例法学研究会全体会员、理事,有能力、有责任凝聚更多对案例研究有兴趣的同仁,在江苏省法学会的领导与支持下,通过各自的努力与团队的力量,作出属于我们研究会的应有贡献,奉献出属于我们的点滴智慧。

江苏省法学会案例法学研究会成立大会暨 2021 年年会的成功举办,得到了江苏省高级人民法院党组书记、院长夏道虎同志的关心与指导;中国法治现代化研究院院长,江苏省人大常委会原副主任、党组副书记公丕祥教授给予了指导。南京师范大学法学院院长方乐教授及其管理团队、区域法治发展协同创新中心,给予研究会成立与年会举办以全方位支持。上海市光明(南京)律师事务所主任、江苏省法学会案例法学研究会副会长、校友王树平主任,一直热心法学教育与法治人才培养工作,在我担任法学院院长期间,对我们学院的校友会、基金工作给予了极大的物质支持与经费的大力帮助,本文集的出版经费也是由王树平主任提供的支持。江苏省法学会案例法学研究会副秘书长、江苏斐多律师事务所周东生主任及其团队对会议的成功举办付出了辛勤的劳动!本文集的顺利出版,得到了南京师范大学出版社总编辑徐蕾女士的鼎力帮助!在此,对各位领导的精心指导与真情关心,对各位同仁的倾力帮助与积极参与,表达我们由衷的敬意与谢意!

法治建设永远在路上,案例研究始终处在进行时!我们定会加倍努力!

江苏省法学会案例法学研究会会长　蔡道通

2023 年 4 月 19 日

---

① 胡云腾:《案例是什么?》,载《法律适用》2017 年第 6 期,第 3 页。

② 参见 2018 年最高人民检察院第 12 批指导性案例(于海明正当防卫案);2020 年 9 月,最高人民法院、最高人民检察院、公安部联合出台《关于依法适用正当防卫制度的指导意见》。

③ 参见《为企业家营造公平正义的法治环境》,载《人民日报》2018 年 5 月 31 日,第 9 版。